CATALOGUE

DES LIVRES

DE LA BIBLIOTHEQUE

DE FEU

CHRÉTIEN-GUILLAUME

LAMOIGNON-MALESHERBES.

La Vente commencera le 12 Floréal (1er Mai 1797, vieux style).

La feuille des Vacations sera distribuée quelques jours avant.

La Table des Matières et des Auteurs sera donnée dans le courant de la Vente.

Le Libraire se chargera des différentes commissions qui lui seroient adressées. Il prie les personnes de lui faire passer une note signée d'elles, qui contienne les numéros et le titre des objets qu'elles voudront se procurer, et de marquer le prix qu'elles auront intention de mettre à chaque article, afin d'éviter toute méprise.

CATALOGUE

DES LIVRES

DE LA BIBLIOTHEQUE

DE FEU

CHRÉTIEN-GUILLAUME

LAMOIGNON-MALESHERBES,

DISPOSÉ PAR JEAN-LUC NYON,

Avec une Table alphabétique des Matières et des Auteurs.

A PARIS,

Chez J. L. NYON l'aîné, Libraire, rue du Jardinet.

1797.

AVERTISSEMENT.

La Bibliotheque de Lamoignon-Malesherbes annonce le goût et les connoissances du génie immortel qui l'avoit formée ; plusieurs livres sont même chargés de notes tracées de sa main. Les Collections presque complettes de l'Histoire naturelle et des Voyages qui la distinguent, font reconnoître l'Agriculteur expérimenté, le Botaniste instruit, l'Observateur philantrope, et le Voyageur éclairé. Toutes les autres classes découvrent un Philosophe bienfaisant, un sage Administrateur, un Littérateur profond, un grand Magistrat, un Homme d'Etat et un Publiciste consommés.

Cette Bibliotheque, destinée à son usage et à celui de ses amis, se ressent de la simplicité de son possesseur ; attaché uniquement à avoir de bonnes éditions et des livres solidement reliés, il en a écarté tout le luxe de la typographie et la magnificence dans les reliûres.

Honoré de l'estime de ce vertueux Citoyen, pendant sa vie, pénétré de reconnoissance envers sa famille, qui me la conserve après sa mort, en me confiant le soin de faire le Catalogue que je publie aujourd'hui, je saisis avec empressement cette occasion de donner quelques détails sur la vie de ce grand Homme.

Ils sont extraits, en très-grande partie, de la Notice historique, publiée par le Citoyen DUBOIS, l'un des Amis du vertueux MALESHERBES, qui a passé avec lui un grand nombre d'années, a souvent partagé ses travaux relatifs à l'Agriculture, et qui le premier a payé le tribut qu'il devoit à sa mémoire.

NOTICE HISTORIQUE

SUR

CHR. G. LAMOIGNON - MALESHERBES.

GUILLAUME DE LAMOIGNON, premier Président du Parlement, immortalisé par ses vertus et ses talens, mort le 10 Décembre 1677, eut pour fils aîné, *Chrétien-François de Lamoignon*, d'abord Avocat Général, puis Président du Parlement, mort en 1709. Son second fils, *Guillaume de Lamoignon*, mort en 1772, étoit père de *Chrétien-Guillaume de Lamoignon-Malesherbes.*

Né le 6 Décembre 1721, *Malesherbes* fut élevé chez les Jésuites. Il y avoit vu le Père *Porée*, et il parloit souvent de tout ce qu'il devoit à ses entretiens et à ses conseils.

Lamoignon son père, d'abord Avocat Général, puis premier Président de la Cour des Aides, et ensuite Chancelier de France, étoit un Magistrat pénétré de l'importance de ses fonctions, sans cesse occupé des moyens de les remplir, et qui savoit faire à son devoir des sacrifices de tous les genres. La quantité de manuscrits de sa main qui sont dans ce Catalogue, prouvent son amour infatigable pour le travail ; il voulut que son fils, appelé à remplir les premières places de la Magistrature, s'y préparât par l'étude approfondie de l'Histoire et de la Jurisprudence.

Dans cette vue, il fit nommer *Malesherbes* Substitut du Procureur Général. Cette place, trop subalterne en apparence, étoit, à cette époque, l'école des Magistrats; et *Malesherbes* prouva, dans plus d'une circonstance, qu'on pouvoit s'y faire remarquer.

Il n'avoit pas encore vingt-quatre ans, lorsque le 3 Juillet 1744, il fut pourvu d'une charge de Conseiller au Parlement, qu'il remplit avec beaucoup de distinction.

Reçu le 26 Février 1749, en survivance de son père, à la place de premier Président de la Cour des Aides, il lui succéda le 14 Décembre 1750. On sait avec quel succès il parcourut cette carrière pendant près de vingt-cinq ans. Toutes ses opérations, durant sa première Présidence, sont imprimées dans un Recueil intitulé : *Mémoires pour servir à l'histoire du Droit public de la France, ou Recueil de tout ce qui s'est passé de plus intéressant à la Cour des Aides, depuis 1756 jusqu'au mois de Juin 1775* (par Dionis). *Bruxelles*, 1779, in-4.

La même année et le même mois où *Malesherbes* fut premier Président de la Cour des Aides, il reçut de son père la direction de la Librairie. Cette espèce de Ministère, émanation de la Chancellerie, exigeoit, dans celui qui en étoit revêtu, des qualités particulières, qui se rencontrent rarement dans la même personne. Sans cesse entre deux écueils qu'il étoit difficile d'éviter, une tolérance outrée, et une trop grande sévérité, le Magistrat chargé de ce Département, devoit concilier la rigueur des lois qui le guidoient, avec la liberté nécessaire aux productions de l'esprit. Les Gens de Lettres trouvoient en lui un appui, un conseil, un père; si quelquefois il étoit forcé de leur donner des avis contraires à leur opinion, c'étoit avec cette douceur que la raison a toujours dans la bouche d'un ami. Long-temps avant qu'il fût chargé de les surveiller, il avoit vécu avec eux ; et depuis qu'il avoit accepté ces pénibles fonctions, il regardoit comme le seul dédommagement de ses travaux, le plaisir de les voir encore davantage. Il étoit Homme de Lettres lui-même, et bien plus, réunissoit assez de connoissances dans tous les genres, pour parler à chacun le langage qui lui convenoit, parcourir avec intérêt les productions nouvelles, et choisir avec discernement ceux qu'il étoit forcé d'en faire juges. Souvent il prodiguoit, avec cette délicatesse qui lui étoit naturelle, et qui portoit le caractère de la loyauté et de la bonhommie, les secours les plus puissans à ceux dont il savoit apprécier les talens et deviner les besoins. A l'époque de la disgrace de son père, arrivée au mois de Décembre 1768, il cessa d'avoir la direction de la Librairie.

Le 12 Juillet 1775, il donna sa démission de la première Présidence de la Cour des Aides, et dans le même mois, il fut nommé Ministre et Secrétaire d'Etat au Département de Paris. Il parut singulier que *Malesherbes* eût accepté une place dont les fonctions répugnoient le plus à ses principes ; mais le Roi l'ayant choisi pour donner à son peuple un Ministre aimé, un Ministre bienfaisant, pouvoit-il s'y refuser ? Il sentit toute l'étendue du sacrifice qu'on exigeoit de lui, mais il s'y crut obligé. En se chargeant de ce Département, qu'on étoit accoutumé à regarder comme peu considérable, il prouva combien il pouvoit devenir important pour le bonheur de la Nation. La liberté rendue à un grand nombre de victimes détenues dans les prisons d'Etat, l'examen des lettres de cachet attribué à une commission composée des Magistrats les plus austères et les plus probes, les réformes et les établissemens qu'il fit pendant la courte durée de son ministère, en sont un témoignage irrévocable.

Enflammé du désir de se livrer tout entier à différens projets de bien public, voyant que les occupations de sa place ne lui permettoient pas de mettre la suite nécessaire aux travaux qu'il méditoit, il donna sa démission le 12 Mai 1776.

A cette époque, *Malesherbes* entreprit des voyages dans différentes contrées de la France, en Italie, en Hollande, en Angleterre, et dans la Suisse, où il recueillit avec discernement et avidité tout ce qui pouvoit intéresser les Sciences et les Arts. Voyageant avec la simplicité et l'économie d'un Homme de Lettres qui s'enveloppe du mystère pour observer et s'instruire, il réservoit les moyens de sa fortune pour toutes les circonstances où ils pouvoient lui procurer des lumières sur quelque objet intéressant. Il obtint, de cette manière, de nombreuses observations, à la rédaction desquelles il employoit la moitié de ses journées; car il avançoit lentement et souvent à pied, pour étudier avec plus de fruit ce qui devoit fixer son attention. Il décrivoit dans ses notes, avec clarté et précision, ce qu'il avoit observé; et ne perdant jamais de vue le bien de son pays, il faisoit lui-même l'application la plus utile de ses recherches, à l'amélioration des différentes branches de culture et d'industrie qu'elles concernoient. Afin que le public en pût retirer quelque avantage, il les communiquoit à ses amis, *Duhamel*, *Fougeroux*, *Tessier*, *Rozier*, et autres, pour qu'ils en fissent usage dans les importans ouvrages dont ils s'occupoient. Il a souvent regretté de n'avoir pas fait ces différens voyages avant d'entrer dans le Ministère, parce qu'il auroit pu indiquer au Gouvernement des établissemens très-utiles et peu dispendieux à faire dans plusieurs Provinces de la France.

Rentré depuis dans le Conseil, *Malesherbes* ne

cessa de s'occuper d'objets importans pour le bien de ses concitoyens et de l'humanité : ce fut à cette époque qu'il fit rendre aux Protestans une partie des droits de citoyens en France, dont ils avoient été privés, et il avoit recueilli beaucoup de matériaux concernant les Juifs, dont on trouve les manuscrits dans sa Bibliotheque.

Il sollicita vivement et il obtint enfin la permission de se retirer. Ses champs et ses jardins de *Malesherbes* le rappeloient ; seul avec la nature, sa famille et ses amis, il pouvoit reprendre le cours de travaux plus paisibles et non moins utiles. Passant les soirées et la plus grande partie des nuits à étudier et à lire, le jour, une bêche à la main, il parcouroit ses jardins et ses bois, distribuoit les travaux, observoit le résultat de ses expériences, en faisoit de nouvelles, et chacun de ses pas, chacune de ses démarches, avoit toujours pour but l'utilité publique.

C'est dans cette aimable solitude que sa philantropie avoit réuni les plantes et les arbres étrangers qu'il lui paroissoit le plus intéressant d'acclimater ; c'est-là qu'il étoit parvenu à en multiplier quelques-uns, au point de les disséminer dans ses bois.

Comme il ne trouvoit de jouissance que dans le bien général, la vaste maison qu'il tenoit de son père, n'avoit reçu de lui ni changemens, ni embellissemens, quoiqu'elle fût, en général, peu commode et mal distribuée. Cependant, cette propriété de *Malesherbes* lui coûtoit annuellement des sommes énormes, par les travaux immenses et continuels qu'il y faisoit faire pour l'agrément et l'utilité de ses habitans.

Au milieu des occupations dont *Malesherbes* embellissoit chaque instant de sa vie, il étendoit encore loin de lui la sphère de sa bienfaisante activité, il avoit préparé les matériaux de plusieurs Mémoires sur les arbres, qu'il auroit successivement publiés, et un auquel il attachoit plus d'importance, *sur la manière d'utiliser les différentes espèces de landes*.

Son excellent *Mémoire sur les moyens d'accélérer les progrès de l'économie rurale en France*, fut imprimé en 1790, par ordre de la Société d'Agriculture, à laquelle il avoit été lu.

Malesherbes consumoit ainsi paisiblement le reste de sa carrière au milieu de ses bois et de ses cultures, lorsqu'un événement funeste vint l'arracher à sa famille et à ses travaux. *Louis XVI* alloit être jugé; puissant, il l'aimoit; malheureux, il vole à sa défense. Il écrit au Président de la Convention Nationale la lettre suivante :

Paris, le 11 Décembre 1792, l'an premier de la République.

« J'ignore si la Convention Nationale donnera à » Louis XVI un Conseil pour le défendre, et si » elle lui en laissera le choix. Dans ce cas-là, je » désire que Louis XVI sache que s'il me choisit » pour cette fonction, je suis prêt à m'y dévouer.

» Je ne vous demande pas de faire part à la » Convention de mon offre, car je suis bien éloigné » de me croire un personnage assez important pour » qu'elle s'occupe de moi; mais j'ai été appelé deux » fois au Conseil de celui qui fut mon maître, » dans le temps que cette fonction étoit ambitionnée » par tout le monde, je lui dois le même service » lorsque c'est une fonction que bien des gens » trouvent dangereuse. Si je connoissois un moyen » possible pour lui faire connoître mes dispositions, » je ne prendrois pas la liberté de m'adresser à » vous.

» J'ai pensé que, dans la place que vous occu-
» pez, vous aurez plus de moyens que personne
» pour lui faire passer cet avis.

» Je suis avec respect, etc.

Cette lettre, monument éternel de son courage et de sa reconnoissance, porte l'empreinte non équivoque du sentiment moral qui l'a dictée, et de la modestie de *Malesherbes*, si facile à distinguer par l'extrême simplicité qui la caractérise.

Quel fut l'attendrissement de *Louis* en lisant, parmi les noms de ceux qui s'offroient pour être ses défenseurs, celui de *Malesherbes* ! Ses yeux arrosèrent de larmes le nom de ce vénérable vieillard, qui, plus que septuagénaire, s'arrachoit aux douceurs de sa retraite, reparoissoit dans cette Capitale agitée de tant de tempêtes, et venoit se dévouer aux incertitudes d'un semblable procès.

Louis fut heureux de trouver un tel défenseur, de verser dans le sein de l'amitié ses peines et ses dernières pensées ; et *Tronchet* et *Seze* lui furent associés.

La France, encore en deuil et gémissante sur la fin tragique de cet événement, s'honorera un jour de consacrer sa reconnoissance envers les trois Défenseurs de *Louis XVI*.

Après avoir satisfait à ce dernier devoir d'humanité et de dévouement, *Malesherbes* retourna dans son habitation champêtre pour y consacrer, dans le sein de sa famille, d'immortels regrets, destinant le reste de ses jours à s'occuper de travaux qui avoient pour but les progrès de l'agriculture. L'activité de ses expériences et de ses observations, leur donnoit plus d'importance et d'extension. Tout entier à la nature et aux moyens de multiplier ses productions, il étoit presque parvenu à oublier les événemens politiques.

Mais ce calme précieux ne fut pas d'une longue durée ; un jour du mois de Décembre 1793, *Malesherbes*, une bêche à la main, alloit parcourir ses jardins et ses bois, lorsqu'il aperçut, dans une allée, un groupe d'hommes qui s'acheminoient vers sa maison. A leur tête étoient trois individus aux cheveux noirs et plats, à la barbe longue, armés d'un sabre et bandoulière ; c'étoient trois membres du Comité révolutionnaire de la Section de Bondy de Paris, qui menoient à leur suite la Municipalité, pour arrêter et emmener à Paris le gendre et la fille de *Malesherbes*.

Pénétré de la plus vive impression en revenant avec eux, il sentit qu'il devoit déguiser son affliction pour ne pas décourager ceux qui en étoient l'objet. Il espéroit même qu'il pourroit être le compagnon de leur infortune ; mais on vouloit qu'il épuisât goutte à goutte la coupe amère de la douleur. Son gendre et sa fille partirent, et il resta avec ses petits-enfans.

Ce premier événement répandit la terreur dans cette paisible habitation, respectée jusqu'alors comme l'asile des vertus et de la bienfaisance. *Malesherbes*, seul au milieu du reste infortuné de sa famille, s'occupoit à la consoler et à lui donner des espérances dont il avoit besoin lui-même, lorsque le lendemain, avant le jour, de nouveaux satellites se présentèrent avec une nouvelle liste de proscription, qui embrassoit à la fois *Malesherbes* et ses plus jeunes enfans.

La terreur n'avoit pas encore jeté d'assez profondes racines dans le cœur des habitans de la Commune, pour étouffer entièrement les élans de l'indignation, de la douleur, et de la reconnoissance. La tristesse étoit empreinte sur tous les visages ; on osoit se demander ce que ce vertueux Patriarche avoit fait pour mériter cet excès de rigueur : on osoit jurer qu'il étoit innocent ; et quatre Officiers municipaux, au nom de leur Commune, eurent le courage de se porter pour sa caution, et de l'accompagner avec sa famille, afin d'écarter du moins l'appareil humiliant d'une force armée, dont les arrestateurs vouloient entourer les voitures.

Au milieu des sentimens douloureux qui déchiroient toutes les ames, et de la terreur qui glaçoit tous les cœurs, *Malesherbes* conservoit le calme de la vertu. Moins incertain de son sort, qu'il trouvoit plus doux, parce qu'il le partageoit avec ceux qu'il aimoit, sa gaieté franche ne l'abandonnoit point ; sa conversation, aussi libre, aussi variée, aussi instructive qu'elle l'avoit toujours été, n'avoit aucun trait à sa situation ; et si le langage grossièrement atroce de ceux qui l'enchaînoient n'avoit offert un contraste qu'il étoit difficile de ne point remarquer, on eût dit que c'étoient des amis ou des voisins qu'il recevoit.

Il partit enfin, et dès la nuit même on le conduisit à la maison d'arrêt des Madelonnettes, avec son petit-fils *Louis le Pelletier*, tandis que ses autres petits enfans furent dispersés dans des prisons différentes.

Aux soins touchans qu'il recevoit de son petit-fils, *Malesherbes* désiroit d'ajouter le bonheur de se réunir au reste de sa famille. C'étoit peut-être pour la première fois qu'il formoit une demande pour lui-même ; il demanda avec instance, et il obtint. En effet, il fut réuni avec toute sa famille dans la maison d'arrêt de Port-Libre (ci-devant le Monastère de Port-Royal), et de ce moment même il ne désira plus rien.

Son arrivée jeta la consternation parmi les malheureux habitans de cette prison d'Etat ; ils sentirent alors que rien ne pouvoit les préserver de la proscription. Un vieillard détenu à Port-Libre, et qui a publié quelques anecdotes sur sa captivité, raconte ainsi l'arrivée de *Malesherbes* : « Un soir, dit-il, » on avoit réussi à se distraire par une conversation » pléine d'intérêt ; tout-à-coup on annonça l'arrivée » de *Malesherbes* et de toute sa famille ; personne » ne fut plus rassuré sur son sort, quand on vit que » la vertu de *Malesherbes* ne pouvoit le garantir » ni lui, ni sa famille. Il entra, et le premier mou» vement, au milieu de la douleur générale, fut » de lui céder une place d'honneur au milieu de » nous. Je vois encore sa sérénité : *Cette place que* » *vous m'offrez*, dit-il, *elle appartient à ce vieil*» *lard que j'aperçois, car je le crois plus âgé* » *que moi*. C'étoit moi qu'il désignoit. Nous fon» dîmes en larmes, et lui-même avoit peine à con» tenir celles que lui causoit notre émotion ».

Enfin, le moment arriva qui devoit mettre le comble au malheur de cette famille. Le gendre de *Malesherbes*, le vertueux *le Pelletier-Rozambo*, est enlevé à ses enfans, transféré dans une autre prison, et peu de jours après il périt sur un échafaud. *Malesherbes* avoit demandé, peu de temps avant, que *Rozambo* fût ramené dans la prison où étoit sa famille. Les Administrateurs de police répondirent que cette réunion s'opéreroit le premier Floréal. C'est le premier Floréal que *Rozambo* est mort, et deux jours après *Malesherbes* et le reste de sa famille. En effet, le 2 Floréal (21 Avril 1794), les satellites de la mort viennent arracher à leur douleur *Malesherbes*, sa fille, sa petite-fille, et *Châteaubriant*, l'époux de cette jeune personne. C'est dans ce moment plein d'horreur que la fille de *Malesherbes*, si digne de lui, et qui lui ressembloit à tant d'égards, fit ses adieux à la Cit. Sombreuil, qui avoit sauvé la vie de son père au 2 Septembre, et lui dit ces paroles si touchantes que l'histoire doit conserver : *Vous avez eu la gloire de sauver votre père, j'ai du moins la consolation de mourir avec le mien.*

Elle alloit se terminer cette vie si précieuse aux amis du bien et de l'humanité, et *Malesherbes* se montre encore lui-même. Il avoit payé à la nature le tribut que lui devoit sa sensibilité ; il avoit prodigué à ses enfans les encouragemens si nécessaires dans ces momens difficiles ; il veut encore leur donner l'exemple de la force de l'homme de bien, lorsqu'il lutte avec la mort, ou plutôt il donne cet exemple en s'abandonnant au calme sublime qui le caractérisa toujours, même au milieu des souffrances. Ses mains sont liées ; il s'achemine vers le tombeau : déjà il alloit franchir le seuil de sa prison pour monter sur la fatale charrette, qui l'attend ; il s'entretenoit avec ceux qui se trouvoient près de lui ; ses yeux, naturellement foibles, et dont l'un clignotant sans cesse, entrevoit à peine les objets, n'aperçoivent pas les obstacles qui sont devant lui ; son pied, mal assuré, heurte contre une pierre qu'il rencontre : *Voilà*, dit *Malesherbes* à son voisin, *ce qui s'appelle un mauvais présage ; un Romain, à ma place seroit rentré*, et il continue sa marche en riant.

Cette gaieté inaltérable, qui formoit l'un des traits les plus remarquables et les plus heureux de son caractère, ne se démentit jamais ; elle tenoit au calme de sa conscience, et à son éloignement pour toute espèce d'intérêt personnel.

Un tempérament robuste, et qui l'eût été encore davantage si *Malesherbes* n'en avoit abusé par des travaux forcés et par des veilles prolongées, contribuoit à entretenir en lui cette sérénité précieuse ;

mais il la devoit sur-tout à l'activité de son imagination. Secondée de sa mémoire, la plus tenace et la plus étonnante, elle lui présentoit et rapprochoit sans cesse, avec célérité, ce que l'expérience de tous les siècles apprenoit sur chacun des objets qu'il avoit à considérer ; il les réduisoit promptement à leur juste valeur, et conséquemment il ne pouvoit éprouver aucun de ces sentimens qui conduisent à l'enthousiasme ou à la crainte.

Philosophe pratique, dans toute la force de l'expression, jamais il ne contracta de ces habitudes nées de l'amour de soi, et qui deviennent une seconde nature. Les plaisirs de la table n'existoient point pour lui ; il étoit indifférent sur la qualité des mets qui lui étoient offerts, sur le temps auquel on les lui présentoit, et sur la manière dont ils étoient servis. Une chaise, une botte de paille, la terre nue, tout lui étoit indifférent, quand il s'agissoit de se livrer au repos. Plus d'une fois il passa les nuits sans se coucher ; et ordinairement, dans les dernières années de sa vie, il se couchoit à moitié habillé, pour se remettre au travail immédiatement en se levant. Un jour, pendant l'hiver le plus rigoureux, on le trouva, à quatre heures du matin, la tête et les jambes nues, sans autre vêtement que sa chemise, sans feu, écrivant à son bureau. Il avoit voulu se coucher à deux heures, avoit lui-même éteint son feu, s'étoit déshabillé ; et au moment où il alloit entrer dans son lit, tout occupé d'un travail important qu'il rédigeoit, une idée survenue l'avoit engagé à prendre la plume, et il ne l'avoit point quittée.

Il ne s'occupoit pas davantage de ses vêtemens ; l'habit le plus simple étoit celui qui lui convenoit le mieux, et il n'en changeoit presque jamais.

Son accueil et ses manières tenoient de la simplicité de sa vie; son affabilité lui attiroit la confiance de tout le monde; jamais il ne dédaigna de s'entretenir avec celui qui se présentoit, quel qu'il fût; et on le quittoit avec peine, pénétré de reconnoissance pour sa bonté, et enchanté de sa bonhommie. Il disoit souvent qu'il n'avoit jamais conversé avec les hommes les plus grossiers et les moins instruits, sans avoir appris quelque chose qu'il ne savoit pas.

Les Sciences et les Arts utiles occupoient particulièrement ses loisirs; mais il étoit prodigieusement instruit en littérature; son goût étoit digne des modeles qu'il s'étoit choisis dans sa jeunesse, et il savoit par cœur tous les Auteurs classiques anciens, et ceux dont la France s'honore: *Horace*, parmi les Latins; *Corneille*, *Racine*, *la Fontaine*, *Molière* et *Voltaire*, parmi les modernes, étoient ceux qu'il relisoit sans cesse. *Racine* étoit celui qu'il citoit le plus souvent, et ses citations étoient accompagnées de remarques pleines de sagacité et de profondeur.

Il contoit avec une facilité et un intérêt qui n'appartenoient qu'à lui, et il étoit difficile de passer une heure dans sa société, sans être frappé de plusieurs anecdotes plus piquantes et plus neuves les unes que les autres.

Ce n'étoit donc point pour flatter sa vanité et décorer leurs listes du nom d'un homme puissant, que les trois Académies, et plusieurs sociétés d'Agriculture l'avoient admis. Il avoit été nommé à l'Académie des Sciences en 1750; à celle des Belles-Lettres en 1759; et à l'Académie Françoise en 1775.

Il avoit pour amis les hommes du plus grand mérite. Plusieurs n'existent plus, mais il reste encore, parmi ceux qui lui étoient le plus attachés, *André Thouin*, *Charles l'Héritier*, *Gaillard*, *Abeille*, *Jussieu*, *Tessier*, *Daubenton*, etc.

Les preuves qu'il donna de sa bienfaisance et de la bonté de son cœur, sont innombrables. Il étoit toujours prêt à accueillir, à consoler et à secourir celui qui souffroit ou qui éprouvoit des besoins ; il s'identifioit, en quelque sorte, avec lui, et lui prodiguoit tous les secours qui étoient en son pouvoir. Souvent même il alloit au-delà de ce que sa fortune sembloit devoir lui permettre ; ces excès de bienfaisance devinrent si multipliés, qu'il se vit obligé de s'imposer la loi de ne toucher à la fois, et à terme fixe, qu'une somme déterminée, encore cette précaution fut-elle quelquefois inutile. Un jour, entr'autres, un homme de bien, son ami, auquel il avoit confié la gestion de ses affaires, lui fit des reproches sur sa trop grande générosité. Il en avoit reçu, le matin même, la somme qui devoit lui servir pour ses dépenses d'un mois, et il l'avoit donnée à un indigent. *Malesherbes* lui peignit la malheureuse situation de celui qu'il avoit secouru, avec autant d'intérêt, avec autant de chaleur qu'un autre en auroit mis à plaider sa propre cause : *Vous voyez bien*, ajouta-t-il, *que je ne pouvois pas faire autrement.*

Malesherbes a péri le 22 Avril 1794, vieux style. Je ne puis mieux dépeindre sa fin tragique qu'en rapportant la manière dont elle est rendue dans la tragédie de Pausanias.

Hélas ! dans la stupeur où le sommeil des loix
Jetoit les Citoyens sans courage et sans voix,
Nos yeux, nos yeux ont vu ce Magistrat austère,
Tendre au fatal couteau sa tête octogénaire,
Entouré des enfans que son intégrité
Elevoit dans l'honneur et dans la probité ;
Nous avons vu leur sang rejaillir dans ses larmes,
Et pour Pausanias ce spectacle eut des charmes.

TABLE DES DIVISIONS.

THÉOLOGIE.

JURISPRUDENCE.

SCIENCES ET ARTS.

HISTOIRE.

VOYAGES.

THÉOLOGIE.

THÉOLOGIE.

ÉCRITURE SAINTE.

1 PETRI Sabatier, Biblia sacra. *Remis*, 1743, 3 vol. in-fol.

2 Sainte Bible, trad. par le Gros. *Par.* 1753, 6 v. in-12.

3 Bible de Chais, jusqu'au 2e. livre des Rois. *La Haye*, 1743 *et suiv.* 6 tom. 10 vol. in-4. v. d. s. tr.

4 Psalmorum versio à Capucinis. *Par.* 1762. = Examen du Pseautier fr. des Capucins. *Par.* 1764, 2 v. in-8. et in-12.

5 Trad. des Pseaumes de David, faite sur l'hébreu, & justifiée par le génie de la langue. *Montauban*, 1757, in-12.

6 Pseaumes de David, trad. par Laugeois. *Par.* 1762, 2 vol. in-12. pap. de Holl. mar.

7 Traduct. du Prophête Isaïe, par Deschamps. *Par.* 1760, in-12.

8 Livres apocryphes de l'ancien Testam. en lat. et trad. en fr. par Saci. *Par.* 1742, 2 vol. in-12.

9 Novum Testamentum græcum, edente Jo. Leusden. *Amst.* 1701, in-24.

10 Lettre de Ladvocat, dans laquelle il examine si les textes originaux de l'Ecriture sont corrompus, et si la Vulgate leur est préférable. *Caen*, 1766, in-8. br.

11 Conjectures sur les Mémoires originaux dont il paroît que Moyse s'est servi pour composer la Genese. *Brux.* 1753, in-12. v. d. s. tr.

12 Moyse considéré comme Législateur et comme Moraliste, par Pastoret. *Par.* 1788, in-8.

13 Historia Jeschuæ Nazareni, hebr. cum versione latina Joh. Jac. Huldrici. *Lugd. Bat.* 1705, in-8.

14 Harmonie des Pseaumes et de l'Evangile, par Pluche. *Par.* 1764, in-12.

15 Jugem. et observ. de Ladvocat, sur differ. trad. des Pseaumes. *Par.* 1763, in-12.

16 Pseaumes et Cantiques, trad. en vers, recueillis par Monchablon. *Par.* 1751, in-12.

17 Le Cantique des Cantiques de Salomon, interprêté selon le sens mystique. *Lyon*, 1688, in-8. br.

18 Comment. sur les Prophêtes, par de Contremoulins. in 8. manusc.

19 Observacions upon the Prophecies of Daniel and the Apocalipse of S. John, by Isaac Newton. *Lond.* 1733, in-4.

20 Lamentations de Jérémie, en vers, par d'Arnaud. *Par.* 1757, in-8.

21 Joseph, Poëme, par Bitaubé. *Par.* 1767, in-8.

22 Dissert. sur le vœu de Jephté, par F. C. Baer. *Par.* 1765, in-12. br.

23 Stances chrétiennes sur divers passages de l'Ecriture Sainte et des Peres, par Testu. *Par.* 1703, in-12.

24 Poësies sacrées, par Salmon. *Par.* 1751, in-12.

25 Poësies sacrées de Lefranc de Pompignan, et examen de ces Poësies. *Par.* 1754, 2 vol. in-12.

26 — Les mêmes. *Par.* 1763, in-4. v. d. s. tr.

27 Elégies de Sidronius Hosschius sur la Passion de J. C. trad. en vers par Deslandes. *Par.* 1756, in-8. mar.

28 Dict. hist. de la Bible, par Augustin Calmet. *Par.* 1730, 4 vol. in-fol. fig. v. fil.

29 Dict. de la Bible. *Par.* 1758, 2 vol. in-8.

30 Car. de Missy de Jo. Harduini prolegomenis cum authographo collatis epistola. *Lond.* 1766, in-8. br.

31 Politique tirée des paroles de l'Ecriture Sainte, par Jacq. Benigne Bossuet. *Par.* 1710, 2 vol. in 12.

32 Tables sacrées, ou nouv. Méthode pour lire avec fruit toute l'Ecriture Sainte, dans le courant de l'année. *Par.* 1761, in 8.

33 Synopsis doctrinæ sacræ, autore Alletz. *Lut. Par.* 1763, in-8.

34 Traité de la Vérité et de l'inspiration des livres du vieux et du nouveau Testament, par Jacquelot. *Par.* 1752, 2 vol. in-12. mar.

35 Jo. Alb. Fabricii codex pseudepigraphus veteris Testam. et apocryphus novi Testamenti. *Hamburgi*, 1722, 6 vol. in-8.

Liturgies.

36 Breviarium Romanum. *Colon. Agripp.* 1665, 4 vol. in-12. mar.

37 Missel Romain, en lat. et en franç. *Par.* 1722, 4 vol. in-12.

38 Missel de Paris, lat. et franç. *Par.* 1716. 4 vol. in-12. v. d. s. tr.

39 Heures gravées, imprimées par Moreau. *Par.* in-24. chagrin, avec fermoirs d'argent.

40 Recueil de Prieres, in-18. manusc.

41 Antiennes et Oraisons à S. Sernin de Toulouse. *Toulouse*, 1762, in-12. fig.

42 Manuel de la grande phrairie des Bourgeoys et Bourgeoyses de Paris. *Par.* 1534, in-8.

43 Journal Chrétien pour élever l'ame à Dieu, par L. Feraud. *Par.* 1690, in-18. chagrin, avec fermoirs d'argent.

44 Prières et Instr. chrét. par Sanadon. *Par.* 1747, in-12. mar.

45 Nourriture de l'ame, ou Rec. de prieres, par J. Rod. Ostervald. *Laus.* 1761, 2 vol. in-12. br.

46 Exercices de piété, par G. J. Zolikofre, trad. par L. Dumas. *Strasb.* 1787, 2 vol. in-8. br.

47 Dissert. sur l'honoraire des Messes, 1748, in-8.

CONCILES ET SS. PERES.

48 Concilii Tridentini canones et decreta. *Par.* 1754, in-24. mar.

49 S. Justini apologiæ duo pro christianis, græcè, cum lat. Jo. Langi versione, et variorum notis, editæ à Jo. Eorn. Grabe, et H. Hutchin. *Oxon.* 1700 et 1703, 2 v. in-8.

50 S. Justini cum Tryphone dialogus, gr. cum lat. Jo. Langi versione, et variorum notis, editus à Sam. Jebb. *Lond.* 1719, in-4.

51 Clementis Alexandrini opera, græcè et lat. *Lut.* 1641, in-fol.

52 Q. Septimii Florentis Tertulliani opera, edente Nic. Rigaltio, et Ph. Priorio. *Lutet. Par.* 1675, in-fol.

53 Traité d'Origène contre Celse, trad. par Elie Bouhereau. *Amst.* 1700, in-4.

54 S. Cæcilii Cypriani opera, græcè et lat. edente Jo. Fello, accedunt annales Cyprianici à Jo. Pearsonio, et dissert. Cyprianicæ Henr. Dodwelli. *Amst.* 1700, in. fol.

55 Œuvres de S. Cyprien, trad. par Lombert. *Rouen*, 1716, in-4.

56 S. Ambroise sur la virginité, trad. par de Bonrecueil. *Par.* 1729, in-12. br.

57 Deux Epîtres de S. Clément Romain, en lat. et en franç. 1763, in-8. br.

58 S. Augustin, de la véritable Religion, trad. par Ant. Arnauld. *Par.* 1652, in-12.

59 S. Augustin, contre Julien, défenseur du Pélagianisme, trad. en franç. *Par.* 1736, 2 vol. in-12.

60 Méthode d'étudier, tirée de S. Augustin, trad. de l'ital. de P. Ballerini. *Par.* 1760, in-12.

61 Augustin, Poëme. *Par.* 1756, in-12.

62 Serm. de S. Césaire, Evêq d'Arles, trad. en franç. *Par.* 1760, 2 vol. in-12.

63 Ivonis, Carnot. episcopi, opera omnia. *Par.* 1647, in-fol.

64 Œuvres posthumes de Jacq. Ben. Bossuet. *Par.* 1753, 3 vol. in-4.

THÉOLOGIENS.

Théologiens Scholastiques et Moraux.

65 Hook religionis naturalis et moralis philosophiæ principia. *Par.* 1752, 2 vol. in-8.

66 Dict. théologique, par Alletz. *Par.* 1756, in-8.

67 Dict. des sciences ecclésiastiques, par le P. Richard. *Par.* 1760 *et suiv.* 5 vol. in-fol.

68 Dict. Ecclésiastique et Canoniq. *Par.* 1765, 2 vol. in-8.

69 Recueil de différens Ouvrages de Théologie. in-8. br.

70 Lettres théologiques de l'Abbé Gaultier. *Par.* 1756, 3 vol. in-12.

71 Lettre d'un Théologien, pour défendre la doctrine de S. Thomas. 1761, in-12.

72 Lettres de S. Charles Borromée. *Par.* 1762, in-12. br.

73 J. J. Languet opera omnia pro defensione constitutionis unigenitus. *Senonis*, 1752, 2 vol. in-fol.

74 Barth. Camerarii, de prædestinatione dialogi. *Par.* 1556, in-4.

75 Recueil de Mandem. et Lettres past. d'Evêques. 2 v. in-4.

76 Vie et Lettres de J. Soanen, Evêque de Sénez. *Colog.* 1750. — Lettres sur le Clergé. 1751, 4 vol. in-4.

77 Supplém. aux Œuvres de Ch. Gab. de Caylus, Evêq. d'Auxerre. *Cologne*, 1755, in-12. br.

78 Essais de Morale, par Nicole. *Par.* 1713, 10 vol. in-18.

79 Eclaircissem. sur le péché originel. *Par.* 1755, in-8.

80 Traité du délai de l'absolution, trad. de Concina. *Par.* 1756, in-8. mar.

81 Confér. sur la Pénitence, par le P. Laborde. *Par.* 1757, in-12.

82 Tho. Sanchez, disputationes de matrimonii sacramento. *Antuerpiæ*, 1617, in-fol.

83 Défense de l'humilité séraphique, par le P. Paulin. *Lyon*, 1643, in 8.

84 Les Provinciales, par Pascal, avec les notes de Guill. Wendrock. *Par.* 1753, 4 vol. in-12. v. fil.

85 Disc. sur les miracles de Jésus-Christ, trad. de l'angl. de Woolston. *Amst.* 2 vol. in-12. v. d. s. tr.

86 Doctrine de l'Ecriture et des Peres sur les guérisons miraculeuses. 1754, in-12.

87 Traité des miracles. *Par.* 1763, 2 vol. in-12. v. fil.

88 Rech. sur la nature du feu de l'Enfer, et du lieu où il est situé, par Swinden, trad. par Bion. *Par.* 1757, in-8.

89 Dict. portat. des Cas de conscience. *Lyon*, 1759, 2 vol. in-8.

90 Recueil de Pieces concern. l'excommunication des Comédiens. 4 vol. in-12.

Sermonaires et Théologiens mistiques.

91 Sermons du P. Bourdaloue. *Par.* 1707 *et suiv.* 12 vol.

in-8. (manq. le tom. 3 des Dominicales, et la Retraite.)

92 — Les mêmes. *Par.* 1750, 15 vol. in-12.

93 L'Esprit, du même. *Par.* 1762, in-12.

94 Sermons sur les Evangiles du Carême, et sur divers sujets de Morale, par Massillon. *Trévoux*, 1708, 5 v. in-12.

95 Avent et petit Carême du même. *Par.* 1760, 2 vol. in-12. v. fil.

96 Sermons du P. Cheminais. *Avignon*, 1757, 2 vol. in-12.

97 Panégyriques des Saints, et Réflexions sur l'Eloquence, par Trublet. *Par.* 1755, in-12.

98 Sermons de Jacq. Franç. René de la Tour du Pin. *Par.* 1764, 2 vol. in-12.

99 Sermons du P. Charles Frey de Neuville. *Par.* 1776, 8 vol. in 12. (manque le prem. vol.)

100 Sermons de Jacq. Saurin. *Geneve*, 1733 *et suiv.* 11 vol. in 12.

101 Sermons de Tillotson, trad. de l'angl. par Barbeyrac. *Trév.* 1744, 7 vol. in-12.

102 Sermons de Beausobre. *Lausanne*, 1755, 4 vol. in-8.

103 Th. à Kempis, de imitatione christi. *Glasg.* 1751, in-12. v. d. s. tr.

104 Imitation de Jésus-Christ, et Œuvres diverses de Pierre Corneille, en vers. *Par.* 1749, 2 vol. in-12.

105 Internelle consolation. *Par.* 1539, in-8.

106 Esguillon de l'Amour divin, translaté de lat. en franç. par Jehan Gerson. *Par.* 1541. — Orloge de dévotion par Jehan Aventin. *Par.* 1541. — La Marchandise spirituelle. *Par.* 1541, in-4.

107 Vie dévote de S. François de Sales. *Par.* 1696, in-12.

108 Epîtres spirit. du même. *Par.* 1661, 2 vol. in-8. mar. avec fermoirs.

109 Lettres ascétiques de S. Gaétan de Thienne, par Barral. *Par.* 1785, in-8. br.

110 Chemin de l'amour divin, par Grisel. *Paris*, 1746, in-12.

111 Combat spirituel. *Par.* 1657, in-12.

112 La Dévotion réconciliée avec l'esprit, par Lefranc de Pompignan, Evêque du Puy. *Par.* 1754, in-12. v. fil.

113 Poësies chrétiennes d'Ant. Godeau. *Par.* 1646, in-12.

114 Noels et Cantiques spirituels. *Troyes*, in-8. br.

Théologiens Polémiques.

115 Dissert. sur l'existence de Dieu, par Jacquelot. *La Haye*, 1697, in-4.

116 Hugo Grotius, de veritate religionis christianæ, cum notis Jo. Clerici. *Hag. Com.* 1718, in-8.

117 Traité de la vérité de la religion chrétienne, trad. de Grotius par Goujet. *Par.* 1754, 2 vol. in-12.

118 Religion chrétienne prouvée par les faits, par Houtteville. *Par.* 1740, 3 vol. in-4.

119 Traité de la vérité de la religion chrétienne, par Jacq. Abbadie. *Par.* 1741, 4 vol. in-12.

120 Preuves de la religion de Jésus-Christ, par le François. *Par.* 1751, 8 vol. in-12.

121 La Religion chrétienne démontrée par la conversion et l'apostolat de S. Paul, trad. de George Lyttelton, et Discours sur l'excellence des saintes Ecritures, trad. de Jérémie Seed. *Par.* 1754, in-12.

122 Hist. de l'établissement du Christianisme, par Bullet. *Besançon*, 1764, in-4.

123 Certitude des preuves du Christianisme, ou Réfutat. de l'examen crit. des Apologistes de la religion chrétienne, par Bergier. *Par.* 1768, in-12.

124 La vraie Religion démontrée par l'Ecriture sainte, trad. de l'angl. de Gilb. Burnet. *Lond.* 1767, in-12. br.

125 Pensées de Pascal. *Par.* 1678, in-12.

126 Pensées angloises sur la religion et la morale. 1763, in-12.

127 Disc. sur l'irreligion, par Haller, trad. par Seigneux de Correvon. *Laus.* 1760, in-12.

128 Usage et fins de la prophétie dans les divers âges du monde, par Sherlock, trad. par Abr. le Moine. *Par.* 1754, 2 vol. in-12.

129 De la Providence, par le P. Touron. *Par.* 1752, in-12.

130 Essai philos. sur la Providence. *Par.* 1728, in-12.

131 Essais sur la Providence et sur la possibilité physique de la résurrection, trad. de l'angl. de Burnet *La Haye*, 1719, in-12. v. f.

131 Les témoins de la résurrection de Jésus-Christ, examinés et jugés selon les regles du Barreau, pour servir de réponse aux objections de Woolston, et de quelques autres auteurs, par Guill. Sherlock, trad. par A. le Moine. *Par.* 1753, in-12.

132 Dissert. sur le Messie, par Jacquelot. *Par.* 1752, in-12. mar.

133 De l'Incrédulité, par Leclerc. *Amst.* 1733, in-12. v. d. s. tr.

134 Questions sur l'incrédulité, par Lefranc de Pompignan, Evêque du Puy. *Par.* 1751, in-12.

135 L'Incrédule détrompé, et le Chrétien affermi dans la foi, par de Pontbriand. *Par.* 1752, in-8. pap. fin. v. fil.

136 Accord de la foi avec la raison. *Par.* 1757, 2 tom. 1 vol. in-12.

137 Réflex. sur la foi, par le P. Isaac Jos. Berruyer. *Trev.* 1760, in-12.

138 La foi justifiée de tout reproche de contradiction avec la raison. *Par.* 1762, in-12. v. fil.

139 Présence corporelle de l'homme en plusieurs lieux, prouvée possible, par Lignac. *Par.* 1764, in-12.

140 Exposition de la doctrine de l'Eglise Catholique sur les matieres de controverse, par Jacq. Benigne Bossuet. *Par.* 1671, in 12.

141 Mém. de Mad. C. contenant les motifs de sa conversion à la religion catholique. *Par.* 1755, in-12. v. d. s. tr.

142 Théologie astronomique, par Guill. Derham, trad. de l'Angl. *Par.* 1729, in-8. v. d. s. tr.

143 Théol. physiq. par Guill. Derham, trad. par Jacq. Lufneu. *Par.* 1732, in-8.

144 Théologie de l'eau, trad. de J. Alb. Fabricius. *La Haye*, 1741, in-8.

145 Théologie des Insectes, trad. de Lesser, par P. Lyonnet. *La Haye*, 1742, 2 vol. in-8. fig.

146 Grandeur de Dieu dans les merveilles de la nature, poëme, par Dulard. *Par.* 1749. in-12.

147 Aristée, ou de la Divinité. *Par.* 1779, in-12. br.

Théologiens Hétérodoxes.

148 Défense du Paganisme, par l'Emper. Julien, en grec et en franç. avec des dissert. et des notes, par d'Argens. *Berlin*, 1764, in-12.

149 Anatomie de la Messe, par P. du Moulin. *Geneve*, 1641, in-8.

150 Œuvres de Jean d'Espagne, Ministre à Londres. *La Haye*, 1674, 2 vol. in-12.

151 Pensées libres sur la Religion, l'Eglise et le bonheur de la Nation, trad. de l'angl. de B. Mandeville. *La Haye*, 1723, 2 vol. in-12.

152 Ebauche de la religion naturelle, par Wollaston, trad. de l'angl. *La Haye*, 1726, in-4.

153 The scheme of literal prophecy, by Collins. *Lond.* 1726, in-8.

154 Examen des prophéties qui servent de fondement à la religion chrétienne, trad. d'Ant. Collins. *Lond.* 1768, in-12.

155 Reflections upon learning wherein is shewn the insufficiency thereof, in its several particulars : in order to evince the usefulness and necessity of revelation. *Lond.* 1738, in-8.

156 Exam. des fondemens et de la connexion de la Religion natur. et de la révélée, trad. de l'angl. d'Ashley Sykes. *Amst.* 1742, 2 vol. in-12.

157 Dissert. sur l'union de la religion, de la morale et de la politique, par Guill. Warburton, trad. en franç. *Lond.* 1742, 2 vol. in-12.

158 Th. Brown Religio medici. *Genevæ*, 1743, in-12. v. fil.

159 —La même, trad. en franç. *Amst.* 1668, in-12. mar.

160 Lettres sur la religion essentielle à l'homme, distinguée de ce qui n'en est que l'accessoire. *Lond.* 1756, 5 vol. in-12.

161 Pensées secretes sur la religion et sur la vie chrétienne, par Guill. Beveridge, trad. de l'angl. *Amst.* 1756, 2 tom. 1 vol. in-12. v. fil.

162 L'Oracle des anciens Fideles. *Berne*, 1760, in-12.

163 Le Pyrrhonien raisonnable. *Par.* 1765, in-12.

164 Christianisme dévoilé, par Boullanger. 1767. in-12. br.

165 — Le même. *Lond.* 1767. — La Religion chrétienne analysée. *Par* 1767. — L'Anti Papisme révélé, ou les Rêves de l'Anti-Papiste. *Geneve*, 1767, in-8. v. fil.

166 Lettres à Eugénie, ou Préservatif contre les préjugés. *Lond.* 1768, 2 tom. 1 vol. in-12.

167 Théologie portative, par Bernier. *Lond.* 1768, in-12. br.

168 L'Anti-Bernier, ou nouv. dict. de Théologie. *Geneve*, 1770, 2 vol. in-8.

169 Contagion sacrée, ou Hist. natur. de la superstition. *Lond.* 1768. — De la Cruauté religieuse. *Lond.* 1769, in-8. br.

170 Les Mystères du Christianisme approfondis radicalement, et reconnus physiquement vrais. *Lond.* 1771, 2 vol. in-8.

171 Lettres à Sophie, contenant un examen des fondemens de la religion chrétienne, et diverses objections contre l'immortalité de l'ame. *Lond.* 2 tom 1 vol. in-12.

172 Un Chrétien contre six Juifs. *Lond.* 1777, in-8. br.

173 Collect. d'anciens Evangiles, par l'abbé B. *Lond.* 1769, in-8. v. d. s. tr.

174 L'Evangile du jour. *Lond.* 1772, 12 tom. 6 vol. in-8.

175 Examen crit. de la vie et des ouvrages de S. Paul, et Dissert. sur S. Pierre, par Boulanger. *Lond.* 1770, in-12.

176 Ben. Spinosæ, tractatus theolog. politicus et opera posthuma. *Hamb.* 1670, 2 vol. in-4.

177 Réflex. curieuses d'un esprit désintéressé, sur les matieres les plus importantes au salut, par le même. *Col.* 1678, in-12. v. d. s. tr.

178 Réfutat. des erreurs de Spinosa, par Fénelon, Lamy et Boullainvilliers, avec la vie de Spinosa, par J. Colerus. *Brux.* 1731, in-12.

JURISPRUDENCE.

DROIT CANONIQUE.

179 Edmundi Martin, institutiones juris canonici. *Parisiis*, 1788, 2 vol. in-12. pap. double, v. d. s. tr.

180 Institution au Droit ecclésiastique, par Fleury. *Par.* 1740, 2 vol. in-12.

181 — La même, avec des notes par Boucher d'Argis. *Par.* 1767, 2 vol. in-12.

182 Loix Ecclésiastiques de France, par L. de Hericourt. *Par.* 1748, in-fol.

183 Recueil de Jurisprudence canonique et bénéficiale, par Guy du Rousseau de Lacombe. *Par.* 1755, in-fol.

184 Dict. de Droit canonique, par Durand de Maillane. *Avign.* 1761, 2 vol. in-4.

185 Zegeri Bern. Van-Espen, jus ecclesiasticum universum *Par.* 1753, 4 vol. in-fol.

186 Esprit ou Principes du droit canonique. *Par.* 1760, 3 vol. in-12.

187 P. et Fr. Pithœorum corpus juris canonici. *Par.* 1687, 2 vol. in-fol.

188 Recueil de pieces manuscrites, concern. le droit canonique, 2 vol. in-fol. et in-4.

189 Droits de l'Episcopat sur le second ordre. 1760, in-12.

190 Droits qu'ont les Curés de commettre leurs Vicaires et les Confesseurs de leurs paroisses, par l'abbé Gueret. *Par.* 1759, in-12.

191 Traité de la jurisdiction volontaire et contentieuse des Officiaux et Juges d'Eglises, par Jousse. *Par.* 1769, in-12.

192 Traité du gouvernement spirituel et temporel des paroisses, par le même. *Par.* 1769, in-12.

193 Traité des collations et provisions de Bénéfices, par Piales *Par.* 1753, 5 vol. in 12. v. fil.

194 Principes sur les droits et obligations des Gradués, par de Jouy. *Par.* 1759, in-12.

195 Traité des appellations comme d'abus, par Edm. Richer. 1763, 2 tom. 1 vol. in-12.

196 Traité des dispenses en général et en particulier, par Collet. *Par.* 1752, 3 vol. in-12.

197 Traité hist. de l'orig. et nature des dixmes, par Edme de la Poix de Freminville. *Par.* 1762, in-12.

DROIT CIVIL.

Droit civil et naturel.

198 Esprit des lois, par Montesquieu. *Geneve*, 2 vol. in-4.

199 Recueil d'ouvrages pour et contre l'Esprit des lois. *Par.* 1751 *et suiv.* 11 pieces, 12 vol. in-8. et in-12.

200 Essais historiques sur les lois, trad. de l'angl. par Bouchaud. *Par.* 1766, in-12.

201 A new and complete Law dictionary, by T. Cunningham. *Lond.* 1771, 2 vol. in-fol.

202 J. Gothofredi manuale juris. *Genevæ*, 1677, in-12.

203 Principes naturels du droit et de la politique, par Dreux du Radier. *Par.* 1765, 2 tom. 1 vol. in-12.

204 Esprit de la Légiſlation, par le Baron de Creutz, trad. de l'allem. par J. F. Jungert. *Par.* 1769, in-12.

205 Principes de la Législation universelle. *Amst.* 1776, 2 vol. in-8.

206 Science de la Législation, par Gaetano Filangieri. *Par.* 1786, 2 vol. in-8.

207 Les Lois civiles de l'administr. de la justice, ramenées à un ordre simple et uniforme. *Par.* 1782, in-12.

208 Recueil de pieces sur la Législation, in-12.

209 Législation philosophique, politique et morale, par Laudreau de Maine-au-Picq. *Par.* 1787, 3 vol. in-12.

210 Introduction à un seul code de Lois, par Picard de Prevois. *Caen*, 1788, 2 tom. 1 vol. in-12.

211 Elém. du Barreau, par de Maillet. *Nancy*, 1746, in-4.

212 Essai sur l'idée du parfait Magistrat. *Par.* 1701. in-12.

213 Regles pour former un Avocat, par Boucher d'Argis. *Par.* 1753, in-12.

214 Recueil de pieces sur l'étude et la profession des Lois. in-8.

215 Nouv. Code civil et de la rédaction des lois dans les monarchies, par d'Olivier. *Par.* 1789, 2 vol. in-8. br.

216 Examen d'un Candidat pour la charge de Justicier. *Neufchâtel*, 1757, in-12.

217 Dissertation sur les raisons d'établir ou d'abroger les lois; et examen de l'usure, suiv. les principes du droit naturel, par Formey. *Par.* 1751. — Essai sur la perfection, par le même. *Par.* 1751. — Systême du vrai bonheur, par le même. *Par.* 1751. — Essai de philosophie morale, par Maupertuis. 1751, in 8.

218 De la réforme des Lois civiles, par d'Olivier. *Par.* 1786, 2 vol. in-8.

219 Mém. pour diminuer le nombre des procès, par l'abbé S. Pierre. *Par.* 1725, in-12. mar.

220 Les droits de Dieu, de la nature et des gens, par Abbadie, et Disc. sur les droits de la puissance souveraine, par Barbeyrac, trad. par Noodt. *Amsterd.* 1775, in-12.

221 Droit de la nature et des gens, par Puffendorf, trad. du lat. par J. Barbeyrac. *Trev.* 1740, 3 vol. in-4.

222 Principes du droit naturel et politique, par J. J. Burlamaqui. *Geneve*, 1747, in-4.

223 — Les mêmes. *Geneve*, 1748, et *Par.* 1751, 3 vol. in 8. et in-12.

224 Fundamenta Jurisprudentiæ naturalis a Frid. Guill. Pestel. *Lugduni-Batav.* 1717, in-8. br.

225 — Les mêmes, trad. en franç. *Utrecht*, 1774, in-8. br.

226 Elémens généraux de Police, par Jean Henri Gottlobs de Justi. *Par.* 1769, in-12.

227 Théorie des traités de commerce entre les Nations, par Bouchaud. *Par.* 1777, in-12.

228 Hugo Grotius, de jure belli ac pacis, cum J. F. Gronovii notis et J. Barbeyracii animadv. et comment. Henr. et Sam. Cocceiorum. *Laus.* 1751, 5 vol. in-4.

229 — Le même. trad. par J. Barbeyrac. *Trev.* 1729, 2 vol. in-4.

230 Traité des délits et des peines, trad. de Beccaria. *Par.* 1766, in-12. v. fil.

231 Note ed osservazioni sul libro dei delitti e delle pene. 1765, in-8.

232 Comment. sur le livre des délits et des peines. 1766, in 8. br.

233 Traité philos. et polit. de la peine de mort, par Cam. Ciamarelli, trad. de l'ital. *Par.* 1789, in-8. br.

234 Traité des Violences publiques et particulieres, par Maximin Murena, trad. par Pingeron, avec le texte ital. *Par.* 1769, in-12.

SCIENCES ET ARTS.

Introduction et Traités généraux.

235 Lettres sur l'origine des sciences, et sur celle des peuples de l'Asie, par Bailly. *Par.* 1777. — Mém. pour les Druides Gaulois, contre cette lettre, par Beaudeau. *Par.* 1777, in-8.

236 Traité de l'incertitude des sciences, trad. de l'angl. *Par.* 1714, in-12.

237 Questions inouies et harmoniques concern. les différentes sciences. *Par.* 1634, in-8.

238 Recueil de Mémoires et Conférences sur les sciences et arts, par J. Bapt. Denis. *Par.* 1672, in-4.

239 Georg. Paschius, de novis inventis. *Lips.* 1700, in-4.

240 Cours de Sciences, par Buffier. *Par.* 1732, in-fol.

241 Encyclopédie, ou Dict. raisonné des Sciences, des Arts et des Métiers, par une société de Gens de Lettres, mis en ordre par Diderot et d'Alembert, avec le supplém. *Par.* 1751 *et suiv.* 33 vol. in-fol. fig.

242 Préjugés légitimes contre l'Encyclopédie, par Abr. Jos. de Chaumeix. *Par.* 1758 *et suiv.* 8 tom. 7 vol. in-12.

243 Lettres sur l'Encyclopédie, par Saas. *Rouen*, 1764, in-8.

244 Recueil de pieces pour et contre l'Encyclopédie. 3 vol. in-12.

245 Science des personnes de Cour, d'Epée et de Robe, par de Chevigny, augm. par de Limiers. *Par.* 1752, 8 vol. in-12.

246 Notionnaire, par Garsault. *Par.* 1761, in-8. fig.

247 Biblioth. des Artistes et des Amateurs, par Petity. *Par.* 1766, 3 vol. in-4. fig. br.

248 Encyclopédie portative, par Roux. *Par.* 1766, 2 vol. in-8.

249 Dict. de l'industrie, par Duchesne. *Paris*, 1776, 3 vol. in-8.

250 Mém. sur différ. parties des Sciences et Arts, par Guettard. *Par.* 1768 *et suiv.* 5 vol. in-4. fig.

251 Porte-Feuille des Enfans. *Par.* 1784, n°. I, in-4. gr. pap. fig. br.

252 Essai sur de nouvelles découvertes intéressantes pour les Arts, l'Agriculture et le Commerce, par Larouviere. *Par.* 1770, in-12.

253 — Le même. *Par.* 1770. — Art de faire l'indienne à l'instar d'Angleterre, et de composer toutes les couleurs, bon teint, propres à l'indienne, et toutes autres en liqueur pour peindre, par de Lormois. *Par.* 1770, in-12.

PHILOSOPHIE.

Histoire et Cours de Philosophie.

254 Diogenes Laertius, de vitis, dogmatibus et apophthegmatibus clarorum philosophorum, gr. et lat. cum notis variorum, edente Marco Meibomio, cum Ægid. Menagii observationibus. *Amst.* 1708, 2 vol. in-4. fig.

255 — Le même, trad. en franç. avec portraits. *Amst.* 1758, 3 vol. in-12. v. fil.

256 Thomæ Stanlei, hist. philosophiæ. *Lips.* 1711, 2 vol. in-4.

257 Jac. Bruckeri, historia critica philosophiæ. *Lips.* 1742, 6 vol. in-4. v. fil.

258 Traité de l'Opinion, par Legendre. *Par.* 1741, 7 vol. in-12. v. fil.

259 Hist. de la Philosophie, par Deslandes. *Par.* 1756, 4 vol. in-12. v. fil.

260 Hist. abr. de la Philosophie, par Formey. *Amst.* 1760, in-12.

261 Origine des découvertes attribuées aux modernes, par Dutens. *Par.* 1776, 2 vol. in-8.

262 Hist. des Philosophes modernes, par Saverien, avec leurs portraits. *Par.* 1760, 3 vol. in-12.

263 — La même. *Par.* 1760, 7 vol. in-4. v. fil.

264 Hist. des progrès de l'esprit humain dans les sciences exactes, par le même. *Par.* 1766, in-8.

265 — La même. *Par.* 1776, in-8.

266 Edm. Purchotii, Institut. philosophicæ. *Par.* 1733, 5 vol. in-12.

267 Abr. de philosophie, par de la Chambre. *Par.* 1754, 2 vol. in-12.

268 Dict. philosophique. *Par.* 1751, in-8.

Philosophes anciens.

269 Morale d'Epicure, tirée de ses écrits, par Batteux. *Par.* 1758, in-8.

270 Vies d'Epicure, de Platon et de Pythagore. *Paris*, 1752, in-12.

271 Platonis opera quæ extant omnia, græcè et lat. ex Jo. Serrani interpretatione, cum Henr. Stephani multorum contextûs græci emendatione. *Par.* Henr. Stephanus, 1578, 3 vol. in-fol.

272 Extrait de Platon. *Par.* 1698, in-12.

273 Œuvres du même, trad. par Dacier. *Paris*, 1699, 2 vol. in-12.

274 République du même, trad. par de la Pillonniere. *Lond.* 1726, in-4.

275 Lois du même, trad. par Grou. *Amsterd.* 1769, 2 vol. in-8.

276 Le premier Alcibiade, du même, trad. par Lefevre. *Amst.* 1766, in-12.

277 Vie de Pythagore, ses symboles, ses vers dorés, et la vie d'Hiéroclès, trad. par Dacier. *Paris*, 1706, 2 v. in-12.

278 Vie et choses mémorables de Socrate, trad. de Xénophon par Charpentier. *Amst.* 1699, in-12.

279 Vie de Socrate. *Par.* in-12.

280 Aristotelis opera omnia, gr. et lat. edente Guill. Duval. *Lut. Par.* 1619, 2 vol. in-fol. C. M.

281 Jamblichus de mysteriis, gr. et lat. edente Th. Gale. *Oxon.* 1678, in-fol.

282 Hist. des Causes premieres, et traduct. d'Ocellus Lucanus, de Timée de Locres, et de la lettre d'Aristote à Alexandre, par Batteux, avec le grec. *Par.* 1779, 2 v. in-8.

283 Ocellus Lucanus, et Timée de Locres, en gr. et en fr. avec des Dissertat. par d'Argens. *Berlin*, 1762, 2 v. in-12.

284 Maximi Tyrii dissertationes, gr. et lat. *Lugd.* 1630, in-8.

285 Traité de Plutarque, sur la maniere de discerner un flatteur d'avec un ami, et le Banquet des sept Sages, en grec, traduit par Laporte du Theil. *Par.* Impr. Roy. 1772, in-8.

286 Nouvelle trad. de divers morceaux choisis des Œuvres de Plutarque, par Lambert. *Par.* 1764, in-12.

287 Les Hypotiposes, ou Inst. pyrrhoniennes de Sextus Empiricus, trad. du grec. *Lond.* 1735, in-12. v. fil.

288 Traité de Porphyre touchant l'abstinence de la chair des animaux, et Vie de Plotin, trad. par Burigny. *Paris*, 1747, in-12.

289 T. Lucretius, de rerum natura, cum interpret. et notis à Th. Creech. *Lond.* 1717, in-8.

290 — Le même, en lat. trad. par la Grange. *Par.* 1767, 2 vol. in-12. v. fil.

291 Trad. libre du même, par Panckoucke. *Par.* 1768, 2 vol. in-12.

292 L'Anti-Lucrece de Mich. de Polignac, en lat. trad. par de Bougainville. *Par.* 1749, 4 tom. 3 vol. in-12.

293 L. Annæi Senecæ philosophi opera, à Justo Lipsio emendata et scholiis illustrata, aucta Liberti Fromondi scholiis. *Antuerp.* 1632, in-fol.

294 Œuvres de Séneque, trad. par Fr. Malherbe, continuées par P. du Ryer. *Par.* 2 tom. 6 vol. in-fol. v. d. s. tr.

295 Pensées du même, en lat. trad. par Angliviel de la Beaumelle. *Par.* 1752, 2 vol. in-12.

296 Extrait des Epîtres du même, par Sablier. *Par.* 1770, in-12.

Philosophes modernes.

297 Fr. Baconi, opera moralia et civilia, à Guil. Rawley latinitate donata. *Lond.* 1638, in-fol.

298 Œuvres du même, trad. en franç. Hist. natur. *Par.* 1631 = Œuvres morales et politiq. 1636. — Progrès des sciences divines et humaines. — Nouv. Atlantide. — Fragmens extraits de ses Œuvres. — Analyse de sa philosophie. — Tractatus de justitia universali. 8 vol. in-8. in-12. et in-18.

299 Vie de Fr. Bacon, trad. par Bertin. *Paris*, 1788, in-12. br.

300 Disc. sur la méthode et méditat. métaphysiq. par René Descartes. *Par.* 1668, 2 vol. in-4.

301 Ejusdem meditationes, et principes de philosophie, trad. *Par.* 1641, 2 vol. in-12.

302 Abr. de la vie du même, par Baillet. *Par.* 1692, in 12. mar.

303 Eloge du même ; autre par Thomas; autre par Gaillard. *Par.* 1765. — Hist. de la conjuration faite contre lui à Stockholm. *Par.* 1695, 2 vol. in-8. et in-12.

304 Fr. Sanchez, tractatus philosophici. *Roterod.* 1649, in-12.

305 Joh. Zeisoldi, de notitiis naturalibus dissertatio. *Jenæ*, 1654, in-12.

306 Th. Hobbes, de homine. *Lond.* 1658, in-4.

307 Principes de philosophie, poëme, par Genest. *Par.* 1716, in-8.

308 Examen du traité de la liberté de penser, par D. Cr. *Amst.* 1718, in-12. mar.

309 Œuvres de J. Locke, trad. en franç. — Abr. de l'essai sur l'entendem. humain, par Bosset. — Œuvres diverses. *Amst.* 1732. — Gouvernem. civil. *Par.* 1783. = Elém. de physique. *Amst.* 1757. — Christianisme raisonnable. *Amst.* 1731. = Education des Enfans. *Trev.* 1737, 8 vol. in-12.

310 Œuvres philos. et mathém. par G. J. de s'Gravesende, rassemblées et publiées par J. Nic. Séb. Allamand. *Amst.* 1774, 2 tom. 1 vol. in-4. fig.

311 Pensées philos. de Diderot, 1746. — Nouv. libertés de penser. *Amst.* 1743, in-12.

312 Œuvres philosophiq. de Diderot. 1772, 6 vol. in-8.

313 La promenade du Sceptique, ou les Allées, manuscr. par le même. in-8.

314 Connoissance de l'esprit humain, par Vauvenargues. *Par.* 1747, in-12.

315 Philosophical works of Henry St. John Lord Viscount Bolingbroke, published by David Mallet. *Lond.* 1754, 5 vol. in-8.

316 Œuvres du même, trad. en franç. Examen important, 1771. — Lettres sur l'esprit de patriotisme, 1750. — Lettre à Pope, 1766. — Pensées sur differ. sujets. *Par.* 1771, 4 vol. in-8. et in-12.

317 Essai sur la liberté de produire ses sentimens. *Amst.* 1749, in-12.

318 Le Monde, son origine et son antiquité : de l'Ame et de son immortalité. *Lond.* 1751. — Zoroastre. *Berl.* 1751, in-12.

319 Le Philosophe chrétien, par Formey. *Lyon*, 1752, in-12.

320 Réflex. sur quelques vérités importantes attaquées dans plusieurs écrits de ce temps, par Boudier de Villemair. *Par.* 1752, in-12. br.

321 Le Pyrrhonisme du Sage. 1754, in-12.

322 La Philosophie applicable à tous les objets de l'esprit et de la raison, par Terrasson. *Par.* 1754, in-12.

323 Mélanges philosophiques, in-12.

324 Mélanges philos. par Formey. *Leide*, 1754, 2 vol. in-12.

325 Philosophie du bon sens, par le Marq. d'Argens. *Par.* 1755, 3 vol. in-12.

326 Le Diogène de d'Alembert, ou Diogène décent : Pensées libres sur l'homme et sur les principaux objets des connoissances de l'homme, par de Prémontval. *Berlin*, 1755, in-12.

327 Vues philosoph. ou Protestations et déclarations sur les principaux objets des connoissances humaines, par de Prémontval. *Amst.* 1757, in-12. tom. 1.

328 Lettres semi-philosoph. *Par.* 1757, 3 part. 1 vol. in-12.

329 De l'origine du mal, ou Exam. des principales difficultés de Bayle sur cette matière. *Par.* 1758, 2 t. 1 v. in-12.

330 Disc. philosoph. sur les causes finales, sur l'inertie de la matiere, sur la liberté des actions humaines, par Bouhier. *Par.* 1759, in-12.

331 Bigarrures philosoph. *Par.* 1759, 2 tom. 1 vol. in-8.

332 Les Préjugés. *Par.* 1760, in-12. br.

333 Amusemens philosophiques, par de Montagnac. *La Haye*, 1764, 2 tom. 1 vol. in-12. br.

334 Discours sur la philosophie de la Nation. *Par.* 1767, in-12.

335 Lettres philosophiques, trad. de l'angl. de J. Toland. *Lond.* 1768, in-12. v. d. s. tr.

336 Principes philosophiques. *Amst.* 1769. — Parallele de l'homme et des animaux, trad. de l'angl. par J. B. Robinet. *Bouillon*, 1769, in-12.

337 Porte-Feuille d'un Philosophe. *Cologne*, 1770, 6 vol. in-12. br.

338 Le Bon Sens. *Lond.* 1772, in-8.

339 Système de la Nature, par Mirabaud. *Geneve*, 1775, 2 vol. in-8.

340 Examen du Matérialisme, ou Réfutation du système de la Nature, par Bergier. *Par.* 1771, 2 vol. in-12.

341 Réflex. philos. sur le système de la Nature, par Holland. *Neuchât.* 1775, in-8.

342 Des erreurs et de la vérité. *Edimbourg*, 1775, in-8. mar.

343 Le Philosophe sans prétention. *Par.* 1775, in-8. pap. d'Holl. mar.

344 Œuvres philos. de Freret. *Brux.* 1776, in-8. br.

345 Sophyle, ou de la Philosophie. *Par.* 1778, in-8. br.

346 La petite Encyclopédie, ou Dict. des Philosophes. *Anv.* in-12.

347 Lettres Flamandes, ou Hist. des variations et contradict. de la prétendue Religion naturelle. *Lille*, 1752, in-12. br.

348 Le Rituel des Esprits forts, 1759, in-12.

349 Réflex. sur le système des nouv. Philosophes. *Par.* 1761, in-12.

350 Poësies philosophiques, 1758, in-8.

Logique et Dialectique.

351 Gerardus Jo. Vossius, de Logices et Rhetoricæ natura et constitutione. *Hagæ Comitis*, 1658. in-4.

352 Logique de Port-Royal (Nicole). *Par.* 1730, in-12.

353 L'organe ou l'instrum. du discours, par Phil. Canaye. *Geneve*, 1728, in-fol.

354 Logique abrégée, par Crousaz. *Amst.* 1737, 2 vol. in-12.

355 Logique par Cochet. *Par.* 1750, in-8.

356 Amadæi de la Rive, Logicà. *Genevæ*, 1756, in-8.

357 L'art de communiquer ses idées, par la Chapelle. *Par.* 1763, in-12.

358 La Logique où l'Art de raisonner, par D. *Par.* 1773, in-12. br.

Ethique ou Morale.

359 Manuel d'Epictete, et les Comment. de Simplicius, trad. en franç. par Dacier. *Par.* 1776, 2 v. in-12.

360 Caractères de Théophraste et de la Bruyere, avec des notes, par Coste. *Par.* 1769, 2 vol. in-12.

361 Jo. Meursii Theophrastus, sive de illius libris qui injuria temporum interciderunt. *Lugd. Bat.* 1640, in-12.

362 Réflex. morales de l'Empereur Marc-Antonin, avec des remarques. *Par.* 1691, 2 vol. in-12,

363 Antonin, par Guys. *Par.* 1787, in-12. br.

364 M. Tullii Ciceronis Cato major. *Lut.* Barbou, 1758, in-64. mar. à compart.

365 Subtiles réponses de Barth. Tægio, trad. par Ant. du Verdier, 1577, in-18. mar.

366 Quatrains de Pibrac, trad. par Nic. Harbet. *Par.* 1666, in-4.

367 Pensées, maximes et réflex. morales de la Rochefoucault, avec les remarques d'Amelot de la Houssaye et de la Roche, et les maximes chrétiennes, par Mad. la Sabliere. *Par.* 1777, in-12.

368 Maximes et réflex. morales du même. *Par.* 1778, in-8. v. fil.

369 Le Théophraste moderne, ou nouv. caracteres sur les mœurs. *Par.* 1700, in-12.

370 The Spectator, by Addison. *Lond.* 1729, 8 v. in-12.

371 Esprit d'Addisson. *Yverdon*, 1777, 3 vol. in-8. br.

372 Le Misantrope, par Van Effen. *Amst.* 1726, 2 vol. in-12.

373 Les Mœurs, par Toussaint. *Par.* 1748, 2 vol. in-12.

374 La Spectatrice. *Par.* 1751, 2 vol. in-12. v. fil.

375 Mes Pensées, par la Beaumelle. *Amst.* 1751, in-12.

356 — Les mêmes, avec le supplém. *Berlin*, 1755, in-12.

377 Mél. de maximes, de réflex. et de caracteres, et trad. des Conclusioni d'amore di Scip. Maffei. *Par.* 1755, in-8.

378 Spectateur françois, par Marivaux. *Par.* 1755, 2 v. in-12.

379 Mes Loisirs, par d'Arcq. *Par.* 1755, in-12. mar.

380 Le Monde, par Adam Fitz-Adam. *Leide*, 1757, 2 vol. in-12.

381 Pensées errantes. *Par.* 1758, in-12.

382 Considér. sur les mœurs du siecle, par Duclos. *Par.* 1772, in-12.

383 Tableau du Siecle. *Geneve*, 1759, in-12.

384 Encyclopédie de pensées, par Alletz. *Paris*, 1761, in-8.

385 Le langage de la raison, par Caraccioli. *Par.* 1763, in-12. br.

386 Loisirs et amusemens de ma solitude. *Par.* 1764, in-12, br.

387 Essais de principes d'une morale militaire, et autres objets, par Zimmerman. *Par.* 1769, in-12. br.

388 Métaphysique de l'ame, ou Théorie des sentim. moraux, trad. d'Adam Smith. *Par.* 1764, 2 vol. in-12.

389 Théorie des sentimens moraux, trad. du même, par Blavet. *Par.* 1774, 2 tom. 1 vol. in-12.

390 Morale universelle, ou les Devoirs de l'homme fondés sur sa nature. *Amst.* 1776, in-4.

391 Variétés morales et amusantes, tirées des journaux anglois, par Blanchet. *Par.* 1784, 2 vol. in-12. br.

Traités singuliers de Philosophie morale.

392 De l'Amitié, et l'art de prêcher, poëme, par Villiers. *Par.* 1697, in-8.

393 Traité de l'Amitié, par Sacy. *Par.* 1722, in-12.

394 De l'Amitié et des Passions, par Mad. d'Arconville. *Par.* 1764, 2 vol. in-8.

395 L'Amour dévoilé, ou le systême des sympathistes, 1749, in 12.

396 Le Bonheur, poëme, par Helvétius. 1772, in-8. br.

397 Hist. critique des opinions des Anciens sur le bonheur, par de Rochefort. *Par.* 1778, in-8.

398 Justus Lipsius de Constantia. *Antuerp.* 1584, in-4.

399 Discours sur l'emploi du loisir, par Pecquet. *Par.* 1739, in-8.

400 Anecdotes morales sur la fatuité. *Par.* 1760, in-12.

401 Le Sage résolu contre la fortune. *Par.* 1646, in-4.

402 De la Gaieté, par Caraccioli. *Par.* 1762, pap. d'Holl. in-12.

403 Passion du jeu, par Dusaulx. *Par.* 1779, in-8.

404 Lingua per Des. Erasmum. 1526, in-12.

405 Le mal, poëme, par Salchli. *Berne*, 1789, in-8.

406 Du plaisir, ou moyen de se rendre heureux. *Lille*, 1764, 2 tom. 1 vol. in-12. br.

407 De la Sagesse, par P. Charron. *Leyde*, Elzev. 1656, in-12. mar.

408 Comes senectutis. *Par.* 1709, in-12.

Economie.

409 L'Econome politique, projet pour enrichir et perfectionner l'espece humaine. *Par.* 1763, in-12.

410 Principes et observ. économiques. *Amst.* 1767, 2 v. in-12.

411 Leçons économiques, par L. D. H. *Par.* 1770, in-12.

412 Les Economiques, par Mirabeau. *Par.* 1771, 4 vol. in-12.

413 Esprit du gouvernement économique, par Boesnier de l'Orme. *Par.* 1775, in-8.

414 Recueil d'instr. économ. par de Massac. *Par.* 1779, in-8. br.

415 La Science du monde, ou la Sagesse civile de Cardan. *Par.* 1652, in-4.

416 Système social. *Lond.* 1773, 3 tom. 1 vol. in-8.

417 De la Sociabilité, par Pluquet. *Par.* 1767, 2 vol. in-12.

418 Hist. crit. de la vie civile, et Lettres familieres de Vincent Martinelli. *Par.* 1769, 2 vol. in-12.

419 Essay on the history of civil society, by Adam Ferguson. *Lond.* 1773, in-8.

420 — Le même, trad. par Bergier. *Par.* 1783, 2 vol. in-12.

421 Réflex. philos. sur l'origine de la civilisation. *Par.* 1778, in-8.

422 Observ. sur la société et sur les moyens de ramener l'ordre et la sécurité dans son sein. *Par.* 1787, 2 tom. 1 vol. in-12.

423 L'ami des hommes, ou Traité de la population, par Mirabeau pere. *Par.* 1758, 3 vol. in-4. pap. double.

424 Recueil de Mém. sur la population des Villes, in-8. et in-12.

425 Rêves d'un homme de bien, ou Vues utiles et praticables de l'Ab. de S. Pierre. *Par.* 1775, in-12.

426 Félicité publique, ou Consider. sur le sort des hommes dans les differ. époques de l'histoire. *Amst.* 1772. in-8.

427 De la sanction de l'ordre naturel. *Par.* 1778, in-12.

428 Ephémérides du Citoyen, ou Biblioth. raisonnée des sciences morales et politiques, depuis 1767 jusqu'en 1772. *Par.* 1767 *et suiv.* 22 vol. in-12.

429 L'Homme détrompé, ou le Criticon de Balthas. Gracian. *La Haye*, 1725. — L'Homme de Cour, par le même. *Par.* 1687, 4 vol. in-12.

430 Pensées diverses sur l'homme, par Pecquet. *Paris*, 1738, in-8.

431 Devoirs de l'homme et du citoyen, trad. de Puffendorf, par Jean Barbeyrac. *Trev.* 1741, 2 vol. in-12.

432 Les Hommes. *Par.* 1751, tom. 1, in-12. v. d. s. tr.

433 L'Androméttrie, ou Exam. philos. de l'homme, par Villemaire. *Par.* 1753, in-12.

434 L'Homme considéré en lui-même, par Coutan. *Par.* 1753. = La Femme n'est pas inférieure à l'homme, 1750, in-12.

435 Ecole de l'homme. *Liege*, 1759, 2 tom. 1 vol. in-12.

436 Nouvelle Ecole du monde. *Lille*, 1764, 2 vol. in-12.

437 L'Antropologie, par Gorini Corio. *Geneve*, 1761, in-4.

438 L'Homme vrai. *Par.* 1761, in-12.

439 Manuel de l'homme du monde, par Alletz. *Paris*, 1761, in-8.

440 L'Homme éclairé par ses besoins. *Paris*, 1764, in-12. br.

441 De l'Homme, par J. P. Marat. *Amsterd.* 1775, 3 tom. 2 vol. in-12.

442 L'Homme moral ou l'Homme considéré, par P. Ch. Levesque. *Amst.* 1775, in-12.

443 Examen de l'homme de Helvétius, par Pichon. *Par.* 1776, in-12.

444 L'Homéide, poëme, par René-Alexandre de Culent. *Par.* 1781, in-8. br.

445 Ecole du Gentilhomme. *Laus.* 1754, in-12. br.

446 Disc. sur les Femmes. *Par.* 1768, in-12. br.

447 Legs d'un pere à ses filles, par Gregory. *Par.* 1774, in-12.

448 Le Mariage chrétien, trad. d'Erasme. *Par.* 1714, in-12. mar.

449 Les Usages. *Par.* 1762, 2 tom. 1 vol. in-12.

450 Projet pour perfectionner l'éducation, par l'Abbé de S. Pierre. *Par.* 1728, in 12.

451 Recueil sur l'Education de la Noblesse. = Véritable Mentor, par Carraccioli, *Liege*, 1759. = Education de la Noblesse, *Par.* 1763, 4 vol. in-12.

452 Le Castoiement, ou Instruction d'un père à son fils, en vers. *Par.* 1760, in-8.

453 Recueil d'ouvrages sur l'Education. *Par.* 1761, *& suiv.* 16 vol. in 8. et in-12.

454 Dissertation sur l'Education physique des Enfans, jusqu'à l'âge de puberté, par Ballexserd. *Par.* 1762, in-8.

455 Lettres de Mentor, par Prevost. *Par.* 1764, in-12.

456 Plans et Statuts des différens Etablissemens ordonnés par Catherine II, Impératrice de Russie, trad. du Russe, par Clerc. *Amsterdam*, 1775, 2 vol. in-12.

457 Institution des Sourds et Muets, par la voie des signes méthodiques, par de l'Epée. *Par.* 1776, in-12, v. d. s. tr.

458 — La même. *Par.* 1784, in-12, v. d. s. tr.

459 Le Mentor vertueux, moraliste et bienfaisant. *Paris*, 1788, in-12.

Politique.

460 Politique d'Aristote, trad. par Louis le Roy. *Paris*, 1668, in-4.

461 Ouvrages de politique de l'Abbé de Saint-Pierre. *Par.* 1738, 17 vol. in-12.

462 Annales politiques, du même. *Genève*, 1758, 2 vol. in-12.

463 Considération politique sur les corps d'Etat, par Gabr. Naudé. *Par.* 1752, 2 vol. in-12, v. d. s. tr.

464 L'Esprit des Nations. *Par.* 1753, 2 vol. in-12.

465 Essais politiques, par d'Andrezél. *Par.* 1756, 2 vol. in-12.

466 Esprit des maximes politiques, par Pecquet. *Paris*, 1757, in-4.

467 Institutions politiques, par de Bielfeld. *Par.* 1762, 4 vol. in-12.

468 Essais sur divers sujets intéressans de politique et de Morale, par Haller. *Laus.* 1763, 2 vol. in-8.

469 Les Loix puisées chez les Grecs, développées par les Romains, aujourd'hui la base du droit public et civil des Nations policées. *Par.* 1765, 2 tom. 1 v. in-12.

470 Essai d'une Description des Peuples policés et non policés, considérés sous le point de vue physique et moral, trad. de l'Allem. de Steebs. *Par.* 1769, in-12. v. fil.

471 Bibliothèque politique, par de la Maillardière. *Par.* 1775, in-12. v. d. s. tr. tom. 1.

472 Observations politiques et morales de Finance et de Commerce. *Par.* 1780, in-8. br.

473 Bibliothèque philosophique du Législateur, du Politique, du Jurisconsulte, par Brissot de Warwille. *Par.* 1782, 4 vol. in-8.

474 Vues d'un Patriote, ou Nouvelles bases politiques. *Par.* 1785, in-8. br.

475 Loisirs d'un Ministre, par le Marquis d'Argenson (avec une table des chapitres manuscrite). *Liège*, 1787, in-8.

476 De l'ensemble sur les principes de l'administration. *Par.* 1788, 2 vol. in-8.

477 Observation on the nature of civil liberty, and of the War with America, by Rich. Price. *Lond.* 1776, in-8.

478 — Les mêmes, trad. en François. *Rotterd.* 1776. — Discours sur l'amour de la Patrie, par le même. *Paris*, 1790. — Essai sur la Providence, par le même, trad. par Ch. de Loys. *Yverdon*, 1776. — Vues d'un Citoyen sur la distribution des dettes de l'Etat concordantes avec celles du Docteur Price. 1783, 2 vol. in-8.

479 Discours sur le Gouvernement, par Algernon Sidney, trad. par P. A. Samson. *Trev.* 1755, 2 vol. in-12.

480 Science du Gouvernement, par de Réal. *Par.* 1761 *et suiv.* 8 vol. in-4. br.

481 Des Corps politiques. *Lyon*, 1766. = Ordre Social, par le Trosne. — Catéchisme du Genre humain. — Ordre des Sociétés politiques, par la Rivière. *Par.* 1767, 7 v. in 8. et in-12.

482 Physiocratie, ou Constitution naturelle du Gouvernement le plus avantageux au genre humain, par Dupont. *Par.* 1768, in-8. fig.

483 Considérations sur les causes de la diversité du Génie, des Mœurs et du Gouvernement des Nations, par L. Castillon. *Bouillon*, 1769, in-8.

484 Notions claires sur les Gouvernemens. *Par.* 1787, 2 vol. in-8.

485 Maximes du Gouvernement Monarchique. 1778, 4 v. in-8.

486 Discours sur les meilleurs moyens de faire naître et d'encourager le Patriotisme dans une monarchie. — Testament du fortuné Ricard, par Mathon de la Cour. 1785, 2 vol. in-8. br.

487 République de J. Bodin. *Par.* 1577. — De l'Etat des Personnes, Mss. du P. P. de Lamoignon. 2 vol. in-fol. et in-4.

488 Abrégé de la République de Bodin. *Par.* 1755, 2 v. in-12.

489 — Le même. 2 vol. in-12. v. fil.

490 Recueil de Maximes véritables et importantes pour l'institution du Roi, par Jolly. *Amst.* 1663, in-12.

491 Institution d'un Prince, par Duguet. *Par.* 1750, 4 v. in-12. v. fil.

492 Question royale et sa décision, par S. Cyran. *Paris*, 1609, in-12. mar.

493 Hiéron, ou Portrait de la condition des Rois, par Xénophon, en Grec, trad. par P. Coste. *Amst.* 1711, in-12.

494 Réflexions politiques sur les plus grands Princes et particulièrement sur Ferdinand le Catholique, par Balthasar Gracian, trad. de l'Espagn. par de Silhouette. *Par.* 1730, in-4. v. d. s. tr.

495 Le Prince chrétien et politique, trad. de D. Diegue Savedra Faxardo, par J. Rou. *Par.* 1668, 2 vol. in-12. fig. v. d. s. tr.

496 Le Prince, par Fra-Paolo Sarpi. *Par.* 1751, in-12.

497 Discours sur la Justice, par Moreau. *Vers.* 1775, in-8. mar.

498 Essai sur le Despotisme. *Brux.* 1775, in-8.

499 Devoirs réciproques d'un Souverrain et de son Ministre, par Freder. Ch. de Moser, trad. de l'Allem. par Champigny. *Hambourg*, 1760, in-8.

500 Le Ministre d'Etat, par de Silhon. *Par.* 1641, 2 vol. in-12. v. fil.

501 Essai sur les mécontentemens populaires, et autres Œuvres du Chev. Temple. *Amst.* 1744. = Réponse de M. Perquis. *Par.* 1731, in-12.

502 Le Désordre régulier. *Par.* 1786, in-12.

503 Recueil de Pièces sur la Profession militaire. in-8. br.

504 Mémoires et Instructions pour les Négoc. de Paix. *Par.* 1665, in-12.

505 Discours sur l'art de négocier, par Pecquet. *Paris*, 1727, in-8.

506 Manière de négocier avec les Souverains, par de Callières. *Par.* 1750, 2 vol. in-12.

507 Abrégé du projet de paix générale, par l'Abbé St. Pierre. *Par.* 1729, in-12.

508 A inquiry into the causes of the Wealth of nations, by Adam Smith. *Londres*, 1778, 2 vol. in-4.

509 — Les mêmes, trad. par Blavet. *Yverdon*, 1781, 6 vol. in-12.

510 — Les mêmes, tr. par Condorcet. *Par.* 1788, 2 v. in-8.

511 Mémoires sur les moyens de corriger les malfaiteurs et fainéans à leur propre avantage, et de les rendre utiles à l'Etat. *Gand*, 1755, in-4. br.

512 Recueil de Pièces concernant la mendicité et lès maisons de charité, 3 vol. in-8. br.

513 Recueil de Mémoires concernant les Hôpitaux. in-4. et in-8. br.

Traités du Commerce, des Finances, des Impôts, etc.

514 Parfait Négociant, par Jacq. Savary, revu par Philem. Louis Savary. *Par.* 1749, 2 vol. in-4.

515 Dictionnaire du Commerce, par Jacq. Savary des Bruslons, continué par Philemon Louis Savary. *Par.* 1748, 3 vol. in-fol.

516 Prospectus d'un nouveau Dictionnaire de Commerce, par Morellet. *Par.* 1769, in 8. v. fil.

517 Dictionnaire du Citoyen ou du Commerce. *Par.* 1761, 2 vol. in-8.

518 Manuel des Négocians. *Lyon*, 1762, 3 vol. in-8.

519 Dictionnaire portatif du Commerce. *Par.* 1777, in-12.

520 Recueil de Pièces manuscrites sur le Commerce. in-fol.

521 Recueil de Pièces sur le Commerce. in-8. br.

522 Considérations sur le Commerce et sur l'Argent, par Law. *La Haye*, 1720, in-12.

523 Essai sur le Commerce, par Mellon et Dutot, avec la refutation, et histoire du système des Finances, en 1719 et 1720. *Par.* 1736 *et suiv.* 8 vol. in 12.

524 Hier. Belloni de Commercio, Dissertatio Ital. et Lat. *Romæ*, 1750, in-fol. br.

525 Théorie et pratique du Commerce et de la Marine, trad. de Geronymo de Ustaritz. *Par.* 1753, in-4.

526 Select essays on Commerce, Agriculture, Mines, Fisheries, and other useful subjects. *Lond.* 1754, in-8.

527 Questions importantes sur le Commerce, trad. de l'Angl. de Josias Tucker. *Par.* 1755, in-12.

528 Observations sur le Commerce et sur les Arts, par J. C. Flachat. *Lyon*, 1756, 2 vol. in-12. fig.

529 Remarques sur plusieurs branches de Commerce et de Navigation. *Par.* 1757, 2 tom. 1 vol. in 8.

530 Arithmétique politique et Traité sur les grandes Fermes, par Young, trad. de l'Angl. par Freville. *La Haye*, 1775, 2 vol. in-8.

531 Recherches sur le Commerce. *Amst.* 1778, 2 vol. in-8. fig. br.

532 Le Négociant patriote, par Bedos. *Par.* 1779, in-8. br.

533 Fastes du Commerce, Poëme, par Th. Rousseau. *Par.* 1788, in-8. br.

534 Dignité du Commerce et de l'état du Commerçant, par Anquetil du Perron. 1789, in 8. br.

535 Recueil de Pièces concernant la Noblesse commerçante. 5 vol. in-12.

536 Essai sur les Intérêts du Commerce Maritime, par D.... *Par.* 1754, in-12. mar.

537 Traité sur le Commerce et les avantages qui résultent de l'Intérêt de l'Argent, par Josias Child, avec un Traité contre l'Usure, par Th. Culpeper, trad. de l'Angl. *Par.* 1754, in-12.

538 Traité des Prêts de Commerce. *Par.* 1759, 5 vol. in-12.

539 L'Usure condamné par le Droit naturel. *Par.* 1763, in-12. v. fil.

540 Recueil de Projets pour extirper l'Usure. in-8. et in-12.

541 Recueil de Pièces concernant l'Intérêt de l'argent. in-12.

542 Traité sur les Lettres de Change, par Fulman. *Par.* 1739, in-12.

543 Traité des Changes, par Th. de Bleville. *Par.* 1754, in-8.

544 Mémoires of Wool, etc. by John Smith. *Lond.* 1747, 2 vol. in-8.

545 Mémoires sur les Manufactnres de Draps et autres Etoffes de laine. *Par.* 1778, in-12. br.

546 Recueil de Pièces concernant le Commerce des Toiles peintes. in 8. et in-12.

547 Traité du Luxe, par Dumont. *Par.* 1775, 2 tom. 1 vol. in-8.

548 Traité sur le Luxe, par Pluquet. *Par.* 1786, 2 vol. in-12.

549 Dictionnaire des Finances, par Rousselot de Surgy. *Par.* 1784 *et suiv.* 3 vol. in-4. br.

550 Richesse de l'Etat et Pièces y relatives. in-4.

551 Essai sur la Richesse et sur l'Impôt. *Par.* 1767, in-8.

552 Traité des Richesses. *Laus.* 1781, 2 vol. in-8. br.

553 Considération sur les Richesses et le Luxe. *Par.* 1787, in-8.

554 Traité des Négociations de Banque et des Monnoies étrangères, par Et. Damoreau. *Par.* 1727, in-4. fig.

555 Projet de Taille tarifée, par l'Abbé de St. Pierre. *Par.* 1729, in-12.

556 Science du Bonhomme Richard. — Interrogatoire de Franklin. — Constitution de la République de Pensylvanie. *Par.* 1777, in-12.

557 Avis aux Gens de Lettres. = Réflexions sur la liberté d'écrire et d'imprimer. — La Censure. — Réflexions sur les Mémoires par de Lacroix. *Par.* 1770 *et suivantes*, in-8. br.

Métaphysique.

558 The true intellectual sytem of the Universe, by R. Cudworth. *Lond.* 1678, in-fol.

559 Recherche de la Vérité, par N. Mallebranche. *Paris*, 1735, 4 vol. in-12.

560 De la Nature, par Robinet. *Amst.* 1761, 4 tom. 3 vol. in-12.

561 Méditations d'Hervey, trad. par le Tourneur. *Paris*, 1771, in-12. br.

562 Œuvres diverses métaphysiques et philosophiques, par de Monfrabeuf. *Bouillon*, 1788, in-12. br.

563 Du hazard, sous l'Empire de la Providence, par de Prémontval. *Berlin*, 1755, in-12.

564 Examen du Fatalisme, par Pluquet. *Par.* 1757, 3 v. in-12.

565 Le témoignage du sens intime et de l'expérience opposé à la foi profane et ridicule des Fatalistes modernes, par de Lignac. *Auxerre*, 1760, 3 vol. in-12. v. fil.

566 P. Pomponatius, de immortalitate animæ. 1534, in-12.

567 De l'Immortalité de l'ame et de la vie éternelle, par Guill. Sherlock. *Amst.* 1735, in-8. v. fil.

568 Opinions des Anciens sur la nature de l'ame. Mss. in-8.

569 Essai sur la nature de l'ame. *Par.* 1747. — Histoire d'une jeune Fille Sauvage, trouvée dans les Bois, à l'âge de dix ans. *Par.* 1755. — Essai sur la formation des Corps organisés. 1754, in-12.

570 Dialogue entre Hilas et Philonous sur l'entendement humain, la nature de l'Ame et la Providence, par Georges Berkeley. *Par.* 1750, in-12.

571 Histoire d'Ema, et considération philosophique sur cette Histoire 1752, 2 tom. 1 vol. in-12.

572 Dissertation sur l'immaterialité et l'immortalité de l'Ame. *Par.* 1755, in 12.

573 — La même. *Par.* 1755. — Paradoxes métaphys. sur le principe des actions humaines, trad. d'Ant. Collins. *Par.* 1756, in-12.

574 La spiritualité et l'immortalité de l'ame, par le P. Hubert Hayer. *Par.* 1757, 3 vol. in-12.

575 Systême des anciens et des modernes sur l'état des ames séparées des corps. *Lond.* 1757, 2 vol. in-12.

576 L'Ame, ou le systême des matérialistes, soumis aux seules lumières de la raison. *Avignon*, 1759, in-12. mar.

577 Essai sur la nature et la destination de l'ame humaine, par Ant. Collins, trad. de l'angl. *Lond.* 1769, in-12. v. d. s. tr.

578 Dialogues sur l'immortalité de l'ame, l'existence de Dieu, la Providence et la Religion, par Dangeau. *Par.* 1784. in-12.

579 Hist. crit. de l'ame des bêtes, par Guer. *Par.* 1749, 2 vol. in-8.

580 Essai philos. concernant l'entendem. humain, par Locke, trad. par Coste. *Amst.* 1742, in-4.

581 Traité de la foiblesse de l'esprit humain, par Huet. *Trev.* 1741, in-12.

582 Œuvres philos. de la Mettrie. *Lond.* 1751, in-4.

583 — Les mêmes. *Amst.* 1753, 2 vol. in-12.

584 Essai sur l'esprit et les beaux-esprits. — Agenda des Auteurs. *Par.* 1755, in-12.

585

585 De l'Esprit, par Helvétius, avec les différ. critiques et arrêts contre cet Ouvrage. *Par.* 1758, in-4.

586 Examen sérieux et comiq. des discours sur l'esprit, et des critiques de cet Ouvrage. *Par.* 1759, 3 vol. in-12.

587 Amusem. philosoph. sur le langage des bêtes, par Bougeant, avec une critique de cet Ouvrage. *Paris*, 1739, in 12.

588 Henr. Corn. Agrippæ, de incertitudine et veritate scientiarum declamatio. 1537, in-8.

589 — La même, trad. en franç. 1572, in-8.

590 Philosophie occulte, du même, trad. en franç. *La Haye*, 1727, 2 vol. in-8.

591 La Démonomanie des Sorciers, par J. Bodin. *Par.* 1580, in-4.

592 Hist. admirable d'un Magicien, et discours des Esprits, par P. Michaelis. *Par.* 1613, in-8.

593 Le Monde enchanté, par Balth. Bekker, et Traité des Dieux et des Démons du Paganisme, par Benj. Binet. *Trev.* 1694, 5 vol. in-12.

594 Hist. du Diable, trad. de l'angl. *Par.* 1730, 2 tom. 1 vol. in-12.

595 Essai sur les erreurs populaires, trad. de Th. Brown. *Par.* 1738, 2 vol. in-12.

596 Traité de la Baguette divinatoire, par Vallemont. *Trev.* 1747, 2 vol. in-12. fig.

597 Hist. crit. des pratiques superstitieuses, par P. le Brun. *Par.* 1750, 4 vol. in-12.

598 Traité sur les apparitions des esprits, et sur les vampires ou les revenans, par Aug. Calmet. *Par.* 1751, 2 vol. in-12.

599 Traité hist. et dogmatiq. et Recueil de dissert. sur les apparitions, les visions et les songes, par Lenglet du Fresnoy. *Par.* 1751, 6 tom. 4 vol. in-12.

Physique.

Traités généraux.

600 Hier. Cardanus de subtilitate. *Basil.* 1553, in-fol.

601 = Le même traité, trad. par Richard le Blanc. *Par.* 1584, in-8.

602 Jul. Cæsar Scaligerus, de subtilitate. *Francof.* 1601, 2 vol. in-8.

603 Physique ou Science des choses naturelles, par Scip. Dupleix. *Par.* 1611, 2 vol. in-12.

604 Museo di Fisice e di esperienze ed osservazioni naturali, di Paulo e Silvio Boccone. *Venet.* 1697, in-4.

605 Roberti Boyle, opera varia. *Genevæ*, 1714, 3 vol. in-4. fig.

606 Joan. Keill, introd. ad veram Physicam. *Oxon.* 1715, in-8.

607 Philosophical letters between the late learned of Ray, and several correspondents of Fr. Willughby, published by W. Derham. *Lond.* 1718, in-8.

608 Obs. curieuses sur toutes les parties de la physique. *Par.* 1719, in-12.

609 Œuvres diverses de physique et de méchanique, par C. et P. Perrault. *Leyde*, 1721, 2 vol. in-4. fig.

610 Traité de physique, par Jacq. Rohault. *Par.* 1723, 2 vol. in-12. fig.

611 Ant. à Leeuwenhoek, Epistolæ physiologicæ super compluribus naturæ arcanis. *Delphis*, 1719, 4 vol. in-4. fig.

612 Cours de Physique et extr. des lettres, du même, par Hartsoeker. *La Haye*, 1730, in-4. fig.

613 Entretiens physiques, par le P. Regnault. *Par.* 1732, 4 vol. in-12. fig.

614 Expériences de Physique, par Poliniere. *Par.* 1734, 2 vol. in-12. fig.

615 Recueil de différ. traités de Physique et d'Hist. natur. par Deslandes. *Par.* 1736, in-12.

616 Isaaci Newtoni, Philosophiæ naturalis principia mathematica, commentariis P. P. Th. le Sueur et Fr. Jacquier illustrata. *Genevæ*, 1739, 4 vol. in-4.

617 — Les mêmes. trad. par Mad. du Châtelet. *Paris*, 1759, 2 vol. in-4. fig.

618 Exposition des découvertes philosoph. de Newton, trad. de l'angl. par Lavirotte. *Par.* 1749, in-4. fig.

619 Réflexions sur la Physique moderne, ou la Philosophie Newtonienne comparée avec celle de Descartes, par D... *Par.* 1757. = Idée générale d'un Cours de Physique expérimentale, par Nollet. *Par.* 1738, 2 vol. in-12.

620 Essai de Physique, par P. Van-Muschenbroeck, trad. par P. Massuet. *Leyde*, 1739, 2 vol. in-4. fig.

621 Inst. de Physique, par Mad. du Châtelet. *Par.* 1740, in-8. fig.

622 Œuvres de Mariotte. *La Haye*, 1740, 2 vol. in-4. fig. v. fil.

623 Leçons de Physique expérimentale sur l'équilibre des liqueurs, et sur la nature et les propriétés de l'air, trad. de l'angl. de Côtes. *Par.* 1742, in-8. fig.

624 Observ. de Physique, de Secondat. *Par.* 1750, in-12.

625 Essais de Physique, par le Ratz de Lanthenée. *Par.* 1751. — Observ. de Physiq. et d'Hist. natur. sur les eaux minérales de Dax, de Bagneres et de Barege, et Hist. de l'Electricité, par Secondat. *Par.* 1750. — Considér. sur la cause physiq. des tremblem. de terre, par Hales, et sur la cause morale. *Par.* 1751, in-12.

626 Mém. littéraires sur la Physique, l'Hist. natur. la Médecine et la Géographie. *Par.* 1752, in-12.

627 Observ. sur l'Hist. natur. sur la physique et la Peinture, avec des planches impr. en couleur, par Gauthier. *Par.* 1752, 3 part. 2 vol. in-4. v. d. s. tr.

628 Observ. sur la Physique, par le même. *Par.* 1753 *et suiv.* 4 vol. in-12. fig.

629 Expériences Physico-mécaniques sur différens sujets, trad. de l'angl. de Hauksbée, par Brémont, avec des notes par Desmarets. *Par.* 1754, 2 vol. in-12. fig.

630 Explicat. phys. des sens, des idées et des mouvem. tant volontaires qu'involontaires, trad. de Hartley, par Jurain. *Reims*, 1755, 2 vol. in-12.

631 Physique, par Cochet. *Par.* 1756, in-8.

632 Dict. de Physique, par le P. Aimé-Henri Paulian. *Avign.* 1761, 3 vol. in-4. gr. pap. fig. mar.

633 Amusem. philosoph. sur la Physique et les mathém. par Bonav. Abat. *Mars.* 1763, in-8. fig.

634 Traité abr. de Physique, par de Saintignon. *Paris*, 1763, 6 vol. in-12.

635 Principes physiques, par Bertier. *Par.* Impr. Roy. 1764, 3 vol. in-12. fig.

636 Leçons de Physique expérimentale, par Sigaud de Lafond. *Par.* 1767, 2 vol. in-12. fig.

637 Dict. de Physique, par le même. *Par.* 1781, 5 vol. in-8.

638 Expér phys. et chimiq. sur plusieurs matieres relatives au Commerce et aux Arts, trad. de Lewis, par de Puisieux. *Par.* 1768, 3 vol. in-12. fig.

639 Bibliotheque de Physique et d'Hist. natur. par Lambert. *Par.* 1768, 6 tom. 4 vol. in 12.

640 Mélanges de Physique et de Médecine, par le Roy. *Par.* 1771, 2 vol. in-8 fig.

641 Mélanges d'objets de Physiq. Médecine et Hist. natur. par Haguenot. *Avign.* 1771, in-12. br.

642 Observ. et Mém. sur la Physique, l'Hist. natur. et les Arts et Métiers, par Rozier, depuis 1771 jusqu'en 1788. *Par.* 1771 *et suiv.* 34 vol. in-4. et 6 vol. in-12. fig.

643 Tableau des progrès de la Physique, de l'Hist. natur. et des Arts, année 1772, par Dubois. *Par.* 1772, in-8.

644 Récréat. phys. econom. et chimiq. de Model, trad. de l'allem. par Parmentier. *Par.* 1774, 2 vol. in-8.

645 Physique générale et particuliere, par la Cépede. *Par.* 1782, tom. 1, in-12. fig.

646 Bibliotheque Physico-Economique, années 1783 et 1788. *Par.* 1783 *et suiv.* 3 vol. in-12. fig. br.

647 Lettres d'Euler à une Princesse d'Allemagne, sur différentes questions de physique et de philosophie, trad. par Condorcet et de la Croix. *Par.* 1787, 2 vol. in-8. fig. br.

648 Recueil de pieces sur la physique, in-8. br.

Traités particuliers de Physique.

De l'Univers, des Elémens, de l'Homme, &c.

649 Aristarchus de mundi systemate, cum notis Æ. de Roberval. *Par.* 1644, in-12.

650 Essai de Cosmologie, par Maupertuis. 1751, in-12.

651 Nouv. Vues sur le systême de l'Univers. *Par.* 1751, in-8. v. d. s. tr.

652 Recherch. sur différens points importans du systême du monde, par d'Alembert. *Par.* 1754, 2 tom. 1 vol. in-4. pap. d'Holl. fig.

653 Physique du monde, par P. B. Deshayes. *Par.* 1775, in-8. mar.

654 Physique du monde, par de Marivetz et Goussier. *Par.* 1780 *et suiv.* 3 vol. in-4.

655 Théorie des Tourbillons Cartésiens, avec des Réflexions sur l'attraction. *Par.* 1752, in-12.

656 Expér. et observ. sur différ. especes d'air, trad. de J. Priestley, par Gibelin. *Par.* 1775 *et suiv.* 5 vol. in-12.

657 Rech. phys. sur la nature de l'air nitreux et de l'air déphlogistiqué, et Opuscules phys. et chimiq. par Felix Fontana, trad. par Gibelin. *Par.* 1776 et 1786, in-8.

658 Tableau des propriétés et des phénomènes de l'air, par Rouland. *Par.* 1784, in-8.

659 Recueil de pieces sur les différ. airs, et maniere de déterminer le degré de leur salubrité. in-4 et in-8. br.

660 Art de naviguer dans les airs, par Jos. Galien. *Avign.* 1757, in-12. br.

661 Descr. des expér. aérostatiques de Montgolfier et autres, par Faujas de S. Fond. *Par.* 1783, 2 vol. in-8. fig.

662 Mém. sur les aérostats. in-4. br.

663 Traité et Mém. sur la Météorologie, par Cotte. *Par.* 1774 *et suiv.* 3 vol. in-4. fig.

664 Observ. météorologiq. faites en 1789 et 1791, par Juge de S. Martin. *Limoges*, 1770 *et suiv.* in-8. br.

665 Dissert. sur l'incompatibilité de l'attraction et de ses différentes lois, avec les phénomenes, et sur les tuyaux capillaires, par Gardil, *Par.* 1754, in-12. fig.

666 Mém. sur les moyens de se garantir de la foudre dans les maisons, par de Romas. *Bordeaux*, 1776, in-12. fig. br.

667 Mém. sur les conducteurs pour préserver les édifices de la foudre, par Jos Toaldo, trad. par Barbier de Tinan. *Strasb.* 1779, in-8. fig. br.

668 Réflex. sur la fermentation et sur la nature du feu, par Rouviere. *Par.* 1708, in-12.

669 Dissert. sur la nature et la propagation du feu. *Par.* 1744, in-8.

670 Disser. sur la nature du feu, et sur différentes parties de la philosophie et des mathématiques, par Beausobre. *Par.* 1753, in-12.

671 Mém. sur l'action d'un feu égal, violent, sur un

grand nombre de terres, de pierres et de chaux métalliques, sur le diamant, et quelques pierres précieuses, par d'Arcet. *Par.* 1766, in-8. br.

672 Rech. phys. sur le feu, et découvertes sur la lumiere, par Marat. *Par.* 1780, in-8. fig.

673 Cogitationes de distributione caloris per tellurem à Franç. Ulr. Theod. Alpino. *Petropoli*, 1741, in 4. br.

674 Dissert. sur la chaleur, et Observ. sur la constr. et la comparaison des thermomètres, par Martine. *Par.* 1751, in 12.

675 Dissert. sur les variations du barometre, sur la glace, et sur la cause de la lumiere des phosphores et des noctiluques, par Dortous de Mayran. *Bordeaux*, 1715 *et suiv.* — Dissert. sur la cause de l'écho, par de Hautefeuille. *Bord.* 1717. — Dissert. sur la cause de la multiplicat. des fermens. *Bord.* 1719, in-12.

676 Dissertat. sur la glace, par de Mayran. *Par.* Imp. Roy. 1749, in-12.

677 J. A. Braunii, de admirando frigore artificiali quo mercurius est congelatus, dissertat. *Petrop.* 1760, in-4. br.

678 Observ. sur le froid de 1776, et Dissert. sur la comparaison des thermometres, par J. H. Van-Swinden. *Amst.* 1778, in-8. fig.

679 Le monde de Descartes, ou Traité de la lumiere, avec un discours du mouvement local et des fievres. *Par.* 1664, in-8.

680 L'optique des couleurs, par le P. Castel. *Par.* 1740, in 12. fig.

681 Chroa-génésie, ou génération des couleurs, contre le systême de Newton, par Gautier. *Par.* 1749 in-12. br.

682 — La même. *Par.* 1750, 2 vol. in-12. v. d. s. tr.

683 An experimental inquiry into the cause of the changes of colours in opake and coloured bodies, by Edward Hussey de Laval. *Lond.* 1777, in 4. br.

684 — Les mêmes, trad. par Quatremere d'Ijonval. *Par.* 1778, in-8. pap. double.

685 Opuscules de physique animale et végétale, par Spallanzani, trad. par J. Sennebier. *Geneve*, 1777, 2 vol. in-8. fig. br.

686 Systême phys. et moral de la femme, par Roussel. *Par.* 1775, in-12.

PHYSIQUE.

Traités de l'Electricité.

687 Expér. sur l'Electricité, par Jallabert. *Geneve*, 1748, in-8. fig.

688 Essai sur la nature, les effets et les causes de l'électricité, trad. de l'allemand, par F. L. Winckler. *Paris*, 1748, in-12. fig.

689 Rech. sur les causes particulieres des phénom. électriques, et Essai sur l'électricité, par Nollet. *Par.* 1749 et 1750, 2 vol. in-12. fig.

690 Essai sur l'électricité des corps, par Nollet. *Par.* 1746. — Observ. sur l'électricité, par Louis. *Par.* 1747, in-12. fig.

691 Lettres sur l'électricité, par Nollet. *Par.* 1774, 3 vol. in-12. fig.

692 Traité des phénomenes de l'électricité, par Boullanger. *Par.* 1750, in-8. fig. v. d. s. tr.

693 Experiments and observ. on electricity made at Philadelphia in America, by Benj. Franklin. *Lond.* 1769, in-4. fig. br.

694 — Les mêmes, trad. en franç. *Par.* 1752, in-8. pap. de Holl.

695 Spectacle du feu élément. par Rabiqueau. *Par.* 1753, in-8. fig.

696 Lettre sur l'électricité, par J. B. Beccaria, trad. par de Lor. *Par.* 1754, in-12.

697 Rech. sur les differ. mouvem. de la matiere électriq. par Dutour. *Par.* 1760, in-12. fig.

698 L'Electricité soumise à un nouvel examen, par Paulian. *Avign.* 1768, in-12.

699 Hist. de l'Electricité, par Priestley. *Par.* 1771, 3 vol. in-12. fig.

700 Traité de l'Electricité, par Sigaud de Lafond. *Par.* 1771, in-12. fig.

701 Précis des phénomenes électriques, par le même. *Par.* 1781, in-8. fig.

702 Essai sur l'électricité, par la Cépede. *Par.* 1781, 2 vol. in-8.

703 Rech. phys. sur l'électricité, par Marat. *Par.* 1782, in-8. fig.

704 De l'Electricité des végétaux, par Bertholon. *Par.* 1783, in-8. fig.

705 Descr. de la machine électrique négative et positive de Nairne, trad. par Caullet de Veaumorel. *Par.* 1784, in-12. fig.

706 Recueil sur l'électricité médicale. *Par.* 1752, 2 vol. in-12.

707 Conject. sur l'électricité médicale, avec des rech. sur la colique métallique, par J. J. Gardane. *Par.* 1768, in-12.

Histoire Naturelle.

Introduction et Traités généraux.

708 Jo. Jac. Scheuchzer, bibliotheca scriptorum hist. naturalis. *Tiguri*, 1716, in-12.

709 — Eadem. *Tiguri*, 1751, in-12.

710 Dict. port. d'hist. natur. *Par.* 1763, 2 vol. in-8.

711 Dict. d'Hist. natur. avec le supplém. par Valmont de Bomare. *Par.* 1764, 6 vol. in-8.

712 — Le même. *Par.* 1775, 9 vol. in-8.

713 Dict. d'Hist. natur. par Favart d'Herbigny. *Par.* 1775, 3 vol, in-8.

714 Caii Plinii Secundi Hist. naturalis, cum interpret. et notis Jo. Harduini, in usum Delphini. *Par.* 1723, 3 vol. in-fol. (manq. tom. 1.)

715 — La même, trad. par Ant. du Pinet. *Lyon*, 1581, 2 vol. in-fol. mar.

716* — La même, trad. en franç. avec le texte lat. par Poinsinet de Sivry et autres. *Par.* 1771 *et suiv.* 12 vol. in 4.

717 Hist. natur. de l'or et de l'argent, extr. du livre 33 de Pline, en lat. et trad. en franç. par David Durand. *Lond.* 1729, in-fol.

718 Trad. des 34, 35 et 36^e^ livres du même (sur l'airain, la peinture, et les pierres), par Et. Falconnet. *La Haye*, 1773, 2 vol. in-8.

719 Morceaux extr. de l'hist. natur. du même, par Gueroult. *Par.* 1785, in-8. br.

720 Fr. Massarii, in nonum Plinii de natur. hist. librum castigationes et annotationes. *Basil.* 1537, in-4.

721 Ferd. Pintiani observat. in loca obscura aut depravata historiæ naturalis C. Plinii. *Antuerp.* 1745, in-8.

722 Cl. Salmasii Plinianæ exercitationes in Caii Julii Solini polyhistora. *Par.* 1629, 2 vol. in-fol.

723 Ejusdem præfatio in librum de homonymis hyles Iatricæ, ejusdem de Plinio judicium. *Divione*, 1668, in-4.

724 Hortus sanitatis. *Argent.* 1536, in-fol. fig. mar.

725 Herbarum, arborum, fruticum, frumentorum ac leguminum, animalium præterea quorum in medicinis usus est, simplicium imagines ad vivum depictæ, unà cum eorumdem nomenclaturis variarum linguarum usitatis, viribus item et facultatibus peculiaribus. *Francof.* in-4. fig. enlum.

726 Historia naturale di Ferrante Imperato. *Napoli*, 1599, in-fol. fig.

727 — La medesima. *Venet.* 1672, in-fol. fig.

728 Essai des merveilles de nature, et des plus nobles artifices, par le P. René. *Rouen*, 1621, in-4.

729 = Le même. *Par.* 1632, in-8.

730 Joh. Jonstoni Thaumatographia naturalis. *Amsterd.* 1632, in-12.

731 — Ejusdem Hist. naturalis. *Francof. ad Mœnum*, 1650 *et suiv.* 5 vol. in-fol. fig.

732 J. Eus. Nierembergii, historia naturæ maximè peregrinæ. *Antuerp.* 1635, in-fol. fig.

733 Ulyssis Aldrovandi opera collecta à Barth. Ambrosino, Jo. Corn. Uterverio, Hier. Tamburino, Thoma Dempstero, Ovidio Montalbano. *Bonon.* 1637 *et suiv.* 13 v. in-fol. fig.

734 Fasciculus variorum animalium, piscium, conchiliorum, lapidum, et fructuum, æri ad vivum incisorum, evulgatus à Bas. Beslero. in-4. obl.

735 Mic. Frid. Lochneri, heptas dissertationum variarum ad hist. natur. potissimum illustrandam conscriptarum. 1712, in-4. fig.

736 A philosophical account of the works of nature in the mineral vegetable, and animal parts of te creation, by Rich. Bradley. *Lond.* 1721, in-4. fig.

737 Principales merveilles de la nature. *Rouen*, 1723, in-12. fig.

738 Aurea Catena Homeri, ou Description de l'origine, de la nature et des choses naturelles. Manusc. in-4.

739 Gazophylacium rerum naturalium è regno vegetabili, animali et minerali depromptarum, germanice et lat. *Lipsiæ*, 1733, in-fol. fig. br.

740 Eman. Swedenborgii, principia rerum naturalium. *Dresdæ*. 1734, 3 vol. in-fol. fig. v. fil.

741 Car. Linnæi systema naturæ, editio secunda (cum nominibus gallicis à D. de Malesherbes exaratis). *Stockholm*, 1740. — Fundamenta botanica. *Stock*. 1740, in-8.

742 Idem. *Par*. 1744, in-8.

743 Idem. *Lips*. 1748. — A. J. D. d'Argenville, enumeratio fossilium Galliæ. *Par*. 1751, in-8. fig.

744 Ejusdem Linnæi systema naturæ. *Lugd. Bat*. 1756. = Joh. Fred. Gronovii index suppellectilis lapideæ. *Lugd. Bat*. 1750, in-8.

745 Ejusdem Linnæi systema naturæ. *Holmiæ*, 1758, 2 vol. in-8.

746 Idem. *Holmiæ*, 1766, 3 vol. in-8. fig.

747 Ejusdem, Oratio de necessitate peregrinationum intra Patriam : Elenchus animalium per Sueciam observatorum : Joan. Browalii examen epicriseos Siegesbeckianæ in systema plantarum sexuale, et Joan. Gesneri dissert. de vegetabilibus. *Lugd. Bat*. 1743. — Ejusdem Linnæi oratio de telluris habitabilis incremento, et Andr. Celsii oratio de mutationibus quæ in superficie corporum cœlestium contingunt. *Lugd. Bat*. 1744, in-8.

748 Systême de Linnæus exposé en plusieurs tables. = Cartes minéralog. de Guettard. = Morceau du regne minéral, tiré du cab. de Bombarde. — Differ. planches d'Hist. natur. prises de differ. voyages. — Differ. animaux, hyene, l'homme des bois, le cachalot, l'hydrocerax ou calao des Indes. = Essais de planches enlum. de Gautier. — Marines et vues de differ. côtes et aussi d'Allemagne et de Suisse, par Osanne. — Pompe funebre d'Alexandre, et bûcher d'Ephestion. in-fol. br.

749 Spectacle de la Nature, et Hist. du Ciel, par Pluche. *Par*. 1768, 10 tom. 11 vol. in-12. fig.

750 A general natural history, by John Hill. *Lond*. 1748, 3 vol. in-fol.

751 Glanures d'hist. natur. en angl. par George Edwards, trad. en franç. par J. du Plessis. *Londres*, 3 vol. in-4. fig. enlum.

752 Hist naturelle, génér. et particuliere, avec la descr. du Cabinet du Roi, par Buffon et d'Aubenton, conten. Hist. des animaux, 15 vol. — Oiseaux, 9 vol. — Supplément, 7 vol. — Minéraux, 6 vol. avec l'atlas. = Ovipares, par la Cépede, tom. 1. *Par.* 1749 *et suiv.* 38 vol. in-4. fig.

753 Œuvres complettes de Buffon. *Par.* Impr. Roy. 1774 *et suiv.* 7 vol. in-4. pap. d'Holl. fig. br.

754 Disc. du même à l'Académ. 1753. — Réflex. sur son systême de la générat. *Par.* 1751, in-12.

755 Lettres à un Américain sur l'hist. natur. de Buffon. *Hamb.* 1751, 9 tom. 5 vol. in-12.

756 Œuvres d'hist. naturelle et de philosophie de Ch. Bonnet. *Neuchât.* 1779 *et suiv.* 8 vol. in-4. fig.

757 Systême d'hist. natur. en quatre regnes, l'animal, le végétal, le minéral, et celui des eaux, en allem. franç. lat. et angl. *La Haye*, 1765, in fol. fig. br.

758 Miscellaneous tracts relating to natural history, husbandry, and physick; and Calendar of flora, by Benjam. Stilling-fleet. *Lond.* 1762, in-8. fig.

759 Mél. d'hist. natur. par Alléon du Lac. *Lyon*, 1763, 6 vol. in-12. fig.

760 Introd. à l'éude du regne végétal et minéral, par Bucquet. *Par.* 1773, 4 vol. in-12.

761 Geogr. de la Nature, par Soulavie. in-8. br.

762 Le Voyageur naturaliste, par John Coakley Lettsom. *Par.* 1775, in-12.

763 Etudes de la nature, par Jacq. Henri-Bernardin de Saint-Pierre. *Par.* 1784, 4 vol. in-12. fig.

764 Georg. Franci de Frankenau de palingenesia, sive ressuscitatione artificiali plantarum, hominum et animalium e suis cineribus, cum animadv. Jo. Christiani Nehringii. *Halæ*, 1717, in-4.

Histoire naturelle de l'Europe.

765 Mémoires pour servir à l'histoire naturelle des Provinces du Lyonnois, Forez et Beaujolois, par Alléon du Lac. *Lyon*, 1765, 2 vol. in-8. fig.

766 Hist. naturelle de la France méridionale, par Giraud Soulavie. *Nismes*, 1780 *et suiv.* 8 vol. in-8. fig.

767 Mém. pour l'hist. natur. du Languedoc, par Astruc. *Par.* 1740, in-4. fig.

768 Hist. natur. de la Province de Languedoc, par Genssane. *Montpell.* 1776, 5 vol. in-8. fig. br.

769 Hist. natur. de la Province du Dauphiné, par Faujas de Saint-Fond. *Grenoble*, 1781, tom. 1, in 8. fig.

770 Joann. Scholasticus Pitton, de conscribenda historia rerum naturalium Provinciæ. *Aquis-Sextiis*, 1672, in-8.

771 Hist. naturelle de la Provence, par Darluc. *Avign.* 1782, 2 vol. in-8.

772 Introduct. à l'hist. natur. et à la géographie physique de l'Espagne, par Guill. Bowles, trad. par de Flavigny. *Par.* 1776, in-8.

773 Lud. Gotofr. Kleinius de aere, aquis et locis agri Erbacensis atque Brenbergensis, largi Odenwaldiæ tractûs. *Francof.* 1754, in-8. fig.

774 Petri Wolfart, hist. naturalis Hassiæ inferioris, germanicè. *Cassel*, 1719, in-fol. fig.

775 Joan. Phil. Burggravius de aere, aquis et locis urbis Francofurtanæ ad Mœnum, et de animalculis sparmaticis. *Francof.* 1751. — Pauli Henr. Ger. Moehringii avium genera. *Auricæ*, 1752. = Balth. Sprengeri opuscula physico-mathematica. *Hannoveræ*, 1753, in-12.

776 Hist. natur. de la Suisse, dans l'ancien monde, par Grouner. *Neuchâtel*, 1776, in-12. br.

777 Mém. pour servir à l'hist. physiq. et natur. de la Suisse, par Reynier et Struve. *Laus.* 1788, tom. 1, in-8. br.

778 Christoph. Merrett, pinax rerum naturalium Britannicarum. *Lond.* 1667, in-12.

779 Hist. des singularités naturelles d'Angleterre, d'Ecosse et du pays de Galies, trad. de l'angl. de Childrey. *Par.* 1667, in 12. fig.

780 British curiosities in nature and art. *Lond.* 1713, in-12.

781 Natural hist. of Wertmorland and Cumberland, by Tho. Robinson. *Lond.* 1709, in-8.

782 The natural history of Oxford-shire. *Oxford*, 1677, in-fol. fig.

783 The natural history of Northampton-shire, by John Morton. *Lond.* 1712, in-fol. fig. v. fil.

784 Rob. Sibbaldi Scotia illustrata, sive prodromus hist. naturalis. *Edimb.* 1684, in-fol. fig.

785 Hist. natur. d'Irlande, par Gerard Boate. *Par.* 1666, in-12.

786 Collect. de différ. morceaux d'hist. natur. des pays du Nord, par Keralio. *Par.* tom. 1, in-12. fig. (le tom. 2 n'a pas été imprimé.)

787 Georg. Henning Hercynia curiosa, germanicè. *Nordhausen*, 1703, in-4.

788 The natural history of Norway, transl. from the Danish original, of Erick Pontoppidan. *Lond.* 1755, in-fol fig. v. fil.

789 Extrait de la même hist. trad. en françois. Manuscr. in-4. br.

Histoire naturelle de l'Asie, de l'Afrique et de l'Amérique.

790 Observ. de plusieurs singularités et choses mémorables trouvées en Grèce, Asie, Judée, Egypte, Arabie et autres pays, par P. Belon. *Par.* 1588, in-4. fig.

791 Hist. natur. de l'Islande, du Groenland, du détroit de Davis, et d'autres pays situés sous le nord, trad. de l'allem. d'Anderson. *Par.* 1754, 2 vol. in-12. fig.

792 The natural history of Aleppo and parts adjacent, by Alex. Russel. *London*, 1756, in-4. fig. v. fil.

793 Engelb. Kæmpferi amœnitatum exoticarum fasciculi V. quibus continentur variæ relat. observ. et descript. rerum Persicarum et ulterioris Asiæ. *Lemgoviæ*, 1712, in-4. fig.

794 Le Mercure Indien, ou le Trésor des Indes, par P. de Rosnel. *Par.* 1668, in-8.

795 Observ. physiq. et mathém. envoyées de Siam à l'Acad. des Sciences de Paris, par les Jésuites françois qui vont à la Chine en qualité de Mathématiciens du Roi, avec des notes par le P. Gouye. *Par.* 1688, in-8.

796 Guill. Piso de Indiæ utriusque re naturali et medica. *Amst.* 1658, in-fol. fig.

797 Merveilles des Indes orientales et occidentales, par Rob. de Berquen. *Par.* 1661, in-4.

798 Curiosités de la nature et de l'art, apportées dans

deux voyages aux Indes d'occident et d'orient, depuis 1698 jusqu'en 1702, avec une relat. abr. de ces deux voyages, par Ch. Biron. *Par.* 1703, in-12. fig.

799 Prosperi Alpini hist. Ægypti naturalis, cum observ. Jo. Veslingii. *Lugd. Bat.* 1735, 2 t. 1 vol. in-4. fig. br.

800 Hist. natur. du Sénégal, par Adanson. *Par.* 1757, in-4. fig.

801 Plantarum, animalium et mineralium Mexicanorum et Novæ Hispaniæ historia, à Fr. Hernandez primùm compilata, dein à Nardo Ant. Reccho in volumen digesta, à Jo. Terentio, Jo. Fabro, et Fab. Columna notis et addit. illustrata. *Romæ*, 1651, in-fol. fig.

802 Catalogue of the animals and plants, of North America, by John Reinhold Forster. *Lond.* 1771, in-8. fig.

803 Hist. natur. de la Caroline, de la Floride et des Isles de Bahama, par Marc. Catesby et Edwards, en Angl. et Fr. *Lond.* 1754, 2 vol. in-fol. fig. enlum. v. fil.

804 Journ. des observ. phys. mathém. et botaniq. faites sur les Côtes Orientales de l'Amérique Méridionale, dans les Indes Occidentales, à la Nouvelle Espagne et aux Isles de l'Amérique, depuis 1703, jusqu'en 1712, par le P. Louis Feuillée. *Par.* 1714 *et suiv.* 2 vol. in-4. fig.

805 Essai sur l'Hist. natur. du Chili, par l'Abbé Molina, trad. de l'Ital. par Gruvel. *Par.* 1789, in-8.

806 Hist. natur. de la Hollande Equinoctiale ou Surinam, par Phil. Fermin. *Amst.* 1765, in-8.

807 Essai sur l'Hist. natur. de la France Equinoctiale, par P. Barrere. *Par.* 1741, in-12.

808 Essai sur l'Hist. naturelle de l'Isle de St. Domingue. *Par.* 1776, in-8. fig.

809 The natural History of Barbados, by Griffith Hughes. *Lond.* 1750, in-fol. fig.

Histoire Naturelle particuliere.

Les Elémens.

810 Discourses concerning the primitive Chaos, the general deluge, the dissolution of the World and future conflagration; the wisdom of God manifested of the creation, by John Ray. *Lond.* 1721, 1722, 2 vol. in-8.

811 Origine de l'Univers. *Berlin*, 1748, in-12.

812 Origine du Monde et de la Terre en particulier, par Wallerius. *Par.* 1780, in-12.

813 Hist. naturelle de l'Univers, par Colonne. *Par.* 1734, 4 vol. in-12. fig.

814 Hist. naturelle de l'Air et des Météores, par Richard. *Par.* 1770, 10 vol. in-12. br.

815 Rob. Boyle, tractatus varii de temperie subterranearum et submarinarum regionum, de fundo maris, de aere, de quiete in corporibus. *Amst.* 1671, in-12.

816 Rech. sur les modifications de l'Atmosphère, par J. A. de Luc. *Geneve*, 1772, 2 vol. in-4. fig.

817 Dissert. sur l'influence de l'Air sur les Végétaux, par Rob. de Limbourg. *Bord.* 1758, in-4. br.

818 Athan. Kircheri Mundus subterraneus. *Amst.* 1678, 2 vol. in-fol. fig.

819 Jo. Ern. Brauns amœnitates subterraneæ. *Goslari*, 1726. —Jo. Hier. Zanichelli de ferro ejusque nivis præparatione. *Venet.*, 1719. —Joh. God. Fr. Buchneri dissertat. de memorabilibus Voigtlandiæ subterraneis, 1743. = M. Jo. Reiskius de glossopetris Luneburgensibus. *Lips.* 1684. — David Spleissius de cornibus et ossibus fossilibus Canastadiensibus, 1701. — Marc. Aurel. Severini Epistolæ de lapide fungifero et fungi mappa. *Guelpherbyti*, 1728. — Jo. Christoph. Harenbergi Encrinus, seu Lilium lapideum. 1729, in-4. fig. br.

820 Joh. Joach. Becheri physica subterranea, edente Georg. Ernesto Stahl. *Lips.* 1738, in-4.

821 The sacred theory of Earth, by Th. Burnet. *Lond.* 2 vol. in-8. fig. v. fil.

822 —Eadem, latinè. *Lond.* 1689, in-4. fig.

823 J. Wodward, natural history of the Earth. *Lond.* 1723, in-8.

824 —La même, trad. par Noguez, et distrib. méthod. des fossiles, trad. par le P. Niceron. *Paris*, 1735, in-4. fig.

825 Theory of the Earth, by Will. Whiston. *Lond.* 1725, in-8. fig.

826 Car. Linnæus de Telluris habitabilis incremento, Andr. Celsius de mutationibus quæ in superficie corporum cœlestium contingunt. *Lugd.-Bat.* 1744, in-8.

827 Godefr. Guil. Leibnitii protogæa, sive de prima facie telluris dissert. à Christ. Lud. Scheidio *Goettingæ*, 1749, in-4.

828 Recueil de divers Traités sur l'hist. naturelle de la terre et des fossiles, par E. Bertrand. *Avignon*, 1766, in 4.

829 Observ. de Trébra sur l'intérieur des Montagnes, avec des notes de Dietrich. *Par.* 1787, in-fol. fig. enlum. v. fil.

830 Lettres phys. et mor. sur les Montagnes et sur l'hist. de la terre et de l'homme, par J. A. de Luc. *Suisse*, 1778, in-8.

831 A discourse on the attraction of Mountains, by John Pringle. *Lond.* 1775, in-4.

832 Le Tremble-Terre, ses causes, signes, effets et remèdes, par Louis du Thoum. *Bourd.* 1716, in-4.

833 Hist. des anciennes Révol. du Globe Terrestre, avec une relat. des tremblem. de terre arrivés depuis le commencement de l'Ere Chrétienne jusqu'à présent. *Paris*, 1752, in-12. fig.

834 Hist. des tremblem. de Terre arrivés à Lima et dans la Jamaique, avec la Descr. du Pérou, et des Rech. sur les causes physiq. des tremblem. de terre, par Hales, trad. de l'angl. *Par.* 1752, in-12. fig.

835 Dissert. sur les tremblem. de terre et les éruptions de feu qui firent échouer le projet de Julien de rebâtir le Temple de Jérusalem, trad. de Warburton. *Par.* 1754, 2 vol. in-12.

836 Conjectures sur la propagation des secousses dans les tremblemens de terre. 1756, in-12.

837 Mém. sur les tremblemens de terre, par Isnard. *Par.* 1758. — Dissert. sur les dern. tremblem. de terre. *Par.* 1757. — Relat. d'un tremblem. de terre de Lisbonne, par Goudard. 1756. — Réflex. sur les causes des tremblem. de terre. *Par.* 1756, 2 vol. in-12.

838 Hist. des Vents, trad. de l'angl. de Franc. Bacon, par J. Baudoin. *Par.* 1650, in-8. fig.

839 Hist. physique de la Mer, par Louis Ferdin. Marsilli. *Amst.* 1725, in-fol. fig. v. fil.

840 Raisonnem. philosophiq. touchant la salure et le flux et reflux de la mer, l'origine des sources, et un traité de la lumière de la mer, par Nic. Papin. *Blois*, 1647, in-8.

841 Telliamed ou Entretiens sur la diminution de la Mer, par Maillet. *Par.* 1755, 2 vol. in-12. mar.

Histoire Naturelle des Montagnes et Volcans de différens Pays.

842 Essai sur la Théorie des Volcans d'Auvergne, par Reynaud de Montlosier. 1789, in-8. br.

843 Chronol. physiq. des Eruptions des Volcans éteints de la France Méridionale, par Giraud Soulavie. *Par.* 1781, in-8. fig. br.

844 Recherches sur les Volcans éteints du Vivarais et du Velay, par Faujas de S. Fond. *Grenoble*, 1778, in-fol. fig. br.

845 Discours sur l'état actuel des Montagnes des Pyrénées et sur les causes de leur dégradation, par d'Arcet. *Par.* 1776, in-8. br.

846 Observ. faites dans les Pyrénées. *Paris*, 1789, in-8. cartes.

847 Mém. sur les travaux qui ont rapport à l'exploitation de la mâture dans les Pyrénées, par le Roy. *Par.* 1776, in-4. fig.

848 Descript. des Glacières, Glaciers, et amas de Glace du Duché de Savoye, par T. Bourrit. *Geneve*, 1773, in-8. fig.

849 Hist. du Mont Vésuve, par Duperron de Castera. *Par.* 1741, in-12.

850 Storia e fenomeni del Vesuvio, da D. Gio Maria della Torre. *Napoli*, 1755, in-4. fig.

851 — Les mêmes, trad. par Péton. *Par.* 1760, in-12. fig. v. éc. fil.

852 Observ. an Mount Vesuvius, Mount Etna, and other Volcanos, by W. Hamilton. *Lond.* 1774, in-8. fig. br.

853 Lettres sur les Volcans d'Italie, par le Chev. Hamilton, commentées par Giraud Soulavie. *Par.* 1781, in-8. v. fil.

854 Rech. et observ. touchant l'embrasement du Mont Etna, par Boccone. *Par.* 1673, in-12.

855 L'Etna, Poëme, de P. Corn. Severus, et les sentences de Publius Syrus, trad. *Par.* 1736, in-12.

856 Account of some German Volcanos, and their productions, by R. E. Raspe. *Lond.* 1776, in-8.

857 Hist. natur. des Glacières de Suisse, trad. de l'Allem.

de Grouner, par de Keralio. *Par.* 1770, in-4. fig. v. fil.

858 Descript. des Glacieres, Vallées de Glace et Glaciers qui forment la grande chaîne des Alpes, de Suisse, d'Italie et de Savoye, par T. Bourrit. *Geneve*, 1785, 3 vol. in-8. fig.

859 Descript. des Montagnes et des Vallées de la Principauté de Neufchatel et Valengin. *Neufch.* 1766, in-8. br.

Histoire naturelle des Fossiles.

860 De omni rerum fossilium genere, gemmis, lapidibus, metallis, libri aliquot, opera Conr. Gesneri. *Tiguri*, 1565, in-8.

861 Storia natur. delle gemme, pietre e di tutti i minerali overo della fisica sotterranea, di Giac. Gimma. *Napoli*, 1730, 2 vol. in-4.

862 Nouv. Idées sur la formation des Fossiles. *Par.* 1751, in-12. fig.

863 Oryctologie, par d'Argenville. *Par.* 1755, in-4. fig. v. d. s. tr.

864 A natural history of Fossils, by Eman. Mendes da Costa. *Lond.* 1757. in-4. tom. 1.

865 Dict. des Fossiles, par Bertrand. *La Haye*, 1763, in-8.

866 Mém. sur des Bois de Cerfs fossiles trouvés en creusant un Puits en Dauphiné. *Grenoble*, 1776, in-4. fig.

867 Traité des Métaux et des Minéraux, par Chambon. *Par.* 1714, in-12.

868 Introd. à la Minéralogie, et descr. des opérations de Métallurgie, trad. de J. F. Henckel. *Par.* 1756, 2 vol. in-12.

869 Joan. Andr. Crameri elementa artis docimasticæ. *Lugd. Bat.* 1739, 2 vol. in-12. fig.

870 — Les mêmes, trad. en françois. *Par.* 1755, 4 vol. in-12. fig.

871 L'Art d'essayer les Mines et les Métaux, par Schindlers, trad. par Geoffroy. *Par.* 1759, in-12.

Histoire naturelle des Métaux.

872 Andr. Cæsalpinus de Metallicis. *Noribergæ*, 1602, in-4.

873 Georg. Agricola de re Metallica. *Basil.* 1657, in-fol. fig.

874 Mich. Mercati metallotheca, edente Jo. Maria Lancisio. *Romæ*, 1719, in-fol. fig.

875 L'Art de convertir le Fer forgé en acier, et art d'adoucir le fer fondu, par Reaumur. *Par.* 1722, in-4. fig.

876 Métallurgie, d'Alvare Alph. Barba, trad. par Gosford. *Par.* 1751, 2 vol. in-12.

877 Traité de l'art métallique ext. des Ouvrages de Barba, et Mém. concern. les Mines de France. *Paris*, 1730, in-12. fig.

878 Traité de Métallique, trad. de Perez de Vargas. *Par.* 1743, 2 vol. in-12.

879 Casim. Christop. Schmiedel fossilium metalla, germanicè. *Norimbergæ*, 1753, in 4. fig. enlum. br.

880 Blas. Caryophili de antiquis fodinis metallorum opusculum. *Viennæ*, 1757, in 4. v. fil.

881 Œuvres Métallurgiques, par J. Christian Orschall, trad. *Par.* 1760, in-12.

882 Art d'essayer l'Or et l'Argent, par Sage. *Par.* 1780, in-8. fig. br.

883 La platine, l'or blanc. *Par.* 1758, in-12.

884 Mém. de physique sur l'Art de fabriquer le Fer, d'en fondre et forger des canons d'artillerie, sur l'histoire naturelle et sur divers sujets particuliers de physique et d'économie, par Grignon. *Par.* 1775, in 4. fig. br.

885 Rech. chimiq. sur l'Etain, par Bayen. *Paris*, 1781, in-8. br.

886 Dissert. sur la cause de l'augmentat. de poids que certaines matières acquièrent dans leur calcination, par Beraud. *Par.* 1748, in-12. br.

887 Essais de Jean Rey, sur la recherche de la cause pour laquelle l'Etain et le Plomb augmentent de poids, quand on les calcine, avec des notes, par Gobet. *Paris*, 1777, in 8.

888 Dissertation sur la cause de la rouille des Métaux, par

Chimbaud de Filhot, et sur la ductilité des Métaux, par Tillet. *Bordeaux*, 1746, in-4. br.

Histoire naturelle des Minéraux.

889 Jo. Guidii de Mineralibus tractatus. *Venet.* 1625, in 4.

890 Bern. Cæsii mineralogia. *Lugd.* 1636, in-fol.

891 Anciens Minéralogistes de France, par Gobet, *Par.* 1769, 2 vol. in-8.

892 Lettres sur la Minéralogie et la Métallurgie, trad. de Diederick-Wessel Linden. *Par.* 1752, in-8.

893 Minéralogie, par J. Gotschalk Wallerius. *Par.* 1753, 2 vol. in-8. fig.

894 Jo. Lucæ Woltersdorff systema minerale, seu regni mineralis systematica per classes, ordines, genera et species dispositio, edente Eberhardo Frider. Stadel, germanicè et lat. *Ulm.* 1755, in-4. obl.

895 Pyritologie, flora saturnisans et opuscule minéral, trad. de l'Allem. de J. F. Henckel. *Paris*, 1760, in-4. fig.

896 Minéralogie de Valmont de Bomare. *Par.* 1762, 2 v. in-8.

897 — La même. *Paris*, 1774, 2 vol. in-8. fig.

898 Lettres sur les Minéraux, par P. Jos. Buc'hoz. *Par.* 1770, in-8.

899 Introd. à l'étude du règne minéral, par Bucquet. *Par.* 1771, 2 vol. in-12. fig. br.

900 Essai d'une nouv. Minéralogie, trad. de Wiedman, par Dreux. *Par.* 1771, in-12.

901 Exposit. des Mines, par Monnet. *Par.* 1772, in-12.

902 Nouv. Systême de Minéralogie, par le même. *Bouillon*, 1779, in-12.

903 Géométrie Souterraine, ou Traité de Géométrie-Pratique appliqué à l'usage des travaux des Mines, par de Genssane. *Par.* 1776, in-8. fig.

904 Géométrie souterraine, par Duhamel. *Paris*, 1787, tom 1, in-4. fig. v. fil.

905 Elémens de Minéralogie Docimastique, par Sage. *Paris*, 1777, 2 vol. in-8.

906 Traité sur la science de l'exploitation des Mines, par

Christophe Fr. Delius, trad. par Schreiber. *Par.* 1778, 2 vol. in-4. fig. br.

907 Descr. du Cabinet de l'Ecole des Mines, par Sage, avec le Supplém. *Par.* 1784, in-8.

908 Essai d'un système de transitions de la nature dans le regne minéral, par G. de Razoumowsky. *Laus.* 1785, in-12. br.

909 Tableau méthodique des Minéraux, par Daubenton. 1788, in 8. br.

910 Catalog. de Minéraux, etc. in-12. br.

911 Traité des Tourbes combustibles, par Ch. Patin. *Par.* 1663, in-4.

912 Différ. procédés pour employer le Charbon de terre, par Jars. *Par.* 1770, in-4. br.

913 Mém. sur le feu du Charbon de terre, apprêté pour être employé aux chauffages et aux usages domestiques, par Morand. *Par.* 1770, in-12. fig. br.

914 Instr. sur l'usage de la Houille, ou Charbon de terre, pour faire du feu. *Lyon*, 1775, in-8. fig.

915 Matthiæ Tilingii cinnabaris mineralis, seu minii naturalis Scrutinium. *Francof. ad Mœnum*, 1681, in-12.

916 Exam. chym. de differ. substances minérales, essais sur le Vin, les Pierres, les Bézoards, trad. d'une lettre de Lehmann, sur la Mine de Plomb rouge, par Sage. *Par.* 1769, in-12.

917 Exposition des propriétés du Spalme, considéré comme courroi, enduit et mastic, avec la man de l'employer sous ces trois rapports. *Par.* 1763, in-8. br.

Histoire naturelle des Pierres et Pierreries.

918 Camilli Leonardi speculum lapidum. *Venet.* 1516, in-4.

919 — Idem, et sympathia septem metallorum ac septem selectorum lapidum ad planetas Petri Arlensis de Scudalupis. *Parisiis*, 1610, in-8.

920 Traité des Pierres qui s'engendrent dans les terres, dans les animaux et dans les hommes, par Nic. Venette. *Amst.* 1701, in-12.

921 J. Fred. Gronovii index suppellectilis lapideæ. *Lugd. Bat.* 1750. — Alb. Ritter lucubratiuncula de alabastris Hohnsteinensibus. 1731, in-8. fig.

922 Lithogéognosie, et dissert. sur le feu et sur la lumière, par J. Pott. *Par.* 1753, 2 vol. in-12.

923 And. Baccius, de gemmarum et lapidum natura. *Francof.* 1603. — Casp. Hoffmanni variæ lectiones. *Lips.* 1619, in-8.

924 Ejusdem Baccii de gemmis et lapidibus pretiosis tractatus, in latinum conversus à Wolfg. Gabel-Chovero. *Francof.* 1643, in-12.

925 Gemmarum et lapidum historia, quam olim edidit Anselmus Boetius de Boot, postea Ad. Tollius, cui accedunt Jo. de Laet de gemmis et lapidibus et Theophrastus de lapidibus, gr. et lat. *Lugduni Bat.* 1647, in-8. fig.

926 Le parfait Joaillier, par Boece de Boot, avec des annotat. par Toll. *Lyon*, 1744, in-8.

927 Joan. de Laet de gemmis et lapidibus, et Theophrastus de lapidibus, gr. et lat. *Lugd. Bat.* 1647, in-8. fig.

928 Traité des Pierres de Théophraste, trad. du grec, avec des notes, trad. de l'angl. de Hill; lettres sur les couleurs du Saphir et de la Turquoise, et sur les effets des différens Menstrues sur le Cuivre. *Par.* 1754, in-12.

929 Traités des Pierres et Pierreries, contre l'opinion vulgaire, par Et. de Claves. *Par.* 1735, in-8.

930 Marbodei poetæ, de lapidibus pretiosis Enchiridion, cum scholiis Pictorii, et ejusdem Pictorii de lapide molari carmen. *Wofenbuttelæ*, 1740, in-4.

931 Traité des Diamans et des Perles, par Dav. Jeffries, trad. de l'angl. *Par.* 1753, in-8. fig. v. fil.

932 Art d'imiter les Pierres précieuses, par Fontanieu. *Par.* 1778, in-8. br.

933 Analyse de quelques Pierres précieuses, par F. C. Achard, trad de l'allem. avec des remarq. par J. B. Dubois. *Par.* 1783, in-8. fig.

934 Voyage conten. differ. observ. minéral. particulièrem. sur les Agates et le Basalte, avec la manière de travailler les Agathes, par Collini. *Manh.* 1776, in-8. fig.

935 Nathanaelis Sendelii hist. Succinorum corpora aliena involventium et naturæ opere pictorum et cælatorum. *Lips.* 1742, in-fol. fig. v. fil.

936 Mém. sur les Argilles, par Baumé. *Paris*, 1770, in-12. br.

937 Traité des Dragons et des Escarboucles, par J. Bapt. Panthot. *Lyon*, 1691, in-12.

938 Joh. Laur. Bauschius de Cæruleo et Chrysocolla. *Jenæ*, 1668, in-12.

939 Ejusdem Schediasmata de lapide hæmatite et ætite. *Lips.* 1665, in-12.

940 Car. Nic Langii tractatus de origine lapidum figuratorum: diluvii ejusque in terra effectuum descript. et dissert. de generat. viventium testaceorum præcipuè, plurimorumque corporum a vi plastica auræ seminalis delatæ extra consuetam matricem productorum. *Lucernæ*, 1709, in-4.

941 Joh. Jac. Scheuchzeri Sciagraphia lithologica, seu lapidum figuratorum nomenclator, auctus et illustratus à Jac. Theod. Klein, et epistolæ Maur. Ant. Cappeller de Entrochis et Belemnitis. *Gedani*, 1740, in-4. fig.

942 Recherches sur la Pouzzolane, sur la Théorie de la Chaux et sur la cause de la dureté du Mortier, par Faujas de St. Fond. *Grenoble*, 1778, in-8. br.

943 Recherches et Mém. sur la Pouzzolane, et manière de l'employer dans les constructions, par le même. *Grenoble*, 1780, 2 part. in-8. br.

944 J. H. Van Swinden tentamina de phenomenis Magneticis. *Lugd. Bat.* 1772, in-4. br.

945 Lois du Magnétisme, par le Monnier. *Par.* 1776, in-8. v. d. s. tr.

946 Ant. Brugmans Magnetismus. *Lugduni Batav.* 1778, in.8. fig. br.

947 Recueil de Pièces sur l'Aimant. in-4. br.

948 Traité sur les Aimans artificiels, trad. de J. Michel et J. Cantons, par Rivoire. *Par.* 1752, in-12. fig.

949 Rech. et doutes sur le Magnétisme animal, par Thouret. *Par.* 1784, in-12.

950 Recueil de Pièces sur le Magnétisme animal. in-4. et in-8.

Oryctologie de l'Europe.

951 Voyages métallurgiques en Europe, depuis 1757 jusqu'en 1769, par Jars. *Lyon*, 1774, et *Par.* 1780, 3 vol. in-4. fig.

952 Voyages minér. et physiq. de Bruxelles à Lausane,

par le Luxembourg, la Lorraine, la Champagne et la Franche-Comté, en 1782, par Greg. de Razoumowski. *Laus.* 1783, in-8. br.

953 Atlas minéralogique de France, par Dupain-Triel, composé de 28 cartes. in-fol. v. fil.

954 Restitution de Pluton, des Mines et Minières de France, cachées jusqu'à présent au ventre de la terre, par Martine de Bertereau. *Par.* 1640. — Des Mines d'Argent, trouvées en France, par Fr. Garrault. *Par.* 1579, in-8.

955 Mém. sur les Mines de France, par Monnet. *Paris*, 1790, in-8. br.

956 Descrip. de l'Aimant qui s'est formé à la pointe du clocher de N. Dame de Chartres, par L. L. de Vallemont. *Paris*, 1692, in-12.

957 Traité sur les Mines de Fer et les Forges du Comté de Foix, par de la Peirouse. *Toulouse*, 1786, in-8. fig. br.

958 Projet d'ouverture et d'exploitation de Minières et Mines d'Or et d'autres Métaux, aux environs du Cézé, du Gardon, de l'Eraut et d'autres rivières du Languedoc, de la Comté de Foix, du Rouergue, etc. par Gua de Malves. *Par.* 1764, in-8. carte.

959 Minéralogie de la Lorraine et des trois Evêchés, par P. Jos. Buc'hoz. *Nancy*, in-12.

960 Journal des observat. minéralogiq. faites dans une partie des Vosges et de l'Alsace, par de Sivry. *Nancy*, 1782, in-8. br.

961 Essai sur la Minéralogie des Monts Pyrénées, avec un Catalog. des Plantes observées dans ces Montagnes. *Par.* 1781, in 4. fig.

962 — Le même. *Paris*, 1784, in-4. fig.

963 Descr. des Gîtes de Minérai, des Forges et des Salines des Pyrénées, et observ. sur le Fer mazé et sur les Mines des Sards en Poitou, par Dietrich. *Par.* 1786 *et suiv.* 4 part. 3 vol. in-4. fig, br.

964 Mém. sur les Forges Catalanes, comparées avec les forges à haut fourneaux. — Expér. et obs. sur le Fer. — Mém. sur l'extraction et le raffinage du Salpêtre, par Tronson du Coudray. *Par.* 1774 et 1775, in-8. fig.

965 Sebaldi Justini Brugmans lithologia Groningana. *Groningæ*, 1781, in-8. fig. br.

966 Osserv. sopra le produzioni naturali, fosfori, fuochi sot-

terranei d'Italia, da Paolo Boccone. *Bologna*, 1684, in-12.

967 Rech. et observ. sur différens objets d'hist. naturelle de la Sicile, par le même. *Amst.* 1674, in-12. fig.

968 Lettres sur la Minéralogie et autres objets de l'hist. natur. de l'Italie, par Forber, trad. par Dietrich. *Strasb.* 1776, in-8.

969 Corporum lapidefactorum agri Veronensis catalogus, quæ apud Jo. Jac. Spadam asservantur. *Veronæ*, 1744, in-4. fig.

970 Mém. sur la manière dont on extrait en Corse le Fer de la Mine d'Elbe, par Tronson du Coudray, *Paris*, 1775, in-8. fig. br.

971 Voyage Minéral. philos. et hist. de Toscane, par Jean Targioni Tozetti. *Par.* 1792, 2 vol. in-8.

972 Voyage à la Nitrière naturelle qui se trouve à Molfette, par Zimmermann. *Par.* 1789, in-8. br.

973 Discursus de diluvio maximo, occasione inventi in comitatu Laubacensi, et ex metamorphosi in mineram ferri mutati ligni, à Jo. Georg. Liebknecht; accessit Jo. Gothofr. Geilfusii de terra sigillata Laubacensi tractatio. *Giessæ*, 1714, in-12. fig. v. fil.

974 Frid. Aug. Cartheuser rudimenta Oryctogr. Viadrino Francofurtanæ. *Francof. ad Viadrum*, 1755, in-8.

975 Georgii Lud. Hueber lithographia Wirceburgensis, seu lapidum figuratorum et insectiformium descriptio. *Wirceb.* 1726, in-fol. fig.

976 Memorabilia Saxoniæ subterraneæ, germanicè. *Lipsiæ*, 1709, in-4. fig. v. fil.

977 Jo. Henr. Schüttei Oryctographia Jenensis, cum annotat. Christ. Valent. Merckelii. *Jenæ*, 1761, in-12.

978 Dissertat. de mineralogia territorii Erfurthensis, à Jo. Henr. Rittermann. *Erfurthi*, 1759, in-4.

979 Joh. Jac. Baieri orictographia Norica, cum Supplemento. *Norimbergæ*, 1708 et 1730, in-4. fig. br.

980 — Eadem. *Norimb.* 1758. — Ejusdem monumenta rerum petrificatarum præcipua, interprete Ferd. Jac. Baiero. *Norimb.* 1757, in-fol. fig. v. fil.

981 Oryctologia Hildesheimensis, sive fossilium quæ in tractu Hildesheimensi reperiuntur descriptio; et de calculis, fontibus, etc. à Frid. Lachmund. *Hildesh.* 1669, in-4. fig.

982 Franc. Ernest. Bruckmanni thesaurus subterraneus ducatus Brunsvigii, germanice. *Brunsvigii*, 1728, in-4. fig. br.

983 Alb. Ritter, oryctographia Goslariensis. *Helmst.* 1733, 1738. — Ejusdem oryctograph. Calenbergica. *Sondershusæ*, 1743. — Ejusdem lucubratiuncula de Alabastris Hohnsteinensibus et Schwartzburgicis. 1731, 1732. — Ejusdem commentatio de Zoolitho-Dendroidis. *Sondershusæ*, 1736. — Ejusdem Schediasma de nucibus margaceis. *Helmstad.* 1740, in-4. fig. br.

984 Jo. Georg. Liebknecht Hassiæ subterraneæ specimen, diluvii univers. testimonia ex triplici regno exhibens, occasione arboris in mineram ferri mutatæ, cui accedit Joh. Gothofr. Geilfusii de terra sigillata Laubacensi tractatus, et ejusdem Liebknecht dissertat. de serratis bigatisque nummis *Giessæ*, 1730. — Joh. Dan. Geierus de montibus conchiferis ac glossopetris Alzeiensibus. *Francof.* 1687. — Jos. Adamus Braunius de insignioribus telluris mutationibus. *Petropoli.* in-4. fig.

985 Georg. Andr. Helwing lithographia Angerburgica. *Regiomonti*, 1717, 2 tom. 1 vol. in-4. fig.

986 Car. Nic. Langii hist. lapidum figuratorum Helvetiæ ejusque viciniæ. *Venet.* 1708, in-4. fig.

987 Jo. Jac. Scheuchzeri meteorologia et oryctographia Helvetica, germanice. *Zurich*, 1718, in-4.

988 Dissert. sur l'Asphalte, ou Ciment naturel, découvert au Val-Travers dans le Comté de Neufchâtel, par Eirini d'Eyrinys. *Par.* 1721, in-12.

989 Fossils of England, and catalogue of the fossils in the collection, of J. Woodward. *Lond.* 1729, 2 tom. 1 v. in-8.

990 J. Woodward natural history of the fossils of England. *Lond.* 1729, 2 vol. in-8.

991 An essay towards a natur. history of the Coralines, and other marine productions of the like kind, commonly found on the coasts of Great Britain and Irland, the descript. of a large marine polype, by John Ellis. *Lond.* 1755, in-4. fig.

992 — Le même, trad. en François. *La Haye*, 1756. — Essai sur l'Hist. natur. de la Mer Adriatique, par Vitaliano Donati, avec une Lettre de Leonard Sesler, sur une nouv. espèce de plante terrestre, trad. de l'Italien. *La Haye*, 1758, in-4. gr. pap. fig. enlum. br.

993 Voyage minéral. en Hongrie et Transilvanie, par de Born, trad. par Monnet. *Par.* 1780, in-12.

994 Phil. Jac. Hartmann Succini Prussici historia. *Francof.* 1677, in-12.

Oryctologie de l'Asie et de l'Amérique.

995 Traité abr. des Pierres fines des Indes Orient. et Occident. *Par.* 1769, in-12.

996 Johannis Philippi Breynii epistolæ de melonibus petrefactis montis Carmel vulgo creditis, de aquis martialibus Olonicensibus, et de pseudo-succino. *Lips.* 1722. — Ejusdem dissert. de Polythalamiis, de Belemnitis Prussicis et de Echinis methodicè disponendis. *Gedani*, 1732, in-4. fig. v. fil.

997 Ehrenfridi Hagendornii tractatus de catechu, sive terra Japonica. *Jenæ*, 1679, in-12.

Histoire naturelle des Eaux.

998 Hydrologie, ou exposit. de la nature et de la qualité des Eaux; examen de l'eau de la mer; descr. des sels naturels, par Monnet. *Par.* 1772, in-12.

999 Expériences sur le cours des fleuves, par Genneté. *Par.* 1760, in-12. fig.

1000 Traité des rivières et des torrens, et des canaux navigables, par le P. Frisi, trad. de l'Ital. *Par.* Imp. Roy. 1774, in-4. fig.

1001 Traité des étangs, viviers, canaux, fossés et mares, et des profits que l'on en peut tirer, par L. D. B. *Par.* 1717. = Origine des fontaines. *Par* 1674, in-12.

1002 Mém. sur les étangs, par Huguenin. *Par.* 1779, in-12. br.

1003 Nouvelles fontaines filtrantes, par Amy. *Par.* 1752, 2 vol. in-12. fig.

1004 Lettres sur les nouveaux bains médicinaux. *Par.* 1752, in-12. mar.

1005 Rech. phys. sur les moyens de connoître toutes les eaux minérales, trad. de l'angl. par Coste. *Par.* 1767, in-12.

1006 Traité des eaux minérales, par Monnet. *Paris*, 1768, in-12.

1007 Traité analytique des eaux minérales, par Raulin. *Par.* 1774, 2 vol. in-12.

1008 Recherc. sur les vertus de l'eau de goudron, par Georges Berkeley. *Amst.* 1745, in-12.

Histoire naturelle des fontaines et eaux minérales de différens pays.

1009 Observ. sur les eaux minérales de plusieurs Provinces de France, par Duclos. *Par.* 1675, in-12.

1010 Exposition des principes et des propriétés des eaux minér. qu'on distribue au bureau génér. de Paris. *Par.* 1775, in-12. mar.

1011 Examen chimiq. d'une eau minérale découverte à Passy. in-8. br.

1012 Analyse des eaux de Forges, par P. Ant. Marteau. *Par.* 1756. = Observ. sur les eaux minérales d'Epoigni, de Pourain, de Dige et de Touci, aux environs d'Auxerre, par Berryat. *Auxerre*, 1752. — Dissert. sur les eaux de Segray, près Pithiviers, par Blondet. *Orléans*, 1747, in 12. br.

1013 Motion sur l'abolition des étangs en Bresse, et observ. d'un Agronome sur cette motion. *Bourg*, 1790, in-8.

1014 Analyse des eaux minérales de Charbonniere, dites de Laval, par de Marsonnat. *Lyon*, 1784, in-8. br.

1015 Mém. sur quelques singularités du terroir de Gabian, et principalement sur la fontaine de l'huile de pétrole qui y coule, par Riviere. *Montpell.* 1717, in-4.

1016 Hist. natur. de la fontaine qui brûle près de Grenoble, par J. Tardin. *Tournon*, 1618, in-12.

1017 Breve trattato de' bagni di Pisa e di Lucca, da Gius. Zambeccari. *Padova*, 1712, in-8.

Traités du Jardinage et de l'Agriculture.

1018 Théâtre d'Agriculture et ménage des champs, par Oliv. de Serres. *Par.* 1603, in-4.

1019 Agriculture et Maison rustique, par Ch. Etienne et Jean Liebault. *Par.* 1640, in-4.

1020 Dict. des termes propres à l'agriculture, par L. Liger. *Paris*, 1703, in-12.

1021 Dict. pratique du bon ménager de campagne et de ville, par L. Liger. *Par.* 1715, in-4.

1022 Théâtre d'Agriculture et ménage des champs, par le même. *Par.* 1723, in-4. fig.

1023 Maison rustique, par le même. *Paris*, 1749, 2 vol. in-4. fig.

1024 L'Economia del cittadino in villa, da Vinc. Tanara. *Venet.* 1713, in-4.

1025 Dict. économique, par Noel Chomel, augm. par de la Marre. *Paris*, 1767, 3 vol. in-fol.

1026 Ménage de la ville et des champs, et le Jardinier de toutes saisons, avec un traité des abeilles, par de la Ferrière, et un traité des chevaux. *Brux.* 1733, 2 vol. in-12.

1027 Dict. univers. d'agriculture et de jardinage, par la Chesnaye des-Bois. *Par.* 1751, 2 vol. in-4. mar.

1028 Economie rurale, traduct. du poëme de Vaniere, par Berlaud. *Par.* 1756, 2 vol. in-12. v. fil.

1029 Ruris deliciæ, colligebat Fr. Bertrand. *Paris*, 1757. in-12.

1030 L'Agronome, dict. portatif du Cultivateur, par Alletz. *Par.* 1760, 2 vol. in-8.

1031 Dict. domestique. *Par.* 1762, 3 vol. in-8.

1032 Journal économique depuis 1751 jusqu'à 1767. 36 vol in-8. et in-12. (manq. l'année 1763.)

1033 Economie rustique. *Par.* 1769, in-12.

1034 Manuel des Jardiniers et des Cultivateurs. *Lond.* 1789, in-12. br.

Traités du Jardinage.

1035 Ant. Mizaldus, de Hortorum secretis et cultu. *Lutetiæ*, 1574, in-8.

1036 Le Jardinage et le jardin médicinal, du même, trad. en franç. 1578, 2 tom. 1 vol. in-8.

1037 Petri Laurembergii horti cultura et apparatus plantarum. *Francof. ad Mœnum*, 1654. — Ejusdem porticus Æsculapii, seu generalis artis medicæ constitutio. *Rostochii*, 1630, in-4. fig.

1038 Traité du Jardinage, par Boyceau. *Par.* 1689, in-12.

1039 Traité curieux et très-utile touchant le jardinage. *Par.* 1706, in-12.

1040 Le Jardinier solitaire. *Par.* 1713, in-12.

1041 — Le même, ou Méthode de faire et cultiver un jardin fruitier et potager, avec Réflexions sur la culture des arbres. *Par* 1738, in-12.

1042 New improvements of planting and gardening both philosophical and pratical, by R. Bradley. *Lond.* 1739, in-8. fig.

1043 Observ. physiq. et pratiq. sur le jardinage et l'art de planter, avec le Calendrier des Jardiniers, trad. de l'angl. du même, par de Puisieux. *Par.* 1756, 2 vol. in-12. fig.

1044 Instructions pour les jardins fruitiers et potagers, avec un traité des orangers, des réflex. sur l'agriculture, et Instruct. pour la culture des fleurs, par de la Quintinye. *Par.* 1739, 2 vol. in-4. fig.

1045 Traité des Jardins, ou nouv. la Quintinye, par le Berryais. *Par.* 1775, 2 vol. in-8. fig.

1046 The gardeners dictionary, by Phil. Miller. *Lond.* 1748, 3 vol. in-8.

1047 — Le même, en angl. *Lond.* 1759, in-fol. fig.

1048 — Le même, trad. en franç. par une Société de Gens de Lettres. *Par.* 1785, 8 vol. in 4. fig.

1049 Traité du plantage et de la culture des principales plantes potageres, recueilli du Dict. angl. de Miller. *Yverdun*, 1768, in-12. br.

1050 Agrémens de la campagne. *Leyde*, 1750, in-4. fig. v. fil.

1051 Les Jardins, poëme de Rapin, trad. libre par Gazon Dourxigné. *Par.* 1773, in-12. fig.

1052 Ecole du Jardin potager, par de Comble. *Par.* 1770, 2 vol. in-12.

1053 Le bon Jardinier. *Par.* 1763 *et suiv.* 2 vol. in-24.

1054 Le bon Jardinier, par de Grace et Verdier. *Par.* 1778, in-12.

1055 Essais sur les Jardins, par Watelet. *Par.* 1764. = Formation des Jardins, par Duchesne. *Par.* 1775, in-8.

1056 Manuel du Jardinier, par Mandirola, trad. de l'ital. par C. L. F. Randi. *Par.* 1765, in-12.

1057 Abrégé des instructions sur le jardinage, ou Calendrier, par Dardenne. *Avignon*, 1767, in-12.

1058 Pratique et Dict. du Jardinage, par Roger Schabol. *Par.* 1767 et 1770, 3 vol. in-8. fig.

1059 Théorie des Jardins. *Par.* 1776. — Composition des Paysages, par R. L. Girardin. *Par.* 1777. = Lettres sur les Jardins anglois. *Par* 1775, in-8.

1060 Les Jardins, ou Art d'embellir les paysages, poëme, par Delille. *Par.* 1782, in 4. pap. vel.

1061 — Les mêmes. *Reims*, 1785, in-18. br.

Traités d'Agriculture.

1062 M. Catonis, M. Ter. Varronis, L. Junii Moderati Columellæ, Palladii Rutilii, libri de re rustica. *Par.* 1533, in-fol.

1063 Columelle, trad. par Cl. Cotereau, avec des annotat. par J. Thierry. *Par.* 1556, in-4.

1064 Veterum scriptorum de re rustica præcepta in dialogos collecta, ab Adr. Kembter. 1760, in-4.

1065 Essai sur l'Agriculture ancienne. *Par.* 1755, in-12.

1066 Hist. de l'Agriculture ancienne, extr. de l'hist natur. de Pline. *Paris*, 1765, in-12.

1067 Profits champêtres et ruraux, par P. des Crescens. *Par.* 1532, in 4.

1068 Bons enseignemens d'Agriculture, par Constantin César, trad. en franç. par Ant. Pierre. *Lyon*, 1557, in-16.

1069 Secrets de la vraie Agriculture, trad. de l'ital. d'Augustin Gallo, par Fr. de Belle-Forest. *Par.* 1571, in-4. v. fil.

1070 Œuvres de Bern. Palissy, avec des notes, par Faujas de Saint-Fond, et des addit. par Gobet. *Par.* 1777, in-4. br.

1071 Discours économique, montrant comme de 500 liv. pour une fois employées, l'on peut tirer par an 4500 liv. de profit honnête, par Prudent le Choyselat. *Rouen*, 1612, in-12. mar.

1072 Della Agricoltura, di Africo Clemente. *Trevigi*, 1692, in-12.

1073 Trésor champêtre. *Provins*, in-12. br.

1074 Jo. Scheuchzeri operis agrostographici idea. *Tiguri*, 1719, in-12.

1075 Cento e dieci ricordi, che formano il buon fattor di Villa, di Giacomo Agostinetti. *Venezia*, 1749, in-8.

1076 The Modern husbandman, by Will. Ellis. *London*, 1750, 8 vol. in-8.

1077 La coltivazione e gli epigrammi di Luigi Alamanni e le api di Giov. Rucellai, colle annotaz. di Giul. Bianchini. *Venez.* 1751, in-8.

1078 Traité de la culture des terres, par Duhamel du Monceau. *Par.* 1753 *et suiv.* 6 vol. in-12. fig. v. d. s. tr.

1079 Calendrier des Laboureurs et des Fermiers, trad. de R. Bradley, par Puysieux. *Par.* 1755, in-12.

1080 Observ. in husbandry, by Edw. Lisle. *Lond.* 1757, in-4.

1081 The principles of agriculture and vegetation, by Francis Home. *Edimburgh*, 1757, in-8.

1082 Ecole d'Agriculture. *Par.* 1759. — Questions relatives à l'agriculture et à la nature des plantes. *Par.* 1759, in-12.

1083 L'Agricoltore sperimentato, opera raccolta da varii Autori. *Lucca*, 1759, in-8.

1084 The Farmer's compleat guide. *London*, 1760, in-8.

1085 — Le même, trad. en franç. *Par.* 1770, in-12.

1086 The compleate farmer, or a diction. of husbandry, to which is added the gardener's kalendar. *Lond.* 1777, in-4. fig. v. fil.

1087 Le parfait Fermier. *Par.* 1773, 2 vol. in-8.

1088 Le bon Fermier. *Lille*, 1767, in-12.

1089 La bonne Fermiere. *Lille*, 1769, in-12.

1090 Gentilhomme Cultivateur, par Dupuy Demportes. *Par.* 1761 *et suiv.* 6 tom. 3 vol. in-4. fig.

1091 The whole art of husbandry, by J. Mortimer. *Lond.* 1761, 2 vol. in-8.

1092 — Le même, ou Agriculture complette, trad. en franç. *Par.* 1771, 4 vol. in-12. fig.

1093 L'Accorto fattor di villa, osia osservazioni utili ad un fattore per il governo della campagna, da Santo Benetti. *Venezia*, 1761, in-12. br.

1094 Elém. d'Agricult. par Duhamel du Monceau. *Par.* 1762, 2 vol. in-12. fig.

1095 — Les mêmes. *Par.* 1779, 2 vol. in-12. fig.

1096 Mém. sur l'Agriculture, par Lelarge. *Par.* 1762, in-12.

1097 Socrate rustique, trad. de l'allem. de Hirzel. *Zurich*, 1762, in-8.

1098 = Le même. *Laus.* 1777, 2 vol. in-8. fig. br.

1099 Instr. sur les princip. objets qui concernent la culture des terres, et Mém. sur les bois, par Thierriat. *Par.* 1763, in-12. br.

1100 Mém. d'agriculture et de mécanique, avec le moyen de remédier aux abus du jaugeage des vaisseaux dans tous les ports du Royaume, par Barthès. *Par.* 1763, in-8. fig.

1102 The semi-virgilian husbandry deduced from various experiment, by Randall. *Lond.* 1764, in-8. fig.

1103 Manuel des Champs, par de Chanvalon. *Par.* 1764, in-12.

1104 Lettre sur la différence qui se trouve entre la grande et la petite culture. *Soissons*, 1764, in-8. br.

1105 Essai sur l'amélioration des terres, par Patullo. *Par.* 1765, in-12.

1106 Questions relatives à l'agriculture et à la nature des plantes. *Paris*, 1765, in-12. br.

1107 Manuel d'agriculture, par de la Salle de l'Etang. *Par.* 1768, in-8.

1108 Défense de plusieurs Ouvrages sur l'agriculture, ou Réponse au Man. d'agriculture de la Salle, par de la Marre. *Paris*, 1765, in-12.

1109 Elémens d'agriculture physique et chimique, trad. du latin de Walerius. *Yverdon*, 1766, in-8.

1110 L'Agriculture réduite à ses vrais principes, par le même. *Paris*, 1774, in-12.

1111 Observat. et expér. sur diverses parties de l'agriculture, par Formanoir de Palteau. *Par.* 1768, in-8. br.

1112 Nouv. essais d'agriculture à la faveur des enclos, comparés à l'anc. culture soumise au parcours. *Besançon*, 1769, in-12. br.

1113 Recueil de pieces concern. l'agriculture et l'économie rurale, Mém. sur la meilleure man. d'ensemencer les terres, par Arm. Montréal. *Montpell.* 1769. — Observ. sur les arbres et les transplantations. — Mém. sur les pépinieres.

Par. Impr. Roy. 1771. — Mém. touch les pépinieres, par d'Urdos. *Par.* 1783. — Instruct. sur les moyens de conserver les vins, par Fougeroux, 1782. = Moyens faciles pour rétablir en peu de tems l'abondance de toutes sortes de grains en France, et de l'y maintenir, 1709. — Lettres de M. Hell., sur la méthode d'améliorer les pommes de terre, 1789. — La Ferme, prix de la Société d'Agriculture de Paris, par Cointreaux, 1789. — Instr. pour un Régisseur d'une grande terre seigneuriale, par Edme de la Poix de Freminville. *Par.* 1760. = Mém. d'agriculture et de mécanique, avec le moyen de remédier aux abus du jaugeage des vaisseaux dans tous les ports du Royaume, par Barthès. *Par.* 1763, 2 vol. in-4. et in-8. fig.

1114 L'Art de s'enrichir prompt. par l'agriculture, par Despommiers. *Par.* 1770, in-12. fig.

1115 Cours complet d'agriculture, par de Sutieres-Sarcey. *Par.* 1788, in-8. br.

1116 Ecole d'agriculture pratique, suivant les principes de Sarcey de Sutieres, par de Grace. *Par.* 1770, in-12. br.

1117 Le Laboureur, ou Cours d'agriculture-pratique, par Alex. Crasquin. *Par.* 1771, in-12. br.

1118 Catéchisme d'agriculture. *Par.* 1773, in-12.

1119 Saggi d'agricolture, dal Ant. Campini. *Turin*, 1774, in-8. br.

1120 Alm. du bon Laboureur, par Nic. le Verdé. *Troyes*, 1774, in-8. br.

1121 Elementos naturales y chymicos de agricultura, del Conde Gustavo Adolfo Gyllemborg, traducidos del ingles por Don Casimiro Gomez Ortoga. *Madrid*, 1775, in-8. v. d. s. tr.

1122 Essais d'agriculture, par Calonne. *Par.* 1779, in-12. br.

1123 Cours complet d'agriculture, par Rozier. *Par.* 1781 *et suiv.* 8 vol. in-4. fig.

1124 Réflexions sur l'état actuel de l'agriculture, ou Exposit. du véritable plan pour cultiver ses terres, avec le plus grand avantage, et pour se passer des engrais. *Par.* 1780, in-12. br.

1125 Essai sur la nature champêtre, en vers, avec des notes. *Par.* 1787, in-8.

1126 Recherches sur l'agriculture, par Rougier de la Bergerie. *Par.* 1788, in-8.

1127 L'Ami du Cultivateur, par Cliquot de Bervache. *Par.* 1790, in-8. fig.

1128 Mém. sur les moyens d'accélérer les progrès de l'économie rurale en France, par M. de Malesherbes. *Par.* 1790, in-8. br.

1129 Observ. expér. et Mém. sur l'agriculture et sur les causes de la mortalité du poisson dans les étangs, pendant l'hiver de 1789, par Varenne de Fenille. *Lyon*, 1789. = Observ. sur les étangs, par le même. *Bourg*, 1791, in-8. fig.

1130 L'Agronomie et l'Industrie, ou les principes de l'Agriculture, du Commerce et des Arts, réduits en pratique. *Par.* 1761 *et suiv.* 6 vol. in-8.

1131 Mém. d'agriculture, d'économie rurale et domestique, publiés par la Société d'Agriculture en 1788, 1791 et 1792. *Par.* 3 vol. in-8. fig. br.

1132 Feuille du Cultivateur, années 1791 et 1792, et l'Economie des ménages. 3 vol. in-4. br.

1133 Alm. d'Agriculture. 4 vol. in-12. et in-24. br.

1134 Recueil de pieces sur l'agriculture. 4 vol. in-12.

1135 Avis aux Cultivateurs dont les récoltes ont été ravagées par la grêle. in-8. br.

1136 Essai sur la cause des disettes de bled, et des moyens de les prévenir ou diminuer, par Saussure. *Geneve*, 1776, in-12. br.

1137 Dissert. sur la cause de la fertilité des terres, par Kulbel. *Bord.* 1741. = Méditat. sur l'origine des fontaines et l'eau des puits, par Kuhn. *Bord.* 1741. — Théorie de l'élévation des vapeurs et des exhalaisons, par Gottlieb Kratzeinstein. *Bord.* 1743, in-4. fig.

1138 L'Abondance rétablie, ou Moyens de prévenir en France la disette des bestiaux, en même temps qu'on augmente la fertilité de la terre. *Par.* 1769, in-12. br.

1139 Mém. sur la quantité et sur l'emploi des engrais, et sur les abeilles, par de Massac. *Par.* 1779, in-8. fig.

1140 Mém. et pratique des défrichemens, par Turbilly. *Par.* 1760, in-12.

1141 Nouv. méthode de défricher les landes et les vieilles prairies, par d'Alband. *Pau*, 1773, in-8. br.

1142 Prairies artificielles, par la Salle. *Par.* 1762, in-8.

1143 Trattato della seminazione de' Campi, e della cutivazione de' Prati, di Giam Battista Ratti. *Casale*, 1764, in-8. fig. br.

1144 Art de fertiliser les terres, ou Observ. sur les prairies artificielles, et sur l'usage du plâtre employé comme engrais. *Lyon*, 1779, in-8. br.

1145 De l'eau, relativement à l'économie rustique, ou Traité de l'irrigation des prés, par J. Bertrand. *Lyon*, 1764, in-8.

Agriculture et Economie propres à différens pays.

1146 Jardinier françois, et Délices de la campagne. *Par.* 1653 *et suiv.* 2 vol. in-12.

1147 Le Jardinier françois, ou Délices de la campagne. *Amst.* 1657, in-12.

1148 Le Jardinier françois. *Troyes*, 1723, in-8. br.

1149 Vues génér. sur l'état de l'agriculture dans la Sologne, et sur les moyens de l'améliorer, par Huet de Froberville. *Orléans*, 1788, in-8. br.

1150 L'Hercule Guespin, ou l'hymne du vin d'Orléans, par Sim. Rouzeau. *Orléans*, 1605. — Mém. sur les vins de Provence, par Rozier. *Marseille*, 1771. — Observ. sur la culture et la nature des vignes du territoire de Valence en Dauphiné. 1772. — Mém. sur la maniere de faire le vin rouge dans le vignoble de Chartres. *Chartres*, 1786. — Mém. sur la plantation des vignes. *Montpell.* 1786. = Maniere de provigner la vigne sans engrais, par Saussure. *Berne*, 1775. — Specimen de viti-cultura Richovillena, à Frid. Guil. Faudel. *Argentor.* 1780, in-4. et in-8. br.

1151 Maniere de cultiver la vigne, de faire la vendange et le vin dans le vignoble d'Orléans, par Jac. Boulay. *Orléans*, 1723, in-8.

1152 Manuel du Cultivateur dans le vignoble d'Orléans. *Par.* 1770, in-8.

1153 Analyse chim. des terres de la province de Touraine, des engrais et semences convenables à chacune, par Duvergé. *Tours*, 1763, in-8.

1154 Essai sur l'agriculture du Comté de Bourgogne. *Lyon*, 1762, in-8. fig. br.

1155 Disquisitio physica de principiis vegetationis et agriculturæ et de causis triplicis culturæ in Burgundia. *Divione*, 1768, in-8. br.

1156 Le Jardinier d'Artois, ou les Elémens de la culture des jardins potagers et fruitiers, par C. Bonnelle. *Arras*, 1763, in-8.

1157 Art de cultiver les pays de montagnes, et ceux situés dans des climats froids, et particulièrement les pays de montagnes d'Auvergne. *Par.* 1774, in-12. br.

1158 Observ. sur divers moyens d'encourager l'agriculture, principalement dans la Guienne. *Par.* 1756, 3 part. 1 vol. in-12.

1159 Mém. sur la meilleure maniere de tirer parti des landes de Bordeaux, quant à la culture et à la population, par Desbiey. *Bord.* 1776, in-4. fig. br.

1160 Mém. sur la meilleure maniere de faire et de gouverner les vins de Provence, soit pour l'usage, soit pour leur faire passer les mers. — Maniere de provigner la vigne; usages économiq. des parties de la vigne; vaisseaux relatifs à la vigne, par Rozier. *Lyon*, 1772, in-8.

1161 Jardin d'Hollande, ou Maniere de cultiver les fleurs, les arbres et arbrisseaux, et les orangers et citronniers. *Amst.* 1721, in-12.

1162 Essai sur l'amélioration de l'agriculture dans les pays montueux, et en particulier dans la Savoie, par Coste. *Chambery*, 1774, in-8. fig.

1163 Art de former les jardins modernes, ou l'Art des jardins anglois, et descript. détaillée des jardins de Stowe, avec le plan, trad. de l'angl. *Paris*, 1771, in-8. fig.

1164 Ordre des plantations pour les jardins à l'angloise. in-4. br.

1165 Dissert. sur le jardinage de l'Orient, par Guill. Chambers, avec le disc. de Chet-qua, trad. en franç. *Lond.* 1772, in-4.

1166 Letters from an American farmer, by J. Hector S. John. *Lond.* 1782, in-8.

1167 = Les mêmes, trad. en franç. *Paris*, 1784, 2 vol. in-8.

1168 Maison rustique de Cayennne, et Dict. Galibi, par de Préfontaine. *Par.* 1763, in-8. fig.

Traités de l'administration des terres, de la conservation et du commerce des grains.

1169 Code rural, par Boucher d'Argis. *Par.* 1774, 3 vol. in-12.

1170 Esprit de la Législation, pour encourager l'agriculture. *Berne*, 1766, in-8,

1171 Philosophie rurale. *Par.* 1763, in-4.

1172 Elém. de la philosophie rurale. *Par.* 1767, in-12.

1173 Essai sur la valeur intrinseque des fonds, par Fr. Massabiau. *Par.* 1764, in-12. br.

1174 Essai sur l'administrat. des terres. *Par.* 1759, in-8.

1175 Recueil de pieces sur l'administration des terres. in-8.

1176 Mém. sur cette question, Est il avantageux pour un état que le paysan possede en propre du terrain, ou qu'il ait precisément des biens-meubles? et jusqu'où le droit du paysan devroit-il s'étendre sur cette propriété pour l'avantage de l'état, par Marmontel. *Francfort*, 1775, in-12. br.

1177 Formation des terriers. in-8. br.

1178 Instructions pour les Seigneurs et leurs gens d'affaires. *Par.* 1770, in-12.

1179 Hist. naturelle du froment, par Poncelet. *Par.* 1779, in-8. fig.

1180 Traité de la conservation des grains, et particulierement du froment, par Duhamel du Monceau. *Paris*, 1753, in-12. fig. v. d. s. tr.

1181 Supplém. au traité de la conservation des grains, par le même. *Par.* 1765, in-12. fig. v. fil.

1182 — Le même. *Par.* 1771, in-12. fig.

1183 Expér. faites en Angoumois d'une méthode pour mettre les bleds en état d'être bien conservés, et même pour en faire périr jusqu'aux moindres insectes. *Par.* 1763, in-4. br.

1184 Nouv. façon de conserver le bled, le froment et autres denrées semblables, pendant bien des années, par Marc-Ant. Pleuciz. *Vienne*, 1765, in-8. br.

1185 Art de conserver les grains, par Barth. Inthiery. *Par.* 1770, in-8. fig. br.

1186 Recueil de pieces sur la conservation des grains, et Mém. sur l'ergot, par Vetillart. *Par.* 1770, in-4. br.

1187 Mém. sur la conservation des grains, par Vilin. *Amiens*, 1774, in-12. br.

1188 Méthode facile de conserver à peu de frais les grains et les farines, par Parmentier. *Par.* 1784, in 12. br.

1189 Traité des maladies des grains, par Tessier. *Par.* 1783, in-8. fig.

1190 Dissert. sur la cause qui corrompt et noircit les grains de bled dans les épis, et sur les moyens de prévenir ces accidens, par Tillet. *Bord.* 1755 *et suiv.* in-4.

1191 Mém. sur ce qui produit le bled noir, et remedes propres à détruire cette corruption. *Par.* 1760, in-4. br.

1192 Mém. pour servir à indiquer ce qui produit le bled noir dans les bleds. *Par.* 1764, in-4. br.

1193 Expériences sur la maladie du bled noir. in-12. br.

1194 Résultat des expériences relativement à la maladie du froment, appelée Carie, et moyens de l'en préserver, par Teissier. *Par.* 1785, in-8. br.

1195 Avis sur les bleds germés. *Par.* 1782, in-8. br.

1196 Traité du seigle ergoté, par Read. *Strasb.* 1771, in-8. fig.

1197 Essai sur la police génér. des grains, sur leurs prix, et sur les effets de l'agriculture, par Herbert. *Par.* 1755. — Supplém. à la police des grains. *Par.* 1757. — Disc. sur les vignes. *Par.* 1756, 2 vol. in-12.

1198 Vues politiques sur le commerce des denrées. *Par.* 1766, in-12.

1199 Lettres sur le commerce des grains. *Par.* 1768. = Autres Ouvrages sur la même matiere. in-12. br.

1200 Principes sur la liberté du commerce des grains. *Par.* 1768, in-8.

1201 Mém. sur le Commerce des Bleds. — Représentations aux Magistrats sur le même Commerce. *Par.* 1769, in-8.

1202 Réflexions sur le Commerce des Bleds. *Par.* 1769, in-8. br.

1203 Dialogues sur le Commerce des Bleds, par Gagliani, et Réfutat. de cet Ouvrage. *Par:* 1770, 2 vol. in-8

1204 L'intérêt général de l'Etat, ou de la liberté du Commerce des Bleds. *Par.* 1770, in-12.

1205 Recueil d'Ouvrages sur la Culture et le Commerce des Grains. 2 vol, in-8. et in-12.

Traités de la Mouture des Grains, et de la fabrication du Pain.

1206 Avis au Peuple sur son premier besoin, sur le Commerce des Bleds, sur la mouture des Grains et sur le Commerce des Farines, sur la fabrication et le Commerce du Pain. *Par.* 1768, in-12.

1207 Traité de la connoissance générale des Grains et de la mouture par économie; manuel du Meunier et du Charpentier de Moulins, par Beguillet. *Par.* 1775, 3 vol. in-8. fig.

1208 Procès verbal qui constate les avantages de la mouture économiq. *Par.* 1769, in-4. br.

1209 Observ. sur la mouture des Bleds et sur leur produit en Pain. *Par.* 1768, in-12. br.

1210 Moyen proposé pour perfectionner promptement, dans le royaume, la Meunerie et la Boulangerie, par Parmentier. *Par.* 1783, in-12. br.

1211 Analyse des Bleds et observ. sur les substances végétales, par Sage. *Par.* Imp. Roy. 1776, in-8. br.

1212 Expériences et Réflex. relatives à l'analyse du Bled et des Farines, par Parmentier. *Par.* 1776. — Avis sur la meilleure manière de faire le Pain, par le même, in-8.

1213 Dialog. sur le Bled, la Farine et le Pain, avec un Traité de la Boulangerie, par Lacombe. *Paris*, 1776, in-8. br.

1214 Mém. sur le Maïs, ou Bled de Turquie, par Parmentier. *Par.* 1785, in-4. br.

1215 Recueil de Mém. concernant les pommes de terre, par Mustel, Parmentier et autres. *Par.* 1767 *et suiv.* 8 v. in-8. et in-12. br.

1216 Rapport fait à la Fac. de Médecine de Paris, sur l'usage des pommes de terre. *Par.* 1771, in-4. br.

1217 Divers objets d'économie rurale et domestique, par le Breton, principal. concern. les pommes de terre. *Par.* in-12. br.

1218 Exam. chimiq. des pommes de terre, par Parmentier. *Par.* 1773, in-12.

1219 Rech. sur les végétaux nourrissans, par le même. *Par.* 1781, in 8.

1220 Avis sur la meilleure manière de faire le pain, par le même. in-8. br.

1221 Parfait Boulanger, par le même. *Par.* Imp. royale, 1778, in-8.

1222 Manière de faire le pain de pomme de terre, sans mélange de farine, par le même. *Par.* 1779, in-8. br.

1223 Recueil de Mémoires concern. la fabrication du pain. in-4. br.

1224 Expér. et obs. sur le poids du pain au sortir du four, et sur le réglement qui assujettit les Boulangers à donner aux pains, qu'ils exposent en vente, un poids fixe et déterminé, par Tillet. *Par.* 1781, in-8. br.

1225 Manière économique d'accommoder le Riz pour suppléer au pain. in-4. br.

Botanique.

Traités généraux.

1226 Bibliotheca Botanica à Joanne Francisco Seguierio et Jo. Anton. Bulmaldo, cum Auctuario, Opera Laur. Theod. Gronovii. *Hagæ-Comitum*, 1740, in-4.

1227 Car. Linnæi Bibliotheca Botanica. *Amstelod.* 1736, in-12.

1228 — Eadem cum explicatione fundamentorum botanicorum et Joan. Gesneri dissertat. de vegetabilibus. *Halæ Salicæ*, 1747, in-8.

1229 Ejusdem Linnæi amœnitates Academicæ. *Lugd. Bat.* 1749, 7 vol. in-8. fig. v. fil.

1230 Ejusdem systema plantarum, edente Joan. Jac. Reichard. *Francof. ad Mænum.* 1779, 4 vol. in-8.

1231 Joh. Gottlieb Gleditschii consideratio epicriseos Siegesbeckianæ in Linnæi systema plantarum. *Berol.* 1740, in-8. br.

1232 Ejusdem Linnæi regnum vegetabile, edente Xaverio Manetti. *Flor.* 1756, in-8. fig.

1233 — Idem, curante Jo. Andr. Murray. *Gottingæ*, 1784, in-8.

1234 Ejusdem Linnæi species plantarum. *Holmiæ*, 1753, 2 vol. in-8.

1235 — Eædem. *Vindob.* 1764, 2 vol. in-8.

1236 Ejusdem classes plantarum. *Halæ Magdeb.* 1747, in-8.

1237 Ejusdem philosophia botanica. *Stokolmiæ*, 1751, in-8. fig.

1238 — Eadem, in qua explicantur fundamenta botanica. *Viennæ Austr.* 1763, in 8. fig.

1239 Ejusdem fundamentorum botanicorum quatuor partes, curante Jo. Emm. Gilibert, et Joh. Browallii discursus de introducenda in scholis hist. naturalis lectione. *Lugd. Bat. et Col. Allobr.* 1737, 1786 et 1787, 4 vol. in 8.

1240 Ejusdem Linnæi genera plantarum. *Holmiæ*, 1754, in-8.

1241 Supplementum variorum operum Car. Linnæi, systematis vegetabilium, generum, plantarum et specierum. *Brunsvigæ*, 1781, in-8.

1242 Revue générale des Ecrits de Linné, par Rich. Pulteney, trad. par L. A. Millin de Grandmaison. *Paris*, 1789, 2 vol. in-8.

1243 Ant. Laur. de Jussieu genera plantarum, secundum ordines disposita juxta methodum in horto Parisiensi exaratam anno 1774. *Par.* 1789, in-8.

1244 Kenelmi Digbæi dissert. de plantarum vegetatione. *Amst.* 1678, in-12.

1245 — Le même, trad. en franç. *Par.* 1667, in-12.

1246 Jo. Bapt. Triumfetti observationes de ortu ac vegetatione plantarum. *Romæ*, 1685, in-4. fig.

1247 Curiosités de la nature et de l'art sur la végétation, par Vallemont. *Paris*, 1710, 2 tom. 1 vol. in-12.

1248 Traité de la végétation et expér. sur l'économie végétale et sur la culture des arbres, par Mustel. *Rouen*, 1781, 4 vol. in 8.

1249 Observ. sur les plantes et leur analogie avec les insectes; disc. sur l'accroissem. du corps humain, et sur la cause pour laquelle les bêtes nagent naturellement, et que l'homme est obligé d'en étudier les moyens, par Bazin. *Strasb.* 1741, in-8

1250 De l'ame des plantes, par Dedu. *Par.* 1682, in-12.

1251 Joan. Georg. Gmélin de novorum vegetabilium post creationem divinam exortu ; Rud. Jac. Camerarii de sexu plantarum historia. *Tubingæ*, 1749, in-12.

1252 Car. Linnæi disquisitio de sexu plantarum. *Petropoli*, 1760. — Ejusdem musa Cliffortiana, florens Hartecampi, 1736. *Lugd. Bat.* 1736. — Botanosophiæ verioris brevis sciagraphia, à Jo. Georg. Siegesbeck. *Petrop.* 1737, in-4. br.

1253 Jo. Gustavi Wahlbom sponsalia plantarum. *Stockholm.* 1746. — Laur. Balk musæum Adolpho-Fridericianum. *Holm.* 1746. in-4. fig.

1254 The Sleep of plants and cause of motion in the Sensitive plant, by J. Hill. *Lond.* 1757, in-12.

1255 Le même, trad. en franç. *Par.* 1773, in-8. br.

1256 Recherches sur l'usage des feuilles dans les plantes. par Charl. Bonnet. *Gottingue*, 1754, in-4. fig. v. fil.

1257 Observ. sur l'écorce des feuilles et des pétales. *Genève*, 1762, in-12.

1258 Car. Frid. Hille de actione plantarum in partes solidas corporis humani. *Gottingæ*, 1755. — Origin and production of proliferous flowers, by J. Hill. *Lond.* 1759, in-8. fig. br.

1259 Transplantation, naturalisation et perfectionnement des végétaux, par de Tschudy. *Par.* 1778, in-8. br.

1260 Expér. sur les végétaux, par J. Ingen-Housz, *Par.* 1780, in-8. fig.

1261 Projet d'établir en France une manufacture de végétaux artificiels, d'après les procédés de T. J. Wenzel, rédigé par L. F. Jauffret. *Par.* 1790, in-8. br.

Histoire générale des Plantes, Arbres, Fruits et Fleurs.

1262 Theophrasti hist. plantarum, gr. et lat. iconibus illustravit Jo. Bodæus à Stapel, accesserunt Jul. Cæs. Scaligeri animadversiones et Rob Constantini annotat. *Amst.* 1644, in-fol. fig.

1263 P. And. Matthioli commentarii in sex libros Pedacii Dioscoridis de medica materia. *Venet.* Valgrisius, 1565, in-fol. fig.

1264 = Les mêmes, trad. par Ant. Dupinet. *Lyon*, 1680 in-fol. fig.

1265 Œuvres de Jac. et Paul Contant, conten. commen sur Dioscoride, le second Eden : descr. de leur cabinet Synopsis plantarum, etc. *Poitiers*, 1628, in-fol.

1266 Gasp. Bauhini Theatrum botanicum, sive index in Theophrasti, Discoridis et Plinii, et aliorum Botanicorum opera. *Basileæ*, 1671, in-4. fig.

1267 Le Grant herbier, trans. du lat. en fr. *Par.* 1521, in-4. fig.

1268 Herbarium. *Argent.* 1537, 2 tom. 1 vol. in-fol. fig.

1269 Jo. Ruellius de natura stirpium. *Par.* 1536, in-fol.

1270 Leodegarii à Quercu in Ruellium de stirpibus Epitome. *Par.* 1544. — Joan. Noviomagus de numeris. *Colon.* 1544. — Sim. Nanguerius de lubrico temporis curriculo. *Par.* 1538. — Galeatius Capella de rebus nuper in Italia gestis. 1533, in-8.

1271 Botanicon, continens herbarum, aliorumque simplicium, quorum usus in medicinis est, descriptiones et icones ad vivum effigiatæ, auctore Theod. Dor. *Francof.* 1540, in-fol.

1272 Conr. Gesneri, hist. plantarum et vires. *Par.* 1541, in-12.

1273 Ejusdem historiæ plantarum fasciculus, quem ex Biblioth. Christoph. Jac. Trew edidit et illustravit Casimirus Christoph. Schmidel. *Norimb.* 1759, in-fol. fig. enlum. br.

1274 Leonardi Fuchsii, hist. stirpium. *Basil.* 1542, in-fol. fig. enlum.

1275 Ejusdem stirpium vivæ imagines (minio depictæ) *Basil.* 1549, in-8. mar.

1276 Catalogus plantarum, lat. græcè, germanicè et gallicè. *Tiguri*, 1542, in-4.

1277 Remb. Dodonæi frumentorum, leguminum, herbarum historia. *Antuerp.* 1566, in-8. fig.

1278 Petr. Penæ et Mathiæ de Lobel, stirpium adversaria nova. *Lond.* 1571, in-fol. fig.

1279 Eorumdem nova stirpium adversaria, additis Guill. Rondeletii aliquot remediorum formulis. *Antuerp.* 1576, in-fol. fig.

1280 Plantarum seu stirpium icones, à Lobelio. *Antuerp.* 1581, 2 tom. 1 vol. in-4. obl. fig.

1281 P. Andr. Mathioli plantæ, cum addit. à Joach. Camerario, et iter ab urbe Verona in Baldum montem, à Fr. Calceolario. *Francof. ad Mænum.* 1586, in-4. fig.

1282 Ejusdem Camerarii hortus medicus et philosophicus, item sylva Hercinia, à Jo. Thalio. *Francof.* 1588, in-4.

1283 Car. Clusii rariorum plantarum historia, et exoticorum libri, cum observ. P. Bellonii. *Antuerp.* 1601 *et seq.* in-fol. fig.

1284 Hist. des plantes et herbes, par Cl. Duret. *Par.* 1605, in-8. fig.

1285 Pauli Renealmi specimen hist. plantarum. = J. Aug. Thuani Crambe, viola, lilium, phlogis, terpsinoe, versibus latinis. *Par.* 1611, in-4. fig.

1286 Fab. Columnæ, minus cognitarum rariorumque stirpium descript. et de aquatilibus aliisque nonnullis animalibus. *Romæ*, 1616, in-4. fig.

1287 Remberti Dodonæi stirpium historia. *Antuerp.* 1616, in-fol. fig.

1288 Joh. Bauhini et Joh. Hen. Cherleri historiæ plantarum generalis prodromus. *Ebroduni*, 1619, in-4.

1289 Eorumdem hist. plantarum, quam recensuit et auxit Dom. Chabræus, juris vero publici fecit Fr. Lud. à Graffenried. *Ebrod.* 1650, 3 vol. in-fol. fig.

1290 Prosp. Alpinus de plantis exoticis, edente Alpino Alpino. *Venet.* 1629, in-4. fig.

1291 Petri Laurembergii apparatus plantarum. *Francof.* 1632, in-4. fig.

1292 Hist. génér. des plantes, trad. de Jacq. Dalechamp, par J. Desmoulins. *Lyon*, 1653, 2 vol. in-fol. fig.

1293 Joh. Gottlieb Gleditsch systema plantarum à staminum situ. *Berol.* 1664, in-8.

1294 Sim. Paulli quadripartitum botanicum. 1666, in-4.

1295 Hist. des plantes de l'Europe, et des plus usitées d'Asie, d'Afrique et d'Amériq. par Gasp. Bauhin. *Lyon*, 1753, 2 vol. in-12. fig.

1296 Domin. Chabræi stirpium icones et sciagraphia. *Genevæ*, 1677, in-fol. fig.

1297 Jac. Breynii exoticæ aliæque minus cognitæ plantæ. *Gedani*, 1678, in fol. fig.

1298 Rob. Morison hist. plantarum et plantæ umbelliferæ. *Oxon.* 1680 *et seq.* 3 vol. in-fol. fig.

1299 Pauli Ammanni Character plantarum naturalis. *Francof.* 1685, in-12.

1300 Marc. Malpighii opera omnia. *Lond.* 1686, 2 tom. 1 vol. in-fol. fig.

1301 Jo. Raii hist. plantarum. *Lond.* 1686, 3 v. in-fol.

1302 Ejusdem methodus plantarum, graminum, juncorum, et cyperorum. *Lond.* 1733, in-12.

1303 Elem. de Botanique, par Pitton Tournefort. *Par.* 1694, 3 vol. in-8. fig.

1304 Ejusdem institutiones rei herbariæ, cum corollario. *Par.* 1719, 3 vol. in-4. fig.

1305 Jardinier Botaniste, par Besnier. *Par.* 1705, in 12.

1306 Christiani Knaut methodus plantarum. *Lips.* 1716, in-8.

1307 Julii Pontederæ compendium tabularum botanicarum. *Patav.* 1718, in-4.

1308 Leonardi Plukenetii opera omnia botanica. *Lond.* 1720, 6 tom. 2 vol. in-fol.

1309 Botanick essays, by Patrick Blair. *Lond.* 1720, in-8. fig.

1310 Petri Magnol novus caracter plantarum. *Monspel.* 1720, in 4. br.

1311 L'agriculture parfaite, ou nouv. découverte touchant la culture et la multiplication des arbres, des arbustes et des fleurs, par G. A. Agricola. *Amst.* 1720, 2 tom. 1 vol. in-8. fig.

1312 Jos. Miller, botanicum officinale, en Angl. *Lond.* 1722, in-8.

1313 Jo. Jac. Scheuchzer, herbarium diluvianum. *Lugd. Bat.* 1723, in-fol. fig.

1314 Abrah. Muntingii phytographia curiosa, exhibens arborum, fructuum, herbarum et florum icones. collegit et adjecit Kiggelaar. *Amstel.* 1727, in-fol. fig. br.

1315 Nova plantarum genera juxta Tournefortii methodum disposita à P. Ant. Michelio. *Florent.* 1729, in-4. fig.

1316 Mich. Bern. Valentini hist. simplicium reformata, à Jo. Conr. Beckero latio restituta; accedit India literata, latinitate donata et aucta à Christoph. Bern. Valentino. *Offenbaci*, 1732, in-fol. fig.

1317 A Curious Herbal, by Elizab. Blackwell. *Lond.* 1737, 2 vol. in-fol. fig. enlum. mar.

1318 Jac. Breynii rariorum plantarum prodromus et dissert. de radice gin-sem seu nisi, et herba acmella. *Gedani*, 1739, 2 tom. 1 vol. in-4. fig. mar.

1319 Jac. Zanonii rariorum stirpium hist. latinè reddidit et supplevit Cajetanus Montius. *Bonon.* 1742, in fol. fig. v. fil.

1320 Fabii Columnæ phutobasanos, et lynceorum notitia, cum Jani Planci adnotationibus. *Florent.* 1744, in-4. fig.

1321 Jo. Georg. Henr. Kramer tentamen botanicum emendatum et auctum, sive methodus Rivino-Tournefortiana emendata et aucta. *Viennæ Austr.* 1744, in-fol. fig. br.

1322 Jo. Bapt. Morandi hist. botanica practica. *Mediol.* 1744, in-fol. fig. v. f.

1323 Anatomie des plantes, trad. de Grew. *Par.* 1755. — Dissert. sur le Nègre blanc, par Maupertuis. *Par.* 1744, in-12. fig.

1324 Joach. Jungii opuscula botanico-physica, cum Mart. Fogelii et Joh. Vayetii annotat. accedit Jos. de Aromatariis epistola de generatione plantarum ex seminibus, cura Joh. Sebast. Albrecht. *Coburgi*, 1747, in-4. br.

1325 Christiani Gottlieb Ludwig definitiones generum plantarum. *Lips.* 1747, in-8.

1326 Ejusdem institut. regni vegetabilis. *Lips.* 1757, in-8.

1327 Observ. sur les plantes, par Guettard. *Par.* 1747, 2 vol. in-12. fig.

1328 Plantæ selectæ pictæ à Georg. Dion. Ehret, collectæ à Christoph. Jac. Trew, in æs incisæ et vivis coloribus representatæ à Jo. Jac. Haid. *Lond.* 1750, in-fol. gr. pap. fig. enlum. br.

1329 Joan. Martyn hist. plantarum edita à Jo. Dan. Meyero, german. et lat. *Huremb* 1752, in-fol. fig. enlum.

1330 Jac. Christiani Schæffer isagoge in botanicam expeditiorem. *Ratisb.* 1759, in-8. fig. enlum. v. fil.

1331 Ejusdem botanica expeditior, genera plantarum in tabulis sexualibus æri incisis exhibens. *Ratisb.* 1760, in-4.

1332 Dictionnaire botanique. *Par.* 1759, in-8.

1333 Introd. à la connoissance des plantes, par Gauthier. *Par.* 1760, in-12.

1334 Phil. Frid. Gmelin otia botanica; prodromus floræ Leydensis Adr. Van Royen. *Tubingæ*, 1760, in-4.

1335 Christiani Lud. Willich de plantis quibusdam observ. *Gottingæ*, 1762, in-8. br.

1336 Familles des plantes, par Adanson. *Par.* 1763, 2 v. in-8. fig.

1337 Man. de botanique, par Duchesne fils. *Par.* 1764, in-12.

1338 Georgii Christiani Oeder elem. botanica. *Hafniæ*, 1764, in 8. fig.

1339 Nic. Jos. Jacquin observ. botanicæ. *Vindob.* 1764, 3 parties in-fol. fig. br.

1340 Démonstr. élém de botanique, à l'usage de l'Ecole Vétérinaire, par Bourgelat. *Lyon*, 1766, 2 tom. 1 v. in-4. fig.

1341 Casimiri Gomezii Ortegæ tabulæ botanicæ. *Matriti*, 1773, in-4.

1342 Henr. Jo. Nepom. Crantz institut. rei herbariæ. *Viennæ*, 1766, 2 vol. in-8.

1343 Description des plantes usuelles. *Par.* 1767, in-12.

1344 Manuel des plantes, par Buc'hoz. *Par.* 1770, 2 v. in-12.

1345 Hist. univers. du règne végétal, par le même, conten. 3 vol. de discours et 12 vol. de figures au nombre de 1200. *Par.* 1775 *et suiv.* 15 vol. in-fol. br. et en feuilles.

1346 Recueil de plantes enlum. par le même. in-fol. br.

1347 Stirpes novæ aut minus cognitæ, quas descriptionibus et iconibus illustravit Car. Lud l'Héritier, fasciculi quinque. *Par.* 1784 et 1785, in-fol. en feuilles. Desunt icones fasciculi secundi.

1348 Manuel des végétaux, lat. et fr. par J. J. de St. Germain. *Par.* 1784, in-8.

1349 Manuel de botanique, par F. le Breton. *Par.* 1787, in-8. fig. v. d. s. tr.

1350 Catalog. des plantes d'usage suivant l'ordre de leurs vertus. in-12. br.

1351 D. Johrenii Vade-mecum botanicum. *Colbergæ*, in-12.

1352 Buxbaum plantarum icones depictæ, centuriæ quinque. (deest quarta) 4 vol. in-4.

1353 Recueil de plantes dessinées et gravées par Robert. 2 vol. in-fol.

1354 Recueil de fruits, fleurs et plantes, dessinés par Jacques, gravés par Tardieu et autres, en 58 feuilles in-fol.

1355 12 Estampes représentant des plantes et fruits, in-fol.

1356 Herbier contenant des plantes tant de France que des Pays étrangers, ramassées et conservées avec le plus grand soin, par M. de Malesherbes, mises dans des feuilles de papier, étiquetées par lui, et arrangées selon les ordres naturels de M. de Jussieu, dans 56 porte-feuilles de parchemin, in-fol.

Noms des principales Familles.

	feuilles.		*feuilles.*
Lichens,	74	Cistes, &c.	67
Algues, &c.	30	Malvacées et Geraniums,	98
Mousses,	219	Caryophyllées,	90
Fougeres,	90	Succulentes, &c.	60
Graminées,	439	Icosandres, Rosacées,	328
Liliacées,	207	Legumineuses,	394
Orchidées,	76	Nerpruns, Vignes, &c.	60
Apétales.	282	Amentacées,	60
Monopétales à germes supérieur et inférieur,	786	Tithymales,	109
Chicoracées,	192	Conifères,	452
Cinarocéphales,	54	Plusieurs Porte-feuilles contenant des plantes de différentes familles, étiquetées par MM. Thouin et Jussieu,	181
Corymbiferes,	299		
Dipsacées,	131		
Ombellifères,	236		
Renoncules,	109		
Cruciferes,	187		5376
Capriers,	66		

N. B. Dans chaque feuille il y a quelquefois jusqu'à 3 et 4 plantes.

Histoire naturelle des Plantes, Arbres, &c. d'Europe.

1357 Linnæi genera plantarum Europæ. 2 tom. 1 vol. in-8.

1358 Georg. Franci, flora Francica, plantæ Heidelbergenses. *Argentor.* 1685. — Ejusdem Veronica Theézans. *Lips.* 1700, in-12.

1359 Plantæ per Galliam, Hispaniam et Italiam observatæ à Jac. Barreliero, edente Ant. de Jussieu. *Par.* 1714, in-fol. fig.

1360 Pauli Bocconi icones et descript. rariorum plantarum Siciliæ, Melitæ, Galliæ et Italiæ. *Oxon.* 1674, in-4. fig.

1361 Museo di piante rare della Sicilia, Malta, Corsica, Italia, Piemonte e Germania, da Paolo et Silvio Boccone. *Venet.* 1697, in-4. fig.

Histoire naturelle des Plantes, Arbres, etc. et Jardins de Botanique de France.

1362 Herbier de la France, ou Collect. complette des plantes indigenes de ce Royaume, avec leurs détails anatomiq. leurs propriétés et leurs usages en médecine, par Bulliard, conten. 292 planches. *Par.* 6 parties in-4. brochées.

1363 Le Botaniste françois, par Barbeu Dubourg. *Paris*, 1767, 2 vol. in-12.

1364 Le même (avec beaucoup d'additions, Mss. de la main de M. de Malesherbes.) *Par.* 1767, 2 vol. in-12.

1365 Flore Françoise, par de Lamarck. *Par.* 1778, 3 v. in-8. fig.

1366 Hist. des plantes qui naissent aux environs de Paris, avec leur usage dans la médecine, par Pitton de Tournefort, revue et augm. par Bern. de Jussieu. *Par.* 1725, 2 vol. in-12.

1367 Botanicon Parisiense, ou Dénombrem. par ordre alphab. des plantes qui se trouvent aux environs de Paris, avec leur descr. par Seb. Vaillant, enrichi de fig. dessinées par Cl. Aubriet. *Amst.* 1727, in-fol. v. fil.

1368 — Ejusdem Botanicon Parisiense. *Par.* 1743, in-12.

1369 Floræ Parisiensis prodromus, à Dalibard. *Par.* 1749, in-12. fig.

1370 Bulliard, Flora Parisiensis. *Par.* 1776, 5 vol. in-8. fig. coloriées.

1371 Flore des environs de Paris, par Thuillier. *Paris*, 1790, in-12. br.

1372 Avis pour le Jardin des plantes médicinales de Paris, par Guy de la Brosse. *Par.* 1631, in-4.

1373 Description du même Jardin, par le même. *Paris*, 1636, in-4.

1374 Ouverture du même Jardin de Paris pour la démonstration des plantes médicinales, par le même. *Paris*, 1640, in-8. br.

1375 Hortus Regius, aut. Chris. Vallot. *Parisiis*, 1666, in-fol.

1376 Observ. faites sur les Côtes de Normandie, au sujet des effets pernicieux qu'on prétend, dans le pays de Caux, être produits par la fumée du Varech, lorsqu'on brûle cette plante pour la réduire en soude. *Paris*, 1772, in-4. br.

1377 Traité hist. des plantes qui croissent dans la Lorraine et les trois Evêchés, par P. J. Buc'hoz. *Nancy*, 1762, 10 tom. 8 vol. in-12.

1378 Fr. Balth. Von Lindern Tournefortius Alsaticus, cis et trans Rhenanus. *Argent.* 1728, in-8. fig. br.

1379 Marci Mappi historia plantarum Alsaticarum, opera et studio Joh. Chris. Ehrmanni. *Argentor.* 1742, in-4.

1380 Fr. Bonamy flora Nannetensis. *Nannetis*, 1782, 2 vol. in-12.

1381 Rob. Morison hortus Blesensis. *Lond.* 1669, in-12.

1382 Notice des arbres et arbustes du Limousin, par Juge de St Martin. *Limoges*, 1790, in-8.

1383 Chloris Lugdunensis. 1785, in-8.

1384 Petri Magnol Botanicum Monspeliense. *Monspeliis*, 1686, in-8. fig.

1385 F. B. de Sauvages, methodus foliorum seu plantæ floræ Monspeliensis. *Hag. Com.* 1751, in-8. fig.

1386 Ant. Goüan, hortus Monspeliensis. *Lugd.* 1762, in-8. fig.

1387 — Ejusdem flora Monspeliaca. *Lugd.* 1765, in-8. fig.

1388 Extrait de la Chloris Narbonensis, renfermée dans la relation d'un voyage fait depuis Narbonne jusqu'au Montferrat par les Pyrénées, par Pourret. in 4. br.

1389 Hist. des plantes du Dauphiné, par Villars. *Grenoble*, 1716, 3 vol. in-8. fig.

1390 Lud. Gerardi flora Gallo-Provincialis. *Par.* 1761, in-8. fig.

1391 = Eadem. *Par.* 1761, in-8. fig. mar.

1392 Hist. des plantes qui naissent aux environs d'Aix et dans plusieurs autres endroits de la Provence, par Garidel. *Aix*, 1715, in-fol. fig.

Histoire naturelle des Plantes, Arbres, &c. et Jardins de Botanique de Flandres, de Hollande et de Portugal.

1393 Man. de l'arboriste et du forestier Belgiques, par de Poederlé. *Brux.* 1774, in-8.

1394 — Le même. *Brux.* 1788, 2 vol. in-8. br.

1395 Prodromus plantarum in hortis Hollandiæ, præsertim in horto Hier. Van Beverningk observatarum à Jac. Breynio. *Gedani*, 1680, in-4. fig.

1396 Horti Medici Amstelod. rariorum tam orientalis quam occidentalis Indiæ, aliarumque peregrinarum plantarum descr. et icones, à Jo. Commelino, cum notis et observ. Frid. Ruyschii et Fr. Kiggelarii. *Amst.* 1697, 2 vol. in-fol. fig.

1397 Pauli Hermanni Paradisus Batavus, seu descr. rariorum plantarum. *Lugd. Bat.* 1705, in-4. fig.

1398 Joan. Commelini catalog. plantarum horti medici Amstelædamensis. *Amst.* 1702, in-12.

1399 Ejusdem horti medici Amstelædam. plantæ rariores et exoticæ. *Lugd. Bat.* 1706, in-4. fig.

1400 Hortus Cliffortianus, plantas exhibens quas in hortis Hartecampi in Hollandia coluit Georg. Clifford, descriptas à Car. Linnæo. *Amst.* 1737, in-fol. fig.

1401 Pauli Hermanni catalogus horti academici Lugduno-Batavi. *Lugd. Batav.* 1687, in-8. fig. br.

1402 Ejusdem flora Lugduno-Batava, edita à Lothario Zumbach. *Lugd. Bat.* 1690, in-12.

1403 Herm. Boerhaave index plantarum horti acad. Lugd. Bat. *Lugd. Bat.* 1710, in-8.

1404 — Idem. *Lugd. Bat.* 1720, in-4. fig.

1405 Ejusdem hist. plantarum horti acad. Lugd. Bat. *Lond.* 1731, 2 vol. in-12.

1406 Adr. Van-Royen flora Leydensis, seu horti acad. Lugd. Bat. *Lugd. Bat.* 1740, in-8. fig.

1407 Gabr. Grisley viridarium Lusitanum, seu agri Ulyssiponensis. *Ullissip.* 1660, in-8.

Histoire naturelle des plantes, arbres, etc. et jardins de Botanique d'Italie.

1408 Car. Allionii rariorum Pedemontii stirpium specimen primum. *Augustæ Taurinorum*, 1755, in-4. fig.

1409 Lettres sur les truffes du Piémont, par de Borch. *Milan*, 1780, in-8. fig. enlum. br.

1410 Car. Allionii stirpium præcipuarum littoris et agri Nicæensis enumeratio methodica. *Par.* 1757, in-8.

1411 Trattato de semplici, pietre et pesci marini che nascono nel lito di Venetia, di Ant. Donati. *Venet.* 1631, in-4. fig.

1412 Hist. delle piante che nascono ne' lidi intorno à Venezia, da Gian-Girolamo Zannichelli, accresciuta da Gian-Jac. Zannichelli. *Venez.* 1735, in-fol. fig. v. fil.

1413 Catalog. plantarum horti Patavii Jo. Fr. Mauroceni, ab Ant. Tita. *Patav.* 1713. — Ejusdem Titæ iter per alpes Tridentinas in Feltrensi ditione. 1713, in-8.

1414 Piante che vegetano nel mare Adriatico, osservate et descritte da Gius. Guianni. *Venez.* 1755, in-4.

1415 Essai sur l'hist. natur. de la mer Adriatique, par Vitalliano Donati, avec une lettre de Léon Sesler sur une nouv. espece de plante terrestre, trad. de l'ital. *La Haye*, 1758, in-4. fig. br.

1416 Joan. Fr. Seguierii plantæ Veronenses, et biblioth. botanica. *Veronæ*, 1745, 2 vol. in-8. fig.

1417 Plantæ seu simplicia que in Baldo monte, et in via ab Verona ad Baldum reperiuntur; à Jo. Pone: stirpes in Creta ab Honor. Bello observatæ, et discept. de amomo veterum à Nic. Maronea. *Basil.* 1608, in-4. fig.

1418 Xaverii Manetti viridarium Florentinum. *Florentiæ*, 1751, in-8. fig.

1419 Mich. Ang. Tilli catalog. plantarum horti Pisani. *Flor.* 1723, in-fol. fig. v. fil.

1420 Jos. Monti catalogus stirpium agri Bononiensis: de monumento diluviano in agro Bononiensi detecto dissertatio. *Bonon.* 1719. — Ejusdem plantarum varii indices ad usum demonstrationum quæ in Bononiensis archygymnasii horto habentur. *Bonon.* 1724, in-4. fig.

1421 J. Ant. Batarræ fungorum agri Ariminensis historia. *Faventiæ*, 1755, in-4. fig.

1422 Tob. Aldini descriptio rariorum quarumdam plantarum quæ continentur Romæ in horto Farnesiano. *Romæ*, 1625, in-fol. fig. v. fil.

1423 Hortus Catholicus, sive principis Catholicæ, à Fr. Cupani. *Neapoli*, 1696, in-4.

Histoire naturelle des plantes, arbres, etc. de Suisse.

1424 Alb. Halleri opuscula botanica, nempe iter alpinum anni 1731 : methodus botanices absque præceptore discendæ : iter Hercynicum, anni 1738 : iter Helveticum, anni 1739 : libellus de allio. *Gottingæ*, 1749, in-8. fig.

1425 Ejusdem, iter Helveticum, anni 1739. *Gottingæ*, 1740, in-4. br.

1426 — Idem, et iter Hercynicum, anni 1738. *Gottingæ*, 1740, in-4. fig. br.

1427 Ejusdem, enumeratio stirpium Helvetiæ indigenarum. *Gottingæ*, 1742, 2 vol. in-fol. fig. br.

1428 Ejusdem, hist. stirpium indigenarum Helvetiæ. *Bernæ*, 1768, 2 vol. in-fol. fig.

1429 Hist. des plantes vénéneuses de la Suisse, par P. R. Vicat. *Yverdon*, 1776, in-8. fig.

Histoire naturelle des plantes, arbres, etc. et jardins de botanique d'Allemagne.

1430 Hier. Tragi stirpium quæ in Germania nascuntur nomenclatura, et hist. germanicâ primum linguâ conscripta, in lat. conversa, interprete Dav. Kybero. *Argentorati*, 1552, in-4. fig.

1431 Jac. Christiani Schaeffer fungorum qui in Bavaria et Palatinatu circa Ratisbonam nascuntur, icones. *Ratisbonæ*, 1762, 2 tom. 1 vol. in-4. fig. enlum. mar.

1432 Car. Clusii rariorum aliquot stirpium per Pannoniam, Austriam, et vicinas quasdam provincias observatarum historia. *Antuerp.* 1583, in-8. fig.

1433 Henr. Jo. Nepom. Crantz stirpes Austriæ. *Viennæ Austriæ*, 1762, in-8. fig. br.

1434 = Eædem. *Viennæ*, 1769, 6 part. 3 vol. in-4. fig. br.

1435 Nic. Jos. Jacquin enumeratio stirpium quæ sponte crescunt in agro Vindobonensi, montibusque confinibus. *Vindobonæ*, 1762, in-8. fig.

1436 Sam. Gustavi Wilcke, flora Gryphica. *Gryphiæ*, 1765, in-12.

1437 Joan. Ant. Scopoli, flora Carniolica. *Viennæ*, 1760, in-8.

1438 Basil. Besleri hortus Eystettensis, et hujus ordo, descriptiones arborum et fruticum vernalium continens, manu exaratus. 2 vol. in-fol. fig.

1439 Jo. Georg. Wolckameri, flora Noribergensis. *Noribergæ*, 1700, in-4. fig.

1440 Jo. Henr. Heucheri, index plantarum horti medici acad. Vitembergensis. *Vitemb.* 1711, in-4.

1441 Abr. Vateri, syllabus plantarum quæ in eodem horto medico aluntur. *Wittembergæ*, 1738, in-12.

1442 Jo. Jac. Dillenii, catalogus plantarum sponte circa Gissam nascentium, cum appendice et supplemento. *Francof.* 1719, in-12.

1443 Pauli Ammanni enumeratio plantarum horti medici acad. Lipsiensis, et intród. ad materiam medicam. *Lips.* 1675, in-12.

1444 Georg. Rudol. Boehmèri flora Lipsiæ indigena. *Lips.* 1750, in-8.

1445 Christoph. Knauths enumeratio plantarum circa Halam Saxonum et in ejus vicinia sponte provenientium. *Lips.* 1688, in-12.

1446, Henr. Bern. Ruppii flora Jenensis, edita à Jo. Henr. Schuttæo. *Francof.* 1718, in-8.

1447 Alberti de Haller enumeratio plantarum horti regii et agri Gottingensis. *Gottingæ*, 1753, in-8.

1448 Joh. Gottfried Zinn catalogus plantarum eorumdem horti et agri. *Gottingæ*, 1757, in-8. fig.

1449 Car. Aug. à Bergen catalog. stirpium horti medici academ. Viadrinæ. *Francof. ad Viadrum*, 1744, in-12.

1450 Ejusdem flora Francofurtana. *Francof.* 1750, in-12.

1451 Joan. Loeselii flora Prussica, curante Jo. Gotsched. *Regiomonti*, 1703, in-4. fig.

Histoire naturelle des plantes, arbres, &c. et jardins de botanique d'Angleterre.

1452 Joan. Raii catalog. plantarum Angliæ, et insularum adjacentium. *Lond.* 1677, in-8.

1453 Ejusdem synopsis methodica stirpium Britannicarum. *Lond.* 1724, in-8. fig.

1454 Synopsis of British plants, in Ray's method, by John Wilson. *Newcastle*, 1744, in-8.

1455 Jo. Blackstone plantæ rariores Angliæ indigenæ. *Lond.* 1746, in-8. fig.

1456 Gulielmi Hudsoni flora Anglica. *Lond.* 1762, in-8. br.

1457 Flora Anglicana, à Rich. Weston. *Lond.* 1775, in-8.

1458 Observ. sur les vertus des différ. espèces de solanum qui croissent en Angleterre, avec des remarq. sur l'usage de la salsepareille, du mercure et de ses préparations, par Bromfeild pere, trad. par son fils. *Par.* 1761, in-12. v. d. sur tr.

1459 Catalogus plantarum tum exoticarum tum domesticarum, quæ in hortis haud procul a Londino sitis propagantur. *Lond.* 1730, in-fol. fig. enlum.

1460 Joan. Phil. Nonne flora in territorio Erfordensi indigena. *Erfordiæ*, 1763, in-8.

1461 Catalogus plantarum circa Cantabrigiam nascentium. *Cantabr.* 1660, in-12.

1462 Fasciculus plantarum circa Harefield sponte nascentium. *Lond.* 1737, in-12.

1463 Hortus Elthamensis, seu plantarum rariorium quas in horto suo coluit Jac. Sherard delineationes et descriptiones à Jo. Jac. Dillenio (cum nomenclaturâ Linnæi manu exaratâ) *Londini*, 1732, in-fol. fig.

1464 Lilium Garniense, or a descript. of the Guernesay-Lilly, to wiche is added the botanical dissection of the coffeé berry, by James Douglas. *Lond.* 1725, in-fol. fig.

1465 The natural history of Cornwall, by Will. Borlase. *Oxford*, 1758, in fol. fig. v. fil.

1466 Hortus medicus Edinburgensis, a James Sutherland, Anglicè. *Edimb.* 1683, in-8.

Histoire naturelle des plantes, arbres, &c. et jardins de botanique des Etats du Nord.

1467 Joach. Pastorii florus Polonicus. *Lugd. Bat.* 1642 in-12.

1468 Christ. Ehrenfr. Weigel flora Pomerano-Rugica. *Berol.* 1769, in-8. br.

1469 Casp. Schwenckfelt stirpium et fossilium Silesiæ catalogus. *Lips.* 1601, in-8.

1470 Flora Fridichsdalina, et plantæ per regnum Daniæ crescentes. *Argentor.* 1767, in-8. fig.

1471 Casp. Pilleterii plantarum in Walachia, Zeelandiæ insula, nascentium synonymia. *Middelburg.* 1610, in-8.

1472 Car. Linnæi, flora Suecica. *Stockholm.* 1745, in-8. fig.

1473 Eadem, editio secunda. *Stockholm.* 1755, in-8. fig.

1474 Ejusdem, hortus Upsaliensis. *Stockholm.* 1748, in-8. fig.

1475 Phil. Conr. Fabricii enumeratio methodica plantarum horti medici Helmstadiensis. *Helmstadii*, 1759, in-8.

1476 Car. Linnæi, flora Lapponica. *Amst.* 1737, in-8. fig.

1477 Stirpium rariorum in imperio Rutheno sponte provenientium icones et descriptiones, collectæ à Jo. Ammano. *Petrop.* 1739, in-4. fig. v. fil.

1478 Steph. Krascheninnikow, flora Ingrica, aucta à Dav. de Gorter. *Petropoli*, 1761, in-8. br.

1479 Descript. d'un voyage fait à S. Pétersbourg, hist. des plantes de Russie, et projet pour l'établissem. d'un jardin botanique à S. Pétersbourg, par Deschiseaux. *Paris*, 1628, in-8.

1480 P. S. Pallas, flora Rossica, seu stirpium per Europam et Asiam indigenarum descriptiones. *Francof.* 1789, in-8.

Histoire naturelle des plantes, arbres, &c. d'Asie.

1481 Flora Orientalis, sive recensio plantarum à Leonh. Rauwolffo, annis 1573 ad 1575, observatarum, quas methodo sexuali disposuit Joh. Frider. Gronovius. *Lugd. Bat.* 1755. — Hist. des plantes de Russie et du jardin de Saint-Pétersbourg, par Deschiseaux. 1728, in-8.

1482 Joan. Raii stirpium Europæarum extra Britannias nascentium sylloge, et catalog. rariorum Orientalium, Creticarum et Ægyptiacarum. *Lond.* 1694, in-8.

1483 Plantarum minus cognitarum centuriæ quinque complectentes plantas circa Byzantinum et in Oriente observatas per J. C. Buxbaum. *Petropoli*, 1728, in-4. fig. v. fil.

1484 Etat des graines d'arbres, arbrisseaux, plantes, oignons à fleurs qu'il seroit nécessaire de faire venir du Levant. *Par.* 1779, in-8. br.

1485 Flora Sibirica, sive hist. plantarum Siberiæ, à Jo. Georg. Gmelin. *Petrop.* 1747, 2 vol. in-4. fig.

1486 Tractado de las drogas, y medicinas de las Indias orientales, con sus plantas, por Christoval Acosta. *Burgos*, 1578, in-4. fig.

1487 Hist. des drogues et épiceries qui naissent ès Indes et en Amérique, par Garcie du Jardin, Christophe de la Coste, et Nic. Monard, trad. en fr. par Ant. Colin. *Lyon*, 1619, in-8. fig.

1488 Icones arborum, fruticum et herbarum exoticarum, in extremis oris et desertis Indiarum et aliis locis repertorum. *Lugd. Bat.* Vander Aa, in-4. obl. br.

1489 Hortus Indicus Malabaricus, per Henr. Van Rhede et Theod. Janson ab Almaloveen, cum notis et comment. Jo. Commelini. *Amst.* 1686. Les cinq prem. parties mss. avec les plantes dessinées et enlum. par le P. Constant, Capucin, les autres parties imprimées. — Jac. Breynii exoticæ aliæque minus cognitæ plantæ, summo studio à P. Constantio, Capucino, delineatæ et colore naturali depictæ. 1685, 2 vol. in-fol.

1490 Dissert. sur la maniere de cultiver des plantes chinoises dans les chassis physiq. de Mallet. *Par.* 1778, in-4. fig. br.

1491 Georg. Everh. Rumphii herbarium Amboinense, et varia insectorum animaliumque genera, edente Jo. Burmanno. *Amst.* 1641, 6 vol. in-fol. fig. v. fil.

1492 Thesaurus Zeylanicus, exhibens plantas in insula Zeylanica nascentes, cura et studio Jo. Burmanni. *Amst.* 1737, in-4. v. fil.

1493 Pauli Hermanni musæum Zeylanicum. *Lugd. Bat.* 1726, in-8. br.

1494 Car. Linnæi flora Zeylanica. *Holmiæ*, 1747, in-8. fig.

Histoire naturelle des plantes, arbres, &c. d'Afrique et d'Amérique.

1495 Jo. Burmanni rariores Africanæ plantæ ad vivum

delineatæ, iconibus ac descriptionibus illustratæ. *Amst.* 1738, 9 part. 1 vol. in-4. fig.

1496 Prosp. Alpinus de plantis Ægypti, cum observat. et notis Joh. Veslingii, accessit ejusdem Alpini de balsamo liber. *Patavii*, 1640, in-4.

1497 Petr. Jonæ Bergii descriptiones plantarum ex Capite Bonæ Spei. *Stockholmiæ*, 1767, in-8. fig.

1498 Descr. des plantes de l'Amérique, par Ch. Plumier. *Par.* Impr. Roy. 1693, in-fol. fig.

1499 Descr. des plantes et fougeres de l'Amérique, par le même. *Par.* 1693, 2 vol. in fol. fig.

1500 Ejusdem, nova plantarum Americanarum genera. *Par.* 1703, in 4. fig.

1501 Plantæ Americanæ ab eodem, concinnis descriptionibus et observat. æneisque tabulis illustravit Jo. Burmannus. *Amst.* 1755, in-fol. fig. br.

1502 Nic. Jos. Jacquin selectarum stirpium Americanarum historia, ad Linnæanum systema determinatarum descriptarumque. *Vindob.* 1763, in-fol. fig.

1503 Catalog. d'arbres, arbustes et plantes herbacées d'Amérique, par Young. *Par.* 1783, in-8. br.

1504 Arbustrum Americanum, by Humphry Marshall. *Philad.* 1785, in 8. br.

1505 — Idem. *Philad.* 1785. — Account of East-Florida, and Floridas, by John Bartram. *Lond.* in-8.

1506 — Le même, Catalog. des arbres et arbrisseaux qui croissent naturellement dans les Etats-Unis de l'Amériq. septentr. trad. par Lézermes. *Par.* 1788, in-8. v. fil.

1507 Jac. Cornuti Canadensium plantarum historia, et enchiridion botanicum Parisiense. *Par.* 1635, in-4.

1508 Flora Virginiaca, exhibens plantas quas Jo. Clayton in Virginia observavit atque collegit, descriptas à Joh. Frid. Gronovio. *Lugd. Bat.* 1743, in-8.

1509 — Eadem (cum notis à D. de Malesherbes manu exaratis). *Lugd. Bat.* 1743, in-8.

1510 Joh. Mitchell dissert. de principiis botanicorum et zoologorum, et nova plantarum genera in Virginia observata. *Norimb.* 1769, in-4. br.

1511 Hist. des plantes de la Guiane Françoise, par Fusée Aublet. *Par.* 1775, 4 vol. in-4. fig.

1513 Hans Sloane, Catalogus plantarum quæ in insulâ Jamaicâ spontè proveniunt, adjectis aliis quibusdam quæ in insulis, Maderæ, Barbados, Nieves et Sancti Christophori nascuntur. *Lond.* 1696, in-8.

1514 Nic. Jos. Jacquin, enumeratio plantarum quas in Insulis Caribæis vicinoque Americæ continente detexit. *Lugd. Bat.* 1760, in-8. br.

Histoire naturelle et Culture de quelques Plantes en particulier.

1515 J. Bauhini et Cl. Roccardi, tractatus de absynthiis. *Montis Beligardi*, 1593, in-8.

1516 Joan. Franci herba alleluia botanicè considerata. *Ulmæ*, 1709, in-12.

1517 Guil Marcquis, aloë morbifuga. *Antuerp.* 1533, in-12.

1518 Culture de la grosse asperge dite de Hollande, par Filassier. *Par.* 1779, in-12. br.

1519 Jo. Matth. Fabri strychnomania, seu explicatio strychni manici antiquorum, vel solani furiosi recentiorum. *Augustæ Vindel.* 1677, in-4. fig.

1520 Ant. Musa de herba vetonica; L. Apuleius de medicaminibus herbarum, per Gabr. Humelbergium. 1537, in-4.

1521 Laur. Heisteri descript. plantæ cui Brunsvigiæ nomen imposuit. *Brunsvigæ*, 1753, in-fol. fig. enlum. br.

1522 Précis sur la canne et sur les moyens d'en extraire le sel essentiel; mém. sur le sucre, sur le vin de canne, sur l'indigo, et sur Saint-Domingue, par Dutrône de la Couture *Par.* 1790, in 8. fig.

1523 Lud. Ferd. Marsilii dissert. de generatione fungorum, et de Plinianæ villæ ruderibus atque Ostiensis litoris incremento. *Romæ*, 1714, in-fol. fig.

1524 Joh. Gottlieb. Gleditsch. methodus fungorum. *Berol.* 1753, in 8. fig.

1525 Traité des champignons, par Jacq. Christ. Schæffer, en allem. avec fig. enlum. *Regensburg*, 1759 et 1760, in-4. en feuilles.

1526 Traité du chanvre, par Marcandier. *Paris*, 1758, in-12.

1527 Recueil de mémoires sur la culture et le rouissage

du chanvre, et sur les moyens de prévenir les inconvéniens des routoirs. *Lyon*, 1787, in-8.

1528 J. G. Weinmann tractatus de characæsaris. *Carolsruhæ*, 1769, in-12.

1529 Carduus sanctus vulgò benedictus, veras pauperum thesaurus, à Georg. Christ. Petri. *Jenæ*, 1669, in-12.

1530 Jo. Jac. Wepferi hist. cicutæ aquaticæ, et dissert. de thee Helvetico ac cymbalaria, curante Theod. Zuingero *Lugd. Bat.* 1733, in-8. fig.

1531 Dissert. sur l'usage de la ciguë, trad. d'Ant. Storck. *Par.* 1760, in-12.

1532 Observ. sur la ciguë; expér. et observ. sur l'usage interne de la pomme épineuse de la jusquiame et de l'aconit, trad. du même. *Par.* 1762 et 1763, in-12. fig.

1533 Tratado de la naturaleza y virtudes de la cicuta, por D. Casimiro Gomez Ortega. *Madrid*, Ibarra, 1763, in-4.

1534 Valentini Andr. Moellenbroecii cochlearia curiosa. *Lips.* 1674, in-12.

1535 Mém. et instr. sur la culture, l'usage et les avantages de la racine d'abondance ou de disette, et sur la culture des carottes et de la spergule, par Commerell. *Laus.* 1787, in-8. br.

1536 Mém. sur la culture de la racine de disette ou betterave champêtre, par le même. *Par.* 1788, in-8. br.

1537 Hist. natur. des fraisiers, par Duchesne, in-12. br.

1538 — La même. *Par.* 1766, in-12.

1539 Sam. Gottlieb Gmelin hist. fucorum. *Petropoli*, 1768, in-4. fig. br.

1540 Mém. sur la garance et sa culture, par Duhamel du Monceau. *Par.* 1757, in-4. fig. br.

1541 = Le même. *Par.* 1765, in-12. fig.

1542 Traité de la garance, par M. de L... *Par.* 1768, in-8. br.

1543 Mém. sur la culture de la garance, par Althen. *Par.* 1772, in-4. br.

1544 Juniperi descriptio, à Benj. Scharffio. *Francof.* 1679, in-12.

1545 Mém. sur la plante du gin-seng de Tartarie. *Par.* 1718, in-12. fig.

1546 Jo. Scheuchzeri agrostographia, sive graminum, juncorum, cyperorum, etc. hist. *Tiguri*, 1719, in-4. fig.

1547 Instr. sur la plantation, la culture et la récolte du houblon. *Par.* 1791, in-12. br.

1548 Le parfait indigotier, et traité sur la culture du café; descr. de cet arbre et de sa manufacture, par Elie Monnereau. *Marseille*, 1765, in 12. fig. br.

1549 Mém. sur l'utilité des lichens dans la médecine et dans les arts, par G. F. Hoffmann, Amoreux fils et Willemet. *Lyon*, 1787, in-8.

1550 Conr. Gesneri de herbis quæ sive quod noctu luceant, sive alias ob causas, lunariæ nominantur, commentariolus; ejusdem et Jo. Duchoul montis Fracti sive montis Pilati descriptio; Jo. Rhellicani Stockhornies, seu Stockhorni montis in Bernensium Helveticorum agro descriptio, versibus heroicis. *Tiguri*, 1555, in-4. fig.

1551 Jo. Hier. Zannichellii de myriophyllo pelagico, aliaque marina plantula anonymæ epistolæ. *Venet.* 1714, in-8. fig. br.

1552 Jo. Jac. Dillenii historia muscorum. *Oxonii*, 1741, in-4. fig.

1553 Traité sur la meilleure manière de cultiver la navette et le colsat, et d'en extraire une huile dépouillée de son mauvais goût et de son odeur désagréable, par Rozier. *Par.* 1774, in-8.

1554 Jac. Augustini Huner-Wolfii, anatomia Pæoniæ. *Arnsteti*, 1680, in-12.

1555 Matthiæ Tilingii Rhabarbarologia, seu Rhabarbari disquisitio. *Francof. ad Mænum*, 1679, in-4. fig.

1556 Propriétés de la plante rhus-radicans, et du narcisse des prés, par Dufresnoy. *Par.* 1788, in-8. br.

1557 Joh. Ferdin. Hertodt Crocologia. *Jenæ*, 1671, in-12. fig. br.

1558 Mém. sur le safran, par de la Taille Dessessarts. *Orléans*, 1766, in-8.

1559 Mém. sur la culture du sain-foin et ses avantages dans la Haute-Champagne. *Chaalons*, in-8. br.

1560 = Le même. *Par.* 1774, in-12.

1561 Salvia descripta à Christiano Franc. Paullini. *Augustæ Vindel.* 1688, in-12.

1562 Dissert. de anchora sacra, vel scorzonera, à Joan. Mich. Fehr, accessit schediasma de unicornu fossili, à Joh. Laur. Bausch. *Jenæ*, 1666, in-12.

1563 Ant. Mizaldi opusculum de sena. *Lutet.* 1574, in-12.

1564 Hobii Vander Vorm, descript. atriplicis salsi vulgo dicti Soutenelle. *Amst.* 1661, in-12.

1565 Jo. Neandri Bremani tabacologia, sive tabaci seu nicotianæ descriptio. *Lugd. Bat.* 1626, in-4. fig.

1566 — Le même traité, trad. en franç. *Lyon*, 1626, in 8.

1567 Joan. Chrysost. Magnenus de tabaco. *Hagæ-Comitis*, 1658. — Erycii Mohy pulvis sympatheticus, in-12.

1568 Disc. du tabac, par Baillard. *Par.* 1668, in-12.

1569 Hist. du tabac, par de Prade. *Par.* 1696, in-12.

1570 Extrait du traité complet de la culture du tabac, par Goudart. *Paris*, 1791, in-8. br.

1571 Hist. natur. du thé, par J. Coackley. *Par.* 1773 in-12. fig.

1572 Théorie de la culture du trefle, trad. de l'allem. de J. Ch. Frommel. *Laus.* 1784, in-8. br.

1573 Joan. Franci trifolii fibrini historia. *Francof.* 1701, in-12.

1574 Mém. sur la culture du grand trefle des prés à fleurs rouges, connu en Bretagne sous le nom de Tréméne ou Tremelle. *Rennes*, in-4. br.

1575 Culture du trefle, de la luzerne et du sain-foin, trad. par Fr. Barbe Marbois. *Metz*, 1792, in-8. br.

1576 Instr. sur la culture des turneps ou gros navets. *Par.* 1785, in-4. br.

1577 Le thé de l'Europe, ou propriétés de la véronique, tirées des observ. par Francus. *Par.* 1704, in-12. fig.

1578 Sebaldi Justini Brugmans dissertat. de plantis inutilibus et venenatis, quæ prata inficiunt, horumque diminuunt fertilitatem, et de mediis aptissimis illis substituendi plantas salubres ac utiles, nutrimentum sanum ac abundans pecori præbituras. *Groningæ*, 1783, in-8. br.

Histoire naturelle des Arbres et de leur culture.

1579 Silva or a discourse of forest-trees, terra, a philosophical discourse of Earth; relation to cyder, kalendarium hortense, by John Evelyn. *Lond.* 1729, in-fol.

1580 Silva ora discourse of forest-trees, by John Evelyn, with notes by A. Hunter. *York*, 1776, in-4. fig. br.

1581 Traité des arbres et arbustes qui se cultivent en France, en pleine terre, par Duhamel du Monceau *Par.* 1755, 2 vol. in-4. fig.

1582 Physique des arbres, par le même. *Par.* 1758, 2 v. in-4. fig.

1583 Des semis et plantations des arbres et de leur culture, par le même. *Par.* 1760, in-4. fig.

1584 Tratado de las siembras y plantios de arboles y de su cultivo, escrito en frances por Duhamel du Monceau, traducido al castellano por Casimiro Gomez de Ortega. *Madrid*, 1773, in-4. fig.

1585 Exploitation des bois, par Duhamel du Monceau. *Par.* 1764, 2 vol. in 4. fig. v. fil.

1586 Du transport, de la conservation et de la force des bois, avec les moyens de les attendrir et de leur donner diverses courbures, pour la construct. des vaisseaux, par le même. *Paris*, 1767, in 4. fig.

1587 Traité des bois. *Par.* 1769, 2 vol. in-8.

1588 A treatise on forest-trees, by Will. Boutcher. *Edinb.* 1778, in-4.

1589 Mém. sur les bois. in-8. br.

1590 An essai on the management of bees, by John Mills. *Lond.* 1766, in-8.

1591 Essai sur l'aménagement des forêts, par Pannelier. *Par.* 1778, in-8. br.

1592 Observ. sur l'aménagement des bois, par Henriquez. *Verdun*, 1781, in-8. br.

1593 Mém. sur les moyens de multiplier les plantations de bois, sans nuire à la production des subsistances, par le même. *Rheims*, 1789, in-12. br.

1594 Mém. sur le repeuplement, l'augmentation et la conservat. des bois, par Delisle de Moncel. *Nancy*, 1791, in-8. br.

1595 Observ. sur l'aménagement des forêts, par Varenne de Fenille. *Par.* 1791, in-8. br.

1596 Mém. sur les plantations dans les terreins vagues. in-8. br.

1597 Traité de la culture et de la plantation des arbres à ouvrer, par Roux. *Par.* 1750, in-12.

1598 Mém. sur l'administration forestière, sur les qualités des bois indigenes acclimatés en France, et des bois exotiques, qui s'employent dans l'ébénisterie, par P. C. Varenne-Fenille. *Bourg*, 1792, 2 vol. in-8. br.

1599 Instr. sur les bois de marine. *Par.* 1780, in-12. fig. br.

1600 Essai sur les arbres d'ornement, trad. de Miller. *Par.* 1778, in-8.

1601 P. Bellonius de arboribus coniferis, resiniferis, aliisque nonnullis sempiterna fronde virentibus, item de melle cedrino, cedria, agarico, resinis, et iis quæ ex coniferis proficiscuntur. *Par.* 1553, in-4. fig.

1602 Joh. Conr. Axtii tractatus de arboribus coniferis et pice conficienda, et epist. de Antimonio. *Jenæ*, 1679, in-12.

1603 — Idem. *Jenæ*, 1679. — Dan. Guil. Mollerus de insectis quibusdam hungaricis prodigiosis. *Francof.* 1673, in-12. fig.

1604 Traité des arbres résineux, conifères, extr. et trad. de Miller, par de Tschudi. *Metz*, 1768, in-8.

1605 Joh. Sperlingii carpologia. *Witteb.* 1669, in-12.

1606 Traité des arbres fruitiers, leur figure, leur descript. et leur culture, par Duhamel du Monceau. *Par.* 1765, 2 vol. in 4. gr. pap. fig. mar.

1607 Manière de cultiver les arbres fruitiers, par Legendre. *Lyon*, 1689, in-12.

1608 Observations sur la culture des arbres fruitiers. *Par.* 1718, in-12. mar.

1609 Méthode pour bien cultiver les arbres à fruit et pour élever des treilles, par de la Riviere et du Moulin. *Utrecht*, 1739, in-12. fig.

1610 The practical fruit-gardener, by Step. Switzer. *London*, 1763, in-8. fig.

1611 L'art de tailler les arbres fruitiers et traité sur l'usage des fruits pour se conserver en santé, ou pour se guérir, lorsqu'on est malade. *Par.* 1683, in-12. fig.

1612 Essai sur la taille des arbres fruitiers, par Pelletier de Frepillon. *Par.* 1773, in-12. fig. br.

1613 Essai sur les véritables principes de la greffe, par Cabanis. *Bordeaux*, 1764, in-4. br.

1614 Essai sur les principes de la greffe et sur les moyens de la perfectionner, par le même. *Par* 1781, in-12. br.

1615 Traité sur l'acacia. *Bord.* 1762, in-12. br.

1616 Hist. natur. du cacao et du sucre. *Amsterd.* 1720, in-12. fig.

1617 Christoph. Jac. Trew, cedrorum Libani historia, eorumque character botanicus, cum illo laricis, abietis pinique comparatus. *Norimb.* 1757 et 1767, 2 part. 1 vol. in-4. fig.

1618 Joan. du Choul, historia quercus et Pylati montis descript. *Lugd.* 1555. — Joan. Franci momordicæ descript. — Jo. Jac. Kleinknechti schediasma de scordio vero. *Ulmæ*, 1720. — Jo. Chrysost. Magnenus de manna. *Hag. Com.* 1658, in-12.

1619 Culture du chêne, par Juge de St Martin. *Paris*, 1788, in-8.

1620 Hen. J. Nepom. Crantz de duabus draconis arboribus botanicorum. *Viennæ*, 1768, in-4. fig.

1621 Instruction pour la culture des figuiers, et traité de la culture des fleurs. *Par.* 1692, in-12. br.

1622 Traité de la culture du figuier, par de la Brousse. *Par.* 1774, in-12. fig. br.

1623 Essai sur l'usage et les effets de l'écorce du garou. *Par.* 1767, in-12. br.

1624 Descr. du mangostan et du fruit à pain, trad. de l'angl. de John Ellis. *Rouen*, 1779, in-8. br.

1625 Instr. du plantage des meuriers, et manière de nourrir les vers, faire et tirer les soyes. *Par.* 1605, in-4. fig.

1626 Mém. et instr. pour le plant des mûriers, nourriture des vers à soye, et l'art de filer, mouliner et apprêter les soyes dans Paris, par Christ. Isnard. *Par.* 1665, in-8.

1627 Mém. instructif sur les pépinières de mûriers blancs et les manufactures de vers à soie en Poitou. *Poitiers*, 1742. — Mém. pour servir à la culture des mûriers, et à l'éducat. des vers à soie. *Poitiers*, 1754, in-12. br.

1628 L'art de cultiver les mûriers blancs, d'élever les vers à soie, et de tirer la soie des cocons. *Par.* 1757, in-8. fig.

1629 Plantation et culture du mûrier. *Mans.* 1760, in-4. br.

1630 Traité de la culture des mûriers blancs, la manière d'élever les vers à soie, et l'usage qu'on doit faire des cocons, par Pomier. *Orléans*, 1763, in-8. fig.

1631 Mém. sur la culture du mûrier blanc, par Thomé. *Lyon*, 1763, in-8. br.

1632 Essai sur la culture du mûrier blanc et du peuplier d'Italie. *Dijon*, 1766, in-12. br.

1633 Traité des mûriers, et méthode pour faire éclore les vers à soie. *Par.* 1769, in-8. br.

1634 Muriométrie, inst. nouvelle sur le ver à soie, les plantations des mûriers blancs, les filatures et le moulinage des soies, par A. Dubet. *Grenoble*, 1770, in-8. br.

1635 Nouv. traité des orangers et citroniers. *Par.* 1692, in-12.

1636 Jo. Bapt. Ferrarii hesperides, sive de malorum aureorum cultura et usu. *Romæ*, 1746, in fol. fig.

1637 Traité de la culture des pêchers, par de Combe. *Par.* 1759, in-12.

1638 Art de cultiver les peupliers d'Italie, par Pelié de S. Maurice. *Par.* 1762, in-12. br.

1639 Art de cultiver les pommiers et les poiriers, et de faire des cidres selon l'usage de la Normandie, par Chambray. *Par.* 1765, in-12. br.

1640 Administration du saint bois, et forme de ministrer du vin, par Alfonse Ferrier. *Poitiers*, 1546, in-18.

1641 Mart. Blochwitii anatomia sambuci. *Lond.* 1650, in-12.

Culture de la Vigne et traité sur les Vins.

1642 Devis sur la vigne, vin et vendanges, par Jacq. Gohon. *Par.* 1550, in-8.

1643 Manière de cultiver la vigne, et de faire le vin en Champagne; secrets pour rectifier les vins, et descript. de divers pressoirs. *Par.* 1722, in-4. fig. mar.

1644 Traité complet sur la manière de planter, d'élever et de cultiver la vigne, extr. de Miller. *Yverdon*, 1768, 2 vol. in-12. br.

1645 Traité sur la nature et culture de la vigne, par Bidet, revu par Duhamel du Monceau. *Par.* 1759, 2 vol. in-12. fig.

1646 Phil. Jac. Sachs, vitis viniferæ ejusque partium consideratio. *Lips.* 1761, in-8.

1647 Nouv. Méthode de cultiver la vigne, par Maupin. *Par.* 1763, in-12. br.

1648 Projet sur la vigne, les vins rouges, les vins blancs et les cidres, par le même. *Par.* 1787, in-8. br.

1649 Manière de provigner la vigne sans engrais, par Saussure. *Berne*, 1775, in-8. br.

1650 Andr. Baccius de naturali vinorum historia, de vinis Italiæ et de conviviis antiquorum, accessit de factitiis ac cerviisis, deque Rheni, Galliæ, Hispaniæ et de totius Europæ vinis, et de omni vinorum usu. *Romæ*, 1596, in-fol. fig. mar.

1651 Mém. sur les causes qui font pousser le vin, et sur les moyens de prévenir cet accident, et d'y remédier sans que la qualité du vin soit nuisible à la santé, par Barberet. *Lyon*, 1761, in-12. br.

1652 Le commerce des vins, réformé, rectifié et épuré. *Lyon*, 1769, in-8.

1653 Obs. sur les vins. *Par.* 1772, in-12.

1654 Œnologie, ou disc. sur la meilleure méthode de faire le vin et de cultiver la vigne, par Beguillet. *Dijon*, 1770, in-12.

1655 — La même. *Dijon*, 1770. — Expér. sur la bonification de tous les vins, ou l'art de faire le vin, par Maupin. *Par.* 1770, in-12.

1656 Les mêmes expériences, par Maupin. *Par.* 1772 et 1773, in-12. br.

1657 Art de faire le vin rouge, par le même. *Par.* 1775, in-8. br.

1658 Eclaircissem. concern. plusieurs points de la théorie et de la manipulation des vins, par le même. *Paris*, 1783, in-8. br.

1659 Manuel des vignerons de tous les pays, par le même. *Par.* 1789, in-8. br.

1660 Le parfait vigneron, par P.... *Par.* 1782, in-12. br.

1661 Fermentation des vins, et manière de faire l'eau-de-vie. *Lyon*, 1770, in-8. br.

1662 Mém. sur les inconvéniens de la perception des droits

imposés sur l'eau-de-vie, déterminée par les différ. degrés de l'aréomètre de Cartier. in-4. br.

*

Histoire naturelle des Fruits et de leur culture.

1663 Abr. des bons fruits. *Par.* 1667, in-12.

1664 Pomologia, à Jo. Herm. Knoop, ex suecicâ in germanicam linguam translata à Georg. Leonh. Huth. *Nuremb.* 1760, in-fol fig. enlum. br.

1665 Traités du café, thé et chocolat, par Phil. Sylvestre Dufour. *Lyon*, 1688, in-12.

1666 Traité sur les propriétés et les effets du café, par B. Moseley, trad. par le Breton, avec les observ. sur la culture du café, par Fusée-Aublet. *Par.* 1786, in-12. br.

1667 Traité de la châtaigne, par Parmentier. *Par.* 1780, in-8. br.

1668 Herm. Grube, analysis mali citrei. *Hafniæ*, 1668, in-12. br.

1669 Augerii Clutii opuscula de nuce medica et de hemerobio sive ephemero insecto, et majali verme. *Amst.* 1634, in-4. fig.

1670 = Eadem. *Amst.* 1634. —Jo. Phil. Breynius, de radice gin-sem, seu nisi, et chrysanthemo bidente Zeylanico acmella dicto. *Lugd. Bat.* 1700. = Mich. Frid. Lochneri nerion, sive rhodo-daphne. — Prosperus Alpinus de rhapontico. *Lugd. Bat.* 1718. — Ejusdem commentatio de ananasa, sive nuce pinea indica, vulgo pinhas. — Alb. Hallerus de allii genere naturali libellus. *Gottingæ.* — Theoph. Eman. Haller dubia contra Car. Linnæum. *Gottingæ*, 1752. — Jo. Dan. Geieri dictamnographia, sive dictamni descriptio. *Francof.* 1687, in-4. fig.

1671 Traité de la culture du melon, par Vilin. *Amiens*, in-12. br.

1672 Mém. sur les moyens de garantir les olives de la piqûre des insectes, et méthode pour extraire une huile plus abondante et plus fine, avec la manière de la garantir de toute rancissure, par Sieuve. *Paris*, 1769, in-8. fig.

1673 Papaver ex omni antiquitate erutum, gemmis, statuis et marmoribus æri incisis illustratum. *Noribergæ*, 1713, in-4. fig.

Histoire naturelle des Fleurs et de leur culture.

1674 Les fleurs, par Macer Floride, avec des comment. par Guill. Gueroult, trad. par Lucas Trembley. *Rouen*, 1588. = Traité de la racine mechoacan. *Rouen*, 1588. — Casp. Bauhinus de lapide bezaaris. *Bas.* 625, in-8.

1675 Jul. Pontederæ anthologia sive de floris natura et dissert. botanicæ. *Patavii*, 1720, in-4. fig

1676 Discours sur la structure des fleurs, leurs différences et l'usage de leurs parties, par Seb. Vaillant, en lat. et en franç. *Leide*, 1718, in-4.

1677 J. Lefrancq Van Berkhey expositio characteristica structuræ florum qui dicuntur compositi. *Lugd. Batav.* 1761, in-4. fig.

1678 Eman. Swertii florilegium. *Amst.* 1620, in-fol. fig.

1679 Theatrum Floræ. *Lut. Par.* 1622, in-fol. fig. br.

1680 Recueil de fleurs gravées et la plupart enluminées, en angl. et en lat. in-4. br.

1681 XXX fleurs dessinées et gravées d'après le naturel, par N. Robert. in-4. br.

1682 Jo. Bap. Ferrarius de florum cultura. *Romæ*, 1633, in-4. fig.

1683 Remarques sur la culture des fleurs, par Morin. *Par.* 1667, in-12.

1684 The garden of flowers, by John Parkinson. *Lond.* 1629, in-fol. fig.

1685 The flower-garden display'd. *Lond.* 1732, in-4. br.

1686 Le Jardinier fleuriste, par L. Liger. *Paris*, 1754, in-12 fig.

1687 L'école du Jardinier fleuriste. *Par.* 1764, in-12. v. fil.

1688 Beauté de la nature, ou Fleurimanie raisonnée, par Rob. Xavier Mallet. *Par.* 1765, in 12.

1689 Traité sur la connoissance et la culture des jacintes, par d'Ardenne. *Avignon*, 1759. — Traité des tulipes, par le même. *Avig.* 1760, in-12. v. fil.

1690 Des Jacintes, de leur anatomie, reproduction et culture. *Amst.* 1768, in-4. fig. br.

1691 Secrets pour teindre la fleur d'immortelle en diverses

couleurs, et sa culture, pour faire des pâtes de différentes odeurs, et pour contrefaire du marbre au naturel. *Par.* 1690, in-12.

1692 Jardinage des œillets. *Par.* 1647, in-8. br.

1693 Traité des œillets, par d'Ardenne. *Paris*, 1762, in-12. fig.

1694 Traité des renoncules, par le même. *Par.* 1746, in 8. fig.

1695 Rhodologia, seu rosæ descriptio, à J. C. Rosemberg. *Argentinæ*, 1628, in-8.

1696 Ehrenfredi Hagendornii cynobastologia. *Jenæ*, 1681, in 12.

1697 Traité des tulipes. *Par.* 1697, in-12.

1698 Fr. Ant. Keszler dissert. de viola. *Vindob.* 1763, in-8. br.

Histoire naturelle des Animaux en général.

1699 Aristotelis hist. de animalibus, græcè, Jul. Cæs. Scaligero interprete, cum ejusdem commentariis et Phil. Jac. Maussaci animadversionibus. *Tolosæ*, 1619, in-fol.

1700 Histoire des animaux d'Aristote, en grec, trad. par Camus. *Par.* 1783, 2 vol. in-4. v. fil.

1701 Ælianus de natura animalium, gr. et lat. cum animadvers. Conr. Gesneri et Dan. Trilleri, curante Abrah. Gronovio. *Lond.* 1744, 2 vol. in 4. mar.

1702 Fr. Boussueti, de natura animalium carmen. *Lugd.* 1558, in-4. fig.

1703 Conr. Gesneri hist. animalium. *Francof.* 1602, 4 v. in-fol. fig.

1704 Wolfg. Franzii hist. animalium sacra. *Amst.* 1653, in-12.

1705 Gualteri Charletani onomasticon zoicon, (cum nomenclatura animalium) cui accedunt mantissæ anatomicæ, et de variis fossilium generibus. *Lond.* 1671, in-4. fig.

1706 Ejusdem editio secunda aucta, sub hoc titulo, Exercitationes de differentiis et nominibus animalium, quibus accedunt mantissa anatomica, et quædam de variis fossilium generibus, deque differentiis et nominibus colorum. *Oxon.* 1677, in-fol. fig.

1707 Diversa genera animalium, quadrupedum, avium, et insectorum, à Nic. Wischer æri incisa. in-4. obl.

1708 Wolfg. Franzii hist. animalium, opera Joh. Cypriani. *Francof.* 1712, 3 vol. in-4. br.

1709 Henr. Ruysch theatrum universale omnium animalium. *Amst.* 1718, 2 vol. in-fol. fig.

1710 Mich. Bern. Valentini amphitheatrum zootomicum. *Francof.* 1720, in-fol. fig.

1711 Jacobi Theodori Klein quadrupedum dispositio et historia naturalis. *Lipsiæ*, 1751. —Ejusdem hist avium, et muris Alpini. *Lubecæ*, 1750. — Ejusdem de sono et auditu piscium. *Lips.* 1746. =Ejusdem tentamen Herpetologiæ, et J. A. Unzeri observ de tæniis. *Leidæ*, 1755. — Ejusdem methodus ostracologica. *Lugd. Bat.* 1753. —Ejusdem summa dubiorum circa classes quadrupedum et amphibiorum in Car. Linnæi systemate naturæ, et discursus de crustatis, de ruminantibus, et de periodo vitæ humanæ collato cum brutis. *Lips.* 1743. —Sciagraphia lithologica à Jo. Jac. Scheuchzero, aucta et illustr. à Jac. Theod. Klein, cum epistola Maur. Ant. Cappeller de studio lithographico, de entrochis et belemnitis. *Ged.* 1740. = Descriptiones tubulorum marinorum, de echinis et de pilis marinis. *Gedani*, 1731, 2 vol. in-4. fig.

1712 Car. Linnæi animalium specierum methodica dispositio. *Lugd. Bat.* 1759, in 8.

1713 Œuvres de Jacq. Théod. Klein, trad. du latin, contenant système du règne animal, ordre natur. des oursins de mer, et doutes et observ. sur quelques animaux des classes des quadrupèdes et amphibies, sur les crustacés, sur les animaux qui ruminent. *Par.* 1754, 3 v. in-8. fig.

1714 Le règne animal divisé en neuf classes, par Brisson, en lat. et franç. *Par.* 1756, in-4. fig.

1715 —Idem, latinè. *Lugd. Bat.* 1762, in-8.

1716 Hist. natur. des animaux, par Jean Sam. Haller. en Allem. *Berlin*, 1757, in-8. fig. br.

1717 Dict. raisonné et univ. des animaux, par D. L. C. D. B. (de la Chesnaye des Bois.) *Par.* 1759, 4 vol. in-4. gr. pap.

1718 Laur. Theod. Gronovii regni animalis atque lapidei bibliotheca. *Lugd. Batav.* 1760, in-4.

1719 Lettres sur les animaux et les végétaux, par Buc'hoz. *Par.* 1768, 9 vol. in-8.

1720 Zoologie univ. et portative, par ordre alphabétique et méthodique, par Playcard-Augustin-Fidele Ray. *Par.* 1788, in-4. br.

1721 Jo. Alph. Borelli de motu animalium. *Romæ*, 1680, 2 vol. in-4. fig.

1722 Ger. Blasii anatome animalium. *Amst.* 1781, in-4. fig.

1723 Guiliemi Vanden Bosschc animalium historia medica. *Bruxella*, 1639, in-4. fig.

1724 Expériences sur la générat. des animaux et des plantes, par Spallanzani. *Genève*, 1785, in-8. fig.

1725 Essais philos. sur les mœurs de divers animaux étrangers. *Par.* 1783, in-8.

1726 Méthodes sûres et faciles pour détruire les animaux nuisibles, par Buc'hoz. *Par.* 1782, in-12. br.

Histoire naturelle des animaux des différens Pays.

1727 Papillons d'Europe, peints d'après nature, par Ernest, gravés et coloriés sous sa direction, décrits par Engramelle. *Par.* 1779 *et suiv.* 6 cahiers, in-4. gr. pap. br.

1728 Catalogue des animaux de la Lorraine et des trois Evêchés, par P. Jos. Buc'hoz. *Par.* 1771, in-12.

1729 Mart. Th. Brünnichii entomologia, ichtiologia Massiliensis, ornithologia Borealis. *Hafniæ*, 1764 *et seq.* 3 vol. in-8. fig. br.

1730 Step. Schonevelde ichtyologia et nomenclatura piscium qui in ducatibus Slesvici et Holsatiæ et Emporio Hamburgo occurrunt triviales. *Hamburgi*, 1624, in-4. fig.

1731 Ichtyologia cum amphibiis regni Borrussici, à Jo. Chrystoph. Wulff. *Regiomonti*, 1765, in-8.

1732 Eleazari Albin insectorum Angliæ naturalis hist. *Lond.* 1731, in-4. fig. enlum. mar.

1733 Car. Linnai Fauna Suecica. *Stockholmiæ*, 1746, in-8.

1734 Poissons, écrevisses et crabes de diverses couleurs et figures extraordin. que l'on trouve autour des Isles Moluques et sur les Côtes des Terres Australes, peints d'après nature. *Amst.* in-fol.

Histoire naturelle des Quadrupèdes.

1735 Jo. Raii Synopsis animalium quadrupedum et serpentini generis, et de animalium genere, sensu, generatione, divisione, etc. *Lond.* 1693, in-8.

1736 Eberh. Aug. Guil. Zimmermann specimen Zoologiæ geogr. quadrupedum, domicilia et migrationes sistens. *Lugd. Bat.* 1777, in-4. carte.

1737 Joh. Conr. Peyeri merycologia, sive de ruminantibus et ruminatione commentarius. *Basil.* 1685, in-4. fig.

1738 Dict. raisonné d'hippiatrique, cavalerie, manège et maréchallerie, par la Fosse. *Par.* 1775, 4 vol. in 8. pap. double, mar.

1739 Essai sur les appareils et sur les bandages propres aux quadrupèdes, par Bourgelat. *Par.* Imp. Roy. 1770, in-8. fig. br.

1740 Mém. sur les maladies épidémiques des Bestiaux, par Barberet. *Par.* 1766, in-8.

1741 Mém. sur les maladies épidémiqnes des Bestiaux, par Barberet. *Par.* 1766. — Mém. sur la mortalité des moutons, en Boulonnois, en 1761 et 1762, par Desmars. *Par.* 1767, in-8. br.

1742 Différens mém. et recueil d'observat. sur les maladies des bestiaux, par Vicq-d'Azyr et autres. *Par.* 1775 *et suiv.* in-4. br.

1743 Observ. sur l'état actuel de l'épizootie aux environs de Toulouse. *Toulouse*, 1775, in-12. br.

1744 Recherches hist. et physiques sur les maladies épizootiques, par Paulet. *Paris*, 1775, 2 vol. in-8.

1745 Avis aux peuples des provinces où la contagion sur le bétail a pénétré, et à ceux des provinces voisines. *Par.* 1775, in-8. br.

1746 Instr. et avis aux habitans des provinces méridionales de la France, sur la maladie putride et pestilentielle qui détruit le bétail. *Par.* 1775, in-4. br.

1747 Lettre sur la maladie contagieuse des bœufs qui a fait des ravages dans le Béarn et la Guienne, et qui commence à pénétrer dans le Languedoc. *Toulouse*, 1775, in-12. br.

1748 Exposé des moyens curatifs et préservatifs qui peuvent

être employés contre les maladies pestilent. des bêtes à cornes, par Vicq-d'Azyr. *Par.* 1776, in-8.

1749 Observ. sur les épizooties contagieuses, par Grignon. *Par.* 1776, in-8. br.

1750 Rech. sur les maladies épizootiques, sur la manière de les traiter et d'en préserver les bestiaux, par de Baer. *Par.* 1776, in-8.

1751 Observat. sur plusieurs maladies des bestiaux, avec le plan d'une étable et celui d'une écurie convenable aux chevaux, par l'Abbé Tessier. *Par.* 1782, in-8. fig.

1752 Rech. sur les maladies charbonneuses dans les animaux, par F. H. Gilbert. *Par.* 1795, in 8. br.

1753 Lettre sur la nourriture des bestiaux à l'étable, par Tschiffeli. *Berne*, 1775, in-8. br.

1754 Traité économ. et physiq. du gros et menu bétail. *Par.* 1778, 2 vol. in-12.

1755 Le parfait Bouvier; traités pour les moutons et porcs, et dissert. sur la morve des chevaux, par J. G. Boutrolle. *Rouen*, 1766, in-12.

1756 Lettre sur la mortalité des chiens, en 1763, par Desmars. *Par.* 1764, in-12. br.

1757 La gloria del cavallo et rimedii à tutte l'infirmità de' cavalli e di buoi, da Pasqual Caracciolo. *Venez.* 1589, in-4.

1758 The Farrier's dispensatory, by W. Gibson. *London*, 1722, in-8.

1759 Essai sur les haras. *Turin*, 1769, in-8.

1760 Mém. sur les haras, par le Boucher du Crosco. *Par.* 1771. — Projet pour procurer de l'eau pure à Paris. in-8 br.

1761 Instruction aux Gardes-Etalons. — Sur le pansement des étalons et sur la propreté des écuries — Aux Propriétaires des jumens. — Aux Gardes-haras. *Lyon*, 1756 *et suiv.*, in-4.

1762 Traités sur la connoissance extérieure des chevaux, des expériences sur l'art de l'éperonnerie et ce qui concerne la sellerie, par Fauvry. *Par.* 1767, in-12.

1763 Essai sur la ferrure, par Bourgelat. *Par.* 1771, in-8. br.

1764 Elém. de l'art vétérinaire; précis anatomiq. du corps du cheval, par le même. *Par.* 1769, in-8.

1765 Medecine des chevaux, et observ. sur la clavelée des bêtes à laine. *Par.* 1763, in-12.

1766 Remèdes pour les chevaux, par Larché. in-12. br.

1767 Dissert. sur le farcin, par Hurel. *Par.* 1769, in-8. br.

1768 Traité sur la morve des chevaux, par la Fosse. *Par.* 1749 et 1761. — Traité des accidents qui arrivent dans le sabot du cheval; et manière la plus avantageuse de ferrer, par le même. 1754. — Réponse à la pratique de ferrer de la Fosse. *Par.* 1758, in-8. et in-12. fig br.

1769 Instr. sur les moyens de s'assurer de l'existence de la morve, et d'en prévenir les effets, par Chabert. *Par.* 1790, in-12. br.

1770 Apollonii Menabeni tractatus de magno animali, sive bestia, et hist. cervi rangiferi, et gulonis filfros vocati. *Mediol.* 1581. — Discorso di Andr. Marini, contra la falsa opinione dell' alicorno. *Venet.* 1566, in-4. v. fil.

1771 M. Ulder. Heinsii dissertat. de alce. *Jenæ*, 1697. — Phil. Lib. ab Hulden rangifer. *Jenæ*, 1697. — Ejusdem tractatus de mirandis naturæ fontibus. *Jenæ*, 1697. — Jo. Alph. Borelli hist. et meteorologia incendii Ætnæi, anni 1699. *Regio Julio*, 1670. — Thaumantiæ miraculum, seu de causis quibus objecta singula per trigeni vitrei transpicuam substantiam visa, elegantissima colorum varietate ornata, cernuntur, à Jo. Bapt. Hodierna. *Panormi*, 1652, in-4.

1772 Joan. Marii castorologia, aucta à Joan. Franco. *Augustæ Vind.* 1685, in-12. fig. br.

1773 Cervi descript. à Joh. Andr. Graba. *Jenæ*, 1668, in-12.

1774 Hist. des Eléphans, par Salom. de Priezac. *Par.* 1650, in-12.

1775 Georg. Christoph. Petri elephantographia curiosa. *Erfordiæ*, 1715, in 4. fig.

1776 P. Castellus de hyæna odorifera. *Francof.* 1668, in-12. fig.

1777 Thomæ Bartholini de unicornu observationes novæ, editæ à Casp. Bartholino. *Amst.* 1678, in 12. fig.

1778 Wolffg. Waldungi lagographia, seu natura leporum. *Ambergæ*, 1619, in-4.

1779 Nouv. invent. de chasse pour prendre et ôter les loups de la France, par L. Gruau. *Par.* 1613, in-8. fig.

1780 Mém. sur la destr. des loups. *Par.* 1765 et 1770, in-4. br.

1781 Méthodes et projets pour la destruction des loups dans le Royaume, par Delisle de Moncel. *Par.* 1768, in-12.

1782 Moyens de détruire les bêtes voraces, par le même. *Par.* 1771, in-8. br.

1783 Inst.. sur la manière d'élever et de perfectionner les bêtes à laine, trad. du Suédois de Fred. W. Hastfer, par ***. *Par.* 1756, 2 tom. 1 vol. in-12.

1784 Considér. sur les moyens de rétablir en France les bonnes espèces de bêtes à laine. *Par.* 1762, in-12. mar.

1785 Instr. sur la manière d'élever et de perfectionner la bonne espèce des bêtes à laine de Flandre. *Par.* 1763, in-12.

1786 Traité des bêtes à laine, par Carlier. *Compiegne*, 1770, 2 vol. in-4.

1787 Instruction pour les Bergers et pour les Propriétaires de troupeaux, par M. Daubenton. *Par.* 1782, in-8.

1788 Remarq. sur l'instruct. de M. Daubenton pour les Bergers et les Propriétaires de troupeaux. *Par.* 1785, in-8. br.

1789 Essai sur la race des brebis à laine fine, trad. du Suédois de Cl. Alstrom. *Metz*, 1773, in-8. br.

1790 Medecine des bêtes à laine. *Par.* 1769, in-12.

1791 Mém. sur les laines. *Par.* 1755. — Mém. sur la tourbe, par Bizet. *Par.* 1758, in-12.

1792 Lucæ Schrockii historia moschi. *Aug. Vindel.* 1682, in 4. fig.

1793 Orang-outang sive homo sylvestris, or the anatomy of a pygmy compared with that of a monkey, an ape, and a man, by Edward Tyson. *Lond.* 1751. — Vipera caudi-sona Americana, or the anatomy of a rattlesnake. 1682, in-4. fig.

1794 Olai Wormii hist. muris Norvegici, qui sata ac gramina depascitur. *Hafniæ*, 1653, in-4. fig.

1795 Histoire des singes, des éléphans, des castors, etc. *Par.* 1752, in-12.

1796 Moyen de détruire les taupes dans les prairies et dans les jardins.. in-8. fig. br.

1797 — Le même, Moyen pour détruire les taupes, et pour

se procurer des grenouilles à peu de frais pendant tout l'hyver. *Par.* 1779, in 8. fig. br.

Histoire naturelle des Reptiles et Amphybies.

1798 Jo. Cypriani hist. animalium, de serpentibus pars quarta. in-4.

1799 Marci Aurelii Severini vipera pythia. *Patav.* 1651. =Joan. Rhodii de acia dissertatio. *Patav.* 1639, in-4. fig.

1800 Expériences sur la vipère, par Charas. *Par.* 1669, in 8.

1801 Traité sur le venin de la vipère, sur les poisons américains, sur le laurier-cerise et sur quelques autres poisons végétaux, avec des observ. sur la structure primitive du corps animal, sur la reproduction des nerfs, et descript. d'un nouv. canal de l'œil, par Fel. Fontana. *Florence*, 1781, 2 vol. in-4. fig.

1802 Oligeri Jacobæi de ranis observationes, et Casp. Bartholini de nervorum usu in motu musculorum epistola. *Par.* 1676, in-8.

1803 Hist. natur. ranarum, edidit accuratisque iconibus ornavit Augustus Jo. Roesel, germ. et lat. *Norimb.* 1758, in-fol. fig. enlum. v. fil.

1804 —Eadem. *Norimb.* 1758, in-fol. *imparf. ne va que jusqu'à T incl.*

1805 Joh. Pauli Wurffbainii salamandrologia, sive descriptio salamandræ quæ vulgò in igne vivere creditur. *Norimb.* 1683, in-4. fig.

Histoire naturelle des Oiseaux.

1806 Histoire de la nature des oiseaux, par P. Belon. *Par.* 1555, in-fol. fig.

1807 Fr. Willughbeii ornithologia, recognovit et supplevit Jo. Raius. *Lond.* 1676, in-fol. fig.

1808 Joan. Raii synopsis methodica avium. *Lond.* 1713, in-8. fig.

1809 Ornithologie, trad. de Ray, par Salerne. *Paris*, 1767, in-4. fig.

1810 Uccelliera, overo della natura e proprieta di diversi uccelli e in particolare di que' che cantano, con il modo di prendergli, conoscergli, allevargli e mantenergli, da Gio. Pietro Olina. *Romæ*, 1722, in-4. fig.

1811 Les amusemens innocents, contenant le traité des oiseaux de volière, ou le parfait oiseleur, trad. de l'Italien d'Olina. *Par.* 1774, in-12.

1812 Pet. Barrere, ornithologiæ specimen. *Perpiniani*, 1745. — Parus minimus Polonorum, Remiz Bononiensium pendulinus descriptus, à Jo. Dan. Titio. *Lips.* 1755. — Observation sur un grand poisson disséqué dans la bibliothèque du Roi, appellé renard marin, et sur un lion. *Par.* 1667. — Joh. Pauli Wurffbainii salamandrologia. *Norimb.* 1683. — Mich. Frid. Lochneri, nerium, sive rhododaphne, qua Nerei et Nereidum mythologia, amyci laurus, saccharum al haschar, et ventus ac planta badsamur explicantur, accedit dafne constantiniana. *Norimb.* 1716. — Joh. Dan Geyeri tractatus de cantharidibus. *Lips.* 1687, in-4. fig.

1813 Divers oiseaux dessinés et gravés d'après le naturel, par N. Robert. in-fol.

1814 Hist. natur. des oiseaux, avec 306 estampes dessinées et gravées par Eleazar Albin, avec des notes et remarq. par W. Derham. *La Haye*, 1750, 3 vol. in-4. br.

1815 Hist. natur. d'oiseaux peu communs et d'autres animaux rares et qui n'ont pas été décrits, par George Edward. *Londr.* 1751, 4 tom. 2 vol. in 4. fig. enlum.

1816 Jac. Theod. Klein stemmata avium, germanicè et lat. *Lips.* 1759, in-4. fig. br.

1817 Ornithologie, par Brisson, en lat. et en fr. *Par.* 1760, 6 tom. 7 vol. in 4. gr. pap. fig. v. fil.

1818 Hist. naturelle des oiseaux, par Buffon et Guenaud, avec figures enluminées. *Par.* Imp. Roy. 1771, 10 tom. 15 vol. in-fol. gr. pap.

1819 Hist. des oiseaux qui habitent le globe, trad. du lat. de Jonston. *Par.* 1773, in fol.

1820 Uova e nidi degli uccelli, ed osserv. sopra le cavallette, da Guil. Zinanni. *Venet.* 1737, in-4. fig.

1821 Jac. Theod. Klein ova avium, germ. et lat. *Lipsiæ*, 1766, in-4. fig. enlum. br.

1822 Traité du rossignol. *Par.* 1697, in-12.

1823 Traité du rossignol franc ou chanteur. *Par.* 1751, in-12. fig.

1824 Traité des serins de Canarie, par Hervieux. *Paris*, 1723, in-12. fig.

1825 — Le même. *Par.* 1745, in-12. fig.

1826 Art de faire éclore et d'élever, en toute saison, des oiseaux domestiques de toutes espèces, soit par la chaleur du fumier, soit par celle du feu ordinaire, par Réaumur. *Par.* 1749, 2 vol. in-12. fig.

1827 — Le même. *Par.* 1751, 2 vol. in-12. v. d. s. tr.

1828 Pratique du même art, par le même. *Par.* 1751, in-12. fig. v. d. s. tr.

1829 Traité économique et physique des oiseaux de basse-cour. *Par.* 1775, in-12.

1830 Précis sur la manière d'élever les faisans et les perdreaux. *Par.* 1772, in-12. br.

1831 A treatise on domestic pigeons. *London.* 1765, in-8. fig.

1832 Mart. Schockius de ciconiis. *Amst.* 1661, in-12.

1833 Aviceptologie françoise, ou traité de toutes les ruses dont on peut se servir pour prendre les oiseaux, qui se trouvent en France. *Par.* 1778, in-12. fig.

1834 Traité de la pipée. *Par.* 1743, in-12. fig.

Histoire naturelle des Poissons.

1835 Hist. natur. des poissons marins, et descr. du dauphin et de plusieurs autres de son espèce, par P. Belon. *Par.* 1551, in-4. fig.

1836 Hippol. Salviani aquatilium animalium historia. *Romæ*, 1554, in-fol. fig. mar.

1837 Hist. des poissons, par Guill. Rondelet, trad. en franç. *Lyon*, 1558, in-4. fig

1838 Fr. Willughbeii hist. piscium, recognovit et supplevit Joh. Raius. *Oxon.* 1686, in-fol. fig. v. f.

1839 Georg. Everh. Rumphii thesaurus imaginum piscium, testaceorum, cochlearum, conchyliorum, et mineralium. *Lugd. Bat.* 1711, in fol. fig. v. fil.

1840 Petri Artedi ichthyologia, edente Car. Linnæo. *Lugd. Bat.* 1738, in-8.

1841 Jac. Theod. Klein hist. piscium naturalis. *Gedani*, 1750 *et seq.* 5 cahiers, 1 vol. in-4. fig. br.

1842 Huit poissons grav. par Eleazar Albin. in-4. obl. br.

1843 Museum ichthyologicum, seu piscium qui in museo Laur. Theod. Gronovii adservantur, descriptiones. *Lugd. Bat.* 1754, 2 vol. in-fol. fig.

1844 Jac. Christiani Schæffer de studii ichthyologici faciliori ac tutiori methodo. *Ratisb.* 1760, in-4. fig. enl.

1845 P. M. Augusti Broussonet ichtyologia, seu piscium descriptiones et icones. *Lond.* in-4. c. m. br.

1846 J. Bapt. Bohadsch de quibusdam animalibus marinis. *Dresdæ*, 1761, in-4. fig.

1847 Hist. des poissons en lat. et en fr. par Ant. Gouan. *Strasb.* 1770, in-4. fig.

Histoire naturelle des Insectes.

1848 Insectorum theatrum, olim ab Ed. Woltono, Conr. Gesnero, Thoma Pennio inchoatum, tandem Thom. Moufeti opera perfectum. *Lond.* 1634, in-fol. fig.

1849 Jo. Swammerdamii biblia naturæ, sive hist. insectorum, batavicè et lat. edente Hier. Davide Gaubio, cum Præfat. Herm. Boerhaave. *Leydæ*, 1737, 2 vol. in fol. fig.

1850 Hist. des insectes, par J. Swammerdam. *Utrecht*, 1682, in-4. fig.

1851 Joan. Goedartius de insectis, edente Lister, cum hist. animalium Angliæ. *Lond.* 1685, in-8. fig.

1852 — La même hist. natur. des insectes selon leurs différ. métamorphoses, trad. en franç. *La Haye*, 3 vol. in-8. fig.

1853 Mém. pour servir à l'hist. des insectes, par de Réaumur. *Par.* Impr. Roy. 1734 *et suiv.* 6 v. in-4. fig.

1854 Hist. des insectes, par Auguste-Jean Rosel, en allem. avec fig. enlum. *Nuremberg*, 1746 *et suiv.* 5 v. in-4. br.

1854 *bis.* Dissertations sur différens insectes, par Schæffer, en allemand et en latin, avec fig. enlum. *Ratisb.* 1752 *et suiv.* 2 vol. in-4. br.

1855 Hist. abr. des insectes, par Geoffroy. *Par.* 1764, 2 vol. in-4. fig.

1856 Fauna insectorum Fridrichsdalina. *Hafniæ*, 1764, in-8.

1857 Hist. d'un insecte qui dévore les grains de l'Angoumois, par Duhamel du Monceau et Tillet. *Paris*, 1762, in-12. fig.

1858 Mémoire sur un insecte qui dévore les grains dans l'Angoumois, une partie du Poitou et presque toute la Saintonge, et secret pour détruire les taupes dans les champs, prairies et jardins. *Par.* 1763, in-4. br.

1859 Hist. des insectes et animaux nuisibles à l'homme, aux bestiaux, à l'agriculture et au jardinage, et moyens de les détruire, par Buc'hoz. *Par.* 1781, 2 tom. 1 vol. in-12.

1860 — La même. *Par.* 1786, in-12.

1861 Hist. des insectes utiles à l'homme, aux animaux et aux arts, par le même. *Par.* 1785, in-12.

1862 Observ. sur la structure des yeux de divers insectes, et sur la trompe des papillons, par Puget. *Lyon*, 1706, in-8. fig.

1863 Mart. Lister tractatus de araneis, de cochleis, de cochleis marinis Angliæ et de lapidibus ejusdem insulæ ad cochlearum quamdam imaginem figuratis. *Lond.* 1678, in-4. fig.

1864 Dissert. sur l'araignée, par Bon. *Par.* 1710, in-8.

1865 Hist. ascaridum, à Van-Phelsum. *Leovard.* 1762, in-8. fig.

1866 Traité des mouches à miel. — Méthode d'élever, nourrir et guérir toutes sortes d'oiseaux de ramage. = Traité des chasses, de la vénerie et fauconnerie. *Grenoble*, 1692, in-12.

1867 Traité des abeilles, ou manière de les bien gouverner et en tirer du profit, avec une dissertation sur leur génération. *Par.* 1720, in-12.

1868 République des abeilles, et moyens d'en tirer une grande utilité, par J. Simon. *Par.* 1758, in-12. fig.

1869 Nouv. construction de ruches de bois, avec la façon d'y gouverner les abeilles, par Palteau, et histoire naturelle de ces insectes. *Metz*, 1756, in-8. fig.

1870 Mém. sur la manière de gouverner les abeilles dans les nouvelles ruches de bois, par de Massac. *Par.* 1766, in-12. br.

1871 Traité économique sur les abeilles. *Besançon*, 1763, in-12.

1872 Traité économique sur les abeilles, par J. Jacq. Lapoutre. Mss. in-4. br.

1873 Method of managing bees, by Step. White. *London*, 1764. — The art of making wines from fruits, flowers, and herbs, all the native growth of Great Britain, by Will. Graham. *Lond.* — A practical treatrise of cultivating lucerni, by Barth. Rocque. *Lond.* 1761. — An essay upon œconomy, by Edw. Watkinson. *Lond.* 1763. — The origin and production of proliferous flowers, with the culture, by J. Hill. *Lond.* 1759, in-8. fig. br.

1874 Nouveau traité des abeilles et nouvelles ruches de paille, par de Boisjugan. *Caen*, 1771, in-8. br.

1875 Mémoire sur les abeilles; manière de construire les ruches en paille et de gouverner les abeilles, par Bienaymé. *Par.* 1780, in-8. fig. br.

1876 Traité de l'éducat. écon. des abeilles et leur histoire naturelle, par Ducarne de Blangy. *Par.* 1771, 2 tom. 1 vol. in-12. fig. br.

1877 Culture des abeilles, ou méthode pour tirer meilleur parti des abeilles, par une const. de ruches mieux assorties à leur instinct, avec une dissertation sur l'origine de la cire, par Duchet. *Vevey*, 1771, in-8. br.

1878 Guide complet pour le gouvernement des abeilles pendant toute l'année, par Dan. Wildman, trad. de l'angl. par Schwartz. *Par.* 1774, in-8. br.

1879 Hist. des charençons et moyens pour les détruire et empêcher leurs dégâts dans le bled. *Avign.* 1768, in-12. br.

1880 Erucarum ortus, alimentum et paradoxa metamorphosis, per Mar. Sibillam Merian. *Amst.* in-4. fig.

1881 Traité anatomique de la chenille qui ronge le bois de saule, par P. Lyonet. *La Haye*, 1760, in-4. gr. pap. fig. v. fil.

1882 Hist. natur. de la cochenille, en holland. et en franc. *Amst.* 1729, in-8. fig.

1883 Jo. Phil. Breynii hist. naturalis cocci radicum tinctorii, quod Polonicum vulgo audit. *Gedani*, 1731. — Carol. Aug a Bergen epistola de achimilla supina ejusque coccis. *Francofurti*, 1748, in-4. fig. enlum. br.

1884 Mém. pour servir à l'hist. d'un genre de polypes d'eau douce à bras en forme de cornes, par A. Trembley. *Leide*, 1744, in-4. fig. v. fil.

1885 — Le même. *Par.* 1744, 2 vol. in 8. fig.

1886 Essai sur l'hist. nat. du polype insecte, par Henry Baker, trad. par P. Demours. *Par.* 1744, in-8. v. fil.

1887 Wolferdi Senguerdii tractatus de tarentula. *Lugd. Bat.* 1668, in-12.

1888 Dissert. sur le tænia ou ver plat, par Ch. Dionis. *Par.* 1749, in-12.

1889 Hist. natur. des vers, par Brugniere (extr. de l'encycl. méthod.) *Par.* 1789, in-4. mar.

1890 Structure du ver à soie et de la formation du poulet dans l'œuf, trad. de Marcel Malpighi. *Paris*, 1686, in-12. fig.

1891 Précis sur l'éducation des vers à soie. *Tours*, 1763, in-8. br.

1892 Trois mém. sur l'éducation des vers à soie; culture des mûriers; observ. sur le miel, par Boissier de Sauvages. *Nismes*, 1763, in-8.

1893 Mém. sur la manière d'élever les vers à soie et sur la culture du mûrier blanc, par M. T. *Par.* 1767, in-12.

1894 Mém. ou manuel sur l'éducation des vers à soie, par Rigaud. *Grenoble*, 1767, in-8. br.

1895 Rech. sur les vers à tuyau qui infestent les vaisseaux, les digues, etc. par P. Massuet. *Amst.* 1733, in-12.

Histoire naturelle des Coquillages et Pétrifications.

1896 Phil. Bonanni recreatio mentis et oculi in observatione animalium testaceorum. *Romæ*, 1684, in-4. fig.

1897 Mart. Lister hist. conchyliorum. *Lond.* 1685, in-fol. fig. v. d. s. tr.

1898 Car. Nic. Langii testacea marina methodus. *Lucernæ*, 1722, in-4.

1899 Jan. Plancus de conchis minus notis, et specimen æstus reciproci maris superi ad littus portumque Arimini. *Venetiis*, 1739, in-4. fig.

1900 Index testarum, et conchyliorum quæ adservantur in museo Nic. Gualtieri. *Flor.* 1742, in-fol. v. fil.

1901 Conchyliologie, par d'Argenville. *Par.* 1757, in-4. fig. enlum. mar. doub. de tab.

1902 Collect. de coquilles et autres corps qui sont à trouver dans la mer, par George Guelphe Knorr. *Nuremb.* 1757, in-4. fig. enlum. br.

1903 XIX estampes de coquilles dessinées et grav. par Th. Reboul. in-4. br.

1904 Car. Aug. de Bergen classes conchyliorum. *Norimbergæ*, 1760, in-4.

1905 Conchyliologie. *Par.* 1767, in-12.

1906 Mart. Lister exercitatio de buccinis fluviatilibus et marinis, et de variolis. *Lond.* 1695, in-8. fig.

1907 Jo. Henr. Linckius de stellis marinis, disposuit et illustravit Christianus Gabr. Fischer : accedunt Edw. Luidii, de Reaumur, et Dav. Kade hujus argumenti opuscula. *Lips.* 1733, in-fol. fig.

1908 Joh. Jac. Harderi, examen anatomicum cochleæ terrestris domiportæ, etc. et explicatio naturæ humorum nutritioni et generationi dicatorum. *Basil.* 1679. — Ant. Felicis de ovis cochlearum epistola, et Joh. Jac. Harderi epistolæ de partibus genitalibus cochlearum, et generatione insectorum ex ovo. *Aug. Vind.* 1684, in-12.

1909 — Eadem de ovis cochlearum epistola. *Aug. Vind.* 1684, in-12.

1910 Joan. Phil. Breynii dissertat. physica de polythalamiis, nova testaceorum classe et de belemnitis Prussicis, et schediasma de echinis methodicè disponendis. *Gedani*, 1732, in 4. fig. v. fil.

1911 Fab. Columnæ opusculum de purpura, cum annotat. Jo. Dan. Majoris. *Kiliæ*, 1675, in-4. fig.

1912 Traité des pétrifications, par Louis Bourguet. *Par.* 1742, in-4. fig.

1913 Joh. Dan. Majoris dissertat. de cancris et serpentibus petrefactis, et Phil. Jac. Sachs de miranda lapidum natura. *Jenæ*, 1664, in-12.

1914 Lettres philos. sur la formation des sels et des cristaux, et sur la générat. et le méchanisme organique des plantes et des animaux, à l'occasion de la pierre belemnite et de la pierre lenticulaire ; Mém. sur la théorie de la terre, par Bourguet. *Amst.* 1729, in-12.

1915 Descript. tubulorum marinorum, et belemnitarum, et dissertat. de pilis marinis. *Gedani*, 1731, in-4. fig. br.

1916 Augustin. Scilla de corporibus marinis lapidescentibus quæ defossa reperiuntur, cum dissertat. Fabii Columnæ de glossopetris. *Romæ*, 1752, in-4. fig.

1917 Kiliani Stobaei opera, in quibus petrefactorum numismatum et antiquitatum hist. illustratur. *Dantisci*, 1753, in-4. fig.

1918 Joh. Gesneri tractatus physicus de petrificatis. *Lugd. Bat.* 1758, in-8.

1919 Recherches et observ. sur la nature du corail blanc et rouge de Dioscoride, et sur la sangsue qui se trouve attachée au poisson xiphias, avec son anatomie, par Boccone. *Par.* 1671, in-12. fig.

1920 Dissertat. sur le corail; projet de prix à Marseille sur l'hist. natur. de la mer; observ. sur les courans de la mer. 1756, in-12.

Histoire naturelle des Monstres, Prodiges, etc.

1921 Julius Obsequens de prodigiis, cum annotat. Jo. Schefferi: accedunt Conr. Lycosthenis supplem. Obsequentis. *Amst.* 1679, in-8.

1922 — Le même, trad. par George de la Bouthiere. *Lyon*, 1555, in-8. mar.

1923 Capitulaire auquel il est traité qu'un homme naissant sans testicules apparens, et qui a néanmoins toutes les autres marques de virilité, est capable des œuvres de mariage, par Sebast. Rouillard. *Par.* 1600, in-8.

1924 Casp. Bauhinus de hermaphroditorum monstrosorumque partuum natura. *Oppenh.* 1600, in-8. fig.

1925 Recueil de mémoires concernant les hermaphrodites, par Morand, Gauthier, Hoin, etc. in-4. fig. br.

Secrets pour la conservation des Curiosités d'Histoire Naturelle.

1926 Mém. sur la manière de rassembler, préparer, conserver et envoyer les diverses curiosités d'hist. natur. et sur le transport par mer, des arbres, plantes, semences, etc. *Lyon*, 1758, in-8. fig.

1927 Le Voyageur naturaliste, ou Instr. sur les moyens de ramasser les objets d'hist. natur. et de les bien conserver, par John Coakley Lettson; art de calmer les flots de la mer. *Par.* 1775, in-12.

1928 Traité sur la manière d'empailler et de conserver les animaux, les pelleteries et les laines, par Manesse. *Par.* 1787, in-12. br.

Collections et Cabinets de Curiosités de la nature et de l'art, publics et particuliers.

1929 Descript. du Cabinet d'hist. naturelle de Dresde. *Dresde*, 1755, in-4. gr. pap. fig.

1930 Rariora musæi Henr. Fuiren quæ Academ. Hafniensi legavit, à Th. Fuiren descripta. *Hafniæ*, 1663, in-4.

1931 Musæum regium Hafniæ, seu catalogus rerum tam naturalium quam artificialium quæ ibi asservantur, descriptus ab Oligero Jacobæo. *Hafniæ*, 1676, in-fol. fig.

1932 Musæum Adolphi Friderici regis Suecorum in quo animalia, aves, amphibia, pisces, insecta, vermes describuntur lat. et suecicè, à Car. Linnæo. *Holmiæ*, 1754, in-fol. fig. br.

1933 Catalogue des curiosités du cabinet d'Angran de Fonspertuis, par F. F. Gersaint. *Paris*, 1747, in-12. avec prix.

1934 Jo. Henr. Lochneri rariora musei Besleriani, quæ olim Bas. et Mich. Rupertus Besleri collegerunt, edente Mich. Frid. Lochnero. 1726, in-fol. fig.

1935 Catalogue du cabinet d'hist. nat. de M. Bomare de Valmont. 1758, in-12.

1936 Catalogue des curiosités du cabinet de Bonnier de la Mosson, par E. F. Gersaint. *Par.* 1744, in-12.

1937 Catalogue des curiosités du cabinet de Boucher, Peintre du Roi. *Par.* 1771, in-12. br.

1938 Musæum Brackenhofferianum delineatum à Joh. Joach. Brackenhoffero. *Argentor.* 1677, in-4.

1939 Bened. Ceruti musæum Franc. Calceolarii. *Veronæ*, 1622, in-fol. fig.

1940 Catalogue des curiosités du cabinet de Davila. *Par.* 1767, 3 vol. in-8. fig. br.

1941 Catalogue des curiosités du cabinet de Mad. Dubois-Jourdain. *Par.* 1766, in-12. br.

1942 Descr. du cabin. de Grollier de Serviere. *Lyon*, 1719, in-4. fig.

1943 Catalogue du cabinet de la Roque, par E. F. Gersaint, avec les prix. *Par.* 1745, in-12.

1944 Musei Petiveriani rariora naturæ, digesta et nominibus propriis signata, à Jac. Petiver. *Lond.* 1695, in-8. fig. br.

1945 Catalogue des curiosités du cabinet de Quentin de Lorangere, par E. F. Gersaint. *Par.* 1744, in-12.

1946 Musæum Richterianum, ceu Jo. Christoph. Richter, germanicè et lat. continens fossilia, animalia, vegetabilia mar. illustrata iconibus et comment. Jo. Ernesti Hebenstreitii, accedit de gemmis scalptis antiquis liber. *Lips.* 1743, in-fol. fig. v. fil.

1947 Descrip. méthod. d'une collection de minéraux du cabinet de Romé de Lisle. *Par.* 1773, in-8.

1948 Musæum Septalianum Manfredi Septalæ labore constructum, à Paulo Mar. Terzago descriptum. *Tortonæ*, 1664, in-4.

1949 =Il medesimo, trad. in Ital. da P. Fr. Scarabelli. *Tortonæ*, 1666, in-4.

1950 Catalogus musei Joh. Jac. Swammerdammii. 1679, in-12.

1951 Musæum Tessianum, opera Car. Gust. Tessin. collectum. *Holmiæ*, 1753, in-fol. fig. v. fil.

1952 Musæum Tradescantianum. *Lond.* 1656, in-12.

1953 Elenchus tabularum pinacothecarum atque nonnullorum cimeliorum in gazophylacio Levini Vincent. *Harlemi*, 1719, in-4.

1954 Musæum Wormianum, seu hist. rerum rariorum tam naturalium quam artificialium, quæ Hafniæ in ædibus authoris servantur, ab Olao Worm. *Lugd. Bat.* 1655, in-fol. fig. v. fil.

1955 Catalogue raisonné des coquilles et autres curiosités naturelles, par Gersaint. *Paris*, 1736. — Collect. de curiosités de différ. genres, par le même *Paris*, 1737, in-12. fig.

1956 Catalogues de curiosités, Julienne, 1767. = Mariette, 1775. — Tallard, 1756. — Fleury, 1756. — Coypel, 1753. = Différens autres. 4 vol. in-8. et in-12.

1957 Catalogue d'une collection de minéraux, cristallisat. madrépores, coquilles et autres curiosités. *Par.* 1769, in-8.

MÉDECINE.

Histoire et Traités généraux.

1958 Hist. de la médecine, depuis la fin du deuxième siècle jusqu'au milieu du dix-septième, par Dan le Clerc. *La Haye*, 1729, in-4.

1959 Hist. de la médecine, depuis Galien jusqu'au seizieme siecle, trad. de l'angl. de J. Freind. *Par.* 1728, in-4.

1960 Dict. hist. de la médecine, par Eloy. *Liege*, 1755, 2 vol. in-8.

1961 Anecdotes de médecine, par du Monchaux. *Lille*, 1766, in 12.

1962 Anecdotes hist. littér. et critiques sur la médecine, la chirurgie et la pharmacie. *Par.* 1789, 2 vol. in-12. br.

1963 Notice des hommes les plus célèbres de la faculté de médecine de Paris, depuis 1110 jusqu'à 1750, par Jacq. Albert Hazon. *Par.* 1778, in-4.

1964 Dict. fr. lat. des termes de médecine et de chirurgie, par Elie Col-de-Vilars. *Par.* 1760, in-12.

1965 Dict. médicinal. *Par.* 1763, in-12.

1966 Dict. portatif de médecine, par J. Fr. Lavoisien. *Par.* 1771, in-8.

1967 Bibliothèque choisie de médecine, par Planque. *Par.* 1748 *et suiv.* 7 vol. in-4.

1968 Trad. des statuts de la faculté de médecine, par Michel Bermingham. *Par.* 1754, in-12. br.

1969 Quæstionum medicarum quæ circa medicinæ et theoriam et praxim, antè duo sæcula, in scholis fac. medicinæ Par. agitatæ sunt et discussæ, series chronologica. *Par.* 1752, in-4.

1970 Pauli Jos. Barthès theses medicæ. *Monspel.* 1761, 2 vol. in-4. mar.

1971 Mém. sur divers sujets de médecine, par le Camus. *Par.* 1760, in 12.

1972 Recueil de pièces de médecine et de physique, trad. de Cocchi. *Par.* 1763, in-12.

1973 Commentarii de rebus in scientia naturali et medicina gestis, cum supplem. *Lips.* 1752 *et suiv.* 16 vol. in-8.

1974 Journal de médecine, depuis juillet 1754 jusqu'en 1776, 1785 à 1787, 1791 à 1793. *Par.* 1754 *et suiv.* 56 vol. in-8. *manq. plusieurs mois dans les années* 1774 *à* 1776, 1792 *et* 1793.

1975 Gazette d'Epidaure, ou recueil hebdomadaire de nouvelles de médecine, années 1761 et 1762. 2 vol. in 8. br.

1976 Recueil de mémoires dans des procès concernant la médecine. in-4. br.

Médecins anciens et modernes.

1977 Hippocratis opera omnia, gr. et lat. edente Joan. Antonida Vander Linden. *Lugd. Bat.* 1665, 2 vol. in-8.

1978 Œuvres du même, trad. par Dacier. *Par.* 1697, 2 vol. in-12.

1979 Discours sur les épidémiques du même, trad. par Desmars. *Par.* 1763. — Méthode du traitement des maladies épidémiques de la génér. de Paris, par Boyer. *Par.* 1761. — Relat. d'une maladie épidémique et contagieuse qui a regné, en 1757, sur des animaux de différ. espèces dans la Brie, par Audouin de Chaignebrun. 1762. — Lettre sur la mortalité des chiens, en 1763, par Desmars. in-12. br.

1980 Epidémiques d'Hyppocrate, trad. par Desmars. *Par.* 1767, in-12.

1981 Hippocrate dépaïsé, ou version de ses aphorismes en vers franç. par L. de Fonteneltes. *Par.* 1654, in-4.

1982 Trad. des ouvrages d'Aur. Corn. Celse, sur la médecine, par Ninnin. 1753, 2 vol. in-12.

1983 Commentaire (en vers) sur l'école de Salerne, et différences et causes des urines, par J. Dufour de la Crespellière. *Par.* 1674, in-12.

1984 Œuvres de J. B. Van-Helmont, traitant des principes de médecine et physique pour la guérison des maladies, trad. par Jean le Comte. *Lyon*, 1671, in-4.

1985 Jacobi le Mortii fundamenta theoriæ medicæ. *Lugd. Bat.* 1700, in-12.

1986 Médecine statique de Sanctorius. *Par.* 1720, in-16.

1987 Ejusdem de medicina statica aphorismi, commentaria notasque addidit A. C. Lorry. *Par.* 1770, in-12. v. d. s. tr.

1988 Georg. Ernesti Stahl ars sanandi cum expectatione, opposita arti curandi nuda expectatione. *Offenbaci ad Mænum*, 1730, in-12.

1989 Opere fisico-mediche di Antonio Vallisnieri, raccolte da Ant. suo figliuolo. *Venez.* 1733, in-fol. fig. v. fil.

1990 Herm. Boerhaave institut. medicæ. *Par.* 1747, in-12.

1991 Aphorismes du même sur la connoissance et la cure des maladies. *Rennes*, 1738, in-8.

1992 Comment. des aphorismes du même, par Van-Swieten, trad. par Moublet. *Avign.* 1766, 2 vol. in-12.

1993 Georg. Ernesti Stahlii ætiologia physiologico-chymica. *Halæ Magdeb.* 1740, in-4.

1994 Œconomie animale, par Quesnay. *Par.* 1747, 3 v. in-12.

1995 Dissert. sur les maladies héréditaires, et observ. sur les effets du virus cancereux, par Louis. *Par.* 1749, in-12.

1996 Rich. Mead opera, interpretatus est A. C. Lorry. *Par.* 1751, in-8. fig.

1997 Politique du Médecin, trad. de Fr. Hoffmann, par Jacq. Jean Bruhier. *Par.* 1751, in-12. v. d. s. tr.

1998 Médecine expérimentale, par Thierry. *Par.* 1755, tom. 1er in-12.

1999 Ant. de Haen ratio Medendi in nosocomio practico. *Parisiis*, 1761, in-12. tom. 1, v. fil. d. s. tr.

2000 Précis de la médecine pratique, par Lieutaud. *Par.* 1761, in-8.

2001 Tableau des maladies, par Lommius, trad. par le Mascrier. *Par.* 1765, in-12.

2002 Essai sur la conformité de la médecine anc. et moderne dans le traitement des maladies aigues, trad. de Barker, par Lorry. *Par.* 1768, in-12.

2003 La nature opprimée par la médecine moderne, par Touss. Guindant. *Par.* 1768, in-12.

2004 Art de se traiter et de se guérir soi-même dans toutes les maladies, par Dan. Langhans. *Par.* 1768, 2 vol. in-12.

2005 Œuvres de Tissot. *Laus.* 1775, 7 vol. in-12. br.

2006 Avis au Peuple sur sa santé, par le même. *Paris*, 1770, 2 tom. 1 vol. in-12.

2007 Les chef-d'œuvres de Sauvages; la nourrice marâtre de Linné. *Lyon*, 1770, 2 vol. in-12.

2008 Médecine pratique de Sydenham, trad. par A. F. Jault. *Par.* 1774, in-8.

2009 Rech. sur les maladies chroniques, par Bordew. *Par.* 1775, tom. 1. — Eloge de Théoph. Bordew, par J. S. Gardane. 1777, in-8.

2010 Médecine domestique, par Guill. Buchan, trad. par J. D. Duplanil. *Paris*, 1783, 5 vol. in 8.

2011 Mém. sur les secrets en médecine. 1785, in-4. br.

Maladies et Médecine des différens Pays.

2012 T. Tronchin, de colica Pictonum, et examen de cet Ouvrage. *Genevæ*, 1757, 2 vol. in-8.

2013 Observ. sur la colique de Poitou, ou des peintres, par Combalusier. *Par.* 1761, in-12. v. d. s. tr.

2014 Mém. sur l'épidémie qui a régné en 1784 et 1785 dans le bas Poitou, par Pallu, publié par J. G. Gallot. *Poitiers*, 1787, in-4. br.

2015 Traité des maladies les plus fréquentes à Surinam et de leurs remèdes; dissert. sur le crapaud nommé pipa, et sur sa génération, par Phil. Fermin. *Amst.* 1765, in-12. br.

2016 Rapport de la société de médecine sur le mal rouge de Cayenne, ou Eléphantiasis. *Par.* 1785, in-8. br.

2017 Hist. de l'Eléphantiasis, du Scorbut, du feu S. Antoine et de la vérole, par Raymond. *Laus.* 1767, in-12.

2018 Lettres à M. de Jean sur les maladies et les plantes de S. Domingue, sur le remora et les halcyons, par Chevalier. *Par.* 1752, in-8. v. fil.

2019 Hist. des maladies, et traité ou abrégé des plantes usuelles de S. Domingue, par Pouppé Desportes. *Par.* 1770, 3 vol. in-12. v. éc. fil.

2020 Codex medicamentarius, seu pharmacopœa Parisiensis. *Par.* 1758, in-4. v. fil.

2021 Disc. sur les propriétés et l'usage de l'eau vulnéraire de Comere, de Montpellier, par P. Duchars. *Par.* 1774, in-8. v. d. s. tr.

2022 Médecine pratiq. de Londres, trad. par J. Fr. de Villiers. *Par.* 1778, in-8.

2023 Pharmacopée du collège des Médecins de Londres, trad. de l'angl. de H. Pemberton. *Par.* 1761 et 1771, 2 vol. in-4.

2024 Prosperi Alpini medicina Ægyptiorum, liber de Balsamo et Rhapontico, et Jac. Bontii medicina Indorum. *Lugd. Bat.* 1745, in-4. fig.

2025 Guill. Piso de medicina Brasiliensi, et Georg. Marcgravii de Liebstad hist. rerum natur. Brasiliæ, cum appendice de Tapuyis et Chilensibus: Jo. de Laet in ordinem digessit, et annotat. addidit. *Lugd. Bat.* 1648, in-fol. fig.

MÉDECINE.

Traités de Physiologie.

2026 Elém. de physiologie, par Haller. *Par.* 1752, in-8.

2027 Elém. de physiologie. *Par.* 1756, in-12.

2028 Essais physiologiques, par Rob. Whytt, trad. par Thebault. *Par.* 1759, in-12.

2029 Dissert. sur le mécanisme et les usages de la respiration et sur ce qu'il convient de faire pour diminuer le lait des femmes, par David. *Par.* 1766, in-12.

2030 Traité de la communication des maladies et des passions, par Moreau. *La Haye*, 1738, in-12.

2031 Génération de l'homme, ou tableau de l'amour conjugal considér. dans l'état de mariage, par Nicolas Venette. *Par.* 1751, 2 vol. in-12. fig. pap. double, v. d. sur tr.

2032 L'homme, et traité de la format. du fœtus, par René Descartes, avec les remarq. de L. de Laforge. *Par.* 1664, in-4. fig.

2033 Mém. de Haller sur la formation du cœur dans le poulet, sur l'œil, sur la structure du jaune, etc. *Laus.* 1758, 2 vol. in-12.

2034 Venus physique, par Maupertuis. 1751, in-12.

2035 Amilec, ou la graine des hommes. 1753, in-12.

2036 Art de faire les garçons. *Montpell.* 1755, in-12.

2037 Maniere de perfectionner l'espèce humaine, par Vandermonde. *Par.* 1756, 2 vol. in-12.

2038 De l'homme et de la reproduction des différ. individus, par Panckoucke. *Par.* 1761, in-12.

2039 Gamologie, ou de l'éducation des filles destinées au mariage, par de Cerfvol. *Par.* 1772, 2 vol. in-12. br.

2040 Lettres sur le pouvoir de l'imagination des femmes enceintes. *Par.* 1745, in-12. v. d. s. tr.

2041 Lucina sine concubitu, et concubitus sine lucina, trad. d'Abr. Johnson. 1750, in-8.

2042 Recueil de pièces sur les naissances tardives. 1765 *et suiv.* 3 vol. in-8.

2043 Lettres et observ. sur la vue des enfans naissans, par Desmonceaux. 1775, in-8.

2044 Traïté sur la nutrition, par Durade. *Par.* 1767, in-12.

2045 Essai pour servir à l'hist. de la putréfaction. *Par.* 1766, in-8.

2046 Essais sur la putréfaction des humeurs animales, sur la suppuration et sur la croûte inflammatoire, et dissert. sur la salive, par J. J. Gardane. *Par.* 1769, in-12.

2047 Hist. natur. de l'homme malade, par Clerc. *Par.* 1767, 2 vol. in-8.

2048 La vie de l'homme respectée et défendue dans ses derniers momens, par Thierry. *Par.* 1787, in-8.

2049 Dissert. sur l'incertitude des signes de la mort, et l'abus des enterremens précipités, par Jacq. Jean Bruhier. *Par.* 1749, 2 vol. in 12.

2050 Lettres sur la certitude des signes de la mort, par Louis. *Par.* 1752, in-12.

Traités diététiques et hygiastiques.

2051 De la santé, par Jacquin. *Par.* 1762, in-12.

2052 Le conservateur de la santé, par le Begue de Presle. *Par.* 1763, in-12.

2053 Hygieine, sive ars sanitatem conservandi, poema à Steph. Lud. Geoffroy. *Par.* 1771, in-4.

2054 — Le même, trad. par de Launay. *Paris*, 1774, in-4. br.

2055 Dict. portatif de santé. *Par.* 1761, 3 vol. in-8.

2056 Hist. des personnes qui ont vécu plusieurs siècles et qui ont rajeuni, tirée d'Arnauld de Villeneuve, par de Longeville Harcouet. *Par.* 1715, in-12.

2057 Moyens les plus propres à conserver la santé des gens de mer, par Lind. *Par.* 1758, in-12. br.

2058 Moyens de conserver la santé aux équipages des vaisseaux, avec la maniere de purifier l'air des salles des hôpitaux, par Duhamel du Monceau. *Par.* 1759, in-12. fig.

2059 Observ. sur la sobriété, par l'Ab. de St Pierre. *Par.* 1725, in-12.

2060 Essai sur les alimens, par Lorry. *Par.* 1754, 2 vol. in-12.

2061 Traité des alimens, par Louis Lemery, revu par Jacq. J. Bruhier. *Par.* 1755, 2 vol. in-12. v. d. s. tr.

2062 Essais d'expériences sur la fermentat. des mêlanges alimentaires; sur l'air fixe; sur les anti-septiques; sur le scorbut; sur la chaux vive, trad. de Dav. Macbride, par Abbadie. *Par.* 1766, in-12. fig.

2063 Dict. des alimens, vins et liqueurs. *Par.* 1750, 3 vol. in-12.

2064 Soupers de la cour, par Menon. *Par.* 1755, 4 v. in-12.

2065 Cuisinier françois, par de la Varenne. *Par.* 1659, in-8.

2066 Mart. Schoockius de cervisia. *Groningæ*, 1661, in-12. mar.

2067 Jo. Henr. Meibomius de cervisiis, potibusque et ebriaminibus extra vinum aliis commentarius; accedit Adr. Turnebi libellus de vino. *Helmstadii*, 1668. — Henr. Meibomius de vasis palpebrarum. *Helmstadii*, 1666, in-4. mar.

2068 Le bon usage du thé, du café et du chocolat, par de Blégny. *Par.* 1687, in-12.

2069 Parfait limonadier, pour préparer le thé, le café, le chocolat et les liqueurs, par P. Masson. *Par.* 1774, in-12.

2070 Mart. Schoockii tractatus de butyro et de aversatione casei. *Groningæ*, 1664, in-12.

Maladies et affections du corps humain.

2071 Nic. Piso de cognoscendis et curandis præcipue internis humani corporis morbis, et de febribus, edente Herm. Boerhaave. *Lugd. Bat.* 1736, in-4.

2072 H. D. Gaubii institutiones pathologicæ. *Leidæ Batav.* 1758, in-8.

2073 Dissert. sur les anti-septiques, par Boissieu, Bordenave et Godart. *Dijon*, 1769, in-8.

2074 Observat. sur les maladies des armées, par Pringle, trad. par M. Larcher. *Par.* 1771, 2 vol. in-12.

2075 Avis aux gens de la campagne sur leurs maladies, par Didelot. *Par.* 1772, in-12.

2076 Théorie nouv. sur les maladies cancereuses, nerveuses et autres affections du même genre, par J. M. Gamet. *Par.* 1772, in-8.

2077 Rech. sur les maladies chroniques, sur les hydropisies et sur les moyens de les guérir, par Bacher. *Par.* 1776, in-8. v. éc. d. s. tr.

2078 Naturalisme des convulsions dans les maladies de l'épidémie convulsionnaire, par Hecquet. *Soleure*, 1793, in-12.

2079 Medicina mentis et corporis. *Lipsiæ*, 1695, in-4.

2080 Médecine de l'esprit, par Ant. Le Camus. *Paris*, 1753, 2 vol. in-12. v. d. s. tr.

2081 Essai sur les fièvres, les maux de gorge et la colique de Devonshire, par Jean Huxam. *Par.* 1765, in-12.

2082 Descr. des maux de gorge épidémiques et gangreneux, par P. Ant. Marteau de Grandvilliers. *Par.* 1768, in-12.

2083 Traité des maladies des gens de mer, par Poissonnier Desperrieres. *Par.* 1767, in-8. fig. v. d. s. tr.

2084 Expér. et observ. sur la cause de la mort des noyés, par Champeaux et Faissole. *Lyon*, 1768, in-8.

2085 Traité de la peste, par Hecquet. *Par.* 1722, in-12.

2086 Traité de la peste, par Fr. Chicoyneau. *Par.* 1744, in-4.

2087 Le chasse-vérole des petits enfans, par Cl. Chanvel. *Lyon*, 1710, in-12.

2088 Tableau de la petite vérole, par Cantwell. *Paris*, 1758, in-12.

2089 Traité de la petite vérole communiquée par l'inoculation, par Butini. *Par.* 1752, in-12.

2090 Recueil de pieces concern. la petite vérole et l'inoculation. 1755 *et suiv.* 17 vol. in-12. et in-8.

2091 Rapport sur le fait de l'inoculation de la petite vérole, par Jos. de Lepine. *Par.* 1765. — Lettre à M. Belletête, par Razoux, sur les inoculations faites à Nismes. 1764. — Art de se préserver de la petite vérole, par Paulet. *Par.* 1769. — Pet. Gerike de gymnasticæ medicæ veteris inventoribus. 1748. — Della morte apparente degli animali non dipendente da malattia, e maniera di soccorrerli. *Genova*, 1751. — Mém. sur les pleuropneumonies, par Bouillet. — Dissert. sur la rage, par Fr. de Sauvages. *Toulouse*, 1749. = Recueil de thèses de médecine. — Recueil de mémoires dans des procès concern. la médecine. — Essais anti-hydrophobiques, par Baudot. *Par.* 1770, in-4.

2092 Réflex. sur la pratique de l'inoculation, par Gatti. *Par.* 1767, in-12. br.

2093 Hist. de l'inoculation de la petite vérole, par la Condamine. *Avign.* 1773, in-12.

2094 L'inoculation, par L. R. *Par.* 1773, in-8. br.

2095 Le seul préservatif de la petite vérole, par Paulet. *Par.* 1776, in-12. br.

2096 Recueil sur la maladie d'une fille qui jettoit des pierres par la bouche et les urines, et à qui on en a tiré de la vessie, à douze reprises, par Morand. *Par.* 1754, in-12.

2097 Essai sur les vertus de l'eau de chaux pour la guérison de la pierre, par Rob. Whytt, trad. par A. Roux, et méthode de dissoudre la pierre par les injections, par Butter. *Par.* 1757, in-12.

2098 Mém. sur les dissolvans de la pierre, par Duhaume. *Par.* 1776, in-4. br.

2099 Recueil de differ. ouvr. sur la pierre et la taille. in-12. br.

2100 Dissert. sur plusieurs maladies populaires, par Navier. *Par.* 1753. — Méthode de traiter avec succès plusieurs maladies épidémiques, par Meyserey. *Par.* 1752, in-12.

2101 Rech. sur le pouls, par rapport aux crises. *Par.* 1756, in-12.

2102 Observations sur le pouls intermittent, par Dan. Cox. *Par.* 1760, in-12.

2103 Essai sur l'hydrophobie, trad. de l'angl. de Christ. Nugent, et dissert. sur la chaux vive et sur l'eau de chaux, par Ch. Alston. *Par.* 1754, in-12.

2104 Lettr. sur le traitem. de la rage, in-4. br.

2105 Traité du scorbut, trad. de Lind, de Boerhaave et de Van-Swieten. *Par.* 1756, 2 vol. in-12.

2106 Lorry, de melancholia, et morbis melancholicis. *Lutet. Par.* 1765, 2 vol. in-8. v. fil.

2107 Traité des vapeurs, par Pomme. *Lyon*, 1765, in-8.

2108 Les vapeurs et maladies nerveuses, hypocondriaques, ou hystériques, trad. de l'angl. de Whytt, par le Begue de Presle. *Paris*, 1767, 2 vol. in-12. fig.

2109 Esssai sur les effets de l'air sur le corps humain, par

Arbuthnot, trad. par Boyer de Pebrandié. *Par.* 1742, in-12.

2110 Descr. du ventilateur, par E. Hales, trad. par P. Demours. *Par.* 1744, in-12. fig.

2111 Nouv. Méthode pour pomper le mauvais air des vaisseaux, par Samuel Sutton; dissertation sur le scorbut, par Méad; expériences sur les moyens de réchauffer l'air, et de le renouveler, trad. de l'angl par Lavirotte. *Paris*, 1749, in-12.

2112 Des maladies occasionnées par les promptes et fréquentes variations de l'air, et observ. sur le Tænia ou ver plat, par Jos. Raulin. *Par.* 1752, in-12.

2113 Mém. sur les funestes effets du charbon allumé, avec le détail des cures et des observations faites sur le même sujet, par Harmant. *Nancy*, 1775, in-8. v. fil.

2114 Rapport sur les effets des vapeurs méphitiques, par Portal. *Par.* 1776. = Avis sur les asphixies ou morts apparentes et subites, et moyens de les prévenir et d'y remédier, par J. J. Gardane. *Par.* 1774, in-12. fig.

2115 Recueil de pièces sur les vapeurs méphytiques. in-4. et in-8. br.

2116 Observ. sur les fosses d'aisance, et moyens de prévenir les inconvéniens de leur vuidange, par Laborie, Cadet le jeune, et Parmentier. *Paris*, 1778, in-8. br.

2117 Détails de l'accident funeste arrivé dans une fosse d'aisance de la ville de Narbonne, et avis de Réaumur pour les secours à donner à ceux que l'on croit noyés, par de Marcorelle et Calmette. *Narbonne*, 1779, in-4. br.

2118 Avis pour neutraliser les fosses d'aisance, et réflex. sur quelques moyens indiqués à cet effet, par de Marcorelle. *Narbonne*, 1782 et 1785, in-4.

2119 Syphilis, ou le mal vénérien, poëme lat. de Jos. Fracastor, trad. en fr. *Par.* 1753, in-12.

2120 Observ. sur l'usage des végétaux exotiques, et particul. du gayac, de la squine, de la salsepareille et de la lobelia syphilitica, dans les maladies vénériennes, par Jacq. Dupau. *Par.* 1782, in-8. br.

2121 Recueil des pièces sur les dragées anti-vénériennes de Keyser. in-8. br.

2122 Traité des maladies venteuses, par Combalusier. *Par.* 1754, 2 vol. in-12.

2123 Le ventriloque, ou l'engastrimythe, par la Chapelle. *Par.* 1772, 2 part. 1 vol. in-12.

Chirurgie.

2124 Georg Frid. Sigwart pantometrum eruditionis maxime medico-chirurgicæ. *Par.* 1752, in-4. fig.

2125 Dict. de chirurgie. *Par.* 1767, 2 vol. in-8.

2126 Cours d'opérations de chirurgie, par Dionis, augm. par Georges de la Faye. *Par.* 1765, 2 vol. in-8. fig.

2127 Observ. de chirurgie sur les effets de l'agaric de chêne dans les amputations, et la composition des bougies, souveraines dans les maladies de l'urètre, trad. de Warner, avec deux lettres cont. des règles pour conserver la santé jusqu'à un âge fort avancé. Observ. sur l'usage du tabac, et sur l'abus des remèdes empiriques. *Par.* 1757, in-12.

2128 Indécence aux hommes d'accoucher les femmes, et obligation aux mères de nourrir leurs enfans, par Hecquet. *Par.* 1744, in-12.

2129 Art des accouchemens, par André Levret. *Par.* 1761, in-8. fig.

2130 Elém. d'odontologie, par Lecluse. *Par.* 1754, in-12.

2131 Méthode de traiter les plaies d'armes à feu, par J. Ranby. *Par.* 1745, in-12.

2132 Traité des plaies d'armes à feu, par J. A. Loubet. *Par.* 1753, in-12.

2133 Traité des bandages et appareils propres à chaque maladie. *Par.* 1746, in-12.

2134 Manuel des bandages de chirurgie. *Par.* 1760, in-12. fig.

2135 Traité des bandages et appareils, par Sue. *Par.* 1771, in-12. v. d. s. tr.

Anatomie.

2136 Anatomie de toutes les parties du corps humain, représ. en figures, expliquée par And. du Laurent. *Par.* 1761, in-fol. br.

2137 Bern. Sieg. Fried Albini explicatio tabularum anatomicarum Barth. Eustachii. *Leydæ*, 1744, in-fol. fig. v. fil.

2138 Anatomie de Jacq. Benigne Winslow. *Par.* 1732, 5 vol. in-12. fig.

2139 Anatomie d'Heister, *Par.* 1735, in 8. fig.

2140 Abrégé de l'anatomie du corps humain. *Par.* 1748, in-12.

2141 P. Tarin adversaria anatomica. *Par.* 1750, in-4. fig.

2142 Miotomie humaine et canine, par Réné Croissant de Garengeot. *Par.* 1750, 2 vol. in-12.

2143 Exposition anatom. des organes des sens; névrologie entière du corps humain, et conjectures sur l'électricité animale, et le siége de l'ame, par Dagoty. *Par.* 1775, in-fol. fig. enlum.

2144 Elém. d'anatomie, par Sue. *Par.* 1788, prem. part. in-4. gr. pap. fig. br.

2145 Mém. sur la nature sensible et irritable des parties du corps animal, par Alb. de Haller. *Laus.* 1756, 4 tom. 3 vol. in-12.

2146 Dict. anatomiq. et bibliothèq. anatomiq. et physiologique, par Tarin. *Par.* 1753, in-4.

2147 Dict. anatomique lat. fr. *Par.* 1753, in-12. v. fil.

2148 Dict. d'anatomie et de physiologie. *Par.* 1766, 2 vol. in-8.

2149 Art d'injecter, de disséquer, d'embaumer et de conserver les parties du corps humain, par Sue. *Par.* 1765, in-12.

2150 Regneri de Graaf de mulierum organis, generationi inservientibus, tractatus. *Lugduni Batav.* 1672, in-8. fig.

2151 Quatre tables anatomiq. représentant une observat. très-rare d'une double matrice, par Georges Henri Eisenmann, trad. du lat. *Strasb.* 1752, in-fol.

2152 Démonstration de la matrice d'une femme grosse et de son enfant à terme, par Ch. Nic. Jenty. *Par.* 1759, in-fol. fig. br.

2153 Myographie, ou descrip. des muscles du corps humain, par Tarin. *Paris*, 1753, in-4. fig.

2154 Jo. Gottfried Zinn descr. anatom. oculi humani. *Gottingæ*, 1755, in-4. fig. br.

2155 L'orthopédie, ou l'art de prévenir et de corriger dans les enfans les difformités du corps, par Andry. *Par.* 1746, 2 vol. in-12.

2156 Traité d'ostéologie, trad. de l'angl. de Monro, par Sue. *Par.* 1759, 2 vol. in-fol. fig. v. d. s. tr.

2157 Recueil de pièces sur les maladies des os, par Louis et Morand; méthode pour le traitement de la rage, par Cl. du Choisel. *Par.* 1756. — Observ. sur une castration. in-12.

2158 Formation des os, par Haller. *Laus.* 1758, in-12.

2159 Mém. sur les os, par Fougeroux, avec ceux de Haller et Bordenave. *Par.* 1760, in-8. fig.

2160 Ostéographie, ou desc. des os de l'adulte, du fœtus, &c., par Tarin. *Par.* 1753, in-4. fig.

2161 Gigantostéologie, ou discours des os d'un géant, par Nic. Habicot. *Paris*, 1613, in-8.

2162 Dissert. anatomique sur une maladie de la peau, fort rare et singulière, par Curzio. *Par.* 1755, in-12.

2163 Traité des viscères, de l'angéologie et de la névrologie. *Par.* 1739, in-12.

Pharmacie.

2164 Pharmacopeé de Jacq. Sylvius, trad. par André Caille. *Lyon*, 1611, in-18.

2165 Casp. Hoffmannus de medicamentis officinalibus, tam simplicibus quam compositis. *Par.* 1646, in-4. v. fil.

2166 Joan. Rud. Glauberi pharmacopea spagirica, prosperitas Germaniæ. *Amst.* 1654, 2 vol. in-12.

2167 Pharmacie royale, galenique et chimique, par Moyse Charas. *Paris*, 1682, 2 vol. in-8. fig.

2168 Chymie charitable et facile pour les Dames. *Paris*, 1711, in-12.

2169 Pharmacopée universelle, par Nic. Lemery. *Paris*, 1715, in-4.

2170 Recueil de remèdes, par Mme. Fouquet. *Par.* 1726, 2 vol. in 12.

2171 Dict. universel des drogues simples, par Lemery. *Paris*, 1759, in-4. fig. v. fil.

2172 Car. Linnæi materia medica. *Holmiæ*, 1749, in-8. fig.

2173 — Eadem aucta à Jo. Christ. Dan. Schrebero. *Lipsiæ*, 1772, in-8.

2174 Le pharmacien moderne; expériences sur des animaux, par Langrish; dissert. sur la transpiration, par Robinson, trad. par Eidous. *Par.* 1750, in-12.

2175 Jo. Frid. Cartheuser fundamenta materiæ medicæ. *Par.* 1752, 2 vol. in-12.

2176 Recueil des drogues simples, par Cl. Fr. Passerat de la Chapelle. *Par.* 1753, in-12.

2177 Pharmacopée des pauvres. *Par.* 1757, in-12.

2178 Elém. de pharmacie théor. et pratiq., par Baumé. *Par.* 1762, in-8. fig.

2179 — Les mêmes. *Paris*, 1770, in-8. fig.

2180 — Les mêmes. *Par.* 1784, in-8.

2181 Manuel des dames de charité. *Par.* 1765, in-12.

2182 Matière médicale à l'usage des écoles vétérinaires, par Bourgelat. *Lyon*, 1765, in-4.

2183 Précis de la matière médicale, par Lieutaud. *Par.* 1766, in-8.

2184 Traité des remèdes domestiques, par Grossin Duhaume. *Par.* 1779, in-12. br.

2185 Joan. Steph. Strobel Bergeri, tractatus de Cocco Baphica, et quæ indè paratur confectionis alchermes, cum ejusdem apparendæ modo, à Laur. Catelano. *Jenæ*, 1620, in-4. br.

2186 Traité sur les effets des préparations du plomb, et principalement de l'extrait de saturne, employés sous différentes formes, et pour différentes maladies chirurgicales, par Goulard. *Montpellier*, 1760, tom. 1, in-12.

2187 Discours touchant la guérison des plaies par la poudre de sympathie, par Digby. *Paris*, 1681, in-12.

2188 L'ami des malades, par Ailhaud. *Par.* 1770, in-12.

2189 Dissert. sur l'effet des topiques dans les maladies internes, et sur celui d'Arnoult contre l'apoplexie. *Par.* 1758. — Observ. sur le baume de vie, par le Lièvre, 1757, in-8. br.

Chimie.

Introduction, Cours, et Traités Généraux.

2190 Méthode de nomenclature chymique, et nouv. système de caractères chymiques, par Hassenfratz et Adet. *Par.* 1787, in-8.

2191 Jo. Jac. Mangeti biblioth. chymica. *Colon. Allobr.* 1702, 2 vol. in-fol. fig.

2192 Biblioth. des philosophes chymiques. *Par.* 1672, 2 vol. in-12.

2193 Dict. de Chymie, par Macquer. *Par.* 1766, 2 vol. in-8.

2194 — Le même. *Paris*, 1778, 2 vol. in-4.

2195 — Le même. *Par.* 1778, 4 vol. in-8.

2196 Abr. de la doctrine de Paracelse et de ses archidoxes. *Par.* 1724, in-12.

2197 Miroir universel des arts et sciences, trad de l'ital. de Leonard Fioravanti, par F. Gab. Chappuis. *Par.* 1584, in-8.

2198 Jo. Bapt. Portæ, de distillatione liber. *Napoli*, 1604, in-4. fig.

2199 Rog. Bacon thesaurus chymicus. *Francof.* 1720, in-12.

2200 Elém. de chymie, de Jean Beguin, revus et augm. par J. Lucas de Roy. *Rouen*, in-8.

2201 Ejusdem tyrocinium chymicum, commentario illustratum, à Ger. Blasio. *Amst.* 1669, in 12.

2202 Osualdi Crollii basilica chymica. *Genevæ*, 1631, in-8.

2203 = La même, trad. par J. Marcel de Boulene. *Par.* 1633, in-8.

2204 Joan. Rodolphi Glauberi opera varia chymica. *Amst.* 1651 *et seq.* 4 vol. in-12.

2205 Phil. Mulleri miracula chymica, et mysteria medica. *Rotomagi*, 1651, in-12. fig.

2206 Cours de Chymie, par Davissone. *Amiens*, 1675, in-8.

2207 Elém. de la philosophie de l'art du feu ou chymie, par le même, trad. par J. Hellot. *Par.* 1651, in-8.

2208 Theatrum chemicum. *Argentorati*, 1659, 5 vol. in-8. fig.

2209 Chymista scepticus. *Roterod.* 1662, in-12.

2210 Ottonis Tachenii Hippocrates chimicus. *Par.* 1669, in-12.

2211 Traité de chymie, par N. Lefebvre. *Leyde*, 1669, 2 vol. in-12. fig.

2212 Cours de chymie, du même, augm. par du Moustier. *Par.* 1751, 5 vol. in-12.

2213 Traité de chymie de Christ. Glazer. *Par.* 1673, in-12. fig.

2214 Cours de chymie de P. Thibaut. *Par.* 1674, in-8.

2215 Dissert. sur les principes des mixtes naturels, par du Clos. *Amst.* 1680, in-12.

2216 Joh. Helfrici Juncken chymia experimentalis. *Francof.* 1681, in-8.

2217 Chymie naturelle, ou explic. chym. et mécan. de la nourriture de l'animal. *Par.* 1682, in-8.

2218 Georg. Ernesti Stahl ætiologiæ physico-chymicæ prodromus. *Jenæ*, 1683, in-12.

2219 Ejusdem chymiæ fundamenta. *Norimbergæ*, 1747, 3 tom. 2 vol. in 4.

2220 Cours de chymie, suiv. les principes de Newton et de Stahl. *Paris*, 1737, 2 vol. in-12.

2221 Chymie raisonnée, par Mich. Ettmuller. *Lyon*, 1693, in-12.

2222 Joh. Fr. Vigani medulla chymica, aucta à Dan. Stam. *Lugd. Bat.* 1693, in-8. fig. br.

2223 Hadr. à Mynsicht thesaurus et armamentarium medico-chymicum, cum testamento Hadrianæo, de aureo philosophorum lapide. *Genevæ*, 1697, in-8.

2224 Le chymiste physicien, par J. Mongin. *Par.* 1704, in-12.

2225 Jo. Conr. Barchusen elementa chymiæ. *Lugd. Bat.* 1718, in-4. fig.

2226 Expériences, ou secrets concern. la médecine, la métalliq. et l'économie, avec un traité du sel des philosophes, par le Crom. *Par.* 1718, in-12.

2227 Joh. Joach. Becheri opuscula chymica rariora, edita à Frid. Roth. Scholtzio. *Norimb.* 1719, in-8. fig.

2228 Frider. Hoffmanni Physico-chymicæ observationes. *Halæ*, 1722, in-4.

2229 Ejusdem observat. physico-chymicæ selectiores. *Halæ*, 1736, in-4.

2230 Ejusdem dissert. de generatione salium, de analysi chymico-medica reguli antimonii medicinalis, et de mercurio et medicamentis mercurialibus selectis. *Halæ Magdeb.* 1729, in-4.

2231 Herm. Boerhaave chymiæ elementa. *Parisiis*, 1733, 2 vol. in-4. fig.

2232 = Les mêmes, trad. par J. H. S. Allamand. *Amst.* 1752, 2 vol. in-8. fig.

2233 Traité de chymie, par Malouin. *Paris*, 1734, in-12.

2234 Joh. Henr. Pott exercitationes chymicæ. *Berol.* 1738. — Ejusdem observ. et animadversiones chymicæ. *Berol.* 1739, 3 tom. 1 vol. in-4.

2235 — Eædem observationes et animadv. chymicæ. *Berolini*, 1739, in-4.

2236 Dissert. chymiq. de Pott, trad. par de Machy. *Par.* 1759, 4 vol. in-12.

2237 Petri Gerille fundamenta chymiæ rationalis. *Lips.* 1740, in-8.

2238 Introd. à la chymie, et traités sur le sel des métaux, et sur le soufre anodin du vitriol, par G. Rothe; analyse de l'antimoine, et traité sur les teintures antimoniales, par Meuder, trad. de l'allemand par J. L. Clausier. *Paris*, 1741, in-12.

2239 Joan. Junckeri conspectus chymiæ theoretico-practicæ. *Halæ Magdeb.* 1744, 2 vol. in-4.

2240 Elém. de chymie, du même, trad. par de Machy. *Par.* 1757, 6 vol. in-12.

2241 Chymie hidraulique, par de la Garaye. *Par.* 1745, in-12. fig.

2242 Essai de chymie mécanique, par G. L. le Sage. — Georg. Widmeri chymia corporis animalis, cum lithogeognosia et artificio aquas salsas dulcificandi. *Argentor.* 1752. = Quæstiones chymicæ, à Car. le Roy. *Monspel.* 1759. — Dissert. sur la générat. du nitre, par Piestch. *Berlin*, 1750. — Ulr. Christoph. Salchow explicatio separationis auri ab argento. *Petrop.* 1755. = Procédé de M. Albert pour teindre en noir, sans aucun pied de bleu ni de racinage, une pièce de drap ou une étoffe de laine, du poids de vingt-cinq livres. 1765. = Mém. dans des procès de chymistes. — Aquitaniæ minerales aquæ, à Theoph. de Bordeu. *Par.* 1754. — Mém. sur la dissolubilité des sels neutres dans l'esprit de vin, par Macquer. 1765. — Mém. sur la fabrique et blanchissage des bayettes et autres lainages anglois, par Holker. *Par.* 1764. — Mém. sur la perfection de la verrerie en France. — Hist. de la découverte faite en France de matières semblables à celles dont la porcelaine de la Chine est composée, par

Guettard *Par.* 1765. — Lettre de M. Sage sur la mine de plomb blanche cristallisée. — Mém. sur l'huile de pétrole et de gabian. *Beziers*, 1752. = Gabr. Fr. Venel de medicamentis compositis et de hygiene dissertationes. *Monspel.* 1761. — Sucre métallique, 1750, 2 vol. in-4. fig. br.

2243 Herm. Frid. Teichmexeri institutiones chymicæ. *Jenæ*, 1752, in-4. fig.

2244 Plan d'un cours de chymie expérimentale, et élém. de chymie théorique et pratique, par Macquer. *Par.* 1753 *et suiv.* 4 vol. in-12.

2245 Jo. Frid. Cartheuser elem. chymiæ et mineralogiæ, et dissert. de genericis quibusdam plantarum principiis. *Francof. ad Viadrum*, 1753 *et seq.*, in-8.

2246 Cours de chymie, par Rouelle, Mss. 2 vol. in-fol.

2247 Tableau de l'analyse chymique, ou procédés du cours de chymie, du même. *Par.* 1774, in-12. br.

2248 Chymie médicinale, par Malouin. *Par.* 1755, 2 vol. in-12.

2249 Introd. à la chymie, par E. R. Arnaud. *Lyon*, 1755, in-8.

2250 Cours de chymie, par Lemery, revu et augmenté par Baron. *Paris*, 1756, in-4.

2251 Chymie métallurgique, par C. E. Gellert, trad. de l'allem. *Par.* 1758, 2 vol. in-12. fig.

2252 Leçons de chymie, par Pierre Shaw, trad. de l'angl. *Par.* 1759, in-4.

2253 Cours de chymie, par Mitouart, rédigé par de Montboissier. *Par.* 1769, in-fol. Mss. mar.

2254 Traité de la vitriolisation et de l'alunation, et dissertation sur la minéralisation, par Monnet. *Par.* 1769, in-12. fig.

2255 Traité de la dissolution des métaux, par le même. *Par.* 1775, in-12.

2256 Dissertat. et expériences relatives aux principes de la chimie pneumatique, par le même. *Turin*, 1789, in-4. br.

2257 Joh. Gotschalk Wallerius de chemiâ physicâ. *Stockholmiæ*, 1760, part. 1. in 8. fig.

2258 Opuscules chymiq. de Margraf. *Par.* 1762, 2 vol. in-12.

2259 Digressions académiq. dissert. sur le phlogistique, sur la dissolution et la crystallisation, par Guyton de Morveau. *Dijon*, 1762, in-12.

2260 Elém. de chymie théor. et pratiq. par le même. *Dijon*, 1777, 3 vol. in-12.

2261 Jac. Reinboldi Spielmann institut. chemiæ. *Argent.* 1763, in-8.

2262 — Les mêmes, trad. par Cadet. *Par.* 1770, 2 vol. in-12.

2263 Institut. de chymie, par Machy. *Par.* 1766, 3 vol. in-12.

2264 Recueil de dissert. physico-chymiq. présentées à differ. Academ. par le même. *Par.* 1774, in 8. fig.

2265 Manuel de chymie, par Baumé. *Par.* 1766, in-12.

2266 Chymie expérimentale et raisonnée, par le même. *Par.* 1773, 3 vol. in-8. fig.

2267 Physico-chymie, par L. J. de Croix. *Lille*, 1768, in-8.

2268 Exam. chymiq. de differ. substances minérales; essai sur le vin, etc. par Sage. *Par.* 1769, in-12.

2269 Mém. de chymie; analyse des bleds; expériences sur l'alkali volatil-fluor; remède efficace dans les asphyxies, par le même. *Par.* 1773 *et suiv.* in-8.

2270 Essai sur la chymie, la médecine, l'économie et le commerce, et dissert. sur la question si les causes des maladies de l'ame et des nerfs ont toujours leur siege dans le cerveau, par Oth. Guil. Struve. *Laus.* 1772, in-8. br.

2271 Traité de chymie, par de Lorme. *Par.* 1773, in 8. v. d. s. tr.

2272 Opuscules phys. et chymiq. par Lavoisier. *Par.* 1774, in 8. fig.

2273 Traité élém. de chymie, par le même. *Par.* 1789, 2 vol. in-8. fig.

2274 Lettres de Démeste sur la chymie, la docimasie, la cristallogr. la lithologie, la minéral. et la physique. *Par.* 1779, 2 vol. in-12.

2275 Leçons élément. d'hist. natur. et de chymie, par de Fourcroy. *Par.* 1782, 2 vol. in-8.

2276 Tableau analytique du cours de chymie fait à Montpellier, par J. A. Chaptal. *Montpellier*, 1783, in-8. br.

2277 Essai sur le phlogistique et sur la constitution des acides, trad. de Kirwan. *Par.* 1788, in-8.

2278 Annales de chymie. *Par.* 1789 *et suiv.* 6 tom. 3 vol. in-8.

2279 Recueil de mém. concern. la chymie. in-8. br.

Traités particuliers de Chimie.

2280 Mém. sur la meilleure manière de construire les alambics et fourneaux pour la distillation des vins, et en tirer les eaux-de-vie, par Baumé. *Par.* 1778, in-8. fig. br.

2281 Pyrotecnie de Starkei, ou l'art de volatitiser les alcalis, par J. le Pelletier. *Rouen*, 1706, in-12.

2282 Examen sur l'acide et sur l'alkali, par de S. André. *Par.* 1680, in-12.

2283 Dissertat. sur l'æther, par Baumé. *Paris*, 1757, in-12.

2284 Traité chymiq. de l'air et du feu, par Ch. Guill. Schéele, avec une introd. de Torbern Bergmann, trad. par Dietricht. *Par.* 1781, in-12. fig.

2285 Essais de chymie sur la chaux vive, la matière élastique et électrique, le feu, l'acide univers. primitif, et sur les élémens, trad. de Fred. Meyer, par P. F. Dreux. *Par.* 1766, 2 vol. in-12.

2286 Expér. et observ. sur le combat qui procède du mélange des corps, sur les saveurs, les odeurs, sur le sang et le lait, etc. *Par.* 1679, in-12.

2287 Traité du feu et du sel, par Blaise de Vigenere. *Rouen*, 1642, in-4.

2288 L'action du feu central bannie, et le soleil rétabli dans ses droits, par Romé de Lille. *Par.* 1779, in-8. br.

2289 Rech. sur les differ. moyens de refroidir les liqueurs. 1758, in-12.

2290 Jac. Beccaria de phosphoris naturalibus et artificialibus. *Græcii*, 1768. — Jac. Reinlein de phosphoris. *Viennæ*, 1768, in-8.

2291 Mechanical account of poisons, by Rich. Mead. *Lond.* 1708, in-8. fig.

2292 Joh. Kunkelii observ. de salibus fixis et volatilibus, auro et argento potabili spiritu mundi, etc. à Car. Aloisio Ramsaio latinitate donata. *Lond.* 1678, in-12.

CHIMIE.

2293 Traité des sels, trad. de George Ernest Stahl. *Par.* 1771, in-12.

2294 Traité sur le sel neutre, par des Croizilles. *Rouen*, 1760, in-12.

2295 Mém. sur la meilleure méthode d'extraire et de raffiner le salpêtre, par Tronson du Coudray. *Par.* 1774, in 8. br.

2296 Recueil de mém. et d'observ. sur la formation et sur la fabrication du salpêtre. *Par.* 1776, in-8. fig.

2297 Instr. sur l'établissem. des nitrières et sur la fabricat. du salpêtre. *Par.* 1777, in-4. fig. br.

2298 Mém. sur la formation du salpêtre et sur les moyens d'augmenter en France sa production, par Cornette. *Par.* 1779, in-8. br.

2299 Mém. sur le salpêtre. in-4. br.

2300 Exam. de la poudre, par de Flavigny. *Par.* 1773, in-8. fig. v. fil.

2301 Nouv. lumière de médecine du mistère du souffre des philosophes, de Joachim Poleman, trad. du lat. *Rouen*, 1721, in-12.

2302 Traité du soufre, trad. de Stahl. *Paris*, 1766, in-12.

2303 Jo. Jac. Weckerus de secretis. *Basil.* 1588, in-8.

2304 Alexii secreta, à Jo. Jac. Weckero in lat. conversa et aucta. *Basil.* 1603, in-8.

2305 Secrets of Alexis. *Lond.* 1615, in-4.

2306 Secrets d'Albert-le-Grand. *Trev.* 1753, in-12.

2307 Secrets rares et curieux, par Quesnot. *Par.* 1708, in-12.

2308 Secrets et remèdes éprouvés, par Rousseau. *Par.* 1718, in-12.

2309 Secrets concern. les arts et métiers. *Brux.* 1747, 2 vol. in-12.

2310 Secrets et fraudes de la chymie et de la pharmacie modernes dévoilés. *La Haye*, 1759, in-8.

2311 Abdeker, ou l'art de conserver la beauté. *Par.* 1768, 4 vol. in-12. v. éc. fil.

2312 Secrets de la nature et de l'art. *Par.* 1769, 4 vol. in-12.

2313 L'Albert moderne. *Par.* 1771, in-12.

2349 Petr. Bonus de lapide philosophorum, et alia opera ad id genus. *Venet.* 1546, in-8. *imparf.*

2350 Andr. Libavii praxis alchymiæ, cum libello Jac. Bessoni de ratione extrahendi olea et aquas à medicamentis simplicibus. *Francof.* 1604, in-12.

2351 Michaelis Majeri viatorium, hoc est de montibus planetarum septem seu metallorum. *Oppenheimii*, 1618, in-4.

2352 Chansons intellectuelles sur la résurrection du Phénix, par le même, en lat. et en fr. *Par.* 1758, in-12.

2353 L'économie des trois familles du monde, et particulièrem. de la nature de l'homme contre l'alchymie, etc. par Jean Pages. *Par.* 1625, in-8. mar.

2354 Joh. Rodolphi Glauberi miraculum mundi; menstruum universale, sive mercurius philosophorum, cum continuatione, annotationibus et explicatione. *Amst.* 1653 *et seq.* in-12. fig.

2355 Ejusdem, arca thesauris opulenta, pharmacopœa spagyrica, libellus dialogorum. *Amst.* 1654, 2 v. in-12.

2356 Descr. des fourneaux philosophiq. ou art distillatoire; œuvre minérale, ou la séparation de l'or des autres corps; teinture de l'or, ou le véritable or potable, la consolation des navigents, ou moyen de se garantir de la faim et de la soif, et des maladies pendant les voyages, par le même, trad. par du Teil. *Par.* 1659, in-8.

2357 Rudimens de la philosophie natur. du dissolvant général, et des vertus magnétiques du sang, par Nic. de Locques. *Par.* 1665, in-8.

2358 Expériences sur l'esprit minéral pour la préparation et transmutation des corps métalliques. *Par.* 1668, in-8. v. fil.

2359 Jo. Joach. Becheri œdipus chimicus. *Francof.* 1705. — Ejusdem metallorum generatio et transmutatio. *Francof.* 1671, 2 vol. in-12.

2360 Disceptatio de lapide physico. 1678, in-12.

2361 Traités sur la philosophie naturelle; le tombeau de Semiramis ouvert aux sages, et Réfutat. de Pantaleon. *Par.* 1689, in-12.

2362 Proteus mercurialis geminus, de natura metallorum et lapide philosophorum, per Joan. Bapt. Groschedelium ab Aicha. *Hamb.* 1706, in-12.

2363 L'Alkaest ou le dissolvant universel, par Van-Helmont, trad. par Jean le Pelletier. *Rouen*, 1706, in-12.

2364 Le Comte de Gabalis, *Amst.* 1715, in 12.

2365 Cosmopolite, ou nouv. lumière chymique; lettre philos. d'Ant. Duval. *Par.* 1723, in 12.

2366 La vérité sortant du puits. 1753. — Triomphe hermétique. 1699. — Lettres diverses à un ami de la nature. *Par.* 1759. — Démonstrat. de l'existence de la médecine universelle. *Par.* 1749, in-12.

2367 Joh. Segeri Weidenfeid de secretis adeptorum. *Lips.* 1768, in-8.

2368 Aventures du philosophe inconnu, ou la recherche de la pierre philosophale. *Par.* 1774, in-12.

2369 Expér. sur l'esprit minéral pour la préparat. et la transmutat. des corps métalliq. par de Respour, revues par Christ. Fréd. Keller. *Leipzig*, 1777, in-12. br.

MATHÉMATIQUES.

Traités généraux.

2370 Hist. des mathématiques, par Montucla. *Par.* 1758, 2 vol. in-4.

2371 Dictionn. de mathématiq. et de physique, par Saverien. *Par.* 1753, 2 vol. in-4. gr. pap. fig. v. fil.

2372 Cours de mathématiques, par Chrétien Wolf, trad. en Franç. par D***. *Par.* 1747, 3 vol. in-8. fig.

2373 Cours de mathématiques, par Camus, *Par.* 1749 *et suiv.* 4 vol. in-8. fig.

2374 Œuvres de Maupertuis. *Dresde*, 1752, in-4. v. d. s. tr.

2375 — Les mêmes. *Lyon*, 1756, 4 vol. in-4. fig. v. d. s. t.

2376 Recueil des leçons de mathématiques dictées par Jos. Privat Molieres, tom. 1. *Par.* 1753, in-12. mar.

2377 Leçons élément. de calcul et de géométrie, par Torné. *Par.* 1754, in-8. fig.

2378 Leçons élément. de mathématiques, par la Caille. *Par.* 1756, in 8. fig.

2379 Premiers traités élémentaires de mathématiques, par le Monnier. *Par.* 1758, in-8.

2380 Guide des jeunes mathématiciens, par Paulian. *Par.* 1766, in-8.

2381 — Le même. *Avignon*, 1771, in-8. fig. br.

2382 Cours de mathématiques à l'usage des Gardes du Pavillon et de la Marine, par Bezout. *Par.* 1767, 2 v. in-8. fig. pap. double, v. d. s. tr.

2383 Mém. sur différ. sujets de mathématiques, par Diderot. *Par.* 1748, in-8. fig.

2384 Récréations mathématiq. et physiq. par Ozanam. *Par.* 1750, 4 vol. in-8. fig.

2385 — Les mêmes. *Par.* 1778, 4 vol. in-8. fig.

Arithmétique et Algèbre.

2386 Is. Newton arithmetica universalis, sive de compositione et resolutione arithmetica. *Lugd. Bat.* 1732, in-4. fig.

2387 L'arithmétique choisie, ou pratique des Négocians, par J. Bap. Rouquette. Mss. 1749, in 8.

2388 — La même, avec un traité des changes étrangers. *Bordeaux*, 1751, in-8. mar.

2389 Science du calcul numérique et algébrique, par Gallimard. *Par.* 1751, 2 vol. in-8. fig. mar.

2390 Le pont aux ânes méthodique, ou nouveau barême pour les comptes faits, par le même. *Paris*, 1757, in-8. br.

2391 Essai sur le calcul, par Digard. *Par.* 1752, in-4.

2392 Arithmétique universelle, par Josseaume. *Paris*, 1754, in-8.

2393 L'algèbre de Viette, trad. par A. Vasset. *Paris*, 1630, in-4.

2394 Traité élément. d'algèbre. par Bossut, *Par.* 1773, in-8.

2395 Application de l'algèbre à la géométrie, par Guisnée. *Par.* 1733, in-4. fig.

2396 Traité des courbes algébriques. *Par.* 1756, in-12. fig.

2397 Essai d'analyse sur les jeux de hazard, par Montmor. *Par.* 1708, in-4.

2398 Jac. Bernoulli ars conjectandi: tractatus de seriebus infinitis, et epistola de ludis pilæ reticularis. *Basil.* 1713, in-4. fig.

2399 Essai sur les probabilités de la durée de la vie humaine, par de Parcieux, et addition. *Par.* 1746, in-4.

Géométrie.

2400 Andr. Tacquet elementa geometriæ planæ ac solidæ, quibus accedunt selecta ex Archimede Theoremata. *Antuerp.* 1665, in-8. fig.

2401 Théorie de la vis d'Archimede, par Paucton. *Par.* 1768, in-8. fig.

2402 Géometrie élément. d'Euclide, par Gallimard. *Par.* 1749, in-12. fig.

2403 Géométrie de Descartes. *Par.* 1705, in-12. fig.

2404 Usages de l'analyse du même pour découvrir, sans le secours du calcul différentiel, les propriétés des lignes géométr. de tous les ordres, par J. Paul de Gua de Malves. *Par.* 1740, in-12.

2405 Pratique de la géométrie sur le papier et sur le terrein, par Leclerc. *Amst.* 1735, 2 vol. in-12. fig.

2406 Géométrie élémentaire et prat. par Sauveur, augm. par le Blond. *Par.* 1753, in-4. fig.

2407 Elémens de géométrie, trad. de l'angl. de Tho. Simpson. *Par.* 1755, in-8. fig.

2408 Nouv. géométrie pratique, par Tarin. *La Haye*, 1755, in-12. fig. br.

2409 Géométrie pratique de l'Ingénieur, par Clermont. *Par.* 1755, in-4. fig.

2410 Institutions de géométrie, par de la Chapelle. *Par.* 1757, 2 vol. in-8. fig.

2411 Géométrie métaphysique, par Foucher. *Par.* 1758, in-8. fig.

2412 Elémens de géométrie, par Clairaut. *Par.* 1765, in-8. fig.

2413 Problême des trois corps, par Condorcet. *Par.* 1767, in-4. br.

2414 Essai d'analyse, et calcul intégral, par le même. *Par.* 1765 et 1768, 2 vol. in 4. br.

2415 Essai sur l'application de l'analyse à la probabilité des décisions rendues à la pluralité des voix, par le même. *Par.* 1785, in-4. br.

2416 Ecole des arpenteurs. *Par.* 1728, in-12. br.

2417 Traité du calcul intégral, de Bougainville. *Par.* 1754, 2 vol. in-4. fig.

2418 L'usage du compas de proportion, par Ozanam. *Par.* 1736, in-8. fig.

2419 Méthode des fluxions et des suites infinies, par Is. Newton. *Par.* 1740, in-4.

2420 Analyse des infiniment petits, par de l'Hospital. *Par.* 1715, in-4. fig.

2421 Analyse des infiniment petits, par Stone, trad. par Rondet. *Par.* 1735, in-4. fig.

2422 Vrai secret des longitudes, découvert par Seguin. *Rennes*, 1737. — Mém. du passage de Vénus sur le soleil, par Chappe d'Auteroche. *S. Pétersb.* 1762. — Réponse de le Paute, horloger, à Caron fils. 1753. — Oratio Jo. Ant. Nollet, cùm primùm physicæ experimentalis cursum auspicaretur. *Par.* 1753. — Projet d'un glossaire franç. *Par.* 1756. — Mém. sur le laminage du plomb, par Rémond. *Par.* 1731. — Mém. sur la fable de l'Olympe. 1761. — Disc. de Pouilly, en 1748 et 1750. — Mém. sur l'horlogerie. 1750. — Descr. et usage du Pantographe, par C. Langlois. — Thèse de physique, par J. Bapt. le Franc et Nicolas-Jérôme Gaudion de la Grange, en 1727 et 1729. — Examen de la pierre obsidienne, par Caylus. 1763, in-4. fig.

2423 Mém. sur l'observ. des longitudes en mer, par de Charniere. *Par.* Imp. Roy. 1767, in-8. fig. v. fil.

2424 Nouv. essais pour déterminer les longitudes en mer, par les mouvem. de la lune et par une seule observation. *Avignon*, 1768, in-4. fig. br.

2425 Exposé succinct des travaux de Harrison et le Roy dans la recherche des longit. en mer, et des épreuves faites de leurs ouvrages, par le Roy. *Par.* 1768, in-4. fig. mar.

2426 Hist. critique de la découv. des longitudes. *Avignon* 1775, in-8. mar.

2427 Méthode pour la mesure des surfaces, la dimension des solides par l'application du calcul intégral, par Carré. *Par.* 1700, in-4. fig.

2428 Traité du nivellement, par Picard. *Paris*, 1728, in-12. fig.

2429 Diverses quadratures circulaires, elliptiques et hyperboliques, par Clairaut. *Par.* 1731. — Explic. des principes établis par Reaumur, pour la constr. des thermomètres, dont les dégrés soient comparables. — Résolution du problême pour la constr. de nouv. thermomètres et baromètres de toutes sortes de grandeurs. *Par.* 1710. — Eclaircissem. sur l'extrait du méchanisme des mouv. des corps flottans. *Par.* 1736, in-12. fig.

2430 Hist. des recherches sur la quadrature du cercle, par Montucla. *Par.* 1754, in-12. fig.

2431 Traité analytique des sections coniques, par de l'Hospital. *Par.* 1720, in-4. fig.

2432 Traité des sections coniques, par de la Chapelle. *Par.* 1750, in 8. fig.

2433 Sections coniques et autres courbes anciennes, par Gallimard. *Par.* 1752, in-8. fig.

2434 Elém. des sections coniques démontrées par synthèse, par Mauduit. *Par.* 1757, in-8. fig.

2435 Introd. aux sections coniques, par le même. *Par.* 1761, in-8. fig.

2436 Traité du triangle arithmétique, par Bl. Pascal. *Par.* 1665, in-4.

2437 Traité de trigonométrie et de gnomonique, par de Parcieux. *Par.* 1741, in-4. fig.

2438 Manuel de trigonométrie pratique, par de Lagrive. *Par.* 1754, in-8. fig.

2439 Traité complet de trigonométrie, par Audierne. *Par.* 1756, in-8. fig.

Astronomie.

2440 Astronomiques de Manilius et phénomènes d'Aratus en lat. et en franç. par Al. G. Pingré. *Par.* 1786, 2 vol. in-8.

2441 Hist. de l'astronomie, par Esteve. *Par.* 1755, 3 vol. in-12.

2442 Hist. de l'astronomie ancienne, jusqu'à l'établissem. de l'école d'Alexandrie, par Bailly. *Par.* 1775, in-4. v. fil.

2443 = La même. *Par.* 1781, in-4.

2444 Hist. de l'astronomie moderne, depuis la fondation

de l'école d'Alexandrie, jusqu'à 1730, par le même. *Par.* 1779, 3 vol. in-4. fig. v. fil.

2445 Davidis Gregorii astronomiæ physicæ et geometricæ elementa. *Genevæ*, 1726, 2 vol. in-4. fig.

2446 Leçons élémentaires d'astronomie géométrique et physique, par de la Caille. *Par.* 1755, in-8. fig. v. fil.

2447 Principes d'astronomie sphérique, ou traité complet de trigonométrie sphérique, par Mauduit. *Par.* 1765, in-8. fig.

2448 Astronomie, par de la Lande. *Par.* 1771 *et suiv.* 4 vol. in-4. fig.

2449 Connoissance de l'astronomie, par Dicquemare. *Par.* 1771, in-8. fig. br.

2450 Hist. céleste, ou recueil de toutes les observ. astronomiques faites à l'observatoire de Paris, depuis 1666 jusqu'en 1685, par le Monnier. *Par.* 1741, in-4. fig. v. fil.

2451 Institutions astronomiques. *Par.* 1746, in 4. fig.

2452 Lettre sur div. points d'astronomie-pratique, par Bouguer. *Par.* 1754, in-4. v. d. s. tr.

2453 Tables astronomiques de Halley, trad. par Chappe d'Auteroche et de la Lande. *Par.* 1754 *et suiv.* 2 vol. in-8.

2454 Nic. Ludov. de la Caille astronomiæ fundamenta novissimis solis et stellarum observationibus stabilita. *Par.* 1757, in-4.

2455 Exposition du calcul astronomiq. par de la Lande. *Par.* 1762, in-8. fig. br.

2456 Mém. concern. diverses questions d'astronomie et de physique, par le Monnier. *Par.* 1781 *et suiv.* 3 vol. in-4. fig.

2457 Proclus de sphæra, Cleomedes de mundo, Arati phænomena: Dionysii descr. orbis, gr. et lat. cum Jo. Honteri cosmographia. *Basil.* 1561, in-8.

2458 The discovery of a New World or a discourse tending to prove that' tis probable there may be another habitable World in the moone, and the possibility of a passage thither. — A discourse concerning a new Planet, tending to prove that' tis probable our Earth is one of the Planets. *Lond.* 1640, in-8.

2459 Ragionamenti sù la pluralità de' mondi, trad. dal Francese di Fontenelle. *Parigi*, 1748, in-12.

2460 Usage des globes céleste et terrestre, et des sphères suivant les différens systêmes du monde, par N. Bion. *Par.* 1751, in-8. fig.

2461 Ephémérides des mouvemens célestes, depuis 1715 jusqu'en 1775, par Desplaces et autres. *Par.* 1716 *et suiv.* 6 vol. in-4. fig v. fil.

2462 Connoiss. des tems, par Maraldi et autres, années 1754. — 1756. 1760. 1761. 1764. — 1770. 1772. 1774. — 1777. 1779. — 1781, 1784. 1785, 1790. 23 vol. in-8.

2463 Recherches sur les altérations que la résistance de l'éther peut produire dans le mouvement moyen des planètes, par Bossut. *Charleville*, 1766, in-4. fig. br.

2464 Observ. de la lune, des planètes et des étoiles fixes, par le Monnier. *Par.* Imp. Roy. 1751 *et suiv.* 3 vol. in-fol.

2465 Lettres de de l'Isle sur la parallaxe de la lune. *Par.* 1751, in-12. fig. br.

2466 Tables de la lune calculées suivant la théorie de la gravitation universelle, par Clairaut. *Par.* 1754, in-8.

2467 Théorie de la lune, par le même. *Par.* 1765, in-4. fig. br.

2468 Essai sur la théorie des satellites de Jupiter, par Bailly, avec les tables de Jupiter, par Jeaurat. *Par.* 1766, in-4. fig.

2469 Avertissem. aux astronomes sur le passage de Mercure au-devant du soleil, par de l'Isle. *Par.* 1753, in-4. br.

2470 Observ. et explic. de quelques phénomènes vus dans le passage de Mercure au-devant du disque du soleil, par de Barros, publ. par de l'Isle. *Par.* 1753, in-4.

2471 Observ. du passage de Vénus sur le disque du soleil. *Par.* 1761, in 4. br.

2472 Essai sur les phénomènes relatifs aux disparitions périodiques de l'anneau de Saturne, par Dionis du Séjour. *Par*, 1776, in-8. pap. double, mar.

2473 Nouveau Zodiaque réduit à l'année 1755. *Par.* 1755. — Table de la longitude et de la latitude des étoiles fixes zodiacales, suiv. les observ. de Flamsted, par G. Dheulland. in-8.

2474 = La même table des étoiles fixes zodiacales. *Par.* in-8. br.

2475 Pensées sur la comète, par P. Bayle. *Trev.* 1721, 4 vol. in-12.

2476 Lettre sur la comète, par Maupertuis. 1742, in-12. fig.

2477 Théorie des comètes, par le Monnier. *Par.* 1743, in-8. fig.

2478 Traité de la comète qui a paru en 1743, 1744, conten. outre les observ. faites par Cassini et Calandrini, diverses observ. et dissert. astron. par J. P. Loys de Chéseaux. *Lausanne*, 1744, in-8. fig.

2479 Physique des comètes, par Bertier. *Par.* Imp. Roy. 1760, in-12. fig.

2480 Théorie du mouvement des comètes, par Clairaut. *Paris*, 1760, in 8. fig.

2481 Recherches sur la comète de 1759, par le même. *S. Pétersb.* 1762, in-4. fig.

2482 Joh. Alb. Euleri meditationes de perturbatione motûs cometarum ab attractione planetarum orta, et de motu vertiginis planetarum ac præcipuè Veneris. *Petrop.* 1762, in-4. fig. br.

2483 Réflex. sur les comètes qui peuvent approcher de la terre, par de la Lande. *Par.* 1773, in 8. br.

2484 Essai sur les comètes, par Dionis du Séjour. *Par.* 1775, in-8. fig.

2485 Essai sur les comètes et observ. sur le soleil et les planètes du premier ordre, trad. de l'angl. par André Oliver. *Amst.* 1777, in-8. br.

2486 Cométographie, ou traité hist. et théor. des comètes, par Pingré. *Par.* Imp. Roy. 1783, 2 vol. in-4. fig.

2487 Les fastes, ou les usages de l'année, Poëme, par le Mierre. *Par.* 1779, in-8. gr. pap.

2488 Les mois, Poëme, par Roucher, *Par.* 1779, 4 vol. in-12.

2489 Les saisons, Poëme, par S. Lambert. *Paris*, 1769, in-12.

2490 — Les mêmes. *Par.* 1773, in-12.

2491 Les saisons, Poëme, trad. de Thompson, par Mirabeau. *Par.* 1759, in-8. fig. v. fil.

Astrologie judiciaire.

2492 Sibyllina oracula, et oracula magica Zoroastris, cum scholiis Piethonis et Pselli, gr. et lat. *Par.* 1607, in-8.

2493 Fr. Junctini speculum astrologiæ. *Lugd.* 1581, 2 vol. in-fol.

2494 Joan. Jac. Plitt, specimen onirologiæ. *Marburgi*, 1757, in-12. v. d. s. tr.

2495 Introductiones in chiromantiam, physionomiam et astrologiam naturalem. *Lugd.* 1782, in-8. fig.

2496 La physionomie naturelle et la chyromance de Barth. Cociès. *Rouen*, 1698, in-12.

2497 La chyromantie naturelle, de Ronphyle. *Paris*, 1671, in 8.

2498 Lettres sur les physionomies, par Pernetty. *Par.* 1748, in-18. v. d. s. t.

2499 Disc. sur la physionomie, par le même. *Berlin*, 1769, in-8. br.

Gnomonique.

2500 Recherches sur la gnomonique, les rétrogradations des planètes et les Eclipses du soleil. *Par.* 1761, in-8. fig.

2501 Gnomonique pratique, ou art de tracer les cadrans solaires, par D. F. Bedos de Celles. *Paris*, 1774, in-8. fig.

2502 Manuel sur la mesure du tems, par Gabory. *Paris*, 1770, in-8. br.

2503 Traité de l'horlogerie, par Thiout. *Par.* 1741, 2 vol. in-4. fig.

2504 Réponse de Rivat à un mém. publié contre ses découvertes en horlogerie, *Par.* 1751, in-4.

2505 Traité d'horlogerie, par le Paute. *Par.* 1755, in-4. fig. v. fil.

2506 Essai sur l'horlogerie, par Ferdin. Berthoud. *Par.* 1763, 2 vol. in-4. fig.

2507 Mém. sur les propriétés du Remontoir, et son exécution pour les pendules, par Robin. *Par.* 1778, in-8. br.

2508 Recueil de pièces et mémoires concern. l'horlogerie et les montres marines, in-4. et in 12. br.

Hydrographie.

2509 Dict. de marine, par Saverien. *Par.* 1758, 2 vol. in-8.

2510 Manuel des marins, par Bourdé. *l'Orient*, 1773, in-8.

2511 Vocabulaire des termes de marine, angl. et franç. *Par.* 1777, in-4, fig. br.

2512 Traité de navigation, contenant la théorie et la pratique du pilotage, par Bouguer, *Par.* 1753, in-4. fig. v. d. s. tr.

2513 Nouv. traité de navigation, conten. la théorie et la pratique du pilotage, par le même, revu et abr. par la Caille. *Par.* 1760, in-8. fig. v. fil.

2514 The elem. of navigation, containing the theory and practice, by John Robertson. *London*, 1764, 2 vol. in-8. gr. pap. fig.

2515 Journal de navigation, par le Cordier. *Hâvre de Grace*, 1683, 2 vol. in-8.

2516 Naval speculations and maritime politicks, by Hen. Maydmann. *London*, 1691, in-8. fig.

2517 Essai sur la marine et le commerce. 1743, in-8.

2518 L'art de naviguer, trad. du castillan, de P. de Medine, par Nicolas de Nicolai. *Rouen*, 1573, in-4.

2519 L'art des armées navales, ou traité des évolutions navales, et théorie de la constr. des vaisseaux, par Paul Hoste. *Lyon*, 1727, in-fol. fig.

2520 Manœuvre des vaisseaux, par Bouguer. *Paris*, 1757, in-4. fig. v. d. s. tr.

2521 Tactique navale, ou traité des évolutions et des signaux, par de Morogues. *Paris*, 1763, in-4. fig.

2522 Le manœuvrier, par M. Bourdet de Villehuet. *Paris*, 1769, in-8. fig.

2523 Tactique navale, par d'Orvilliers. *Brest*, 1779, in-fol. br.

Optique.

2524 Traité d'optique, par Newton, trad. par Coste. *Par.* 1722, in-4. fig.

2525 Essai d'optique sur la gradation de la lumière, par Bouguer. *Paris*, 1729, in-12. fig.

2526 Traité d'optique sur la gradation de la lumière, par le même, publié par de la Caille. *Par.* 1760, in-4. fig.

2527 Traité d'optique mécanique, par Thomin. *Paris*, 1749, in-8. fig.

2528 Traité d'optique, par Courtivron. *Par.* 1752. — Réflex. sur la cause génér. des vents, par d'Alembert. *Par.* 1747, 2 tom. 1 vol. in-4. fig.

2529 Leçons d'optique, par la Caille. *Paris*, 1766, in 8. fig.

2530 Cours complet d'optique, trad. de l'angl. de Robert Smith, avec des additions, par le P. Pezenas. *Avignon*, 1767, 2 vol. in-4. fig.

2531 Du miroir ardent d'Archimède, par L. Dutems. *Par.* 1775, in-8. br.

2532 Leon. Euleri constructio lentium objectivarum ex duplici vitro, quæ neque confusionem à figura sphærica oriundam, neque dispersionem colorum pariant. *Petrop.* 1762, in-4. fig. br.

2533 Sam. Klingenstiernæ tentamen de definiendis et corrigendis aberrationibus radiorum luminis in lentibus sphæricis refracti, et de perficiendo telescopio dioptrico. *Petrop.* 1762, in-4. fig. br.

2534 Pratique de la perspective, par Abr. Bosse. *Par.* 1653, in-8. fig.

2535 Nouv. principes de la perspective linéaire, trad. de Brook Taylor, et de Patrice Murdoch, avec un essai sur le mélange des couleurs, par Newton. *Paris*, 1757, in-8. fig.

Statique.

2536 Statique des végétaux, par Et. Hales, trad. par de Buffon. *Par.* 1735, in-4. fig.

2537 La medezima, trad. d'all' inglese. *Napoli*, 1756, in-8. fig.

2538 Hæmastatique ou statique des animaux, par le même, trad. de l'angl. *Genève*, 1744, in-4.

2539 Théorie du choc des corps, par Girault de Keroudou. *Paris*, 1774, in-8.

2540 Nouv. conjectures sur la pesanteur, par Varignon. *Paris*, 1690, in-12. mar.

2541 Dissert. sur la cause de la pesanteur et de l'uniformité des phénomènes qu'elle présente, par David. *Par.* 1767, in-8. fig. v. fil.

2542 Pesanteur spécifique des corps, par Brisson. *Paris*, imp. royale, 1787, in-4. fig.

2543 Traité de l'équilibre des liqueurs et de la pesanteur de la masse de l'air, par Bl. Pascal. *Par.* 1698, in-12. fig.

Hydraulique.

2544 Roberti Boyle paradoxa hydrostatica, novis experimentis evicta. *Oxonii*, 1669, in-12. fig.

2545 Dan. Bernoulli hydrodynamica, sive de motibus fluidorum commentarius. *Argentor.* 1738, in-4. fig.

2546 Essai d'une nouv. théorie de la résistance des fluides, par d'Alembert. *Par.* 1752, in-4. fig.

2547 Nouv. expériences sur la résistance des fluides, par d'Alembert, Condorcet et Bossut. *Paris*, 1777, in-8. fig. br.

2548 Traité élém. d'hydrodynamique, par Bossut. *Paris*, 1771, 2 vol. in-8. fig.

2549 Recueil de mém. concernant l'hydraulique, in-4. fig. br.

2550 Essai sur les machines hydrauliques, par Ducrest. *Paris*, 1777, in-8. fig.

2551 Essai sur la manière la plus avantageuse de construire les machines hydrauliques, et en particulier les moulins à bled, par Fabre *Par.* 1783, in-4. fig. gr. pap.

2552 Recueil de pièces sur les machines hydrauliques. in-4 br.

2553 Architecture hydraulique, par Belidor. *Paris*, 1737 *et suiv.* 4 vol. in-4. fig.

2554 Recherches sur les moyens d'exécuter sous l'eau toutes sortes de travaux hydrauliques sans employer aucun épuisement, par Coulomb. *Par.* 1779. = Mém. sur la manière d'assainir les murs nouvellement faits. 1778. — Réflex. sur la mauvaise qualité du plâtre, par Ferroussat de Castelbon. *Par.* 1776. — Recherches et mém. sur la Pouzolanne, par Faujas de S. Fond. *Par.* 1780. — Exposition des propriétés du spalme, considéré comme courroi, comme enduit, et comme mastic. *Par.* 1763, in-8. et in-12. br.

2555 Petri Van-Bleiswyk specimen de aggeribus. *Lugd. Bat.* 1745, in-4. fig. br.

2556 Mém. sur les digues, par J. Jacob Hartsinck, en hollandois. *Amst.* 1771, in-8. fig. br.

2557 Recherches sur la construction la plus avantageuse des digues, par Bossut et Viallets. *Par.* 1774, in-4. fig. br.

Mécanique et Dynamique.

2558 Traité de mécanique, par de la Hire. *Paris*, imp. royale, 1695, in-12. fig.

2559 Lettre de Mairan à Mad. du Châtelet, sur la question des forces vives. *Par.* 1741. — Dissert. du même sur l'estimation et la mesure des forces motrices des corps. *Par.* 1741. — Réfutat. de l'hypothèse des forces vives, par Deidier. *Par.* 1741. — Réponse de Mme. du Châtelet à la lettre de M. de Mairan. in-12. fig.

2560 Leçons élémentaires de Mécanique, par la Caille. *Paris*, 1743, in-8. fig.

2561 Traité de dynamique, par d'Alembert. *Par.* 1743, in-4. fig.

2562 Traité élément. de mécanique et de dynamique, par Bossut. *Charleville*, 1763, in-8. fig.

2563 Nouv. élém. de dynamique et de mécanique, par Mathon de la Cour. *Lyon*, 1763, in-8. fig.

2564 Rec. de mémoires sur la mécanique et la physique, par Rochon. *Par.* 1783, in-8. fig.

2565 Theatrum machinarum universale, à Tieleman Vander Horst, hollandicè et gallicè. *Amst.* 1739, 2 vol. in-fol. fig. br.

2566 Theatrum machinarum universale, à Jo. Van-Zyl, hollandicè et gallicè. *Amst.* 1761, in fol. gr. pap. fig. br.

2567 Descript. d'une machine pour blanchir le linge très-commodément, et à moins de frais qu'ordinairement, trad. de Schæffer. *Strasb.* 1767, in-12. fig. br.

2568 Mécanisme du flûteur automate, par Vaucanson. *Paris*, 1738, in-4. br.

2569 Manuel du meûnier et du charpentier de moulins, par Beguillet. *Paris*, 1775, in-8. fig.

2570 Vues économiq. sur les moulins et pressoirs à huile d'olives, par Rozier. *Par.* 1776, in-4. fig. br.

2571 Rapport sur les moulins à bras et à manége, de Durand père et fils, par J. P. Rabaut. in-8. br.

2572 Essai sur les moulins à soie, et descript. d'un moulin propre à servir seul à l'organsinage et aux opérations du tord de la soie, et mém. relatifs à la soie et à la culture du mûrier, par Lepayen. *Metz*, 1767, in-4. fig.

2573 Lettre sur le nouveau moulin à soie du P. Peronier, par du Perron. *Lyon*. in-12. br.

2574 Pompes sans cuirs, par Darles de Linière. *Par.* 1768, in-4. fig.

2575 Recueil de pièces concern. les pompes à feu, et préservatif contre les incendies. in-8. et in-12.

2576 Description d'une machine à feu, construite pour les salines de Castiglione, par L. Guill. de Cambrai. *Parme*, 1766, in-4. fig.

Instrumens de Mathématique.

2577 Traité de la constr. et des principaux usages des instrumens de mathématique, par N. Bion. *Par.* 1752, in-4. fig.

2578 Descript. et usage d'un nouv. instrument pour observer la latitude sur mer, appelé le nouveau quartier anglois, par d'Après de Mannevillette. *Paris*, 1751, in-12. fig.

2579 Le microscope à la portée de tout le monde, trad. de Henri Baker. *Par.* 1754, in-8. fig.

2580 Jo. Fr. Griendelii micrographia. *Norimb.* 1687, in-4. fig.

2581 Phil. Bonnanni observ. circa viventia quæ in rebus non viventibus reperiuntur, cum micrographia curiosa. *Romæ*, 1691, in-4. fig.

2582 Nouv. découvertes faites avec le microscope, par T. Needham, trad. de l'angl. avec un mém. sur les polipes, par A. Tremblay. *Leyde*, 1747, in-12. fig.

2583 Observ. microscopiq. par Needham. *Par.* 1750, in-12. fig.

2584 Recherches sur les découvertes microscopiq. et la générat. des corps organisés, trad. de Spallanzani, par Regley. Rech. sur la nature et la religion, et théorie de la terre, par Needham. *Par* 1769, in-8.

2585 Observ. d'hist. natur. faites au microscope sur un grand nombre d'insectes, par Joblot. *Par.* 1754, in 4. fig.

2586 Essays in natural history and philosophy, by th' assistanea of microscopes, by John Hill. *Lond.* 1752, in-8.

Musique.

2587 Exposition de la théorie et de la pratique de la musique, par Bethizy. *Paris*, 1754, in-8.

2588 Elém. de musique, par d'Alembert. *Lyon*, 1762, in-8.

2589 Observ. sur les principes de l'harmonie, par J. A. Serre. *Genève*, 1763, in-8.

2590 Erreurs sur la musique dans l'encyclopédie. *Paris*, 1755. = Les mœurs angloises. *La Haye*, 1758, in-8.

2591 L'art du chant, par Blanchet. *Paris*, 1756, in-12.

2592 Guide du compositeur, par Gianotti. *Paris*, 1759, in-8.

2593 Recueil de pièces sur la musique. 2 vol. in-8. et in-12.

2594 Recueil de pièces concern. la musique française, et pour et contre la lettre de J. J. Rousseau sur la musique. in-8.

2595 Méthode pour apprendre le plain-chant et la psalmodie, par de la Feuillée. *Poitiers*, 1754, in-12.

2596 La Tonotechnie, ou l'art de noter les cylindres, par Engramelle. *Par.* 1775, in-8.

2597 Clavecin électrique, par de la Borde. *Par.* 1761, in-12.

ARTS.

Traités généraux et Arts et Métiers.

2598 Recueil de quelques pièces concernant les arts, par Cochin. *Paris*, 1757, in-12. v. fil.

2599 L'homme du monde éclairé par les arts, par Blondel, publié par de Bastide. *Paris*, 1774, 2 vol. in-8.

2600 Recueil de pièces sur les arts. *Paris*, 1775 *et suiv.* in-8.

2601 Descr. abr. des principaux arts et métiers, et des instrumens qui leur sont propres. in-4. fig.

2602 Descript. des arts et métiers, faites ou approuvées par l'académie des sciences, avec le traité des pêches, conten. tout ce qui a paru jusqu'à présent. *Par.* 1761 *et suiv.* 107 cahiers in fol. fig. br.

Etat des Arts et Métiers de cette collection, selon l'ordre de leur livraison, excepté ceux qui ont plusieurs cahiers, lesquels sont indiqués à la suite du premier d'entr'eux, sans observer l'ordre de la publication des autres (1).

Charbon de bois.
— Supplément.
Fabrique des ancres.
Chandelier.
Epinglier.
Papetier.
Fer, 1ere. et 2e. sect.
3e.
4e.
Ardoisier.
Cirier.
Parcheminier.
Cuirs dorés.
Cartier.
Cartonnier.
* Teinture en soie.
Adoucissement du fer fondu.
Chamoiseur.
Tuilier et Briquetier.
— Supplém.
Tonnelier.
Rafinage du sucre.
Tanneur.
Cuivre rouge converti en jaune.
Drapier.
Chapelier.
Megissier.
Couvreur.
Tapis de la savonnerie.
Ratine et frise des étoffes de laine.
Maroquinier.
Hongroyeur.
Chaufournier.
* Orgues, 1ere. partie.
* 2e. et 3e.
* 4e.
Paumier et Raquetier.
Corroyeur.
Meûnier, Vermicellier, Boulanger.
Perruquier.
Serrurier.
Cordonnier.
Division des instrum. de mathématiques et microscope.
Charbon de terre, 1ere. part.
— 2e. part. 1ere. et 2e. sect.
3e. sect.
4e.
= Suite de la 4e. sect.
— Table des matières.
Fil de fer ou d'archal.
* Menuisier, 1ere. partie.
* 2e.
* 3e. part. 1ere. sect.
* 2e.
* 3e.
* 4e.
Pêches, 1ere. partie, 1ere. sect.
2e.
— Suite de la 2e. sect.
3e. sect.

(1) Les * mises devant quelques articles, désignent les Arts qui n'ont pas été imprimés dans la Collection in-4.

— Suite

Pêches, 2e. partie, 1ere. sect.
— Addition à cette sect.
2e. partie, 2e. sect.
3e. sect.
— Suite de la 3e. sect.
4e. sect.
5e. et 6e.
* Pêches, 7e. et 8e. sect.
* 9e.
Tailleur.
Brodeur.
Indigotier.
Colles.
Pipes à tabac.
Lingère.
Coutelier, 1ere. partie.
* 2e. part. 1ere. sect.
* 2e. sect.
Porcelaine.
Relieur.
Coutelier en ouvrages communs.
Etoffes de soie, 1re. et 2e. part.
3e. et 4e.
5e.
6e.
* Etoffes de soie,
* 7e. partie, 1ere. sect.
* 2e. sect.
* 3e.
Plombier, Fontainier.
Potier de terre.
Distillateur en eaux fortes.
— Liquoriste.
Bourrelier et Sellier.
Peinture sur verre, et Vitrier.
* Instrum. d'astronomie.
Amidonnier.
Savonnier.
* Tourneur, 1ere. partie.
Criblier.
* Construction des vaisseaux.
* Mâture des vaisseaux.
Fabrication des étoffes en laine, leur préparation et impression.
Velours de coton.
* Voilure.
* Layetier.
* Potier d'étain.

Arts qui ne font pas partie de ceux faits ou approuvés par l'Académie.

* Battre les grains.
* Trait de charpenterie, 1ere. et 2e. parties.

2603 La même descript. des arts et métiers, avec des observat. par J. E. Bertrand. *Neuchat.* 1771 *et suiv.* 19 vol. in-4. fig. rel. et br. (Manq. tom. 4.)

*Cette édition contient tous les arts de la précédente collection qui ne sont pas marqués d'une *, et, en outre, les suivans :*

Affinage de l'argent.
Addition au charbon de terre.
Mouleur en plâtre.
Peignes d'acier pour la fabrique des étoffes de soie.
Supplément au Serrurier.
Tourbier.
Vinaigrier.

2604 Dict. des arts et métiers, par Jaubert. *Paris*, 1766, 2 vol. in-8.

2605 = Le même. *Paris*, 1773, 5 vol. in-8.

2606 Pogonotomie, ou l'art d'apprendre à se raser soi-même, et moyens de préparer les cuirs pour les rasoirs, par J. J. Perret. *Paris*, 1769, in-12. fig.

2607 Le tailleur sincère, par Boullay. *Par.* 1671, in-fol. fig.

2608 Principes de l'art du tapissier, par Bimont. *Paris*, 1774, in-12. fig.

2609 Traité sur la fabrication des toiles peintes aux Indes et en Europe, et secret du bleu d'Angleterre, de bon teint. *Par.* 1760, in-12.

2610 Art de faire l'indienne, etc. *Par.* 1770, in-12. br.

2611 Art de tourner, par le P. C. Plumier. *Par.* 1749, in-fol. fig.

2612 Traité des voitures, par Garsault. *Par.* 1756, in-4. fig.

2613 Manière de perfectionner les voitures. in-8. fig. br.

Arts de l'Ecriture, de la Diplomatique et de l'Imprimerie.

2614 Cryptographie, conten. une très-subtile manière d'écrire secrétement, par J. Rob. Ducarlet. *Toulouse*, 1644, in-12.

2615 Tachéographie, ou l'art d'écrire aussi vîte qu'on parle, par Ch. Al. Ramsay, trad. du lat. *Par.* 1681, in-12.

2616 Traité de diplomatique, par D. D. Clémencet, et autres. *Par.* 1750 *et suiv.* 4 vol. in-4. gr. pap. fig. v. fil.

2617 Alphabetum Tironianum, studio Carpentier. *Lut. Par.* 1747, in-fol. br.

2618 Manuel Tironien, ou recueil d'abréviations des mots de la langue française, par Feutry. *Par.* 1775, in-8.

2619 Excellence de l'Imprimerie, poëme latin, par Cl. Louis Thiboust, trad. par Cl. Charles Thiboust. *Par.* 1754, in-8. fig. mar.

2620 Manuel typographique, par Fournier le jeune. *Par.* 1764, 2 vol. in-8.

2621 Dissert. sur l'origine de l'art de graver en bois, par le même. *Paris*, 1758. — Observat. sur *Vindiciæ typograp.* de Schœpflin, par Fournier le jeune. *Par.* 1760. — Lettre contre ces observations. 1761. — Remarques sur cette lettre, par Fournier jeune. *Par.* 1761. — Plan du traité des origines typographiques, par Meerman, trad. en franç. *Par.* 1762. — Origine et productions de l'imprimerie primitive en taille de bois, par Fournier jeune. *Par.* 1759, 4 vol. in-8. rel. et br.

2622 Traité de la gravure en bois, par J. M. Papillon. *Par.* 1766, 2 vol. in-8.

Arts du Dessin, de la Peinture, de la Gravure et de la Sculpture.

2623 Hist. des arts qui ont rapport au dessin, par P. Monnier. *Par.* 1698, in 12.

2624 Le dessinateur pour les fabriques d'étoffes, par Joubert de St. Hiberderie. *Par.* 1774, in-8.

2625 Hist. universelle, traitée relativement aux arts de peindre et de sculpter, par Dandré Bardon. *Paris*, 1769, 3 vol. in-12.

2626 Dict. iconologique, par Lacombe, *Paris*, 1756, in-12. v. fil.

2627 Hist. de la peinture ancienne, extr. de l'hist. natur. de Pline, liv. 35. *Lond.* 1725, in-fol. v. d. s. tr.

2628 Fr. Junius de pictura veterum, et catalogus architectorum, pictorum, etc. *Amst.* 1694, in-fol.

2629 Entret. sur les vies des peintres et des architectes, par Felibien. *Par.* 1690, 3 vol. in-4.

2630 Abrégé de la vie des plus fameux peintres, par d'Argenville. *Paris*, 1762, 4 vol. in-8. fig. br.

2631 Vie des peintres Flamands, Allemands et Hollandois, par J. B. Descamps. *Paris*, 1753, 4 vol. in-8. fig. v. fil.

2632 Extrait des différens ouvrages publiés sur la vie des peintres, par de la Ferté. *Paris*, 1776, 2 vol. in-8. mar.

2633 Vies des premiers peintres du Roi, depuis le Brun, par Lepicié. *Par.* 1752, 2 vol. in-8.

2634 Catal. raisonné de toutes les pièces qui forment l'œuvre de Rembrandt, par Gersaint, mis au jour avec des augmentations, par Helie et Glomy. *Paris*, 1751. — Essai sur la peinture, la sculpture et l'architecture. 1751, in-12.

2635 Catalogue des tableaux du Roi, par Lépicié. *Par.* 1752, in 4.

2636 Almanach des archit. peintres, sculpteurs, graveurs et cizeleurs. *Paris*, 1776, in-12. mar.

2637 Traité de la peinture et de la sculpture, par Richardson père et fils, trad. de l'angl. *Amst.* 1728, 3 tom. 2 vol. in-8. v. fil.

2638 Essai sur la peinture, la sculpture et l'architecture. *Paris*, 1752, in 8. fig. v. d. s. tr.

2639 Cours de peinture, et vie des peintres, par de Piles. *Amst.* 1766, 2 vol. in-12.

2640 L'école d'Uranie, ou l'art de la peinture, trad. du lat. d'Alph. Dufresnoy, et de Marsy. *Paris*, 1753, in-12.

2641 L'art de peindre, poëme, par Watelet. *Par.* 1760, in-4. gr. pap.

2642 Sentimens sur la distinction des diverses manières de peintures, etc. par A. Bosse. *Par.* 1649, in-12.

2643 Le peintre converti aux règles de son art, par le même. *Paris*, 1667, in-8.

2644 Disc. prononcés dans les conférences de l'acad. de peinture et de sculpture, par Coypel. *Par.* 1721, in-4.

2645 Réflex. crit. sur les différ. écoles de peinture. *Par.* 1752, in-12.

2646 Observ. sur la peinture et sur les tableaux anciens et modernes, par Gautier. *Paris*, 1753, tom. 1, in-12. fig. v. d. s. tr.

2647 Moyen de devenir peintre en trois heures. *Paris*, 1755. = Observ. sur l'exposit. du Sallon de 1751, in-12.

2648 Mélanges de peinture, sculpture, architecture. *Paris*, 1756 *et suiv.* 2 vol. in-12.

2649 Discours sur la peinture et sur l'architecture, par du Perron. *Paris*, 1758, 2 tom. 1 vol. in-8.

2650 Les Misotechnites aux enfers, ou examen des observations sur les arts. *Paris*, 1764, in-12.

2651 Essai sur la peinture, par Algarotti, trad. par Pingeron. *Par.* 1769, in-12.

2652 Explication des différentes expositions de tableaux. in-12. br.

2653 Art d'imprimer les tableaux, par J. C. le Blon. *Par.* 1756, in-8.

2654 Ecole de la mignature, et méthode pour étudier l'art de la peinture, par Pil. *Bruxelles*, 1759, in-8.

2655 Mém. sur la peinture à l'encaustique, et sur la peinture à la cire, par Caylus et Majault. *Par.* 1755, in-8.

2656 Hist. et secret de la peinture en cire. — Peinture en fromage ou en ramequin. 1755, in-12.

2657 La cire alliée avec l'huile, ou peinture à huile-cire, par Charles de Taubenheim, expérimentée et décrite par Jos. Fratrel. *Manh.* 1770, in-8. br.

2658 Disc. sur la cire punique, par le chevalier Lorgna. *Par.* 1785, in-8. br.

2659 Art du feu, ou de peindre en émail, par Jac. Phil. Ferraud. *Par.* 1721, in-12.

2660 Traité des couleurs pour la peinture en émail et sur la porcelaine, avec l'art de peindre sur l'émail, par d'Arclais de Montamy. *Par.* 1765, in-12.

2661 Manière de graver à l'eau forte, au burin, et en manière noire, avec la façon d'imprimer en taille-douce, par A. Bosse. *Par.* 1645, in-8. fig.

2662 Traité des manières de graver en taille-douce sur l'airain, par le même. *Par.* 1645, in-8.

2663 Traité de la méthode antique de graver en pierres fines, comparée avec la méthode moderne, et expliquée par Laur. Natter. *Lond.* 1754, in-fol. fig. v. fil.

2664 Recueil d'estampes, d'après Boucher, gravées par Fessard, in-fol.

2665 Paysages pour apprendre à dessiner à la plume. in-8. br.

2666 Paysages et marines, par Ozanne. in-4. obl. br.

2667 Arabesques dessinés par Jacq. Androuet du Cerceau. in-fol.

2668 Sculptura, carmen, à Lud. Doissin, avec la trad. par Marsy. *Par.* 1757, in-12.

2669 Eloge de Nicolas Coustou l'aîné. *Par.* 1737, in-12.

2670 Vie de Bouchardon. *Par.* 1762, in-12. br.

2671 Vie de Carle Vanloo. *Par.* 1765, in-12. br.

Architecture Civile, Militaire et Navale.

2672 M. Vitruvius Pollio de architectura, cum Guil. Philandri Castilionii annotat. et epitome in Georg. Agricolam de mensuris et ponderibus. *Lugd.* 1552, in-4.

2673 Les cinq ordres d'architecture, par Jacq. Barozzio Vignole, gravés par Poulleau. in fol. br.

2674 Idea della architettura, da Vinc. Scamozzi. *Venet.* 1615, in-fol. fig.

2675 Architecture de Philib. de l'Orme. *Par.* 1568, in-fol. fig.

2676 Principes de l'architecture, sculpture et peinture, et des autres arts qui en dépendent, par Felibien. *Amst.* 1697, in-4. fig.

2677 Dict. d'architecture, par August. Charles d'Aviler. *Par.* 1755, in-4.

2678 Essai sur l'architecture, par Laugier. *Par.* 1753, in-8. v. d. s. tr.

2679 = Le même. *Par.* 1755, in-8. fig.

2680 Architecture moderne, ou l'art de bien bâtir, pour toutes sortes de personnes, par Ch. Ant. Jombert. *Paris*, 1764, 2 vol. in-4. fig. v. d. s. tr.

2681 Mém. sur les objets les plus importans de l'architecture, par Patte. *Paris*, 1769, in-4. fig. br.

2682 Jac. Poley architectura civilis, Batavicè. *Amst.* 1770, 2 vol. in-fol. et in-4. fig.

2683 De la distribution des bâtimens de Pise; pour pouvoir les rendre à la fois solides et économiques (avec le modèle en bois). *Par.* 1793, in-4. br. fig.

2684 Architecture franç. par Jacq. Fr. Blondel. *Paris*, 1752, 4 vol. in-fol. gr. pap. fig.

2685 Mém. sur une découverte dans l'art de bâtir, par Loriot. *Paris*, 1764, in-8. maroq.

2686 Recherches sur la préparation que les Romains donnoient à la chaux dont ils se servoient pour leurs constructions, et sur la composition et l'emploi de leur mortier, par de la Faye. *Par.* 1777, in-8.

2687 Art de la charpenterie, par Math. Jousse, corrigé et augmenté par D. L. H. *Par.* 1702, in-fol. fig.

2688 Traité de charpenterie et des bois de toute espèce, par Mathias Mesange. *Par.* 1753, 2 vol. in-8. fig.

2689 Traité des bois, par Cl. Caron. *Par.* 1740, 2 vol. in-8. fig.

2690 Essai sur les bois de charpente, par Babuti Desgodets et le Camus de Mézières. *Paris*, 1763, in-12. mar.

2691 Comptes faits sur les bois équarris et de sciage, par L. Soutin. *Par.* 1753, in-12.

2692 Pratique du trait à preuves de Dezargues, pour la coupe des pierres en l'architecture, par Bosse. *Paris*, 1643, in-8. fig.

2693 Elém. de Stereotomie à l'usage de l'architecture pour la coupe des pierres, par Frezier. *Par.* 1760, 2 vol. in-8. fig. v. fil.

2694 Manière de rendre toutes sortes d'édifices incombustibles, par d'Espie. *Par.* 1754, in-8. fig.

2695 Mécanique du feu, *Par.* 1713, in-12. fig.

2696 Espargne-bois, ou invention de fourneaux artificiels, par l'usage desquels on pourra annuellem. épargner une infinité de bois, et entretenir ès poêles une chaleur commode et plus salubre, par Fr. Kesler. *Oppenh.* 1619, in-4. fig. br.

2697 Caminologie, ou traité des cheminées. *Dijon*, 1756, in-8. fig. v. d. s. tr.

2698 Nouvelle construction de cheminée qui garantit du feu et de la fumée, par Genneté. *Par.* 1759, in-12. fig.

2699 Chauffage économique. in-4. fig. br.

2700 Traité de la construction des cheminées, par H. Gautier. *Par.* 1715, in-8. fig.

2701 Traité des ponts et chaussées, par le même. *Par.* 1716, in-8. fig.

2702 Recueil de différens projets d'architecture, de charpente et autres, concern. la construct. des ponts, par Pitrou. *Par.* 1756, in-fol. gr. pap. v. d. s. tr.

2703 La fortification réduite en art et démontrée, par J. Evrard. *Par.* 1600, in-fol. fig.

2704 Fortifications, de Pagan. *Par.* 1669, in-12.

2705 Elém. de fortifications, par Leblond. *Par.* 1752, in-12. fig. pap. double, v. d. s. tr.

2706 Traité de la défense intér. et extérieure des redoutes, par Touzac. *Par.* 1762, in-8. fig. mar.

2707 Princip. fondamentaux de la constr. des places. *Par.* 1775, in-8. fig. v. fil.

2708 Etat des plans en relief qui composent les cabinets de fortification de Montalembert. *Par.* 1783, br.

2709 Traité du navire, de sa construction et de ses mouvements, par Bouguer. *Par.* 1746, in-4. fig.

2710 Elémens de l'architecture navale, ou traité pratique de la construction des vaisseaux, par Duhamel du Monceau. *Par.* 1752, in-4. fig.

2711 Instruc. sur la construction-pratique des vaisseaux, par Duranti de Lironcourt. *Par.* 1771, in-8.

2712 Traité de la fabrique des manœuvres pour les vaisseaux, ou l'art de la corderie perfectioné, par Duhamel du Monceau. *Par.* Imp. Roy. 1747, in-4. fig. v. fil.

2713 — Le même. *Par.* 1769, in-4. fig.

2714 Marine militaire, ou recueil des différens vaisseaux qui servent à la guerre, par Ozanne. *Par.* in-8. gr. pap. fig. mar.

Art militaire.

2715 Institut. milit. de Végece, trad. en franc. *Par.* 1743, in-12.

2716 Traduct. du même, par de Bongars. *Par.* 1772, in-12.

2717 Ruses de guerre de Polyen, et stratagêmes de Frontin, trad. en franç. *Par.* 1739, 2 vol. in 12.

2718 Le parfait capitaine, ou abr. des comment. de César, par H. de Rohan. *Amst.* 1761, in-12.

2719 Institut. milit. de l'Empereur Léon, trad. par Joly de Maizeroy. *Par.* 1770, 2 vol. in-8. fig.

2720 Dict. militaire portatif, par la Chesnaye des Bois. *Par.* 1758, 3 vol. in-8.

2721 Vocabulaire de guerre, par Dupain de Montesson. *Par.* 1783, 2 vol. in-8.

2722 La nef des batailles avec le chemin de l'hôpital, par

Robert de Barsart, Seigneur d'Antresgues et de Saint-Amand. in-fol. Mss. sur vél. du 15e siècle, avec une miniature et des lettres peintes en or et en couleur.

2723 Nouvelles découvertes sur la guerre, par Folard. *Par.* 1724, in-12. fig.

2724 Réflex. crit. sur les différ. systêmes de tactique du même, excepté celui de sa colonne. *Par.* 1756, in-4. fig. v. fil.

2725 Les rêveries, ou mém. sur la guerre, du Mar. de Saxe, par Bonneville. *Par.* 1756, 2 vol. in-8. fig.

2726 Extraits de l'art de la guerre, par de Puysegur. *Par.* 1760, in-12. br.

2727 Projet d'un ordre françois en tactique. *Par.* 1755, in-4. fig.

2728 Elémens de tactique, par le Blond. *Par.* 1758, in-4. fig. v. d. s. tr.

2729 Esprit des loix de la tactique, ou notes du Maréchal de Saxe, commentées par Bonneville, avec un mém. milit. sur les Tartares et les Chinois. *La Haye*, 1762, 2 vol. in-4. fig. br.

2730 A military treatise on the discipline of the marine forces whom at sea: together with short instructions for detachements sent to attack on shore, by J. Mac. Intire. *London*, 1763, in-8. fig.

2731 Traité de tactique. *Vienne*, 1769, in-12.

2732 Essai de tactique, par Guibert. *Brux.* 1772, 2 tom. 1 vol. in-4. fig.

2733 Remarques sur quelques articles de l'essai général de tactique. *Turin*, 1773, in-8. fig.

2734 Discussion de l'ordre profond et de l'ordre mince comparés avec l'ordre à trois de hauteur de MM. de Mesnil-Durand et de Maizeroy, par M. du Coudray. *Par.* 1776, in-8. br.

2735 Défense du systême de la guerre moderne, ou réfutation complette du systême de M... D... (Mesnil Durand) par Guibert. *Par.* 1779, 2 vol. in-8. fig.

2736 Pensées philosophiques sur la science de la guerre. *Par.* 1756, 2 vol. in-12. mar.

2737 Politique militaire, ou traité de la guerre, par Paul Hay du Chastelet. *Par.* 1757, in-12.

2738 Observ. militaires, par Boussanelle. *Par.* 1761, in-8.

2739 Manuel, ou journée militaire, par de Gaigne. *Par.* 1776, in-12.

2740 Réflexions sur la milice. 1760, in-8.

2741 Institutions milit. pour la cavalerie et les dragons, par de la Porterie. *Par.* 1754, in-8. fig.

2742 Comment. sur la cavalerie, par Boussanelle. *Par.* 1758, in-12.

2743 Discours sur la manière de combattre de la cavalerie contre l'infant. en plaine, par de Culant. *Par.* 1761, in-8. fig. mar.

2744 Petite guerre, ou traité du service des troupes légères en campagne, par de Grandmaison. *Par.* 1756, in-8. fig.

2745 Le partisan, ou l'art de faire la petite guerre, par de Jeney. *La Haye*, 1759, in-8. fig.

2746 Traité des légions, ou mémoires sur l'infanterie, par le Mar de Saxe. *La Haye*, 1753, in-12. v. fil.

2747 Institutions milit. sur le service de garnison et de campagne, par Dubousquet. *Lyon*, 1769, 2 v. in-12.

2748 Ecole des armes, avec l'explic. génér. des principales attitudes et positions concern. l'escrime, par Angelo Tremamondo. *Lond.* 1763, in-fol. obl.

2749 Essais militaires où l'on traite des armes défensives, avec un examen des armes du soldat romain, par Joly de Maizeroy. *Par.* 1762, in-8. fig.

2750 Mémoires sur les opinions qui partagent les militaires, et traité des armes défensives, par le même. *Par.* 1773, in-8. fig.

2751 Dict. portatif de l'ingénieur, par Belidor. *Paris*, 1755, in-8.

2752 Le parfait ingénieur françois, par Deidier. *Par.* 1757, in-4. fig.

2753 Pratica manual de artilleria, por Luys Collado. *Milan*, 1592, in-fol.

2754 L'artillerie raisonnée, ou traité de l'attaque et de la défense des places, par le Blond. *Par.* 1761 et 1762, 5 vol. in-8. fig.

2755 Recueil de mém. concern. l'artillerie, par Saint-Auban, du Coudray, d'Arcy, etc. 1756 *et suiv.* in-8. br.

2756 Nouv. principes d'artillerie, par Benj. Robins, trad. de l'angl. par Dupuy. *Grenoble*, 1771, in-8. fig.

2757 Observ. sur le canon, par rapport à l'infanterie en général et à la colonne en particulier. *Par.* 1772, in-4. br.

Art Pyrotechnique ou du Feu, Fonderie, Verrerie, etc.

2758 Pyrothecnie ou art du feu, composée en italien, par Vanoccio Biringuccio, trad. par Jacq. Vincent. *Rouen*, 1627, in 4. fig.

2759 Traité des feux d'artifice pour le spectacle, par Fresier. *Par.* 1747, in-8. fig.

2760 Manuel de l'artificier, par le même. *Par.* 1757, in-12. fig.

2761 Traité des feux d'artifice pour le spectacle et la guerre, par Perrinet d'Orval. *Berne*, 1750, in-8. fig. mar.

2762 Fonte des mines, fonderies, etc. trad. de l'allem. de Christophe-André Schlutter, tom. 1 qui traite des essais des mines, etc. publié par Hellot. *Par.* 1750, in-4. fig.

2763 — La même. *Par.* 1750, 2 vol. in-4. gr. pap. fig.

2764 Méthode pour laver et fondre les mines de fer, par Robert. *Par.* 1757, in-12. fig.

2765 Traité de la fonte des mines par le feu du charbon de terre, et de la constr. et usage des fourneaux propres à la fonte et affinage des métaux et des minéraux, par de Genssane. *Par.* 1770, 2 vol. in-4.

2766 Traité de la fonte des cloches, par Roujoux. *Par.* 1765, in-8. fig. br.

2767 Ant. Neri de arte vitraria, cum Christoph. Merretti observationibus et notis, in quibus gemmarum artificialium, encaustorum et laccarum artificium explicatur. *Amst.* 1669, in-12. fig.

2768 Art de la verrerie de Neri, Merret et Kunckel, trad. en franc. par d'Olbac. *Par.* 1752, 2 vol. in-4. fig. pap. double.

2769 Art de la verrerie, par Haudicquer de Blancourt. *Par.* 1718, 2 vol. in-12. fig.

2770 Œuvres de Bosc d'Antic, conten. plusieurs mém. sur l'art de la verrerie, la fayancerie, la poterie, l'art des forges, la minéralogie, l'électricité et la médecine. *Par.* 1780, 2 vol. in-12. fig.

Art Gymnastique, et de la Chassse et de la Pêche.

2771 Manuel du cavalier, trad. de l'angl. de Burdon. *Par.* 1737, in 12. fig.

2772 Traités et pratique de l'équitation, avec une trad. du traité de la cavalerie de Xénophon, par Dupati de Clam. *Par.* 1769 et 1772, in-8.

2773 Traité d'équitation, par Montfaucon de Rogles. *Par.* Imp. Roy. 1778, in-4. fig.

2774 Recueil de figures dessinées concern. l'éperonnerie. in-fol.

2775 Autores rei venaticæ antiqui, cum comment. Jani Ulitii. *Lugd. Bat.* Elzevir, 1653, in-12.

2776 Poetæ latini rei venaticæ scriptores et bucolici antiqui, cum variorum notis. *Lugd. Bat.* 1728, in-4.

2777 Dict. de chasse et de pêche. *Par.* 1769, 2 vol. in-8.

2778 Oppianus de piscatu et de venatione, gr. et lat. *Parisiis*, 1555, in-4. v. fil.

2779 Arrianus de venatione, gr. et lat. Luca Holstenio interprete. *Parisiis*, 1644, in-4. v. fil.

2780 La vénerie, par Jac. du Fouilloux. *Par.* 1606. — La Fauconnerie, par J. de Franchieres. *Par.* 1602, in-4 fig.

2781 Vénerie Royale, par Rob. de Salnove. *Par.* 1665, in-4.

2782 L'art de toute sorte de chasse et de pêche, avec celui de guérir les chevaux, les chiens et les oiseaux. *Lyon*, 1719, 2 vol. in-12.

2783 Dons des enfans de Latone, la musique et la chasse du cerf. *Par.* 1734, in-8.

2784 Amusemens de la chasse et de la pêche. *Amst.* 1743, 2 vol. in-12. fig.

2785 Ecole de la chasse aux chiens courans, avec une bi-

[Bi]blioth. hist. et crit. des théreuticographes, par le Verrier de la Conterie. *Rouen*, 1763, 2 vol. in-8. fig. v. d. s. tr.

2786 Vénerie normande, ou école de la chasse aux chiens courants, par le même. *Rouen*, 1778, in-8. fig.

2787 Traité de vénerie et de chasse. *Par.* 1769, in-4. fig.

2788 Les ruses du braconage mises à découvert, par Labruyere. *Par.* 1771, in-12. mar.

2789 Almanach du chasseur. *Par.* 1773, in-12.

2790 Mém. sur les moyens de perfectionner les rèmises propres à la conservation du gibier, par le Breton. *Par.* 1785, in-12. br.

2791 Rei accipitrariæ scriptores gr. et lat. et liber de cura canum. *Lut.* 1612, in-4. v. fil.

2792 La fauconnerie, par Franç. St-Aulaire. *Par.* 1619, in-4.

2793 La fauconnerie avec la confer. des fauconniers, par Charles d'Arcussia. *Par.* 1626 et 1627, 2 tom. 1 vol. in-4. fig. v. fil.

2794 Les ruses innocentes pour prendre les oiseaux passagers et les non passagers, et plusieurs sortes de bêtes à quatre pieds, pour la pêche dans les rivières et les étangs, et manière de faire tous les rets et filets. *Par.* 1660, in-4. fig.

2795 —Les mêmes. *Par.* 1688, in-4. fig.

2796 Amusemens de la campagne, ou nouvelles ruses innocentes, etc. par L. Liger. *Par.* 1753, 2 vol. in-12. fig.

2797 The compleat angler or the contemplative man's recreation, by Isaac Walton. *London*, 1668, in-12.

2798 The art of angling rock and sea-fishing with the natural hist. of river pond, and sea-fish. *London*, 1740, in-12. fig.

2799 Dissert. sur la pêche, sur la population et l'âge du poisson. in-12. br.

Jeux d'exercice et de divertissement.

2800 La danse ancienne et moderne, par Cahusac. *Par.* 1754, 3 tom. 1 vol. in-12. pap. de Holl.

2801 Lettres sur la danse, par Noverre. *Lyon*, 1760, in-8.

2802 Académie universelle des jeux. *Par.* 1718, in-12.

2803 Essais sur le jeu des échec, par Phil. Stamma. *La Haye*, 1741. — Par Calabrois. *Par.* 1714, 2 v. in-12.

2804 Analyse des échecs, par A. D. Philidor. *Lond.* 1749, in-8.

2805 Le grand trictrac. *Par.* 1756, in-8.

2806 Recherches hist. sur les cartes à jouer, par Bullet. *Lyon*, 1767, in-8.

2807 Règles du médiateur. *Par.* 1752, in-12. br.

ADDITION.

1178 *bis.* Anatomie physico-microscopique du froment et du seigle, par Mart. Frob. Ledermuller, en allemand, avec fig. enlum. *Nuremberg*, 1764, in-fol. fig.

BELLES-LETTRES.

BELLES-LETTRES.

Introduction.

2808 Manière d'étudier les Belles-Lettres, par Rollin. *Paris*, 1740, 2 vol. in-4. gr. pap.

2809 Observations sur le Traité des Etudes de Rollin, par Gibert. *Paris*, 1727, in-12.

2810 Essai sur l'Etude de la Littérature. *Paris*, 1762, in-12.

2811 Ecole de Littérature, par de la Porte. *Paris*, 1764, 2 vol. in-12.

2812 Traité de la Diction, par Estève. *Paris*, 1755, in-12. d. s. t.

2813 Connoissance des beautés et des défauts de la Poésie et de l'Eloquence dans la Langue Française. *Paris*, 1749, in-12.

2814 Erudition complette, par Bielfeld. *Lyon*, 1768, 4 vol. in-12. br.

2815 Cours d'Etudes pour l'instruction du prince de Parme, par Condillac. *Parme*, 1775, 16 vol. in-8.

2816 Petit Cours d'Etudes depuis l'alphabet jusqu'à l'entrée des humanités, et introduction à la Langue Latine par la voie de la traduction, par Chompré. *Paris*, 1750, in-8. v. d. s. t.

2817 Ejusdem selecta latini sermonis exemplaria. *Paris*, 1751, 2 et 5 parties. v. fil. d. s. t.

2818 Plan d'Etudes pour toutes les Classes, et Projet de principes raisonnés de la Langue Latine. *Paris*, 1754, in-12. br.

2819 Cours de Latinité de Vanière. *Paris*, 1759, in-8.

2820 Extraits d'Auteurs grecs et latins, sacrés et profanes, manuscrits. 7 vol. in-fol.

2821 Dictionnaire des Beaux-Arts, par Lacombe. *Paris*, 1759, in-8.

2822 Spectacle des Beaux-Arts, par le même. *Paris*, 1758, in-12.

2823 L'Esprit des Beaux-Arts. *Paris*, 1753, 2 tom. en 1 vol. in-12.

BELLES-LETTRES.

GRAMMAIRE.

Grammairiens grecs, latins, français et étrangers.

2824 Théorie nouvelle de la Parole et des Langues, par le Blanc. *Paris*, 1750, in-12.

2825 Élémens primitifs des Langues, par Bergier. *Paris*, 1764, in-12.

2826 Traité de la formation mécanique des Langues, par des Brosses. *Paris*, 1765, 2 vol. in-12.

2827 Essai sur les Langues et sur la Langue Française, par Sablier. *Paris*, 1777, in-8. br.

2828 Observations fondamentales sur les Langues anciennes et modernes, par le Brigant. *Paris*, 1787, in-4. br.

2829 Détachemens de la Langue primitive, par le même. *Paris*, 1787, in-8. br.

2830 Manière d'apprendre les Langues, par Radonvilliers. *Paris*, 1768, in-8.

2831 Influence des opinions sur le langage, et du langage sur les opinions, par Michaelis. *Brême*, 1762, in-8. v. fil.

2832 Abrégé de la méthode grecque de Port-Royal. in-12.

2833 Racines grecques en vers français. *Paris*, 1719, in-12.

2834 Traité de l'arrangement des mots, traduit du grec de Denys d'Halicarnasse, avec des réflexions sur la Langue Française comparée avec la Langue Grecque, par Batteux. *Paris*, 1788, in-12.

2835 Corn. Schrevelii Lexicon manuale græco-latin. *Lutet. Paris*. 1767, in-8.

2836 Apparatus gr. lat. cum interpretatione gallicâ, ex Isocrate, Demosthene, aliisque auctoribus græcis concinnatus. *Paris*, 1754, in-4. v. fil.

2837 Méthode pour apprendre la Langue Latine, par Delaunay. *Paris*, 1759, 4 vol. in-8. mar.

2838 Grammaire latine, par Vallart. *Paris*, 1760, in-12.

2839 L'Anatomie de la Langue Latine, par Lebel. *Paris*, 1764, in-12.

2840 Indiculus universalis, en lat. par Fr. Pomey, trad. et augmenté par Dinouart. *Paris*, 1755, in-12.

2841 Conservations latines expliquées, ou le Précepteur zélé, par Bruxelle. *Paris*, 1760, in-8.

2842 Dictionnaire roman, walon, celtique et tudesque. *Bouillon*, 1777, in-4.

2843 Glossarium ad scriptores mediæ et infimæ latinitatis, auctore Car. Dufresne Ducange. *Paris*, 1733 6 vol. in-fol.

2844 Petri Danetii Dictionnarium latino-gallicum, ad usum Delphini. *Lugd.* 1740, in-4.

2845 Joannis Boudot Dictionnarium latino-gallicum. *Rothom.* 1774, in-8.

2846 Novitius, seu Dictionnarium latino-gallicum. *Lutet. Paris.* 1720, 2 vol. in-4.

2847 Grammaire française générale et raisonnée, Méthode italienne et espagnole, par MM. de Port-Royal. *Paris*, 1660, in-12.

2848 La même Grammaire française, avec les remarques de Duclos et des réflexions par Fromant. *Paris*, 1756, in-12, v. fil.

2849 Grammaire française, par Regnier des Marais. *Amst.* 1707, in-12.

2850 Systême ou Bureau typographique, pour apprendre à lire aux enfans, par Chompré. *Paris*, 1733, in-4.

2851 Vrais principes de la Langue Française, par Girard. *Paris*, 1747, 2 vol. in-12.

2852 Synonymes français, par le même, augmentés par Beauzée. *Paris*, 1769, in-8.

2853 Alphabet pour les enfans, par Delaunay. *Paris*, 1750. — Anti-Quadrille, ou le Public détrompé. *Paris*, 1745, 2 vol. in-12.

2854 Méthode pour apprendre l'Orthographe et la Langue Française, par Jacquier. *Paris*, 1751, in-8.

2855 Principes de la Grammaire Française, par Antonini. *Paris*, 1753, in-12.

2856 Grammaire Française, par Wailly. *Paris*, 1754, in-12.

2857 Grammaire Française philosophique, par d'Açarq. *Paris*, 1760, in-12. br.

2858 Principes de l'Orthographe française, par Douchet. *Paris*, 1762, in-8.

2859 Grammaire générale, par Beauzée. *Paris*, 1767, 2 vol. in-8.

2860 Méthode pour apprendre à lire et à écrire couramment la Langue Française, par Devienne. *Paris*, 1782, in-12. br.

2861 Doutes sur la Langue Française. *Paris*, 1674, in-12.

2862 Observations sur la Langue Française, par Ménage. *Paris*, 1676, 2 vol. in-12.

2863 Nouvelles Remarques sur la Langue Française, par Vaugelas. *Paris*, 1690, in-12.

2864 Les mêmes, avec des notes de Patru et T. Corneille. *Paris*, 1738, 3 vol. in-12.

2865 Remarques sur la Langue Française, par Bouhours. *Paris*, 1692, 2 vol. in-12.

2866 Eclaircissemens sur les principes de la Langue Française, par Grimarest. *Paris*, 1712, in-12.

2867 Réponse à la lettre d'un gentilhomme Périgourdin, ou Réfutation de la Grammaire de Grimarest, par de la Lande. *Paris*, 1730, in-12.

2868 Tropes et Exposition d'une méthode raisonnée pour apprendre la Langue Latine, avec une réponse à une critique de cet ouvrage, par du Marsais. *Paris*, 1730, in-8.

2869 Logique et principes de Grammaire, par le même. *Paris*, 1769, in-8.

2870 Remarques de Grammaire sur Racine, par d'Olivet. *Paris*, 1738, in-12.

2871 Remarques sur la Langue Française, Prosodie, Essai de Grammaire, Remarques sur Racine, par le même. *Paris*, 1767, in-12.

2872 Opuscules sur la Langue Française. *Paris*, 1754, in-12.

2873 Traité de deux imperfections de la Langue Française. *Paris*, 1759, in-12.

2874 Dictionnaire du vieux Langage Français, par la Combe. *Paris*, 1766, 2 vol. in-8.

2875 Manuel lexique, ou Dictionnaire des mots français dont la signification n'est pas familière à tout le monde, par Prévost. *Paris*, 1755, 2 vol. in-8.

2876 Dictionnaire universel français et latin, dit de Trévoux. *Paris*, 1752, 7 vol. in-fol.

2877 Dictionnaire de la Langue Française, par P. Richelet. *Lyon*, 1759, 3 vol. in-fol.

2878 Dictionn. d'Orthographe française, par Restaut. *Poitiers*, 1752, in-8. mar.

2879 Dictionn. de l'Elocution française. *Paris*, 1769, 2 vol. in-8.

2880 Abrégé du Dictionnaire de l'Académie française. *Paris*, 1786, 2 vol. in-8.

2881 Dictionn. français et lat. par Lallemant. *Rouen*, 1788, in-8.

2882 Dict. de Rimes, par P. Richelet. *Paris*, 1760, in-8.

2883 Dict. comique, satyrique, critique, burlesque, libre et proverbial, par Philibert Jos. le Roux. *Paris*, 1750, in-8. gr. pap. v. fil.

2884 Maître Italien, par Véneroni. *Paris*, 1737, in-12.

2885 Maître Toscan, par Marcel Borzacchini. *Paris*, 1777, in-8.

2886 Dict. italien et français, fr. et ital. par Ann. Antonini. *Lyon*, 1770, 2 vol. in-4.

2887 Dict. fr. et ital. ital. et fr. par Alberti. *Paris*, 1771, 2 vol. in-4.

2888 Dict. allemand et fr. fr. et allem. *Strasbourg*, 1762, 2 vol. in-8.

2889 Grammaire anglaise, par Robinet et de Haynin. *Amsterdam*, 1774, in-12.

2890 Prononciation de la Langue anglaise, par Mathes Flint. *Paris*, 1754, in-12.

2891 Dict. fr. angl. et angl. fr. par A. Boyer. *Lyon*, 1768, 2 vol. in-4.

2892 Dict. fr. angl. et angl. fr. par Louis Chambaud, augmenté par J. B. Robinet. *Amsterdam*, 1776, 2 vol. in-4.

2893 Pocket Dictionnary of the french and english Languages, by Th. Nugent. *London*, 1767, in-8.

2894 Dictionn. des particules anglaises. *Paris*, 1774, in-8.

2895 Dictionn. français et flamand. *Amsterdam*, 1751, in-8.

2896 Dictionnaire galibi et français. *Paris*, 1763. — Consultations sur une naissance tardive. *Paris*, 1765, in-8.

RHÉTORIQUE.

Rhéteurs et Orateurs grecs, latins, français et étrangers.

2897 Rhétorique d'Aristote, trad. par Cassandre. *La Haye*, 1718, in-12.

2898 Marcus Fabius Quintilianus de oratoriâ institutione; totum textum recognovit notasque adjecit Cl. Capperonnerius. *Paris*, 1725, in-fol. gr. pap.

2899 Le même Traité trad. par Gédoyn. *Paris*, 1752, 4 vol. in-12.

2900 Les Beaux-Arts réduits à un même principe, et construction oratoire, par Batteux. *Paris*, 1747, 2 vol. in-12.

2901 Principes pour la lecture des Orateurs, par Mallet. *Paris*, 1753, 3 vol. in-8.

2902 Essai sur les bienséances oratoires. *Paris*, 1753, 2 vol. in-8.

2903 Essai sur le Beau, par André. *Paris*, 1763, 2 vol. in-12.

2904 Lysiæ orationes de græcis latinè reddidit Jodocus Vander-Heidius. *Hanoviæ*, 1615, 2 vol. in-8.

2905 Isocratis orationes et epistolæ, gr. et lat. *Paris*, 1621, in-8.

2906 Œuvres complettes d'Isocrate, trad. par Auger. *Paris*, 1782, 3 vol. in-8.

2907 Œuvres complettes de Démosthène et d'Eschine, trad. par le même. *Paris*, 1777, 5 vol. in-8.

2908 Traduction des Philippiques de Démosthène, d'une des Verrines de Cicéron, avec des dialogues de Platon, par de Maucroy et la Fontaine. *Amsterdam*, 1688, in-12.

2909 Philippiques de Démosthène et Catilinaires de Cicéron, trad. par d'Olivet, avec des remarques par Bouhier. *Paris*, 1736, in-12.

2910 Harangues d'Eschine et de Démosthène sur la couronne, trad. par Millot. *Lyon*, 1764, in-12.

RHÉTEURS ET ORATEURS.

2911 Vies des anciens orateurs grecs, par de Brequigny. *Paris*, 1751, 2 vol. in-12.

2912 M. Tullii Ciceronis opera. *Lugd. Bat.* Elzévir, 1642, 10 vol. in-12. mar.

2913 Apparatus ad Ciceronem. *Lutet. Paris.* 1632, in-4.

2914 Dialogue des orateurs du même en lat. et trad. en franç. par Morabin. *Paris*, 1722, in-12.

2915 Jos. Juvencii orationes. *Paris*, 1714, 2 vol. in-12.

2916 Caroli Porée orationes. *Paris*, 1735, 2 vol. in-12.

2917 Musæ rhetorices à Xaverio de la Sante. *Paris*, 1732. — Recueil de harangues et de poésies latines. 2 vol. in-12.

2918 La Rhétorique de collége trahie par son apologiste. *Paris*, 1704, in-12.

2919 La Rhétorique, par Bernard Lamy. *Paris*, 1741, in-12.

2920 La Rhétorique, par Gibert. *Paris*, 1749, in-12.

2921 Rhétorique française, à l'usage des jeunes Demoiselles, par Gaillard. *Paris*, 1765, in-12.

2922 Préceptes de Rhétorique, par Gardin. *Paris*, 1762, in-12. br.

2923 Réflexions sur la Rhétorique. *Paris*, 1707, in-12.

2924 De la véritable Eloquence. *Paris*, 1703, in-12.

2925 L'Eloquence du corps dans le ministère de la Chaire, ou l'action du Prédicateur, par Dinouart. *Paris*, 1754, in-12. br.

2926 Oraisons funèbres, par Jacq. Bénigne Bossuet. *Paris*, 1749, in-12.

2927 Oraisons funèbres, par Jules Mascaron. *Paris*, 1745, in-12.

2928 Œuvres de Nesmond. *Paris*, 1754, in-12.

2929 Recueil de Plaidoyers et Harangues manuscrites de la main du premier-président et du chancelier de Lamoignon, depuis 1655 jusqu'en 1743. 26 vol. in-fol. et in-8.

2930 Recueil de discours oratoires, d'éloges et de poésies latines. 3 vol. in-4. br.

2931 Recueil de discours de réception à l'Académie française. in-4. br.

2932 Recueil d'oraisons funèbres. 3 vol. in-4. dont 1 br.

POÉTIQUE.

Traités généraux.

2933 Poétique d'Aristote, trad. par Dacier. *Paris*, 1692, in-4.

2934 Les quatre Poétiques d'Aristote, d'Horace, de Vida, de Boileau, avec les traduct. et des remarq. par Batteux. *Paris*, 1771, 2 vol. in-8.

2935 Raison ou Idée de la Poésie, trad. de Gravina par Réquier. *Paris*, 1755, 2 vol. in-12.

2936 Invention d'une manufacture et fabrique de vers au petit métier, ou l'Art de vérsifier par les seules règles du calcul numérique, par Migneret. *Paris*, 1759, in-8.

2937 Dissertation sur la Poésie pastorale, par Genest. *Paris*, 1707, in-12.

2938 Traité du Poëme épique, par Le Bossu. *Paris*, 1708, in-12.

2939 Dan. Heinsius de tragœdiæ constitutione. *Lugd. Batav.* Elzev. 1643, in-12.

POETES ANCIENS ET MODERNES.

Poëtes et Dramatiques grecs.

2940 Iliade et Odyssée d'Homère, trad. par mad. Dacier. *Paris*, 1741, 8 vol. in-12.

2941 Iliade trad. par Bitaubé. *Paris*, 1780, 3 vol. in-8.

2942 Odyssée trad. par Gin. *Paris*, 1784, 3 vol. in-12.

2043 Essai d'une traduction de l'Iliade en vers, par de Rochefort. *Paris*, 1765, in-8. v. fil.

2944 Iliade trad. en vers par le même. *Paris*, 1766, 2 vol. in-8.

2945 Iliade et Odyssée trad. en vers par le même. *Paris*, 1781, 2 vol. in-4.

2946 Iliade trad. en vers par Dobremès. *Paris*, 1784, 3 vol. in-8. fig.

2947 The Iliad and Odyssey of Homer, transl. by Alex. Pope. *Lond.* 1771, 9 vol. in-12.

2948 Observations sur les Poëmes d'Homère et de Virgile. *Paris*, 1669, in-12.

2949 Nouvelles Remarq. sur Virgile et sur Homère, et sur le prétendu style poétique de l'écriture sainte. 1710, 2 vol. in-12.

2950 Apologie d'Homère et bouclier d'Achille, par Boivin. *Paris*, 1715, in-12. fig.

2951 Dissertation critique sur l'Iliade, par Terrasson. *Paris*, 1715, 2 vol. in-12.

2952 Homère vengé, ou Réponse à M. de la Motte sur l'Iliade. *Paris*, 1715, in-12.

2953 Examen de la querelle de madame Dacier et de M. de la Motte sur Homère, par Fourmont. *Paris*, 1716, 2 vol. in-12.

2954 Tableaux tirés de l'Iliade et Odyssée d'Homère, et de l'Enéide de Virgile, par Caylus. *Paris*, 1757, in-8. v. fil.

2955 Essai sur le Génie original d'Homère, avec l'état actuel de la Troade comparé à son état ancien, trad. de l'anglais de Wood. *Paris*, 1777, in-8. cart.

2956 Poetarum græcorum Bucolica, Georgica et Gnomica, græcè et latinè. *Colon. Allobr.* 1612, 2 vol. in-18.

2957 Hesiodi quæ extant, ex recensione Jo. Georg. Grævii, cum commentariis Jo. Clerici et notis variorum, ac Dan. Heinsii Introductione in doctrinam operum et dierum, et indice Georg. Pasoris. *Amst.* 1701, in-8. fig.

2958 Origine des Dieux du Paganisme, et le sens des fables découvert par une explication suivie des poésies d'Hésiode, par Bergier. *Paris*, 1774, 2 vol. in-12.

2959 Lycophronis Cassandra græcè et cum duabus versionibus ad verbum, à Guil. Cantero, carmine per Jos. Scaligerum Julii F. *Basil.* 1565. — Moschi et Bionis idyllia quæ extant omnia, gr. et cum vers. lat. ab Adolpho Mekercho. *Brugis*, 1565. in-4

2960 Carminum poetarum novem lyricæ poeseos principum fragmenta gr. et lat. *Paris*, Henr. Stephanus, 1566, 2 vol. in-24.

2961 Anacréon et Sapho en grec, trad. en français par madame Dacier. *Amsterdam*, 1716, in-12. v. d. s. t.

2962 Imitation des Odes d'Anacréon en vers, par de S** . avec la traduction en prose par mad. Dacier. *Paris*, 1754, in-12.

2963 Anacréon, Sapho, Moschus, Bion, Tyrthée, trad. en vers fr. par Poinsinet de Sivry. *Nancy*, 1758, in-12. mar.

2964 La même traduct. (sous le titre de Muses grecques.) *Deux-Ponts*, 1771, in-12.

2965 Anacréon vengé, ou Lettres sur une nouv. trad. *Paris*, 1755, in-12. br.

2966 Pindare trad. en vers et en prose, par de Lagausie. *Paris*, 1626, in-8. fig.

2967 Olympiques trad. *Paris*, 1754, in-12. mar.

2968 Pythiques en grec et en fr. par Chabanon. *Paris*, 1772, in-8.

2969 Essai sur Pindare, par Vauvilliers. *Paris*, 1772, in-12.

2970 Idylles de Théocrite trad. en prose, avec quelques imitations en vers. *Paris*, 1777, in-12.

2971 Les mêmes et celles de Bion et Moschus en grec, traduites en vers franç. *Paris*, 1688, 2 vol. in-12.

2972 Teocrito volgarizzato (in versi) da Dom. Regolotti. *Torino*, 1729, in-8.

2973 Hymnes de Callimaque en grec, trad. par M. du Theil. *Paris*, 1775, in-8. v. d. s. t.

2974 Anthologia epigrammatum græcorum gr. et lat. *Flexiæ*, 1624, in-8.

2975 Théatre des Grecs, par Brumoy. *Paris*, 1763, 6 vol. in-12.

2976 Tragœdiæ selectæ Æschili, Sophoclis, Euripidis, græcè, cum duplici versione latinâ, unâ ad verbum, alterâ carmine. *Paris*, Henr. Stephanus, 1567, in-18.

2977 *Æschyli* tragœdiarum versio lat. à Jo. Sanravio. *Basil.* 1555, in-8.

2978 Tragédies du même, trad. par le Franc de Pompignan. *Paris*, 1790, in-8. v. fil.

2979 Oreste et les Coéphores, trad. par du Theil. *Paris*, 1770. — Héro et Léandre, poëme de Musée, et quelques Idylles de Théocrite traduites par Moutonnet-Clairfontaine. *Paris*, 1774. — Lettre sur Horace, par Vauvilliers. *Paris*, 1768, in-8.

2980 Euripidis tragœdiæ gr. et lat. à M. Æmil. Porto. *Heidelbergæ*, 1597, 2 vol. in-8.

2981 Sophoclis tragœdiæ gr. et lat. *Lond.* 1722, 2 vol. in-12.

2982 Les mêmes, trad. par Dupuy. *Paris*, 1774, 2 vol. in-12.

2983 Œdipe et Electre du même, trad. par Dacier. *Paris*, 1692, in-12.

2984 Œdipe du même, et les Oiseaux d'Aristophane trad. par Boivin. *Paris*, 1729, in-12.

2985 Aristophane, trad. partie en vers, partie en prose, avec les fragmens de Ménandre et de Philémon, par Poinsinet de Sivry. *Paris*, 1784, 4 vol. in-8.

2986 Plutus et les Nuées, trad. par mademoiselle le Fèvre. *Paris*, 1684, in-12.

Poëtes et Dramatiques latins.

2987 Corpus omnium Poetarum latinorum. *Aur. Allobrogum*, 1611, in-4.

2988 Anthologia veterum latinorum epigrammatum et poëmatum, cum variorum notis, curâ Pet. Burmanni. *Amst.* 1759, 2 vol. in-4.

2989 Poetæ latini minores, cum variorum notis, curante Pet. Burmanno. *Leidæ*, 1730, in-4.

2990 Catullus, Tibullus et Propertius, ex recensione Jo. Georg. Grævii, cum variorum notis. *Traj. ad Rhen.* 1680, in-8.

2991 Catulle, Tibulle et Gallus, trad. par Pezai. *Paris*, 1771, 2 vol. in-12.

2992 Elégies de Tibulle et de Properce, trad. par Longchamps. *Paris*, 1772 et suiv. 2 vol. in-8.

2993 P. Virgilii Maronis opera. *Amstel.* in-12.

2994 Eadem interpret. et notis illustravit Car. Ruæus, ad usum Delphini. *Paris*, 1682, in-4.

2995 Géorgiques et Enéide, trad. en vers par Segrais. *Paris*, 1700 et 1711, 3 vol. in-8. et in-12.

2996 Observations critiques sur la traduction des Georgiques par Delille, sur les poëmes des Saisons par Saint-Lambert, de la Déclamation par Dorat, et de la Peinture par Watelet, par Clément. *Paris*, 1772, in-8.

2997 Q. Horatii Flacci poemata. *Hamburgi*, 1733, in-12.

2998 Les mêmes trad. en franç. avec des remarq. et dissert. crit. par Sanadon. *Amsterdam* (Paris) 1756, 8 vol. in-12. gr. pap.

2999 Les mêmes trad. par Batteux. *Paris*, 1768, 2 vol. in-12. v. fil.

3000 Horace trad. en vers franç. *Paris*, 1752, 5 vol. in-12. pap. de Holl.

3001 Odes trad. *Paris*, 1757, in-12. br.

3002 Les mêmes trad. en vers par Chabanon, livre 3e. *Paris*, 1773, in-12.

3003 Publ. Ovidii opera, ex recensione Nic. Heinsii Dan. Fil. *Amst.* Elzevir, 1658, 3 vol. in-12.

3004 Eadem cum interpretatione et notis Dan. Crispini, ad usum Delphini. *Venet.* 1779, 4 vol. in-4. broch.

3005 Ejusdem Tristes, ex Ponto, et Ibis, edente Jer. Jac. Oberlino. *Argentor.* 1778, in-8.

3006 Fastes trad. par Bayeux. *Rouen*, 1783, 4 vol. in-8. fig.

3007 Epîtres trad. en vers par Casp. Bachet, sieur de Meziriac, avec des commentaires. *La Haye*, 1716, 2 vol. in-8.

3008 M. Val. Martialis. *Amstel.* 1629, in-24.

3009 Idem ad usum Delphini, interpretatus est Vinc. Collesso, numismatibus exornavit Lud. Smids. *Amst.* 1701, in-8.

3010 Publ. Papinii Statii opera, cum observationibus variorum, recensita ab Emerico Cruceo. *Paris*, 1618, in-4.

3011 Decii Junii Juvenalis et Auli Persii satyræ, et in eas commentat. Bern. Autumni. *Paris*, 1607, in-8.

3012 Eædem. *Amstel.* in-24.

3013 Eædem cum interpretatione Jos. Juvencii. *Paris*, 1729, in-12.

3014 Les mêmes traduites par Tarteron. *Paris*, 1729, in-12.

3015 Juvenalis satyræ. *Turonibus*, 1687, in-12.

3016 Les mêmes trad. par Dussaulx. *Paris*, 1770, in-8. v. fil.

3017 La même traduction. *Paris*, 1782, 2 vol. in-8.

3018 Persii satyræ sex, cum postumis commentariis Joannis Bond. *Amst.* 1645, in-12.

3019 Les mêmes trad. avec le texte lat. à côté, par le Monnier. *Paris*, 1771, in-8.

3020 Les Pastorales de Némesien et de Calpurnius, trad. en franç. *Brux.* 1744, in-12.

3021 Cl. Claudiani quæ extant Casp. Barthius recensuit. *Hanoviæ*, 1612, in-8.

3022 Eadem. *Amstel.* 1677, in-24.

3023 Eadem cum variorum notis, curantibus Nicol. Heinsio et Pet. Burmanno. *Amst.* 1760, in-4.

3024 Ausonii opera, commentariis illustrata per Eliam Vinetum. *Burdigalœ*, 1580, in-4.

3025 Les mêmes en lat. trad. par Jaubert. *Paris*, 1769, 4 vol. in-12.

3026 Aur. Prudentii quæ extant Nic. Heinsius Dan. Fil. recensuit. *Amst.* Elzévir, 1647, in-12.

3027 Actii Sinceri Sannazarii opera, ex secundis curis Jani Broukhusii; accedunt Dan. Attilii, Dan. Cereti et fratrum Amaltheorum carmina et notæ Petri Vlamingii. *Amst.* 1728, in-8.

3028 Opus Merlini Cocaii macaronicorum. *Venet.* 1613, in-12.

3029 Ant. de Arena poemata. *Paris*, 1758, in-12. v. d. s. t.

3030 Ejusdem meygra entreprisa catoliqui imperatoris. *Lugd.* 1760, in-8.

3031 Marci Hier. Vidæ poemata omnia. *Cremonæ*, 1550, in-8. mar.

3032 Georg. Buchanani opera. *Amst.* 1687, in-24.

3033 Theod. Bezæ, Marci Ant. Mureti, Joannis Secundi, Jo. Bonnefonii poemata. *Paris*, Barbou, 1757, in-12. pap. de Holl. v. fil.

3034 Ren. Rapini eclogæ, horti et alia poemata. *Paris*, 1723, 3 vol. in-12. fig.

3035 Sidronii Hosschii, Guil. Becani et Jac. Wallæi elegiæ et poemata. *Paris*, 1723, 2 vol. in-12.

3036 Joan. Bonnefonii opera, avec les imitations franç. par Gilles Durant. *Paris*, 1727, in-12.

3037 Dan. Heinsii poemata lat. et gr. *Amst.* 1649. — Hug. Grotii poemata. *Amst.* 1670, 2 vol. in-12.

3038 Petri Justi Sautel lusus allegorici, et Gabr. Madeleneti carmina. *Paris*, 1754, in-12.

3039 Jo. Bapt. Santolii opera et hymni. *Paris*, 1698, 3 tom. en 2 vol. in-12.

3040 Jo. Commirii carmina. *Paris*, 1753, 2 vol. in-12. v. fil.

3041 Petri Lengleti carmina. *Paris*, 1673, in-8.

3042 Car. Ruæi carmina. *Lutet. Parisiorum*, 1688, in-12.

3043 Joann. Ant. du Cerceau carmina. *Paris*, 1705, in-12.

3044 Jac. Vanierii carmina et prædium rusticum. *Paris*, 1730, 2 vol. in-12. fig.

3045 Recueil de poésies latines et françaises. 2 vol. in-4.

3046 Plaute en lat. trad. en fran. par H. P. Limiers. *Amst.* 1719, 10 vol. in-12. fig.

3047 Essai sur une traduct. libre de Plaute, par Girauld. *Paris*, 1761, in-8. v. fil.

3048 Comédies de Térence en lat. trad. par mad. Dacier. *Paris*, 1717, 3 vol. in-8. fig.

3049 Les mêmes en lat. trad. par Le Monnier. *Paris*, 1771, 3 vol. in-12.

3050 L. Annæi Senecæ tragœdiæ, cum Jo. Fred. Gronovii et variorum notis, edente Jo. Casp. Schrodero. *Delphis*, 1728, in-4.

3051 Car. Porée opera dramatica. *Paris*, 1745, 2 vol. in-12.

POÉSIE FRANÇAISE.

Introduction et collections.

3052 Traité de la Poésie franç. par Mourgues. *Paris*, 1724, in-12.

3053 Poétique franç. par Marmontel. *Paris*, 1763, 3 vol. in-12. v. fil. pap. double.

3054 Elémens de Poésie fr. par Joannet. *Paris*, 1752, 3 vol. in-12.

3055 Modèles de Poésie lyrique. *Paris*, 1761, in-12. v. fil.

3056 Histoire de la Poésie franç. par Massieu. *Paris*, 1739, in-12.

3057 Fabliaux et Contes des poëtes franç. des 12e à 15e siècles, par Barbazan. *Paris*, 1756, 3 vol. in-12.

3058 Fabliaux et Contes des 12e et 13e siècles, trad. ou extraits par Legrand d'Auxi. *Paris*, 1777, 4 vol. in-8.

3059 Extrait de quelques Poésies des 12, 13 et 14e siècles. *Laus.* 1759, in-8. br.

3060 Recueil des plus belles pièces des poëtes franç. depuis Villon jusqu'à Benserade. *Paris*, 1752, 6 vol. in-12. pap. de Holl. v. fil.

3061 Cabinet satyrique, *Amst.* 2 vol. in-12.

3062 Choix de pièces de Poésie. 1715, 2 vol. in-12.

3063 Le Chifonnier du Parnasse. *Paris*, 1732, in-8.

3064 La Pléiade franç. *Paris*, 1754, 2 vol. in-12. v. d. s. t.

3065 L'Ami des Muses. *Avignon*, 1758, in-8.

3066 Trésor du Parnasse. *Orléans*, 1762, 6 vol. in-12.

3067 Porte-feuille d'un homme de goût, par la Porte. *Paris*, 1765, 2 vol. in-12.

3068 Nouvelle Anthologie franç. *Paris*, 1769, 2 vol. in-12.

3069 Recueil d'Epitaphes, par de la Place. *Paris*, 1782, 3 vol. in-12.

3070 Contes et Epigrammes. *Paris*, 1765, in-8. br.

3071 Recueil des meilleurs Contes en vers. *Paris*, 1774, 2 vol. in-8.

3072 Almanachs des Muses 1766, 1770, 1772, 1775, 1779, 1788, 1789. 9 vol. in-12. br.

3073 Etrennes anacréontiques aux Grâces. *Paris*, 1776, in-12. br.

3074 Etrennes du Parnasse, choix de Poésies. *Paris*, 1775, in-12. br.

3075 Recueil de pièces en vers. 8 vol. in-8.

3076 Recueil de petites pièces de Poésie. *Paris*, 1760 et suiv. 9 vol. in-8. et in-12.

Poëtes français.

3077 Poésies du roi de Navarre, avec des notes et un glossaire, par l'Evêque de la Révellière. *Paris*, 1742, 2 tom. en 1 vol. in-8.

3078 Roman de la Rose, par Guill. de Lorris et Jean de Meun, avec des notes et un glossaire, par Lenglet Dufresnoy. *Paris*, 1735, 4 vol. in-12.

3079 Recueil de Poésies de Jean Marot, Fr. Villon, Martial de Paris, dit d'Auvergne, Pierre Faifeu, Guill. Cretin, Guill. Coquillart et farce de Pathelin. *Paris*, Coustelier, 1723, 8 vol. in-8.

3080 Œuvres de Jean, Clément et Michel Marot, avec des observations critiques, par Lenglet Dufresnoy. *La Haye*, 1731, 6 vol. in-12.

3081 Œuvres de Mellin de Saint-Gelais. *Paris*, 1719, in-12.

3082 Œuvres de Joach. du Bellay. *Rouen*, 1592, 2 vol. in-12.

3083 Œuvres de Louise Charly, dite Labé, surnommée la Belle Cordière. *Lyon*, 1762, in-8. v. fil.

3084 Œuvres d'Etienne Jodelle. *Paris*, 1574, in-4.

3085 Poésies de Remy Belleau. *Paris*, 1578, 2 vol. in-12. v. fil.

3086 Œuvres de Pierre Ronsard. in-fol. v. fil.

3087 Œuvres de Guill. de Saluste du Bartas. *Paris*, 1611, in-fol. v. fil.

3088 Œuvres de J. Passerat. *Paris*, 1606, in-8.

3089 Œuvres de Phil. des Portes. *Rouen*, 1611, in-12.

3090 Satyres et autres Œuvres de Regnier, avec des remarques par Brossette. *Amsterdam*, 1730, in-4. v. fil.

3091 Poésies de Malherbe, rédigées par Querlon. *Paris*, 1757, in-8. pap. de Holl. v. fil.

3092 Œuvres de Maynard. *Paris*, 1646, in-4. mar.

3093 Poésies de Malleville. *Paris*, 1649, in-4.

3094 Œuvres de Saint-Amant. *Paris*, 1651 et suiv. 2 vol. in-4.

3095 Les mêmes. *Rouen*, 1660, in-8.

3096 Chevilles d'Adam Billaut, menuisier de Nevers. *Paris*, 1644, in-4.

3097 Le Villebrequin du même. *Paris*, 1663, in-12.

3098 Œuvres d'Honorat de Beuil, seigneur de Racan. *Paris*, Coustelier, 1724, 2 vol. in-12.

3099 Poésies de Saint-Pavin, de Charleval, de Lalane et de Montplaisir. *Paris*, 1759, 2 vol. in-12. v. fil.

3100 Poésies de Pierre Le Moyne. *Paris*, 1672, in-fol. fig.

3101 Poésies de Pinchesne. *Paris*, 1672, in-4.

3102 Œuvres de Chapelle et Bachaumont. *Paris*, 1755, in-12. mar.

3103 Œuvres de Bensserade. *Paris*, 1697, 2 vol. in-12.

3104 Œuvres de mad. et mademois. des Houlières. *Paris*, 1747, 2 vol. in-12. v. fil.

3105 Œuvres diverses de la Fontaine. *Paris*, 1758, 4 vol. in-12.

3106 Nouvelles par le même. *Paris*, 1776, 2 vol. in-8. fig. br.

3107 Eloge du même, par de la Harpe. — Par Champfort. — Deux autres éloges, dont un par François de Neufchateau. *Paris*, 1774, in-8. br.

3108 Œuvres de Segrais. *Paris*, 1755, 2 vol. in-12.

3109 Œuvres de Pavillon. *Paris*, 1720, in-8.

3110 Poésies de Lainez. *Paris*, 1753, in-8.

3111 Œuvres de Boileau Despréaux. *Geneve*, 1716, 2 vol. in-4. fig.

3112 Les mêmes, avec des éclaircissemens rédigés par Brossette, et des remarques par de Saint-Marc. *Paris*, 1747, 5 vol. in-8. fig. v. fil.

3113 Critique des Ouvrages de Boileau. *Marseille*, 1686, in-12.

3114 Poésies de la Farre. *Paris*, 1755, in-12.

3115 Poésies de Régnier des Marais. *Paris*, 1753, 2 vol. in-12. v. fil.

3116 Poésies de Sanlecque. *Paris*, 1726, in-12.

3117 Œuvres de Chaulieu. *Paris*, 1774, 2 vol. in-8. v. fil.

3118 Œuvres de Vergier. *Paris*, 1731, 2 vol. in-12.

3119 Recueil de Poésies de Palaprat. *Paris*, 1711, in-12.

3120 Poésies de La Monnoye. *Paris*, 1716, in-8.

3121 Poésies de Du Cerceau. *Paris*, 1720, in-8.

3122 Odes de la Motte. *Paris*, 1709, in-12. mar.

3123 Œuvres diverses de J. B. Rousseau. *Amst.* 1734, 5 vol. in-12.

3124 Les mêmes. *Paris*, 1749, 4 vol. in-12.

3125 Les mêmes, édition donnée par Séguy. *Paris*, 1753, 4 vol. in-12. v. d. s. t.

3126 Porte-feuille du même. *Amst.* 1751, 2 vol in-12.

3127 Anti-Rousseau, par Gacon. *Rotterdam*, 1712, in-12.

3128 Contes et Poésies diverses de Grécourt. 1750, 3 vol. in-12.

3129 Œuvres du même. *Paris*, 1761, 4 vol. in-12. mar.

3130 Œuvres de Jean Jos. Vadé. *Paris*, 1758, 4 vol. in-8.

3131 Le déjeûné de la Rapée, la pipe cassée et recueil de chansons du même. 1755, in-12.

3132 Œuvres de Desmahis. *Paris*, 1763, in-12.

3133 Les mêmes. *Paris*, 1775, in-8. br.

3134 Œuvres de Racine fils. *Paris*, 1747, 4 vol. in-12.

3135 Poésies de Perrin. *Paris*, 1761, in-12.
3136 Œuvres complettes de Bernard. *Paris*, 1775, in-12.
3137 L'Art d'aimer, par le même. *Paris*, 1760, in-8.
3138 Poésies diverses de Fleury. *Paris*, 1761, in-8.
3139 Œuvres de Colardeau. *Paris*, 1779, 2 vol. in-8. gr. pap. v. d. s. t.
3140 Temple de Gnide en vers, par le même. *Paris*, 1773, in-8. br.
3141 Poésies de Gresset. *Blois*, 1734, in-12.
3142 Œuvres du même. *Orléans*, 1765, 2 vol. in-12.
3143 Eloge du même. *Genève*, 1785, in-8. br.
3144 Œuvres complettes de Gilbert. *Paris*, 1788, in-8.
3145 Œuvres de Jean Jacq. le Franc, marq. de Pompignan. *Paris*, 1784, 4 vol. in-8.
3146 Eloge du même, par Reganhac fils. *Paris*, 1788, in-8. br.
3147 Œuvres de Thomas. *Paris*, 1773. — Jumonville, poëme. 1759, 6 vol. in-8.
3148 Mon Odyssée, ou le Journal de mon retour de Saintonge, par Robé. *Paris*, 1760, in-8. fig. v. fil.
3149 Caquet bon-bec, la Poule a ma tante, par le même. 1763. — Les Nymphes de la Seine. 1763, in-12.
3150 Œuvres mêlées de Bernis. *Genève*, 1752, 3 vol. in-12.
3151 Œuvres complettes du même. *Orléans*, 1767, 2 tom. en 1 vol. in-12.
3152 Œuvres diverses d'Arnaud. *Paris*, 1751, 3 vol. in-12 pap. d'Holl. v. fil.
3153 Pièces fugitives de Sedaine. *Paris*, 1752, in-12.
3154 Poésies diverses de Cocquard. *Dijon*, 1754, 2 vol. in-12. mar.
3155 Amusemens poétiques. *Paris*, 1756, in-12. mar.
3156 Bagatelles galantes, par Guérin de Frémicourt. *Paris*, 1757, in-12.
3157 Poésies badines et galantes. *Paris*, 1757, in-12.
3158 Le Balai. *Amst.* 1761, in-12.
3159 Essai de Poésies diverses, par V***. *Paris*, 1763, in-12. br.

3160 Œuvres diverses de la Marre. *Paris*, 1763, in-12.

3161 La Pétrissée. *Paris*, 1763, in-12.

3162 Les Jeux d'enfans, poëme, par Feutry. *Paris*, 1764. — Nisus à Clarice, héroïde trad. de l'Anglais. — Orphée et Euridice, opéra, par Calsabigi. *Paris*, 1764, in-12. br.

3163 La Chandelle d'Arras. 1774, in-12.

3164 Œuvres mêlées du chevalier D***. *Paris*, 1775, in-8.

3165 Epigrammes et autres pièces de Sénécé. *Paris*, 1776, in-12.

3166 Idylles, par mademoiselle Lévêque. *Paris*, 1786, in-12. br.

3167 Madrigaux de la Sablière. *Paris*, 1758, in-8. v. fil.

3168 Le Poëte sans fard, satyres. 1701, in-12.

3169 Anthologie française, ou Chansons choisies depuis le 13e siècle, par Monnet. *Paris*, 1765, 4 vol. in-8. v. d. s. t.

3170 Mémoires pour la vie de J. Monnet. *Paris*, 1772, 2 tom. en 1 vol. in-12. br.

3171 Les A-propos de Société, ou Chansons, par Laugeon. *Paris*, 1776, 3 vol. in-8.

3172 Chansonnier français. 15 vol. in-12. manque le tom. 1.

3173 Parodies bachiques, recueillies par Christ. Ballard. *Paris*, 1714, 3 vol. in-12.

3174 Recueil de Chansons historiques et satyriques. 3 vol. in-4. mss.

3175 Recueil de 300 Chansons sur différens sujets. *Londres*, 1737, in-8. br.

3176 Chansons de Gaultier Garguille. *Paris*, 1736, in-12.

3177 Poésies de Coulange. *Paris*, 1753, in-12. mar.

3178 Chansons choisies du même. *Paris*, 1754, in-12. mar.

3179 Poésies de l'Attaignant. *Paris*, 1757, 4 vol in-12.

3180 Noei Borguignon de Gui Barôzai (avec le glossaire par la Monnoye). *Dioni*, 1720, in-8.

3181 Recueil de Pouesiés prouvençalos de F. T. Gros. *Marseihe*, 1763, in-8.

3182 Las Obros de Piérre Goudelin. *Toulouso*, 1694, in-12.

3183 Diabotanus, ou l'Orviétan de Salins. *Paris*, 1749, in-12.

3184 La Thériacade, ou l'Orviétan de Léodon et la Diabotanogamie. *Paris*, 1769, 2 vol. in-12.

Poésie française dramatique.

Introduction, Histoire et Collections.

3185 Pratique du Théâtre, par d'Aubignac. *Amsterd.* 1715, 2 vol. in-8.

3186 Réflexions sur les différens Théâtres de l'Europe, par Louis Riccoboni. *Paris*, 1738, in-8.

3187 Réformation du Théâtre, par le même. 1743, in-12.

3188 L'Art du Théâtre, par Fr. Riccoboni. *Paris*, 1750, in-8.

3189 Le Comédien, par Rémond de Sainte-Albine. *Paris*, 1747, in-8.

3190 Recherches sur les Spectacles anciens, sur les Mimes et les Pantomimes. *Paris*, 1751, in-12.

3191 Essai sur la connoissance des Théâtres français. *Paris*, 1751, in-12. v. fil.

3192 Histoire du Théâtre franç. par Parfait. *Paris*, 1735 et suiv. 15 vol. in-12.

3193 Bibliothèque des Théâtres. *Paris*, 1733, in-8.

3194 Dictionnaire des Théâtres, par Léris. *Paris*, 1754, in-8.

3195 Le même. *Paris*, 1754, in-8. gr. pap.

3196 Dictionnaire des Théâtres de Paris. *Paris*, 1767, 7 vol. in-8.

3197 Recueil de Critiques sur diverses Pièces de théâtre. 2 vol. in-4. et in-8.

3198 Lettres sur l'état présent de nos Spectacles. *Paris*, 1765.— Parallèle des Tragiques grecs et franç. *Lyon*, 1760, in-12.

3199 Almanachs des Spectacles, depuis 1752 jusqu'en 1780. 34 vol. in-24. manque 1776.

3200 Esprit des Tragédies et Tragi-Comédies qui ont paru depuis 1630 jusqu'en 1761. *Paris*, 1762, 3 vol. in-12.

3201 Théâtre français. *Paris*, 1737, 12 vol. in-12.

3202 Chef-d'œuvres dramatiques, avec des discours, par Marmontel. *Paris*, 1773, in-4. fig.

3203 Théâtre des petits appartemens et autres. *Paris*, 1748 et suiv. 10 vol. in-4. et in-8.

3204 Recueil de Tragédies et Comédies du théâtre fr. 60 vol. in-8. et in-12. rel. et br.

3205 Recueil de XIX Pièces de théâtre, qui n'ont été jouées dans aucuns spectacles. in-8. br.

3206 Lettres sur l'Opéra. *Paris*, 1741, in-12.

3207 Histoire du Théâtre de l'Opéra en France. *Paris*, 1753, 2 vol. in-8.

3208 Ballets, Opéra et autres ouvrages lyriques, depuis leur origine, par la Vallière. *Paris*, 1760, in-8.

3209 Histoire de l'ancien Théâtre Italien et Franç. jusqu'en 1697, par Parfait. *Paris*, 1767, in-12.

3210 Histoire du Théâtre Italien en France, jusqu'en 1769. *Paris*, 1769, 7 vol. in-12.

3211 Histoire du Théâtre Italien, par Louis Riccoboni. *Paris*, 1730. — Dell' Arte rappresentativa, dal medesimo. *Londra*, 1728, 2 vol. in-8. fig.

3212 Théâtre Italien de Ghérardi. *Paris*, 1741, 6 vol. in-12. fig.

3213 Nouv. Théâtre Italien de Louis Riccoboni, dit Lélio. *Paris*, 1733, 3 vol. in-12.

3214 Le nouv. Théâtre Ital. et Parodies. *Paris*, 1738 et suiv. 14 vol. in-12.

3215 Recueil de Pièces du Théâtre Ital. 11 vol. in-8. et in-12.

3216 Mémoires pour servir à l'Histoire des spectacles de la Foire, par Beauchamps. *Paris*, 1743, 2 vol. in-12.

3217 Histoire de l'Opéra bouffon. *Paris*, 1768, 2 vol. in-12.

3218 Histoire du Théâtre de l'Opéra comique. *Paris*, 1769, 2 vol. in-12.

Dramatiques français.

3219 Tragédies de Robert Garnier. *Rouen*, 1609, in-12.

3220 La Rodomontade, mort de Roger, tragédie, et amours de Catherine, par de Méliglosse. *Paris*, 1605, in-8. mar.

3221 Tragédies d'Ant. de Montchrestien, sieur de Vasteville. *Rouen*, 1627, in-8.

3222 Théâtre d'Alexandre Hardy. *Paris*, 1624, 3 vol. in-8.

3223 Théâtre de Baudoin. *Paris*, 1638, in-4. br.

3224 Théâtre de Tristan l'Hermite. *Paris*, 1639, in-4.

3225 Tragédies de P. Du Ryer. *Paris*, 1630, 2 vol. in-8. et in-12.

3226 Théâtre de Baron. *Paris*, 1759, 3 vol. in-12. v. fil.

3227 Œuvres de Molière. *Paris*, 1753, 8 vol. in-12. fig.

3228 Les mêmes. *Paris*, 1770, 8 vol. in-12. fig.

3229 The Works of Moliere french and english: *Lond.* 1748, 10 vol. in-12. fig.

3230 Observations sur la comédie et sur le génie de Molière, par L. Riccoboni. *Paris*, 1736, in-12.

3231 Vie de Molière. *Paris*, 1705, in-12.

3232 Autre, avec des jugemens sur ses ouvrages. *Paris*, 1739, in-12.

3233 Eloges de Molière et de P. Corneille. *Paris*, 1771, 2 vol. in-8.

3234 Œuvres de P. et Th. Corneille. *Paris*, 1758, 19 vol. in-12.

3235 Théâtre de P. Corneille, avec les commentaires, par Voltaire. *Genève*, 1764, 12 vol. in-8. fig. v. fil.

3236 Le même. *Genève*, 1776, 10 vol. in-8. fig. mar.

3237 Recueil de Dissertations sur plusieurs tragédies de Corneille et de Racine. *Paris*, 1740, 2 vol. in-12.

3238 Eloge de P. Corneille, par Gaillard. *Rouen*, 1768, in-8. br.

3239 Théâtre de Montfleury. *Paris*, 1739, 3 vol. in-12.

3240 Théâtre de Mairet. *Paris*, 1631, in-4.

3241 Tragédies et Comédies de Mairet et de Rotrou. in-12. br.

3242 Théâtre de Lathuillerie. *Paris*, 1745, in-12.

3243 Œuvres de Pradon. *Paris*, 1744, 2 vol. in-12.

3244 Théâtre de Champmêlé. *Paris*, 1735, 2 vol. in-12.

3245 Œuvres de Racine. *Paris*, 1736, 2 vol. in-12. fig.

3246 Les mêmes. *Amst.* 1741, 2 vol. in-12. fig.

3247 Les mêmes, avec des commentaires, par Luneau de Boisjermain. *Paris*, 1768, 7 vol. in-8. fig.

3248 Les mêmes. *Paris*, 1768, 7 vol. in-8. fig. mar.

3249 Remarques sur les Tragédies de J. Racine, par L. Racine. *Paris*, 1752, 3 vol. in-12.

3250 Mémoires sur la vie de J. Racine. *Paris*, 1747, in-12. v. fil.

3251 Eloge du même. *Paris*, 1772. — Lettre à Racine sur le théâtre de son père, par le Franc de Pompignan. *Paris*, 1773, in-8. br.

3252 Théâtre de Boursault. *Paris*, 1725, 3 vol. in-12.

3253 Théâtre de Hauteroche. *Paris*, 1736, 3 vol. in-12.

3254 Œuvres de La Fosse. *Paris*, 1747, 2 vol. in-12.

3255 Œuvres de Regnard. *Paris*, 1714, 4 vol. in-12.

3256 Les mêmes. *Paris*, 1750, 4 vol. in-12.

3257 Théâtre de Palaprat. *Paris*, 1712, 2 vol. in-12.

3258 Théâtre de Brueys. *Paris*, 1735, 3 vol. in-12.

3259 Œuvres de Campistron. *Paris*, 1750, 3 vol. in-12.

3260 Œuvres de Rivière Du Fresny. *Paris*, 1747, 4 vol. in-12.

3261 Théâtre de Lafont. *Paris*, 1746, in-12.

3262 Théâtre de d'Ancourt. *Paris*, 1760, 12 vol. in-12. v. fil.

3263 Théâtre de Le Grand. *Paris*, 1742, 4 vol. in-12. v. fil.

3264 Saturnales françaises. *Paris*, 1737, 2 vol. in-12.

3265 Les Amazones révoltées, comédie. *Rotterdam*, 1738, in-12.

3266 Théâtre de Colonia. *Lyon*, 1697, in-12.

3267 Théâtre de Guyot de Merville. *Paris*, 1742, in-8.

3268 Œuvres de Raimond Poisson. *Paris*, 1743, 2 vol. in-12.

3269 Œuvres de Ph. Poisson. *Paris*, 1743, 2 v. in-12.

3270 Œuvres d'Autreau. *Paris*, 1749, 4 vol. in-8.

3271 Tragédies et autres Poésies de mademoiselle Barbier. *Paris*, 1723, in-12.

3272 Théâtre de le Sage. *Paris*, 1774, 2 vol. in-12.

3273 Œuvres de Boindin. *Paris*, 1753, 2 vol. in-12.

3274 Théâtre de Delaunay. *Paris*, 1741, in-12.

3275 L'infortuné reconnoissant, par Guer. *Paris*, 1751, in-8. gr. pap. v. d. s. t.

3276 Théâtre de Moissy. *Paris*, 1751 et suiv. 2 vol. in-12. v. d. s. t.

3277 Théâtre de l'Affichard. *Paris*, 1746, in-8.

3278 Œuvres de Théâtre de M ***. *Paris*, 1753, in-12. mar.

3279 Œuvres de Nivelle de Lachaussée. *Paris*, 1762, 5 vol. in-12. pap. d'Holl. v. d. s. t.

3280 Œuvres de Néricault Destouches. *Paris*, 1758, 10 vol. in-12. mar.

3281 Théâtre de Fagan. *Paris*, 1740, 4 vol. in-12. v. d. s. t.

3282 Théâtre bourgeois. *Paris*, 1755, in-12.

3283 Théâtre et Œuvres diverses de Morand. *Paris*, 1751, 3 vol. in-12.

3284 L'Arcadie moderne, ou les Bergeries savantes, par de la Baume Desdossat. *Paris*, 1757, in-12.

3285 Théâtre de Boissy. *Paris*, 1738, 10 vol. in-8.

3286 Théâtre comique de Province. *Paris*, 1758, 2 tom. en 1 vol. in-8.

3287 Œuvres de la Grange-Chancel. *Paris*, 1758, 5 vol. in-12.

3288 Théâtre de La Noue. *Paris*, 1765, in-12.

3289 Œuvres de Crébillon. *Paris*, 1737, 2 vol. in-12.

3290 Les mêmes. *Paris*, 1768, 2 tom. en 1 vol. in-12.

3291 Les mêmes. *Paris*, 1772, 3 vol. in-12.

3292 Triumvirat, par Crébillon. in-4. br.

3293 Théâtre de Marivaux. *Paris*, 1740, 8 vol. in-12.

3294 Œuvres diverses du même. *Paris*, 1765, 4 vol. in-12.

3295 Théâtre de Pesselier. *Paris*, 1740, in-8.

3296 Théâtre et Œuvres diverses de Pannard. *Paris*, 1763, 4 vol. in-12.

3297 Théâtre du président Hénault. *Paris*, 1768, in-8.

3298 Œuvres de M. de B***. *Paris*, 1770, 2 vol. in-8.

3299 Œuvres complettes d'Alexis Piron, publiées par Rigoley de Juvigny. *Paris*, 1776, 7 vol. in-8.

3300 Chef-d'œuvres dramatiques et Œuvres diverses du même. *Paris*, 1773 et suiv. 3 vol. in-12.

3301 Eloge du même, par Perret. *Paris*, 1774, in-8. broch.

3302 Œuvres complettes de De Belloy. *Paris*, 1787, 6 vol. in-8.

3303 Œuvres de Châteaubrun. *La Haye*, 1761, in-12.

3304 Théâtre de Saint-Foix. *Paris*, 1748, 2 v. in-12.

3305 Théâtre de Dorat. in-8. br.

3306 Théâtre de Le Blanc. in-8. br.

3307 Théâtre de Saurin. *Paris*, 1772, in-8.

3308 Recueil de Pièces de théâtre, par Collé. *Paris*, 1769, in-8.

3309 Théâtre de Société, par le même. *Paris*, 1768, 2 vol. in-8.

3310 Le même. *Paris*, 1777, 3 vol. in-12.

3311 Pièces de théâtre de Barthe. *Paris*, 1764 et suiv. in-8. br.

3312 Recueil de Pièces de théâtre de Watelet. *Paris*, 1784, in-8.

3313 Théâtre de Bret. *Paris*, 1765, in-12.

3314 Théâtre de la Place. in-8. br.

3315 Théâtre de Rochefort, de Guimond de la Touche et de Chamfort. in-8. br.

3316 Pièces de théâtre de Marin. *Paris*, 1765, in-8.

3317 Théâtre d'Arnaud. in 8. br.

3318 Théâtre de Palissot de Montenoy. *Paris*, 1763, 3 vol. in-12. v. d. s. t.

3319 Théâtre de Favart. *Paris*, 1763, 10 vol. in-8. v. fil.

3320 Théâtre de Poinsinet de Sivry. *Bouillon*, 1773, in-12.

3321 Proverbes dramatiques et Théâtre de campagne, par Carmontel. *Paris*, 1774, 10 vol. in-8.

3322 Pièces de théâtre de Sédaine. in-8. br.

3323 Théâtre du même. *Paris*, 1776, 4 vol. in-8.

3324 Théâtre de Rochon de Chabannes. *Paris*, 1776, in-8.

3325 Théâtre complet de Mercier. *Amst.* 1778, 3 v. in-12. fig. br.

3326 Théâtre à l'usage des jeunes personnes, par mad. de Genlis. *Paris*, 1779, 4 vol. in-8.

3327 Théâtre et Œuvres diverses de Piis et Barré. *Paris*, 1780 et suiv. in 8 et in 12. br.

3328 Théâtre de Cailhava. *Paris*, 1781, 2 vol. in-8.

3329 Théâtre du chevalier Georges Fenouillot de Falbaire de Quingey. *Paris*, 1787, 2 vol. in-8. pap. double. v. d. s. t.

3330 Pièces de théâtre de Vivetière. *Paris*, 1787 et suiv. in-8. br.

3331 Théâtre de Ducis. in-8. br.

3332 Théâtre et autres Poésies de Chabanon. *Paris*, 1788, in-8.

3333 Pièces de théâtre de Collin d'Harleville. *Paris*, 1789 et suiv. in-8. br.

3334 Théâtre de Le Mierre. in-8. br.

3335 Théâtre de Beaumarchais. in-8. br.

3336 Eugénie, par le même. *Paris*, 1767. — Béverlei, par Saurin. *Paris*, 1768, in-8.

3337 Théâtre de la Harpe. in-8. br.

3338 Pièces de théâtre, par Monvel. *Paris*, in-8. br.

3339 Théâtre de la Foire, par le Sage et d'Orneval. *Amst.* 1722, 10 vol. in-12. v. fil.

3340 Théâtre des Boulevards. *Paris*, 1756, 3 vol. in-12.

3341 Pièces de l'Opéra-comique. 8 vol. in-8.

3342 Recueil de Pièces en vaudevilles et ariettes. 25 vol. in-8. et in-12.

3343 Recueil de Parodies. *Paris*, 1747 et suiv. 4 vol. in-8. et in-12.

3344 Recueil d'Opera. *Paris*, 1703, 16 vol. in-12.

3345 Recueil d'Opera et Ballets. 8 vol. in-fol. in-4. et in-8.

3346 Théâtre de Quinault. *Paris*, 1778, 5 vol. in-12.

3347 Théâtre lyrique, par Le Brun. *Paris*, 1712, in-12.

3348 Théâtre de Danchet. *Paris*, 1751, 4 vol. in-8.

Poëtes et Dramatiques étrangers.

3349 Elégie du Tograi, avec quelques Sentences tirées des poëtes arabes, l'Hymne d'Avicenne, et les Proverbes de Gali, trad. par Vattier. *Paris*, 1660, in-8.

3350 Naufrage des isles flottantes, ou Basiliade, par Pilpai, trad. en franç. *Paris*, 1753, 2 vol. in-12. v. f. fil.

3351 Théâtre espagnol, trad. par Linguet. *Paris*, 1770, 4 vol. in-12.

3352 Dissert. sur les Tragédies espagnoles, trad. de l'espagnol d'Augustin de Montiano y Luyando, par d'Hermilly. *Paris*, 1754, in-12.

3353 La Célestine, histoire tragi-comique de Caliste et de Mélibée, en espagnol par Fernam Rejas, trad. en franç. *Rouen*, 1634, in-8.

3354 La Lusiade de Louis Camoëns, trad. par de la Harpe. *Paris*, 1776, 2 vol. in-8. fig. v. fil.

3355 Raccolta di Rimé italiane. *Paris*, 1744, 2 vol. in-8.

3356 Recueil d'Ouvrages italiens en vers. 9 vol. in-8. et in-12.

3357 L'Enfer de Dante, en ital. et en fr. par Moutonnet de Clairfons. *Paris*, 1776. in-8.

3358 Petrarca con l'espos. d'Alessandro Wellutello. *Vineg.* 1545, in-4. fig.

3359 Génie de Pétrarque, ou imitation en vers franç. de ses plus belles Poésies. *Paris*, 1778, in-8.

3360 Orlando innamorato di Matt. Bojardo, rifatto da Fr. Berni. *Parigi*, 1768, 4 vol. in-12. v. fil.

3361 Le même trad. en franç. *Paris*, 1742, 2 vol. in-12. fig.

3362 L'Arcadie de Sannazar, trad. par Pecquet. *Paris*, 1737, in-12.

3363 Orlando furioso di Lod. Ariosto. *Par.* 1746, 4 vol. in-12. v. d. s. t.

3364 Il medesimo. *Venezia*, 1772, 4 tom. en 2 vol. in-4. fig. v. d. s. t.

3365 Le même en ital. et trad. par MM. Panckoucke et Framery. *Paris*, 1787, 10 vol. in-18. br.

3366 Le même trad. par Mirabaud. *Paris*, 1758, 4 vol. in-12. v. d. s. t.

3367 Le même et extrait de Roland l'amoureux, trad. par Tressan. *Paris*, 1780, 5 vol. in-12.

3368 Poesie volgari e latine di Corn. Castaldi. *Paris*, 1757, in-8.

3369 La Gierusalemme liberata, di Torquato Tasso. *Par.* 1744, 2 vol. in-12.

3370 La même trad. par Mirabaud. *Paris*, 1752, 2 vol. in-12. mar.

3371 La même trad. par Le Brun. *Paris*, 1774, 2 vol. in-12.

3372 Aminta del medesimo. *Paris*, 1745, in-12.

3373 L'Adone, poema di Marino. 1679, 2 vol. in-12.

3374 Richardet trad. en vers français. *Paris*, 1764, in-8.

3375 Le même. *Paris*, 1766, 2 tom. en 1 vol. in-8. v. fil.

3376 Le Seau enlevé, poëme du Tassoni, en ital. trad. en franç. *Paris*, 1678, 2 vol. in-12

3377 Recueil de Pièces de théâtre en ital. 10 vol. in-8 et in-12.

3378 Filli di Sciro, di Guidubaldo de'Bouarelli. *Amst.* Elzévir, 1678, in-32. fig.

3379 La même trad. en vers. *Paris*, 1669, in-12.

3380 Il Pastor fido, di Batt. Guarini. *Amst.* in-32. fig.

3381 Il medesimo. *Parigi*, 1759, in-12.

3382 Traduction des Œuvres dramatiques d'Apostolo Zeno. *Paris*, 1758, 2 vol. in-12.

3383 Assetta, comed. di Bart. Mariscalco. *Paris*, 1756, in-8.

3384 Melezinde, par Lebeau de Schosne, et Poésies du même. *Paris*, 1759, in-12.

3385 Poesie di Pietro Metastasio. *Par.* 1755, 9 vol. in-8. pap. d'Holl. mar.

3386 Tragédies du même trad. en franç. *Paris*, 1751, 10 vol. in-12. v. fil.

3387 Theatro comico di Carlo Goldoni. *Venez.* 1757, 8 vol. in-8.

3388 Comedie del medesimo ed altri componimenti. *Venez.* 1761, 12 vol. in-8. br.

3389 Pièces de théâtre du même trad. en franç. *Paris*, 1763 et suiv. in-8. br.

3390 Mémoires du même. *Paris*, 1787, 3 vol. in-8.

3391 Choix de Poésies allemandes, par Huber. *Paris*, 1766, 4 vol. in-12.

3392 La Mort d'Adam, trag. de Klopstock. in-12. br.

3393 Satyres de Rabener, trad. de l'allemand par de Boispreaux. *Paris*, 1754, 4 vol. in-12. pap. double.

3394 Arminius, ou la Germanie délivrée, poëme par de Schonaich, trad. de l'allem. par Eidous. *Paris*, 1769, in-12.

3395 Les Métamorphoses, poëme trad. de l'allem. de Zacharie. *Paris*, 1764, in-12. v. fil.

3396 Ouvrages de Gessner trad par Huber. *Paris*, 1764 et suiv. 4 vol. in-8 et in-12.

3397 Théâtre allemand, trad. par Junker et Liebault. *Paris*, 1772, 2 vol. in-12.

3398 Poésies de Haller trad. *Paris*, 1760, in-12.

3399 Idée de la Poésie anglaise, par Yart. *Paris*, 1753, 8 vol. in-8. v. d. s. t.

3400 Choix de différens morceaux de Poésie, trad. de l'anglais par Trochereau. *Paris*, 1749, in-12.

3401 Mélanges de Poésie angl. trad. 1764, in-8.

3402 Ossian, poésies galliques, trad. de l'angl. de Macpherson, par le Tourneur. *Paris*, 1777, 2 tom. en 1 vol. in-8.

3403 Choix de Contes et de Poésies Erses, trad. de l'angl. *Paris*, 1772, in-12. br.

3404 Five Pieces of Runic Poetry, transl. from the Islandic language. *Lond.* 1763, in-12. br.

3405 Paradis perdu de Milton, trad. par Dupré de Saint-Maur. *Paris*, 1753, 4 vol. in-12. mar.

3406 Le même trad. par Racine fils. *Paris*, 1755, 3 vol. in-8.

3407 Hudibras, poëme de Sam. Butler, trad. en vers. *Paris*, 1757, 3 vol. in-12. fig.

3408 The poetical Works, of the earls of Rochester, Roscomon, and Dorset. *Lond.* 1757, in-12.

3409 The Works of Nic. Rowe. *Lond.* 1747, 2 vol. in-12.

3410 Poems on several occasions, by Matthew. Prior. *Glasgow*, 1751, 2 vol. in-12.

3411 The Works of Alex. Pope. *Edinburgh*, 1764, 6 vol. in-12. fig. manque le tom. 2.

3412 Œuvres diverses du même, trad. de l'angl. *Amst.* 1754, 6 vol. in-12. fig.

3413 Les mêmes. *Paris*, 1779, 8 vol. in-8. fig.

3414 Essai sur l'Homme, du même, trad. *Paris*, 1736. — Essai sur la Critique, trad. par Silhouette. *Paris*, 1736, in-12.

3415 Histoire de Martinus Scriblèrus, trad. du même. *Paris*, 1755. — Essai sur les Lanternes. 1755, in-12.

3416 Principes de la Morale et du Goût, du même, trad. en vers par du Resnel. *Paris*, 1745, in-12.

3417 Œuvres diverses du même. *Paris*, 1753, in-12. broch.

3418 Les Nuits et Œuvres diverses d'Edouard Young, trad. par le Tourneur. *Paris*, 1769, 4 vol. in-12. fig.

3419 Léonidas, trad. de l'angl. *Genève*, 1738, in-12.

3420 Poems on several occasions, by Jonh Pomfret. *Glasgow*, 1751, in-12.

3421 Les Plaisirs de l'imagination, poëme, par Akenside, trad. de l'angl. *Paris*, 1759, in-12.

3422 Carthon, poëme trad. de l'angl. *Paris*, 1762, in-12.

3423 Recueil de Tragédies angl. *Dublin*, 1753 et suiv. in-12.

3424 Recueil de Pièces de théâtre en anglais. *Lond.* 1714 et suiv. in-12.

3425 Recueil de Comedies en angl. Lethe, by Dav. Garrick. — The Lying Valet, by D. Garrick. — The clandestine Mariage, by George Colman, and Dav. Garrick. — Miss in her Teens, or the Medley of Lovers. — A Paays behind the Curtain. — The Guardien, by Dav. Garrick. — High life below stairs. *Lond.* 1767 et suiv. in-8.

3426 Théâtre angl. trad. par de la Place. *Paris*, 1746, 8 vol. in-12.

3427 Lettres sur le Théâtre anglais, et Traduction de l'Avare de Shadwell et de la Femme de campagne de Wicherley. *Paris*, 1752, 2 vol. in-12.

3428 Choix de petites Pièces du théâtre angl. trad. *Paris*, 1756, in-12.

3429 Théâtre angl. trad. par mad. Riccoboni. *Paris*, 1769, 2 vol. in-12.

3430 Shakespeare traduit par le Tourneur et autres. *Paris*, 1776 et suiv. 20 vol. in-4. v. d. s. t.

3431 Lettre, sur la Traduction de Shakespeare. in-8. broch.

3432 Comédies angl. traduites, le Marchand de Venise, de Shakespeare. — Le Mariage clandestin, par Garrick et Colman. — Le Deuil anglais, par Rochon. *Paris*, 1757 et suiv. in-8.

3433 Dramatick and miscellaneous Works of John Dryden. *Lond.* 1760 et 1762, 10 v. in-12. fig. manque le tome 4.

3434 Tout pour l'Amour, tragédie trad. de l'anglais par Prévost. *Paris*, 1735. — Montesuma, ou Fernand Cortez, tragédie de Dryden trad. *Paris*, 1743, in-12.

3435 Plays Written by Thom. Otway. *Lond.* 2 vol. in-12.

3436 Plays Written by W. Wycherley. *Lond.* 1735, 2 vol. in-12. fig.

3437 Dramatick Works of Rich. Steele. *Lond.* in-12.

3438 Dramatick Works of W. Congreve. *Lond.* in-12.

3439 Le Fourbe, comédie de Congreve, trad. de l'angl. *Paris*, 1775, in-8 br.

3440 Works of George Farquhar. *Lond.* 1772, 2 vol. in-12.

3441 Plays Writlen, by John Vanbrugh. *Lond.* 1776, 2. vol. in-12.

3442 Le Joueur.—Gustave Vasa, trag. par Henr. Brooke. — Caton d'Utique, trag. d'Addisson, trad. par Guillemard. *Paris*, 1762, in-12.

3443 Venise sauvée. — Caliste, par Colardeau. — Le Marchand de Londres, trad. de l'angl. de Lillo. — Opera du Gueux, trad. de Gay par Saint-Hallam. *Paris*, 1747, in-12.

3444 La fausse Délicatesse, com. trad. de l'angl. *Paris*, 1768, in-8. mar.

3445 Garrick, ou les Acteurs anglais, trad. de l'angl. *Paris*, 1769, in-8. br.

3446 Théâtre Danois, par Louis Holberg, trad. par G. Fussman. *Copenh.* 1746, in-12.

3447 Théâtre du prince Clénerzow, russe, trad. en français par de Blening. *Paris*, 1771, 2 tom. en 1 vol. in-8.

3448 Satyres de Cantemir, trad. en fr. *Lond.* 1749, in-12. v. fil.

Histoire poétique, et Mythologie.

3449 Historiæ poeticæ scriptores antiqui, Apollodorus, Conon, Ptolemæus Hephæst. Fil. Parthenius, Antoninus Liberalis, gr. et lat. *Paris*, 1675, in-8. v. d. s. t.

3450 Métamorphoses d'Ovide, trad. par Banier. *Paris*, 1742, 3 vol. in-12. fig.

3451 Les mêmes trad. en vers fr. par Th. Corneille. *Paris*, 1697, 3 vol. in-12. fig.

3452 Les mêmes, trad. en vers par Saint-Ange (les 6 prem. livres). *Paris*, 1785, in-8. br.

3453 Hygini quæ extant, adcurante Jo. Scheffero, cum Th. Munckeri annotat. *Hamb.* 1674, in-8. v. fil.

3454 Jugement de Pâris, par d'Assoucy. *Paris*, 1648, in-4.

3455 Fabulæ Æsopi selectiores, gr. lat. *Paris*, 1668, in-8.

3456 Jo. Desbillons Fabulæ Æsopiæ. *Paris*, 1756. — Poetæ rusticantis litteratum Otium. *Paris*, 1752, in-12.

3457 Contes et Fables indiennes de Bidpaï et Lokman, trad. par Galland. *Paris*, 1724, 2 vol. in-12.

3458 Fables du même, et ses Conseils sur la conduite des Grands et des Petits. *Bruxelles*, 1725, in-12.

3459 Fables de la Fontaine. *Paris*, 1709, 5 vol. in-12. fig.

3460 Fables, par Pesselier. *Paris*, 1748, in-8. pap. d'Holl. mar.

3461 Fables d'Aubert. *Paris*, 1756, in-8.

3462 Fables et Œuvres diverses du même. *Paris*, 1774, 2 vol. in-8.

3463 Fables, par Ganeau. *Paris*, 1760, in-8.

3464 Fables, Contes et Epîtres, par le Monnier. *Paris*, 1773, in-8.

3465 Fables trad. de l'allem. de Lichtweher. *Strasb.* 1763, in-12.

3466 Fables et Poëme de l'Eventail, par Gay, trad. par Mademoiselle de Kéralio. *Paris*, 1759, in-12. v. fil.

Romans.

Introduction et Collections.

3467 Usage des Romans, et l'Histoire justifiée contre les Romans, par Lenglet Dufresnoy. *Paris*, 1734, 3 vol. in-12.

3468 Voyage merveilleux du prince Fan-Férédin dans la Romancie. *Paris*, 1738, in-12.

3469 Entretiens sur les Romans. *Paris*, 1755, in-12.

3470 Les Romans appréciés. *Paris*, 1756, in-12.

3471 Bibliothèque de campagne. *Genève*, 1749, 18 vol. in-12.

3472 Nouvelle Bibliothèque de campagne. *Paris*, 1769, 3 vol. in-12.

3473 Recueil de Romans, dits de la Biblioth. bleue. 26 vol. in-12. br.

3474 Recueil de Romans historiques. *Paris*, 1746, 8 vol. in-12.

3475 Recueil de Romans érotiques. 15 vol. in-8. et in-12. fig.

Romans orientaux, grecs et latins.

3476 Apologues orientaux. *Paris*, 1764, in-12.

3477 Contes orientaux, par Caylus. *Paris*, 1743, 2 vol. in-12. fig.

3478 Mille et une Nuits, trad. par Galland. *Paris*, 1747, 6 vol. in-12.

3479 Supplément aux Mille et une Nuits. *Paris*, 1788, in-12.

3480 Mille et un quart-d'Heure, contes chinois, trad. par Gueullette. *Paris*, 1730, 3 vol. in-12. fig.

3481 Mille et une Soirées, contes mogols, trad. par le même. *Paris*, 1749, 3 vol. in-12.

3482 Mille et un Jours, trad. par Petis de la Croix. *Paris*, 1729, 5 vol. in-12.

3483 Histoire de la Sultane de Perse et des Visirs, contes turcs, trad. de Checzadi. *Paris*, 1707, in-12.

3484 Contes persans, par Inatula de Delhi. *Paris*, 1769, 2 tom. en 1 vol. in-12.

3485 Amours d'Abrocome et d'Anthia, trad. de Xénophon. *Paris*, 1748, in-8. fig. mar.

3486 Amours de Carite et Polydore. *Paris*, 1760, in-12.

3487 Les mêmes. *Paris*, 1760. — Rêves d'Aristobule, philosophe grec, et Vie de Formose, philosoph. fr. 1761, in-12.

3488 Histoire des Amours de Chéréas et Callirrhoé, trad. par M. Larcher. *Paris*, 1763, 2 tom. en 1 vol. in-8. gr. pap.

3489 Amours de Daphnis et Chloé, par Longus, trad. par Amyot. *Paris*, 1731, in-12. fig. v. f. d. s. t.

3490 Amours d'Ismène et d'Isménias. *La Haye*, 1743, in-12.

3491 Amours de Leucippe et de Clitophon, trad. d'Achille Tatius. *Paris*, 1733, 2 vol. in-12.

3492 Amours de Théagène et Chariclée, par Théodore. *Paris*, 1743, 2 vol. in-12. v. d. s. t.

3493 Mysis et Glaucé, poëme, trad. du grec. *Genève*, 1748, in-12.

3494 Sethos, par Terrasson. *Paris*, 1731, 3 vol. in-12.

3495 Joan. Barclaii Argenis. *Lugd. Bat.* 1659, in-8.

3496 Argénis de Barclay, trad. par Josse. *Chartres*, 1732, 3 vol. in-12.

Romans français, par ordre alphabétique.

3497 Abbassaï. *Paris*, 1753, 3 vol. in-12. fig.

3498 Acajou et Zirphile. 1744, in-12. fig.

3499 Ah quel conte! par Crébillon fils. *Paris*, 1754, 8 tom. en 4 vol. in-12.

3500 Almoran et Hamet. *Paris*, 1763, in-12.

3501 Amadis des Gaules. *Paris*, 1750, 4 vol. in-12.

3502 La même, trad. par Tressan. *Paris*, 1779, 2 vol. in-12.

3503 L'Amour éprouvé par la Mort. *Paris*, 1763, in-12. v. f. d. s. t.

3504 Amours de Catulle et Tibulle, par la Chapelle. *Paris*, 1732, 5 vol. in-12.

3505 Amours de Mirtil. *Paris*, 1761, in-8. fig. en camayeux.

3506 Anecdotes de la cour de Bonhomie. *Paris*, 1752, 2 vol. in-12. v. f. fil.

3507 Angola. 1771, in-12.

3508 Astuces de Paris. *Paris*, 1775, in-12.

3509 Aventures de Beauchêne, par le Sage. *Paris*, 1732, 2 vol. in-12.

3510 Aventures de Télémaque, par Fénélon. *Paris*, 1775, 2 vol. in-12. fig.

3511 Aventures de Zélim et de Damasine. *Paris*, 1735, 2 tom. en 1 vol. in-12.

3512 Baguette mystérieuse, ou Abizaï. *Paris*, 1755, in-12.

3513 Bibliothèque des Génies et des Fées. *Paris*, 1765, 2 vol. in-12.

3514 Bigarures du Seigneur des Accords (Thaboureau). 1586, in-12.

3515 Les Botaniques, ou les parties de plaisir d'Herborisans. 1763, in-12. br.

3516 Cadichon et Jeannette, Contes, par le comte de Caylus. *Paris*, 1775, in-12. br.

3517 Camedris, par mademoiselle Mazarelli. *Paris*, 1765, in-12.

3518 Campagnes galantes de Tirneville. 1775, in-8.

3519 Candidamentor, ou le Voyageur grec. *Paris*, 1766, in-12. br.

3520 Cassandre. *Paris*, 1752, 3 vol. in-12.

3521 Cela est singulier, Histoire égyptienne. 1752, in-12.

3522 Les cent Nouvelles nouvelles. *Lyon*, 1733, 2 vol. in-12.

3523 Cent Nouvelles nouvelles, et Contes de la reine Marguerite. *Paris*, 1744, 4 vol. in-12.

3524 Civan, roi de Bungo. *Londres*, 1754, in-12.

3525 Abrégé de la Cléopâtre de la Calprenède. *Paris*, 1667, 3 vol. in-12.

3526 Le comte de Cardonne, par mad. d'Aulnoy. *Paris*, 1702, in-12.

3527 Le comte de R**. Nouvelle franç. — La Crédulité punie. 1754, in-12.

3528 Confessions du comte de ***, par Crébillon fils. *Paris*, 1767, in-12.

3529 Confidences à une amie. *Genève*, 1763, in-12.

3530 Contes de Bastide. *Paris*, 1763, 2 vol. in-12.

3531 Contes de Bonav. des Périers, donnés par la Monnoye. *Paris*, 1735, 3 vol. in-12.

3532 Contes d'Eutrapel, par Noel Du Fail, seigneur de la Hérissaye. *Paris*, 1732, 3 vol. in-12.

3533 Contes de la Dixmerie. *Paris*, 1765, 2 v. in-12.

3534 Contes d'Ouville. *Rouen*, 1732, 2 vol. in-12.

3535 Contes, Aventures et Faits singuliers, recueillis de l'abbé Prévost. *Paris*, 1764, 2 vol. in-12.

3536 Cinq Contes des Fées. 1745, in-12.

3537 Contes des Fées allégoriques. *Paris*, 1735, in-12.

3538 Contes des Fées, par mad. d'Aulnoy. *Paris*, 1757, 4 vol. in-12. fil.

3539 Nouveaux Contes des Fées, par mad. Lambert. *Paris*, 1738, in-12.

3540 Nouveaux Contes des Fées, par mad. de Murat. *Paris*, 1724, in-12.

3541 Trois nouveaux Contes des Fées. *Paris*, 1735, in-12.

3542 Contes des Fées, par Perrault. *Paris*, 1782, in-12.

3543 Contes Moraux, par Marmontel. *Paris*, 1761, 2 vol. in-12. v. fil.

3544 Contes Moraux, par Mercier. *Paris*, 1769, 2 tom. en 1 vol. in-12. fig.

3545 Contes Moraux, par mademoiselle Uncy. *Paris*, 1763, 4 vol. in-12. v. f. fil.

3546 Contes Moraux et Dramatiques. *Paris*, 1765, in-12.

3547 La Constance couronnée. *Paris*, 1764, 2 tom. 1 vol. in-12.

3548 Le Cousin de Mahomet. 1770, 2 vol. in-12.

3549 Daïra. *Paris*, 1761, in-12.

3550 Danger des liaisons. *Paris*, 1763, 3 vol. in-12.

3551 Danger des passions. 1757, 2 tom. 1 vol. in-12.

3552 Dona Gratia d'Ataïde, comtesse de Ménésès. *Paris*, 1770, in-12. br.

3553 Doyen de Killerine, par Prévost. *Montargis*, 1784, 6 tom. 3 vol. in-12.

3554 L'Ecole de l'amitié. *Paris*, 1757, 2 tom. 1 vol. in-12.

3555 L'Ecole des pères, par Rétif. *Paris*, 1775, 3 tom. 2 vol. in-8.

3556 Egaremens du cœur et de l'esprit, par Crébillon fils. *Paris*, 1765, 3 part. 1 vol. in-12.

3557 Egaremens de Julie. *Paris*, 1755, in-12.

3558 L'Elève de la nature, par Beaulieu. *Paris*, 1764, in-12.

3559 L'Empire des Zaziris sur les humains. *Liége*, 1761. — Le Cornet magique, ou les Etrennes enchantées. *Paris*, 1759, in-12.

3560 L'Enfant trouvé, ou Mémoires de Menneville. *Paris*, 1763, in-12.

3561 Facétieuses Nuits de Straparole. *Paris*, 1726, 2 vol. in-12.

3562 Fantaisies de Bruscambille. *Paris*, 1615, in-8.

3563 Faramond. *Paris*, 1753, 4 vol. in-12.

3564 Féeries nouvelles. *Paris*, 1741, in-12.

3565 Fo-Ka, ou les Métamorphoses. *Paris*, 1777, in-12.

3566 Le Geomyler. *Paris*, 1729, in-12.

3567 Giphantie. *Paris*, 1760, in-8. v. fil.

3568 Grigri. *Paris*, 1749, in-12.

3569 Hauts-Faits d'Esplandian. *Paris*, 1751, 2 vol. in-8.

3570 Hasard du coin du feu, par Crébillon fils. *Paris*, 1763, in-12. v. f. fil.

3571 Henriette de Marcone, ou Mémoires de Présac. *Paris*, 1763, in-12.

3572 Heureux Orphelins. *Paris*, 1754, 4 tom. 2 vol. in-12.

3573 Histoire de Camouflet. 1751, in-12.

3574 Hist. du comte de Clare. *Rouen*, 1696, in-12.

3575 Hist. de mad. de Luz. *Paris*, 1741, in-12.

3576 Hist. d'Estevanille de Gonzalez, par le Sage. *Paris*, 1734, 2 tom. 1 vol. in-12.

3577 Hist. de Frétillon. 1758, in-12.

3578 Hist. de Gilblas, par le Sage. *Paris*, 1759, 5 v. in-12. fig. v. f. fil.

3579 Hist. d'une Grecque moderne, par Prévost. *Paris*, 1740, in-12.

3580 Hist. du Petit Jehan de Saintré. *Paris*, 1724, 3 vol. in-12.

3581 Extrait du Journal de mes Voyages, ou Histoire d'un jeune homme, pour servir d'école aux pères et mères, par Pahin de la Blancherie. *Paris*, 1775, 2 vol. in-12. mar.

3582 Hist. des Larrons. *Rouen*, 1657, in-8.

3583 Hist. de Laur. Marcel. *Lille*, 1779, 4 v. in-12.

3584 Hist. du prince Aprius, par Esprit. 1728, in-12.

3585 Hist. du prince Soly et de la princesse Feslée. *Paris*, 1740, in-12.

3586 Hist. du roi Splendide et de la princesse Hétéroclite. 1747, in-12.

3587 Hist. tragiques, par Fr. de Rosset. *Rouen*, 1700, in-8.

3588 Hist. du prince Titi. *Paris*, 1752, 3 vol. in-12.

3589 L'Homme, ou le Tableau de la vie, par Prévost. *Paris*, 1764, 2 vol. in-12. fig.

3590 L'Homme sauvage, par Mercier. *Paris*, 1767, in-12.

3591 La jeunè Américaine et les Contes marins. *Paris*, 1740, 5 tom. 4 vol. in-12.

3592 Imirce, ou la Fille de la nature. *Bruxelles*, 1774, in-12.

3593 L'Inconstant puni par l'Inconstance. *Paris*, 1754, in-12. mar.

3594 L'infortuné Napolitain, ou les Aventures de Rozelli. *Rouen*, 1709, in-12. v. fil.

3595 Innocence du premier âge en France, par Sauvigny. *Paris*, 1768, in-8. fig.

3596 La même, et Hist. de Pierre le Long et Blanche Bazu, par Sauvigny. *Paris*, 1774, in-8.

3597 Journées amusantes, par mad. de Gomez. *Paris*, 1725, 8 vol. in-12. mar.

3598 L'Isle de France, ou la nouvelle Colonie de Vénus. 1753. — Zensoli et Bellina. 1746. — Origine des cabriolets. 1755, in-12.

3599 Laideur aimable et dangers de la Beauté. *Paris*, 1752, 2 vol. in-12. fil.

3600 Lettres d'amour. *Paris*, 1752, 2 vol. in-12.

3601 Lettres d'amour d'une religieuse portugaise. *La Haye*, 1690, in-12. v. fil.

3602 Lettres athéniennes, par Crébillon fils. *Paris*, 1771, 4 tom. 2 vol. in-12.

3603 Lettres du même. *Paris*, 1749, in-12.

3604 Les mêmes. *Paris*, 1768, 2 vol. in-12.

3605 Lettres d'une jeune veuve au chevalier de Luzeincourt. 1761, in-12. pap. d'Holl. v. f. d. s. t.

3606 Lettres de Roselle, par mad. Ellie de Beaumont. *Paris*, 1764, 2 vol. in-12.

3607 Lettres trouvées dans les papiers d'un père de famille. *Paris*, 1763, in-12. br.

3608 Léonille. *Nancy*, 1755, 2 vol. in-12.

3609 Les Liaisons dangereuses, par Laclos. *Paris*, 1782, 4 tom. 2 vol. in-12.

3610 Le Mage de Chica. *Paris*, 1759, in-12.

3611 Mahmoud le Gasnevide. *Rouen*, 1730, in-8.

3612 Les Manteaux, par le comte de Caylus. *Paris*, 1746, in-12.

3613 Mémoires de mad. Barneveldt. *Paris*, 1732, 2 vol. in-12.

3614 Mém. de Berville. *Paris*, 1763, in-12.

3615 Mém. de Cécile, par de la Place. *Paris*, 1752, 4 vol. in-12.

3616 Mém. d'un citoyen, ou le Code de l'humanité. *Paris*, 1770, 2 vol. in-12. br.

3617 Mém. de Duliz. *Londres*, 1739, in-12. br.

3618 Mém. d'un homme de qualité, retiré du monde, Histoire de Manon Lescaut, avec la suite, par Prévost. *Paris*, 1745 et suiv. 7 vol. in-12.

3619 Mém. d'un honnête homme, par Maubert. *Dresde*, 1753, 2 vol. in-12.

3620 Mém. pour servir à l'Histoire des mœurs du XVIIIe. siècle, par Duclos. *Paris*, 1751, in-12.

3621 Mém. de Montcal, par Prévost. *Paris*, 1741, 2 vol. in-12.

3622 Mém. de la baronne de Saint-Clair. *Paris*, 1753, in-12.

3623 Mém. de mademoiselle de Valcourt. *Paris*, 1767, 2 tom. 1 vol. in-12.

3624 Mes Principes, ou la Vertu raisonnée. *Paris*, 1759, in-12. br.

3625 Les mille et une Faveurs, par de Mouy. *Londres*, 1740, 8 tom. 2 vol. in-12.

3626 Mirza et Fatmé. *Paris*, 1754, in-12.

3627 Le Monde moral, par Prévost. *Paris*, 1760, in-12.

3628 Moyen de parvenir, par Beroalde de Verville. *Paris*, 1739, 2 vol. in-12. v. fil.

3629 Nourjahad. *Paris*, 1769, in-12. v. fil.

3630 La nouvelle Lune, ou Histoire de Pœquillon. *Lille*, 1770, 2 parties in-12. br.

3631 Nouvelles toutes nouvelles, par la Chapelle. *Paris*, 1708, in-12.

3632 La Nuit et le Moment, ou les Matines de Cythère, par Crébillon fils. 1755, in-12. mar.

3633 Œuvres badines et morales de Cazotte. *Paris*, 1776, 2 vol. in-8.

3634 Œuvres diverses de Cyrano. *Paris*, 1741, 3 vol. in-12.

3635 Œuvres de Rabelais, mises à la portée des lecteurs, avec des éclaircissemens historiques, par Marsy. *Paris*, 1752, 8 vol. in-12. pap. d'Holl. v. f. fil.

3636 Œuvres choisies du même, par Perrault. *Paris*, 1752, 3 vol. in-12. v. fil.

3637 Œuvres de mad. Riccoboni : Hist. de Cressy, Lettres de Catesby et de Butlerdt, Hist. de Jenny, Lettres de Sancerre, Pièces détachées. *Paris*, 1758 et suiv. 7 vol. in-12.

3638 Istoria di Jenny, opera della medesima, trad. da Carlo Goldoni. *Venez.* 1791, in-8.

3639 Lettere di milady Giulietta Catesby, trad. dal francese della medesima, per la signora di Gourgue. *Parigi*, 1769, in-8. gr. pap. mar.

3640 On ne s'y attendoit pas. *Paris*, 1773, in-12. br.

3641 L'Orphelin normand. *Paris*, 1768, in-12.

3642 L'Orpheline anglaise, par de la Place. *Paris*, 1751, 4 vol. in-12

3643 Le Paysan gentilhomme, par de Catalde. *Paris*, 1737, in-12.

3644 Le Paysan parvenu, par Marivaux. *Paris*, 1756, 3 vol. in-12.

3645 Le Paysan perverti, par Rétif. *Paris*, 1776, 4 tom. 2 vol. in-12.

3646 La Paysanne pervertie, par Rétif. *Paris*, 1784, 4 vol. in-12. fig.

3647 Petits Soupers d'été, par mad. Durand. *Paris*, 1733, in-12.

3648 Pigmalion, ou la Statue animée. 1753. — Tachmas, prince de Perse. *Paris*, 1752, in-12. fig.

3649 Le Pot-pourri, 1748. — La princesse Coque-d'œuf et le prince Bonbon. 1745, in-12.

3650 La princesse Couleur de rose et le prince Céladon. *Paris*, 1743, in-12.

3651 Le Quadragénaire, par Rétif. *Paris*, 1777, 2 tom. 1 vol. in-12, fig.

3652 Quart-d'heure d'une jolie femme, ou les Amusemens de la toilette. *Genève*, 1754, in-12.

3653 Roman bourgeois, par Furetière. *Paris*, 1666, in-8.

3654 Extraits de Romans de Chevalerie, par Tressan. *Paris*, 1782, 4 vol. in-12.

3655 Romans et Contes de Voisenon. *Paris*, 1767, 2 vol. in-12.

3656 Recueil de ces Messieurs, par le comte de Caylus. *Paris*, 1745, in-12.

3657 Le sage Alfaran, conte Mss. in-4. br.

3658 Sans Parangon et la reine des Fées. *Paris*, 1724, in-12.

3659 Semelion. in-12.

3660 Sensible et Constant, ou le véritable Amour. *Paris*, 1768, in-12. br.

3661 Silvie. *Paris*, 1743, in-8. fig.

3662 Solyman et Almena. *Paris*, 1765, in-12. br.

3663 Songes d'un Hermite. 1770, in-12. br.

3664 Le Sopha, par Crébillon fils. *Paris*, 1749, 2 vol. in-12.

3665 Le même. *Paris*, 1751, 2 vol. in-12. v. f. fil.

3666 La Sybille gauloise, par la Dixmerie. *Paris*, 1775, in-8. v. f. d. s. t.

3667 Tanzai et Néadarné. 1734, 2 vol. in-12.

3668 Théâtre de l'Amour et de la Fortune, par mademoiselle Barbier. *Paris*, 1713, 2 vol in-12.

3669 Triomphe de l'Amitié. *Paris*, 1751, in-12.

3670 Les trois Nations, conte. *Paris*, 1768, in-12.

3671 Veillées de Thessalie, par madem. de Lussan. *Paris*, 1741, 4 vol. in-12.

3672 Vie de Marianne, par Marivaux. *Paris*, 1781, 3 vol. in-12.

3673 Zéphirine. *Paris*, 1749, in-12.

Romans étrangers.

3674 Les Désespérés, trad. de Jean Ambroise Marin. *Paris*, 1732, 2 vol. in-12. fig.

3675 Le Caloandre fidèle, trad. du même. *Paris*, 1740, 3 vol. in-12.

3676 Le Ciel réformé, essai de traduction du livre *Spaccio della Bestia trionfante*. 1750, in-8. v. f. d. s. t.

3677 Il Congresso di Citera. *Paris*, 1756, in-12. v. f. fil.

3678 Hist. de Bertholde, trad. de Julio Cesare Croci. *Paris*, 1752, in-12.

3679 Novelle del Bandello, corrette et illustr. da Alfonso Ulloa. *Venetia*, 1566, 3 tom. en 1 vol. in-4. mar.

3680 Histoires tragiques, extraites des Œuvres du même, trad. par Boaisteau et Belleforest. *Amsterd.* 1567, in-8.

3681 Decamerone di Giov. Boccaccio. *Venet.* 1542, in-4. v. d. s. t.

3682 Il medesimo. *Parigi*, 1768, 3 vol. in-12. v. éc. d. s. t.

3683 Le même, trad. en franç. *Paris*, 1757, 5 vol. in-8. fig. pap. de Holl. mar.

3684 Cent Nouvelles de Giraldi, trad. par Gabr. Chappuis. *Paris*, 1583, 2 vol. in-12. imparf.

3685 Rosalinde, imitée de l'italien. *Paris*, 1732, 2 tom. 1 vol. in-12.

3686 Tiran le Blanc. *Paris*, 2 vol. in-12.

3687 L'Aventurier Buscon, par Quévédo, en allem. et franç. *Francf.* 1671, in-12.

3688 Bachelier de Salamanque, par le Sage. *Paris*, 1759, 3 vol. in-12. v. d. s. t.

3689 Diable boîteux, par le Sage. *Paris*, 1756, 3 vol. in-12. fig.

3690 Diane de Georges de Montemayor, trad. en franç. *Paris*, 1623, in-8. fig.

3691 Le Gueux, ou la Vie de Gusman d'Alfarache. *Paris*, 1619, 2 vol. in-12.

3692 Le même, abrégé. *Paris*, 1777, 2 vol. in-12.

3693 Don Quichotte, par Mich. de Cervantes, en espagn. *Bruxelles*, 1607, in-8.

3694 Hist. du même, trad. en franç. *Paris*, 1722, 6 vol. in-12.

3695 Nouvelles de Mich. Cervantes. *Amst.* 1720, 2 vol. in-12. fig.

3696 Les mêmes. *Paris*, 1775, 4 parties in-8. fig. br.

3697 Hist. d'Estevanille, par le Sage. *Paris*, 1741, 2 vol. in-12.

3698 Vie et Aventures de Lazarille de Tormes. *Brux.* 1744. in-12.

3699 Visions de Quévédo, trad. par D. Galea. *Brux.* 1700, in-12.

3700 Voyages de Quévédo. 1756, in-12.

3701 Romans, trad. de l'angl. *Paris*, 1761, in-12.

3702 Amélie de Fielding, trad. par mad. Ricoboni. *Paris*, 1762, 3 part. 2 vol. in-12.

3703 Aventures de Jos. Andrews, par le même, trad. par Des Fontaines. *Paris*, 1750, 2 vol. in-12.

3704 Aventures de Williams Pickle, par le même, trad. de l'angl. *Paris*, 1753, 4 vol. in-12.

3705 Aventures de Roderik Random, par le même, trad. en franç. *Paris*, 1761, 3 vol. in-12.

3706 Aventures du chevalier Shroop, trad. de l'angl. *Paris*, 1751, 2 tom. 1 vol. in-12.

3707 Le château d'Otrante, par Horace Walpole. *Paris*, 1767, in-12.

3708 Le Coche, trad. de l'angl. *Paris*, 1767, 2 vol. in-12.

3709 L'Etourdie, trad. de l'angl. par Florian. *Paris*, 1754, 4 tom. 2 vol. in-12.

3710 Grandisson, trad. de Richardson, par Prévost, *Lyon*, 1755, 4 vol. in-12.

3711 Le même. *Leide*, 1765, 7 vol. in-12. v. f. fil. manq. tom. 2.

3712 Hau Kiou Choaan, hist. chinoise, trad. de l'angl. *Lyon*, 1766, 4 tom. 2 vol. in-12.

3713 Henriette, trad. de l'angl. *Amst.* 1760, 2 vol. in-12.

3714 Histoire de Jonathan Wild, trad. de Fielding. *Paris*, 1763, 2 vol. in-12. v. d. s. ts.

3715 Histoire de Sophie de Francourt. *Paris*, 1768, 2 tom. 1 vol. in-12.

3716 Histoire de Tom-Jones, trad. de Fielding, par la Place. *Paris*, 1751, 4 vol. in-12. fig.

3717 L'Homme sensible, trad. de l'angl. par de Saint-Ange. *Paris*, 1775, in-12.

3718 L'Homme et la Femme sensibles, trad. de l'angl. *Paris*, 1775, in-12.

3719 L'Homme du monde, trad. de l'angl. par St.-Ange. *Paris*, 1775, 2 tom. 1 vol. in-12.

3720 Les Hommes volans, trad. de l'angl. *Paris*, 1763, 3 vol. in-12. fig.

3721 Lettres Ecossoises, trad. de l'angl. par Vincent. *Paris*, 1777, 2 tom. 1 vol. in-12.

3722 Lettres de Henriette et d'Emilie, trad. de l'angl. *Paris*, 1763, in-12.

3723 Le Lord impromptu, trad. de l'angl. *Amsterdam*, 1767, 2 tom. 1 vol. in-12.

3724 Maria, trad. de l'angl. *Paris*, 1765, 2 tom. 1 vol. in-12.

3725 Mémoires pour servir à l'histoire de la Vertu, extraits du journal d'une jeune dame, par Prévost. *Paris*, 1762, 4 vol. in-12.

3726 Les mêmes. *Amsterdam*, 1762. — La suite, trad. par Prévost. *Paris*, 1768, 5 vol. in-12.

3727 Mémoires of a women of pleasure. *Londres*, 2 vol. in-12.

3728 Mémoire de mademoiselle Moll Flanders, trad. de l'angl. *Londres*, 1761, in-12.

3729 Mémoires du Nord, ou histoire d'une famille d'Ecosse, trad. de l'angl. *Paris*, 1766, 2 tom. 1 vol. in-12.

3730 Mémoire de Wollap. *Paris*, 1787, 3 tom. 2 vol. in-12.

3731 Le ministre de Wakefield. *Paris*, 1767, 2 tom. 1 vol. in-12.

3732 Ophelie, trad. de l'angl. par mad. Blot. *Paris*, 1763, 2 vol. in-12.

3733 Or nonoko, trad. de l'angl. de mad. Beho, par la Place. *Paris*, 1745, in-12.

3734 Pamela, trad. de Richardson, par Prévost. *Paris*, 1742, 4 vol. in-12.

3735 Vie de David Simple, trad. de l'angl. *Paris*, 1749, 2 tom. 1 vol. in-12.

3736 Vie et Aventures de Jos. Thompson, trad. de l'angl. *Paris*, 1762, 3 vol. in-12.

3737 Vie et Opinions de Tristram Shandy, trad. de Stern, par Frénais. *Paris*, 1777, 4 tom. 2 vol. in-12.

PHILOLOGIE.

3738 Causes de la Corruption du goût, par mad. Dacier. *Paris*, 1714, in-12.

3739 Réflexions critiques sur la poésie et la peinture, par Dubos. *Paris*, 1755, 3 vol. in-4.

3740 L'Art de sentir et de juger en matière de goût. *Paris*, 1762, 2 tom. 1 vol. in-8.

3741 Culture de l'Esprit, par Isaac Watts, trad. par Dan. de Superville. *Amsterdam*, 1762, in-12.

3742 L'Homme de lettres, par M. Garnier. *Paris*, 1764, in-12.

3743 De Ratione libros cum profectu legendi, deque vitandâ moribus noxiâ lectione, oratio à Fr. Sacchini. *Montalbani*, 1753, in-12, mar.

3744 Athenæi Deipnosophistæ, græcè, cum Jac. Dalechampii latinâ interpretatione et Isaaci Casauboni animadversionibus. *Lugd.* 1612, in-fol.

3745 Banquet des Savans, par Athénée, trad. par le Febvre de Villebrune. *Paris*, 1789 et suiv. 5 vol. in-4. br.

3746 Auli Gellii Noctes Atticæ, interpretat. et notis illustravit Jac. Proust, ad usum Delphini. *Parisiis*, 1681, in-4. v. fil.

3747 Aur. Theodosii Macrobii Opera Joh. Isacius Pontanus recensuit, cum notis Joh. Meursii. *Lugd. Bat.* 1628, in-8.

3748 Traité de la Satyre. *Paris*, 1695, in-12.

3749 Discours sur la Satyre. *Paris*, 1763, in-12.

3750 Titi Petronii Satyricon, cum variorum notis, curante Pet. Burmanno. *Amstel.* 1743, 2 vol. in-4.

3751 Pétrone lat. et franç. par Nodot. 1713, 2 vol. in-12. fig.

3752 Recueil de Traductions en vers français, contenant le poëme de Pétrone, deux épîtres d'Ovide et le Pervigilium Veneris, par Bouhier. *Paris*, 1738, in-12.

3753 Priapeia, sive diversorum poetarum in Priapum Lusus, cum Gasp. Schoppii et Jos. Scaligeri commentariis, et Epistolæ de propudiosâ Cleopatræ reginæ libidine. *Patav.* 1664, in-12.

3754 Arrêts d'amour, par Martial d'Auvergne, dit de Paris, avec les comment. juridiques de Ben. de Court. *Amst.* 1731, 2 tom. 1 vol. in-12.

3755 Les quinze Joies du Mariage, blason des fausses amours, loyer des folles amours, triomphe des Muses contre amour. 1734, in-12. v. éc. fil.

3756 Le Pornographe, par Rétif. *Paris*, 1770, in-8.

3757 Art de péter. 1775, in-12.

3758 Les yeux, le nez et les tettons, en prose et en vers, par J. P—n. du C. dit V. *Amsterdam*, 1735, in-12.

3759 Chef-d'œuvre d'un inconnu, par Mathanasius. 1728, in-12.

3760 Le compère Mathieu. 1772, 3 tom. en 1 vol. in-8. br.

3761 Le même. *Genève*, 1777, 3 vol. in-12.

3762 Apologie pour Hérodote, par Henri Etienne, avec des remarques par le Duchat. *La Haye*, 1735, 3 vol. in-8.

3763 Eloge de la Folie, trad. d'Erasme par Gueudeville. *Paris*, 1751, in-4. fig.

3764 Eloge funèbre de Frise-Moron. *Paris*, 1737, in-12.

3765 Projet d'une Histoire de la ville de Paris. 1739, in-12.

3766 Etrennes de la Saint-Jean, et les Ecosseuses. *Troyes*, 1751, in-12.

3767 Les Ecosseuses. *Troyes*, 1745. — Essai sur les Mémoires de M. Guillaume. in-12.

3768

3768 Lettre à la comtesse Tation, par de Bièvre. — L'Homme au latin. — L'Anneau de Gigez. — Lettre sur quelques-unes de nos sottises. — Lettre à tous les Académiciens du royaume. *Paris*, 1770 et suiv. in-8. br.

3769 Cymbalum mundi, par Bonav. des Périers, donné par Prosper Marchand. *Trévoux*, 1732, in-12.

3770 Fable des Abeilles. *Paris*, 1750, 4 vol. in-12.

3771 Nouvelles allégoriques, ou Histoire des derniers troubles arrivés au royaume d'Eloquence. *Paris*, 1658, in-8 fig.

3772 Dons de Comus, ou les Délices de la table. *Paris*, 1739. — Lettres d'un Pâtissier anglais au nouveau Cuisinier français. — Nouvelle Astronomie du Parnasse français, ou Apothéose des écrivains vivans en 1740. — Lettre sur la Tragédie de Coligny. — Lettre à M. de Bernis, ou Essai sur le goût de la Tragédie, en vers. 1738. — Lettre sur la Tragédie de l'école des amis, par L. Riccoboni. 1737. — Discours de Pérette de la Babille. 1736. — Henriade, chant IX, en ital. 1740, in-8.

3773 Mémoires d'un Frivolite. 1761. — L'Inoculation du bon-sens. 1761. — Contre-poison, ou la Nation vengée. *Paris*, 1761, in-12.

3774 Productions d'esprit, par Swift. *Paris*, 1736, in-12.

3775 Le grand Mystère, ou l'Art de méditer sur la garde-robe; Pensées hasardeuses sur les Etudes, etc. par le Sage. *La Haye*, 1729, in-12.

3776 Mémoires pour servir à l'Histoire de la Calotte. 1739, 3 vol. in-12.

3777 Mém. de l'Académie des Colporteurs, par le comte de Caylus. 1748, in-12.

3778 Mém. de l'Académie de Troyes, par Grosley. *Paris*, 1756, in-12.

3779 Préservatif contre l'Anglomanie. 1757. — Considérations sur quelques abus de l'esprit en matière de Littérature, par de Saint-Aulas. *Paris*, 1756. — Lettre du docteur Pancrace sur la prééminence de l'homme sur la femme. 1755. — Réponse; le Sexe vengé, ou la Prééminence de la femme sur l'homme. 1755. — Lettre à un Grand. 1751, in-8.

3780 Le Colporteur, ou Almanach des gens d'esprit, par Chévrier. 1762, 2 vol. in-12.

3781 L'Arretin. *Amst.* 1763, in-12.

3782 De la Prédication, par Coyer. *Paris*, 1766. — Chinki. *Paris*, 1768. — Bagatelles morales, par Coyer. *Paris*, 1754, 2 vol. in-12.

3783 Recueil de pièces concernant l'Espionnage, l'Espion des théâtres de la capitale. 1784. — Le Diable dans un bénitier. — Histoire d'un Pou français. 1781, 3 vol. in-8. br.

3784 A tale of a tub, by Jon Swift. *Lond.* 1734, in-12. v. fil.

3785 Le même conte du Tonneau, trad. en franç. *La Haye*, 1741, 2 vol. in-12. fig.

3786 Dictionnaire néologique, par Desfontaines. 1726, in-12.

3787 Bibliothèque amusante et instructive. *Paris*, 1757, 3 vol. in-12.

3788 Ressource contre l'ennui. *Paris*, 1766, 2 vol. in-12.

3789 Nouveaux Amusemens sérieux et comiques. *Paris*, 1776, in-12.

3790 Dictionnaire d'Anecdotes, de Traits singuliers, etc. *Paris*, 1767, 2 vol. in-8.

3791 Réflexions sur les grands hommes morts en plaisantant. *Trev.* 1732. — Relation de la découverte du tombeau de l'enchanteresse Orcavelle. *Paris*, 1730. — Relation de ce qui s'est passé au sujet de la réception de Mathanasius à l'Académie française. in-12.

3792 L'Esprit de d'Argens. *Berlin*, 1775, 2 vol. in-12.

3793 Carpenteriana. *Paris*, 1724, in-12.

3794 Esprit du P. Castel. *Paris*, 1763, in-12.

3795 Chevræana. *Amst.* 1700, 2 vol. in-12.

3796 Esprit de Desfontaines. *Paris*, 1757, 4 vol. in-12. v. d. s. t.

3797 Furetieriana. *Bruxelles*, 1695, in-12.

3798 Huetiana. *Amst.* 1723, in-12.

PHILOLOGUES.

3799 Esprit de la Mothe le Vayer. *Paris*, 1763, in-12.

3800 Esprit des Poésies de la Motte. *Paris*, 1767, in-12.

3801 Longueruana. *Paris*, 1754, 2 vol. in-12.

3802 Esprit de Mably et Condillac, par Berenger. *Paris*, 1789, 2 vol. in-8.

3803 Maupertuisiana. *Hamb.* 1753, in-8.

3804 Menagiana. *Paris*, 1715, 4 vol. in-12.

3805 Naudæana et Patiniana. *Paris*, 1701, in-12.

3806 Parrhasiana. *Paris*, 1701, 2 vol. in-12.

3807 Poggiana. *Amst.* 1720, 2 vol. in-12.

3808 Polissoniana. 1725, in-12.

3809 Pensées de Prévost. *Paris*, 1764, in-12.

3810 Santoliana, par Dinouart. *Paris*, 1764, in-12.

3811 Scaligerana, Thuana, Perroniana, Pithœana et Colomesiana. *Amst.* 1740, 2 vol. in-12. v. fil.

3812 Sorberiana. *Tolosæ*, 1694, in-12.

3813 Hiérogliphes d'Horapolle, trad. du grec, par Requier. *Paris*, 1779, in-12.

3814 Imprese illustri di Gieron. Ruscelli. in-4. fig.

POLYGRAPHES.

Auteurs orientaux, grecs et latins.

3815 Mélanges de Littérature orientale, trad. par Cardonne. *Paris*, 1770, 2 tom. en 1 vol. in-12. v. f. d. s. tr.

3816 Les mêmes, continués et finis par Cardonne. *Paris*, 1778, 3 vol. in-12.

3817 Luciani Opera, gr. et lat. à Jo. Benedicto. *Salmurii*, 1619, 2 vol. in-8.

3818 Les mêmes, trad. par N. Perrot d'Ablancourt. *Amst.* 1697, 2 vol. in-12.

3819 Les mêmes, trad. par Massieu. *Paris*, 1781, 3 vol. in-12.

3820 Les Philosophes à l'Encan, dialogue du même, trad. en franc. *Paris*, 1690, in-12.

3821 Philostratorum quæ supersunt omnia, græcè, cum versione lat. et notis Gottfridi Olearii. *Lipsiæ*, 1709, in-fol.

3822 Images, ou Tableaux de plattes figures des deux Philostrates, trad. par Blaise de Vigenere. *Paris*, 1629, in-fol. fig.

3823 Ane d'Or d'Apulée, et le Démon de Socrate, trad. en franç. *Paris*, 1707, 2 vol. in-12. fig. v. fil.

3824 Georgii Bernhardi Bilfingeri varia. *Stuttgardiæ*, 1743, 3 vol. in-8.

3825 Jac. Sirmondi Opèra varia; accedunt S. Theodori Studitæ Opera, gr. et lat. *Paris, typ. regiâ*, 1696, 5 vol. in-fol. C. M.

Auteurs français.

3826 Mélanges de d'Alembert, destruct. des Jésuites. *Lyon*, 1764, 7 vol. in-12.

3827 Variétés Littéraires, par Arnaud et Suard. *Paris*, 1768, 4 vol. in-12.

3828 La prison de d'Assousi. *Paris*, 1774, in-12.

3829 Entretiens et Œuvres diverses de Balzac. *Paris*, 1658, 2 vol. in-12.

3830 Œuvres de Bouflers. *Paris*, 1782, in-8.

3831 Œuvres du P. Bouhours: Manière de bien penser dans les ouvrages d'esprit, Entretiens d'Ariste et d'Eugene, Pensées ingénieuses, Lettres sur la princesse de Clèves. *Paris*, 1678 et suiv. 4 vol. in-12.

3832 Œuvres complettes de Boulanger. *Brux*. 1775, 5 vol. in-8.

3833 La Muse limonadière, par madame Bourette. *Paris*, 1755, 2 vol. in-12.

3834 Recueil de divers Ouvrages en prose et en vers, par Brumoy. *Paris*, 1741, 4 vol. in-12.

3835 Essais sur divers sujets. — Mes Fragmens, par C.... *Paris*, 1758, in-12.

3836 Loisirs de madame C***. *Paris*, 1744, 2 v. in-12.

3837 Ouvrages de Calonne et critique de quelques-uns, conten. Observ. sur sa réponse lue Necker. 1788. — Le quinquagénaire précurseur de Necker.

— Lettre au Roi, le 9 Février 1789. — Observ. sur cette Lettre. 1789. 3 vol. in-8. br.

3838 Œuvres de Condillac, contenant Essai sur l'Origine des connoissances humaines. *Paris*, 1746. — Traité des Systêmes. 1749. — Des Sensations. 1754. — Des Animaux. 1755. — Cours d'Etudes, *Genève*, 1789. — Le Commerce et le Gouvernement. 1776. — 23 vol. in-12.

3839 Nuits Parisiennes, par Chomel. *Paris*, 1759, 2 vol. in-8.

3840 Œuvres de Coffin. *Paris*, 1755, 2 vol. in-12.

3841 Œuvres Galantes de Cotin. *Paris*, 1665, in-12.

3842 Loisirs du chevalier d'Eon. *Amst.* 1774, 13 tom. en 7 vol. in-8.

3843 Œuvres de Desforges Maillard. *Amst.* 1759, 2 vol. in-12.

3844 Collection complette des Œuvres de Dorat. *Neufchâtel*, 1776, 6 vol. in-8.

3845 Tribut Académique en vers et en prose, par Dufour. *Avignon*, 1760, in-8. mar.

3846 Œuvres de Fénélon, contenant l'Existence de Dieu. *Paris*, 1718. — Œuvres Spirituelles. *Anvers*, 1718. — Explication des Maximes des Saints sur la Vie intérieure. 1697. — Lettres sur la Religion et la Métaphysique. 1718. — Sermons choisis. 1718. — Dialogues des Morts. 1718. — Direct. pour la Conscience d'un Roi. 1775. — Maximes Morales et Politiques, tirées de Télémaque. 1766, 10 vol. in-12.

3847 Opuscules de Feutry. *Paris*, 1771, 2 vol. in-8.

3848 Œuvres complettes de Esprit Fléchier. *Nismes*, 1782, 10 vol. in-8.

3849 Œuvres de Florian, Galathée, et Théâtre ital. *Paris*, 1784, 3 vol. in-18. fig. br.

3850 Œuvres diverses de Fontenelle. *Rouen*, 1713, 2 vol. in-12.

3851 Œuvres complettes du même, Esprit, et mémoires pour servir à son Histoire. *Paris*, 1767 et suiv. 13 vol. in-12.

3852 Eloge du même. 1783. — Autre, par Garat. 1784, in-8. br.

3853 Mélanges Littéraires, par Gaillard. *Paris*, 1756, in-12.

3854 Dissertations Littéraires et Philosophiques, par Gamaches. *Paris*, 1755, in-12. mar.

3855 Œuvres diverses de Gédoyn. *Paris*, 1745, in-12.

3856 Œuvres de madame de Gomez. *Paris*, 1725, in-12.

3857 Recueil de différentes pièces de Littérature, par de Grimberg. *Paris*, 1758, in-8.

3858 Œuvres de Grymod de la Réynière, Considérat. sur l'esprit et les mœurs. — Le songe d'Athalie. — Réflexions sur le plaisir. — Lettre sur Marseille. — Peu de chose moins que rien. — Lorgnette Philosophique. *Paris*, 1785, 6 vol. in-8. et in-12.

3859 Œuvres d'Antoine Hamilton. *Paris*, 1776, 7 vol. in-12.

3860 Œuvres de la Harpe. *Paris*, 1778, 6 vol. in-8.

3861 Œuvres de madame de Lambert. *Paris*, 1751, 2 vol. in-12.

3862 Œuvres de Bern. de la Monnoye. *Dijon*, 1769, 2 vol. in-4.

3863 Œuvres de François la Mothe la Vayer. *Paris*, 1654, 2 vol. in-fol.

3864 Œuvres de Houdar de la Motte. *Paris*, 1753, 11 vol. in-12. gr. pap. v. d. s. tr.

3865 Recueil de pièces par madame la Suze et Pellisson. *Trévoux*, 1741, 5 vol. in-12.

3866 Œuvres de le Noble. *Paris*, 1718, 19 vol. in-12. manque le tom. 1.

3867 Œuvres de S. N. H. Linguet: Annales, tom. 1. — Mémoire au Roi. 1786. — Mémoire sur l'ouverture de la Navigation sur l'Escaut. 1784. — Impôt Territorial. 1787. — Notice pour servir à l'Histoire de sa vie et de ses écrits. 1781. — La France plus qu'Anglaise. — Protestation contre les arrêtés du Parlement, des 25 et 27 Septembre 1788. — Mémoire de Lequesne contre lui. — Réponse à ses réflexions sur la Dette nationale. — Mélanges de Politique et de Littérature, 1778. — Lettres sur la Théorie des Loix civiles. — Réponse aux Docteurs modernes. 1771. — Essai sur le Monachisme. 1776. — Histoire du seizième Siècle. 1769. — Histoire des Révolutions de l'Empire Romain. 1766. — Histoire du Siècle d'Alexandre. 1769. — Du plus heureux Gouvernement, 1774. — Théorie de Loix civiles. 1774. — Théorie du Paradoxe. 1775. — Théorie du Libelle. 1775. — Réponse sérieuse contre la Théorie du Libelle. 1775. — Canaux navigables. 1769. — La Cacomonade. 1767. — L'aveu Sincère. 1768. — La pierre Philosophale. 1768. — Histoire impartiale des Jésuites. 1768. — Apologie de la Bastille, pour servir de réponse à ses Mémoires sur la Bastille. 1784. 27 vol. in-8. et in-12.

3868 Œuvres de Mably, contenant le Parallèle des Romains et des Français. *Paris*, 1740. — Observations sur les Romains. 1767. — Sur la Grèce. 1766. — Principes des Négociations et Droit public de l'Europe. 1764. — Entretiens de Phocion. 1763. — Observations sur l'Histoire de France. 1788. — Doutes sur l'ordre des Sociétés politiques. 1768. — Législation. 1776. — Etude de l'Histoire, 1778. — Manière d'écrire l'Histoire et supplém. 1783. — Etats-Unis d'Amérique. 1784. — Morale. 1784. — Droits et devoirs du Citoyen. 1789. — Lettres de l'abbé Rome, à l'abbé de Mably. 1764. — Eloges de Mably, par Lévêque et Brizard. 22 vol. in-8. et in-12.

3869 Observations sur les Grecs, sur l'Histoire de France, Droit public de l'Europe, et Principes des Négociations, par le même. *Paris*, 1748 et suiv. 6 vol. in-12.

3870 Loisirs de madame de Maintenon. *Paris*, 1757, in-12.

3871 Œuvres complettes de Marmontel. *Paris*, 1787, 17 vol. in-12.

3872 Œuvres de Mirabeau : Monarchie prussienne sous Frédéric le Grand. *Paris*, 1788. — Considérations sur l'ordre de Cincinnatus. *Londres*, 1785. — Lettres de cachet et prisons d'Etat. 1782. — Aux Bataves sur le Stathoudérat. 1788. — Réflexions sur cet Ouvrage. *Amst.* 1788. — Doutes sur la liberté de l'Escaut. — Letrre sur l'invasion des Provinces-Unies. 1787. — Lettre à Frédéric Guillaume II, roi de Prusse. 1787. — Conseils à un jeune Prince.

1788. — Lettres sur l'administration de Necker, et sur son rapport. 1787 et 1789. — Lettre sur Cagliostro et Lavater. 1786. — Sur Moses Mendelssohn. 1787. — Banque d'Espagne, dite de S. Charles. 1785. — Lettre à le Couteulx de la Noraye sur cette Banque. — De la caisse d'Escompte. 1785. — Dénonciation de l'Agiotage et suite. 1787. — Discours dans l'Assemblée de la Noblesse de Provence. — Liberté de la Presse. — Histoire de la Cour de Berlin. 25 vol. in-8.

3873 Œuvres de Moncrif. *Paris*, 1768, 2 tom. 4 vol. in-12.

3874 Les Chats et les Rats, par le même. *Paris*, 1727, in-8.

3875 Essais et Esprit de Montaigne, avec des notes, par P. Coste. *Trévoux*, 1745, 9 vol. in-12.

3876 Eloge du même, par Talbert et de Vienne. *Paris*, 1775. — Dissertation sur la Religion de Montaigne, par de Vienne. *Paris*, 1775, 2 vol. in-12.

3877 Œuvres de Montesquieu. *Paris*, 1758, 3 vol. in-4. v. fil.

3878 Les mêmes. *Paris*, 1769, 8 vol. in-12. v. fil. et br.

3879 Lettres familières du même. *Paris*, 1767, in-12.

3880 Œuvres de Montreuil. *Paris*, 1680, in-12.

3881 Œuvres de Nadal. *Paris*, 1738, 3 vol. in-12.

3882 Œuvres de Necker, et Critique de ses Ouvrages. *Paris*, 1775 et suiv. 16 vol. in-4. et in-8.

3883 Œuvres diverses de l'abbé Oliva. *Paris*, 1758, in-8.

3884 Mélanges Historiques, Critiques, de Physique, de Littérature et de Poésie, et Variétés Littéraires, par d'Orbessan. *Toulouse*, 1768, 6 vol. in-8.

3885 La Dunciade et autres Œuvres de Palissot. *Genève*, 1771, 2 vol. in-8.

3886 Opuscules de Parny. *Paris*, 1785, in-18.

3887 Les Numéros, par Peyssonel. *Paris*, 1784, 4 tom. 2 vol. in-12.

3888 Œuvres de l'abbé de Pons. *Paris*, 1738, in-12.

3889 Recueil de plusieurs ouvrages du Président Rolland. *Paris*, 1783, in-4. br.

3890 Opuscules de Rollin. *Paris*, 1771, 2 vol. in-12.

3891 Œuvres de Rémond de St.-Mard. *Paris*, 1750, 5 vol. in-12.

3892 Œuvres de J. J. Rousseau. *Genève*, 1783, 12 vol. in-4. gr. pap.

3893 Collection complette des Œuvres du même. *Geneve*, 1782, 30 vol. in-8.

3894 Œuvres du même. — Héloïse. — Œuvres diverses. — Confessions. — Dictionnaire de musique. — Traité sur la musique. — Théâtre et Poésies. — Maximes. *Paris et Genève*, 1762 et suiv. 20 vol. in-8.

3895 Recueil de pièces pour servir à son Histoire, et Critique et Apologie de ses différens Ouvrages. 63 tom. 23 vol. in-8. et in-12.

3896 Variétés sérieuses et amusantes, par Sablier. *Paris*, 1765, 4 vol. in-12.

3897 Les mêmes. *Paris*, 1769, 4 vol. in-12.

3898 Œuvres de St.-Evremond. *Paris*, 1753, 12 vol. in-12. pap. de Holl. v. fil.

3899 Œuvres complettes de St.-Foix. *Paris*, 1778, 6 vol. in-8.

3900 Œuvres de Saint-Réal. *Paris*, 1730, 5 vol. in-12.

3901 Les mêmes. *Paris*, 1757, 8 vol. in-12.

3902 Œuvres de Sarrazin. *Paris*, 1658, in-12.

3903 Œuvres de Scarron. *Amsterdam*, 1737, 10 vol. in-12.

3904 Œuvres de Théophile. *Paris*, 1661, in-12.

3905 Œuvres diverses de Tressan. *Paris*, 1766, in-8.

3906 Essai sur divers sujets de littérature et d'histoire, par Trublet. *Paris*, 1754, 4 vol. in-12.

3907 Mélanges d'histoire et de littérature, par Vigneul-Marville. *Paris*, 1713, 3 vol. in-12.

3908 Œuvres de mad. de Villedieu. *Paris*, 1741, 12 vol. in-12.

3909 Œuvres de Voiture. *Paris*, 1729, 2 vol. in-12.

3910 Collection des œuvres de Voltaire (recueillies à mesure que chaque pièce a paru), 20 vol. in-8. v. f. fil.

3911 Les mêmes. *Paris*, 1742, 5 vol. in-12.

3912 Les mêmes. *Paris*, 1758, 24 vol. in-12. fig.

3913 Les mêmes. *Genève*, 1768, 7 vol. in-4. fig.

3914 Collection des œuvres du même. *Lyon*, 1775, 41 vol. in-8.

3915 Œuvres complettes du même, données par Beaumarchais. *Kell*, 1785, 92 vol. in-12. manq. les tom. 1 à 4.

3916 Recueil de divers ouvrages du même. 25 vol. in-8. et in-12.

3917 Recueil de différens ouvrages du même, manuscrits, mais qui ont tous été imprimés; dans un carton in-fol.

3918 Recueil de mémoires et éloges, pour servir à l'histoire de la vie de Voltaire, et collection de critiques et apologie de ses différens ouvrages. 105 pièces, 75 vol. in-8. et in-12. rel. et br.

Mélanges Polygraphiques français.

3919 L'Ordene de chevalerie et contes anciens. *Paris*, 1759, in-8. v. fil.

3920 Les divertissemens de Sceaux. *Paris*, 1712, 2 vol. in-12.

3921 Recueil de pièces choisies, tant en prose qu'en vers. *Paris*, 1714, 2 vol. in-8.

3922 Recueil de divers écrits. *Paris*, 1736, in-12.

3923 Bibliothèque annuelle et universelle. *Paris*, 1751, 4 vol. in-12.

3924 Variétés historiques, physiques et littéraires. *Paris*, 1752, 3 vol. in-12.

3925 Singularités diverses. *Paris*, 1753, in-12.

3926 Amusemens philosophiques et littéraires de deux amis. *Paris*, 1754. — Discours d'éloquence et poésies de Soret. *Paris*, 1749, in-12.

3927 Réflexions critiques sur divers sujets. *Lausanne*, 1751, in-12.

3928 Les Filles-femmes et les Femmes-filles. 1751. — Voyage au labyrinthe du jardin du roi. 1755. —

Recueil de pièces concernant l'opération et l'accouchement de l'homme de Dordrech. 1759, in-12.

3929 L'Abeille, ou recueil de philosophie de littérature et d'histoire. *Paris*, 1755, in-8.

3930 Dissertation sur le mot patrie et sur la nature du peuple. 1755. — Sur les religions grecque et romaine, par Coyer. 1755. — Projet pour le progrès de la littérature. — Pensées philosophiques d'un citoyen de Montmartre. 1756. — Temple de Gnide, par Montesquieu. *Paris*, 1755, in-12.

3931 La Bigarure, recueil de pièces fugitives. *Lausanne*, 1756. — Mélanges de morale et de littérature. 1754. — Réflexions sur les moyens qui conduisent aux grandes fortunes. — Projet de Sadoc Zorobabel. 1760. — Le triomphe des dames. 1755. — Problême sur la multiplicité des académies. 1757, in-12.

3932 Passe-tems poétique, historique et critique. *Paris*, 1757, 2 vol. in-12.

3933 Poliergie, ou mélange de littérature et de poésies. *Paris*, 1757, in-12.

3934 Pièces philosoph. et littéraires, par B... *Paris*, 1759, in-12.

3935 Mélanges de philosophie, de politique et de littérature. *Paris*, 1761, in-12.

3936 Variétés philosophiques et littéraires. *Paris*, 1762, in-12.

3937 Porte-feuille français. *Paris*, 1766, in-12.

3938 Recueil philosophique et littéraire de la société typographique de Bouillon. *Bouillon*, 1769 et suiv. 5 vol. in-12.

3939 Mélanges tirés d'une grande bibliothèque. *Paris*, 1779 et suiv. 37 vol. in-8. br.

3940 Tablettes d'un curieux. *Paris*, 1789, 2 vol. in-12. br.

3941 Recueil de pièces critiques et littéraires. 11 vol. in-8. et in-12. br.

3942 Recueil de pièces sur différentes matières. in-4. et in-8. br.

Auteurs italiens, allemands et anglais.

3943 Opere di Nic. Machiavelli. *Londra*, 1747, 2 v. in-4. gr. pap.

3944 Les mêmes trad. en franç. *La Haye*, 1743, 6 vol. in-12.

3945 Recueil d'Ouvrages italiens et espagnols, en prose. 4 vol. in-8 et in-12.

3946 Mélanges de différentes pièces de Littérature, en vers et en prose, trad. de l'allemand. *Lyon*, 1761, in-8.

3947 Œuvres du philosophe Sans-souci. *Paris*, 1750, 3 vol. in-8. gr. pap. v. fil.

3948 Les mêmes. *Postdam*, 1760. — Anti-Sans-souci. *Bouillon*, 1761, 4 vol. in-8 et in-12.

3949 Œuvres posthumes de Frédéric II, roi de Prusse. *Berlin*, 1788, 8 tom. 4 vol. in-8.

3950 Œuvres du Philosophe bienfaisant. *Paris*, 1762, 4 vol. in-8. pap. de Holl. v. fil.

3951 Miscellaneous Works, in verse and prose, of Jos. Addison. *Lond.* 1746, 4 vol. in-12.

3952 Characteristicks by Anthony earl of Shaftesbury. 1749, 3 vol. in-12.

3953 Conseils, par le même, trad. *Paris*, 1783. — Lettre sur l'Enthousiasme, par le même, trad. par Lacombe. *Paris*, 1761, 2 vol. in-8 et in-12.

3954 Fours Dissertations, Natural history of Religion; of the passions; tragedy; of the standard of taste, by David Hume. *Lond.* 1757, in-12.

3955 Œuvres diverses du même. *Amst.* 1758. — Discours politiques. *Paris*, 1754. — Essais sur le commerce. 1767. — Pensées. 1767, 9 tom. 8 vol. in-12.

3956 Works of Edm. Waller, in verse and prose, published by Fenton. *Glasg.* 1752, in-12.

3957 Political miscellaneous, and philosophical pieces, by Benj. Franklin. *Lond.* 1779, in-4. br.

3958 Œuvres du même, trad. de l'angl. par Barbeu Dubourg. *Paris*, 1773, 2 tom. 1 vol. in-4. fig.

3959 Mélanges de différentes pièces de vers et de prose, trad. de l'angl. *Paris*, 1751, 3 vol. in-12.

3960 Mélanges de Littérature anglaise. *Paris*, 1759, in-12.

3961 Mélange de Traductions de l'anglais, Jeanne Gray, la jeune Fille séduite, le Courtisan hermite, trad. par le Tourneur. *Paris*, 176 , in-12.

3962 Le Jardin anglais, ou Variétés, par le Tourneur. *Paris*, 1788, 2 tom. 1 vol. in-8.

Dialogues et Epistolaires.

3963 Colloques choisis d'Erasme, trad. en franç. *Paris*, 1763, in-12.

3964 Nouveaux Dialogues des Morts. *Paris*, 1753, in-12. v. fil.

3965 Dialogues des Morts, trad. de l'angl. par de Joncourt. *La Haye*, 1760, in-8.

3966 Epistolæ veterum Græcorum, Hippocratis, Heracliti, Cratetis, Democriti, Diogenis, Phalaridis, Marci Bruti, gr. et lat. per Lotherium Lubinum. *In Bibliopolio Commeliniano*, 1609, in 8.

3967 Libanii Sophistæ Epistolæ, græcè, edidit, latinè convertit et notis illustravit Jo. Christoph. Wolfius; accedunt ejusdem Libanii Epistolæ à Fr. Zambicario olim latinè conversæ. *Amst.* 1738, in-fol. c. m. v. fil.

3968 M. Tullii Ciceronis Epistolæ familiares. *Venetiis*, 1556, in-8. v. d. s. t.

3969 Lettres et Panégyriques de Trajan, par Pline le jeune, trad. par de Sacy. *Paris*, 1722, 4 vol. in-12.

3970 Petri Abælardi et Heloissæ Epistolæ, edente Ric. Rawlinson. *Lond.* 1718, in-8.

3971 Lettres de Bayle, avec des remarques, par des Maizeaux. *Amst.* 1729, 3 vol. in-12.

3972 Choix des Lettres de Chesterfield à son fils, par ; on. *Liege*, 1776, in-12. br.

3973 Lettres de J. B. Rousseau. *Paris*, 1750, 5 vol. in-12.

3974 Lettres choisies de Simon, revues et augmentées par Bruzen la Martinière. *Amsterdam*, 1730, 4 v. in-12.

3975 Lettres sur toutes sortes de sujets, par de Vaumorière. *Paris*, 1714, 2 vol. in-12.

3976 Lettres d'un citoyen de Genève. *Paris*, 1763, in-12. br.

3977 Lettres écrites de Lausanne. *Paris*, 1786, in-8. broch.

3978 Lettres Iroquoises. *Amst.* 1752, 2 tom. 1 vol. in-12.

3979 Lettres Juives, Chinoises, Cabalistiques, et République des Lettres, par d'Argens. *Paris*, 1754 et suiv. 27 vol. in-12.

3980 Lettres d'Osman. *Paris*, 1753, 3 tom. 1 vol. in-12.

3981 Lettres philosophiques, sérieuses, critiques et amusantes. *Paris*, 1748, 2 vol. in-12.

3982 Lettres d'une Péruvienne, par mad. de Grafigny. *Paris*, 1752, 2 vol. in-12. pap. fort, v. f. d. s. t.

3983 Lettres d'un Sauvage dépaysé, à son correspondant en Amérique. *Amsterdam*, 1738, in-12.

3984 Lettres Siamoises. 1715, in-12.

3985 Lettres Turques. *Amsterdam*, 1756, 2 vol. in-12.

3986 Noviziato alla Segrataria, di Paolo Boccone. *Par.* 1672, in-12.

HISTOIRE.

Introduction.

3987 Letters on the study et use of history, by Bolingbroke. *London*, 1752, in-8.

3988 Les mêmes trad. de l'angl. *Paris*, 1752, 2 vol. in-12. v. fil.

3989 Traité des preuves de la vérité de l'Histoire, par Griffet. *Liége*, 1769. — Mémoires sur les rangs et les honneurs de la cour, et réponse à cet ouvrage. 2 vol. in-8 et in-12.

3990 Physique de l'Histoire. *Paris*, 1765, in-12.

3991 Méthode pour étudier l'Histoire, avec le supplément et les cartons, par Lenglet Dufresnoy. *Paris*, 1729 et suiv. 7 vol. in-4. gr. pap.

GÉOGRAPHIE.

Géographie ancienne.

3992 Strabonis Geographia, græcè, cum versione Guill. Xylandri ab Isaaco Casaubono recognita, et observ. Fed. Morelli. *Lut. Par.* 1620, in-fol.

3993 Pomponius Mela; Jul. Solinus; Itinerarium Antonini; Vibius Sequester; P. Victor, de regionibus urbis Romæ; Dionysius Afer, de situ orbis. 1521, in-24.

3994 Dionysii Afri et Pomponii Melæ sitûs orbis descriptio; Æthici Cosmographia; C. J. Solini Polyhistor: græcè, cum variorum annotationibus. *Par.* 1577, in-4.

3995 Abrah. Ortelii Theatrum orbis. *Antverp.* 1603, in-fol. cartes.

3996 P. Bertii Theatrum geograph. veteris. in-fol. cartes.

3997 Géographie ancienne, abrégée par d'Anville, avec les cartes. *Paris*, 1769, in-fol. atl. v. fil.

3998 La même. *Paris*, 1768, 3 vol. in-12.

3999 Considérations sur l'étude et les connoissances que demandent les compositions des Ouvrages de Géographie, par le même. *Paris*, 1777, in-8. br.

4000 Concorde de la Geographie des différens âges, par Pluche. *Paris*, 1764, in-12. cartes.

Géographie moderne.

4001 Cosmographie universelle d'André Thevet. *Paris*, 1575, 2 vol. in-fol. fig.

4002 Cosmographie universelle, par Munster et Fr. de Belleforest. *Paris*, 1575, 3 vol. in-fol. fig. v. d. s. t.

4003 Bernh. Varenii Geographia generalis. *Amstel.* 1664, in-12.

4004 La même, revue par Isaac Newton, augmentée par Jacq. Jurin, trad. de l'angl. *Paris*, 1755, 4 v. in-12. fig.

4005 Méthode pour apprendre la Géographie, et Traité de la Navigation, par Robbe. *Paris*, 1721, 2 vol. in-12. cartes.

4006 Méthode pour étudier la Géographie, par Lenglet Dufresnoy. *Paris*, 1768, 10 vol. in-12. cartes.

4007 Géographie historique, ecclésiastique et civile, par Dom Jos. Vaissete. *Paris*, 1755, 12 vol. in-12. figur.

4008 Traité cosmographique, servant d'introduction à la Géographie, par Simon. *Paris*, 1756, in-12.

4009 Topographie de l'Univers, par Expilly. *Paris*, 1757 et 1758, 2 tom. 3 vol. in-8.

4010 Modern Geography, by Salmon. *Dublin*, 1765, in-12. cartes.

4011 Tableau précis du globe terrestre, par le Beau. *Paris*, 1767, in-12. br.

4012 Géographie universelle, trad. de l'allemand du Büsching. *Strasbourg*, 1768 et suiv. 14 vol. in-8.

4013 Abrégé de l'Histoire du globe, ou nouvelles Leçons de Géographie, par Delorme. *Paris*, 1775, in-8. mar.

4014 Abrégé de Géographie anc. et mod. par Grenet. *Paris*, 1781, in-12.

Atlas

Atlas, et Dictionnaires géographiques.

4015 Atlas universel pour la Géographie ancienne et moderne, composé de cartes faites par les plus habiles géographes. 11 vol in-fol. atl.

Cet Atlas a été formé avec le plus grand soin par M. de Malesherbes.

4016 Atlas de l'Histoire ancienne, contenant 13 cartes lavées et enluminées. in-fol. obl. en feuilles.

4017 Recueil de 64 cartes, par Samson, Jaillot et autres. in-fol.

4018 Atlas universel, par Robert et Robert de Vaugondi. *Paris*, 1757, in-fol. atl. v. fil.

4019 Atlas, par Grenet, composé de 70 cartes enluminées. in-4.

4020 Recueil de cartes marines anglaises et françaises. — Neptune oriental, par d'Après de Mannevillette. *Paris*, 1745, in-fol. atl.

4021 Sept cartes collées sur carton.

4022 Six cartes collées sur toile, avec gorges.

4023 Atlas des enfans. *Amsterdam*, 1760, in-12. cartes enlum. br.

4024 Dictionnaire géographique, par Bruzen de la Martinière. *Paris*, 1739, 6 vol. in-fol.

4025 Abrégé du même. *Paris*, 1759, in-8.

4026 Dictionnaire du tems, pour l'intelligence des nouvelles de la guerre. *Paris*, 1757, in-8.

Voyages.

Introduction.

4027 Utilité des Voyages, par Baudelot de Dairval. *Rouen*, 1727, 2 vol. in-12. fig.

4028 Essai d'une méthode générale, propre à étendre les connoissances des voyageurs, ou Recueil d'observations relatives à l'Histoire, à la répartition des impôts, au commerce, aux sciences, aux arts et à culture des terres, par Meunier. *Paris*, 1779, 2 vol. in-8.

Collections générales de Voyages dans les quatre parties du monde.

4029 Nic. Reusneri itinerarium totius orbis. *Basil.* 1592, in-8.

4030 The principal navigations, voyages, traffiques, and discoveries, of the English nation, made by sea or overland, to the semote and farthest distant quarters of the Earth. *Lond.* 1599, 2 vol. in-fol.

4031 Navigationi e viaggi raccolte da Gio Batt. Ramusio. *Venet.* 1606, 3 vol. in-fol. fig.

4032 Sam. Purchas his pilgrimes. *Lond.* 1625, 4 vol. in-fol. fig.

4033 Voyage fait par terre, depuis Paris jusqu'à la Chine, par de Feynes. *Paris,* 1630. — Relation du Cap Verd, par le P. Alexis de St.-Lo. *Paris*, 1637. — Relation de ce qui s'est passé en la Nouvelle France, en 1635, par Paul le Jeune. *Paris*, 1636, in-8.

4034 Travels and Voyages in Europa, Asia, Africa and America. *London*, 1698, in-8.

4035 A Collection of Voyages and travels. *Lond.* 1732 et suiv. 8 vol. in-fol. fig.

4036 A new général Collection of Voyages and travels in Europa, Asia, Africa and America. *London*, 1745, 4 vol. in-4. fig.

4037 Histoire générale des Voyages, traduite de l'anglais, par Ant. F. Prévost, avec la continuation par Querlon et autres. *Paris*, 1746 et suiv. 20 vol. in-4. fig. dont 3 br.

4038 Abrégé de l'Histoire des Voyages, par de la Harpe, avec les cartes et fig. *Paris*, 1780 et suiv. 24 vol. in-4. et in-8.

4039 Navigantium atque itinerantium Bibliotheca, or a complete Collect. of Voyages and travels in Europa, Asia, Africa and America, by John Harris. *Lond.* 1764, 2 vol. in-8. fig.

4040 Le Voyageur Français, par de la Porte, avec l'Atlas. *Paris*, 1772 et suiv. 30 vol. in-12. br. manq. le tom. 4.

4041 Dictionnaire des Voyages. *Paris*, 1773, 4 vol. in-12. br.

4042 Le curieux Antiquaire, ou Recueil Géographique et Historique des choses les plus remarquables qu'on trouve dans l'Univers, par P. L. Berkenmeyer. *Leide*, 1729, 3 vol. in-8. fig.

Voyages en différentes parties du Monde, sans désignation particuliere du lieu.

4043 Cl. Rutilii Numatiani itinerarium, à Jos. Castalione emendatum. *Romæ*, 1582, in-8.

4044 Voyages aventureux de Martin Hoyarsabal, contenant les règles et enseignemens nécessaires à la bonne et sûre Navigation. *La Rochelle*, 1669, in-8.

4045 Recueil d'Observat. faites en plusieurs Voyages, pour perfectionner l'Astronomie et la Géographie, avec divers traités Astronomiques, par l'académie des Sciences. *Paris*, imp. Roy. 1693, in-fol. v. fil.

4046 Fr. Ern. Bruckmanni epistolarum itinerariarum centuriæ tres. *Woffenbuttelæ*, 1728 et seq. 4 vol. in-4. fig. br.

4047 Lettres de Wortlay Montagute, écrites pendant ses Voyages en diverses parties du Monde, trad. de l'anglais. *Paris*, 1764, 2 tom. 1 vol. in-12.

4048 Abrégé Chronologique, ou Histoire des découvertes faites par les Européens dans les différentes parties du Monde, par J. Barrow, traduit par Targe. *Paris*, 1766, 12 vol. in-12.

4049 Précis et journal du Voyage de Courtanvaux pour essayer plusieurs instrumens relatifs à la longitude, mis en ordre, par Pingré. *Paris*, imp. Roy. 1768, 2 vol. in-4. fig.

4050 Voyage fait en 1768 et 1769 en différentes parties du Monde, pour éprouver en mer les horloges marines, par d'Eveux de Fleurieu. *Paris*, imp. Roy. 1773, 2 vol. in-4. fig. br.

Voyages autour du Monde.

4051 Voyage autour du Monde, par Drach. *Paris*, 1641, in-8.

4052 Voyage autour du Monde, depuis 1708 jusqu'en 1711, par Woodes Roger, traduit de l'anglais, avec une relation de la grande rivière des Amazones et un journal d'un Voyage dans la Guyanne, en 1674. *Amst.* 1716, 2 vol. in-12. fig.

4053 Voyage to the Southsea, and round the World, perform'd in 1708 and 1711, by Edw Cooke. *Lond.* 1712, 2 vol. in 8. cartes.

4054 Voyage autour du Monde, par Guill. Dampier. *Rouen*, 1715, 5 vol. in-12. fig.

4055 Voyage round the World, in the Year 1719, by W. Betagh. *Lond.* 1757, in-8.

4056 Voyage du tour du Monde, traduit de l'italien de Gemelli Careri. *Paris*, 1727, 6 vol. in-12. fig.

4057 Voyage autour du Monde, par le Gentil. *Amst.* 1728, 2 vol. in-12. fig.

4058 Voyage autour du Monde, fait depuis 1740 jusqu'en 1744, par George Anson, trad. de l'anglais. *Paris*, 1764, 4 vol. in-12. fig.

4059 Voyages sur mer, contenant la relation fidelle d'un naufrage de l'un des officiers de l'amiral Anson. *Paris*, 1771, in-12.

4060 Voyage round the World by the way of the great Southsea, by George Shelvocke. *Lond.* 1757, in-8. fig.

4061 A Voyage round the World, in the Years 1764 and 1765, and descript. of the streights of Magellan, and of the Patagonians, and islands discovered in the Southseas. *Lond.* 1767, in-8. fig.

4062 Le même, trad. en français. *Paris*, 1767, in-12. fig.

4063 Voyage autour du Monde, depuis 1766 jusqu'en 1769, par Bougainville, avec le journal du Voyage fait par Banks et Solander, depuis 1768 jusqu'en 1771, traduit de l'anglais, par Fréville. *Paris*, 1772, 3 vol. in-8. fig.

4064 Précis du Voyage de M. de Bougainville. — Journal du prince de Nassau. in-fol. mss.

4065 Voyage autour du Monde et vers les deux pôles, par terre et par mer, depuis 1767 jusqu'en 1776, par de Pagès. *Paris*, 1782, 2 vol. in-8. fig.

4066 A journal of a Voyage to the Southseas, transcribed from the papers of the Sydney Parkinson, Jos. Banks and Solander. *Lond.* 1773, in-4. fig.

4067 Le même journal, traduit de l'anglais, par de Fréville. *Paris*, 1772, in-8.

4068 Le même. *Neufchâtel*, 1773, in-8. br.

4069 Journal du second Voyage de Cook, en 1774 et 1775. *Paris*, 1777, in-8. cartes.

4070 Journal of Cook's last Voyage to the pacific Ocean, on discovery, in 1776-1779. *Lond.* 1781, in-8. fig.

4071 Le même journal du troisième Voyage de Cook, trad. de l'anglais. *Paris*, 1782, in-8. cart. br.

4072 A Voyage to wards the South Pole and round the World, in the years 1772-1775, by James Cook. *Lond.* 1777, 2 vol. in-4. fig. br.

4073 Les trois Voyages autour du Monde, par Byrdn, Carteret, Wallis et Cook, trad. par Suard et Meunier. *Paris*, 1774 et suiv. 13 vol. in-4 fig. dont 8 b.

4074 Le même. *Paris*, 1774 et suiv. 18 vol. in-8.

4075 Détails sur la mort de Cook, trad. de l'anglais. *Paris*, 1786, in-8. br.

4076 Viage del commandante Biron al rededor del mundo, traducido del ingles, por D. Cassimiro de Ortega. *Madrid*, 1769, in-4. cartes.

4077 A Voyage round the World during the years 1772-1775, by Georges Forster. *Lond.* 1777, 2 vol. in-4. v. fil.

4078 Observations faites pendant le second voyage de Cook, par Forster, trad. de l'angl. *Paris*, 1778, in-4. br.

Voyages en Europe,

Voyages en différens endroits de l'Europe, non désignés dans les titres des livres.

4079 Itinéraire des routes les plus fréquentées de l'Europe, par Dutens. *Paris*, 1775, in-8.

4080 Le même. *Paris*, 1788, in-8. carte.

4081 Coryat's Crudities, travels in Europa. *Londres*, 1611, in-4 fig.

4082 Lud. Henr. Lomenii Briennæ comitis itinerarium (in Europa) curante Car. Patin. *Paris*, 1662, in-8.

4083 Voyages historiques de l'Europe, par C. Jordan. *Paris*, 1695, 6 vol. in-12.

4084 Voyages historiques de l'Europe. *Amst.* 1718, 8 vol. in-12. cartes.

4085 Voyages et aventures de Martin Nogué, en Europe. *La Haye*, 1728, in-12.

4086 Mémoires instructifs pour un voyageur dans les divers états de l'Europe. *Amsterdam*, 1738, 2 vol. in-12. fig

Voyages en différens endroits de l'Europe, désignés dans les titres des livres.

4087 Indicateur fidèle de toutes les routes de France et des principaux royaumes de l'Europe, par Desnos. *Paris*, 1770, 2 vol. in-4. br.

4088 Histoire d'un voyage littéraire, fait en 1733, en France, en Angleterre et en Hollande, par la Croze. *La Haye*, 1736, in-12. v. fil.

4089 Voyage en France et en Catalogne. Mss. 2 vol. in-8.

4090 Voyage de France, d'Espagne, de Portugal et d'Italie, par Silhouette, fait en 1729 et 1730. *Paris*, 1770, 4 tom. 2 vol. in-8.

4091 Journey from London, to France and Holland, by R. Poole. *London*, 1750, 2 vol. in-8. cartes.

4092 Journal d'un voyage de France et d'Italie, en 1660 et 1661. *Paris*, 1667, in-8. fig.

4093 Voyages de Dumont, en France, en Italie, en Allemagne, à Malthe et en Turquie. *La Haye*, 1699, 4 vol. in-12. fig.

4094 Some observations made in travelling through France, Italy, etc. in the years, 1720, 1721 and 1722, by Edvard Wright. *London*, 1730, 2 vol. in-4. fig.

4095 Les mêmes. *London*, 1764, 2 tom. en 1 vol. in-4. fig.

4096 Voyage en France, en Italie, et aux isles de l'Archipel, en 1750. *Paris*, 1763, 4 vol. in-12.

4097 Remarks made on the spot, in a late seven years tour through France, Italy, Germany and Holland, by Sacheverell Stevens. *Lond.* 1756, in-8. fig.

4098 Travels trough France and Italy, by T. Smollett. *Lond.* 1766, 2 vol. in-8.

4099 Abr. Golnitzii Ulysses Belgico-Gallicus, per Belgium, Hispaniam, Galliam, Sabaudiam. *Amst.* 1655, in-12.

4100 Travels through Holland, Germany, Switzerland, but especially Italy, by de Blainville, translated by Turnbull, Guthrie and Lockman. *Lond.* 1757, 3 vol. in-4.

4101 Voyages en Hollande, Flandres, Allemagne, Dannemarck, Suède, Laponie, Russie, Ukraine et Pologne, de 1768 à 1770, par Jos. Marshall, en angl. *Lond.* 1773, 4 tom. 2 vol. in-8.

4102 Voyages en Espagne, en Portugal, en Allemagne et à Aix-la-Chapelle, par M... *Amst.* 1699, in 12. fig.

4103 Le même. 1700, in-12. fig.

4104 Etat présent d'Espagne, avec un voyage d'Angleterre. *Villefranche*, 1717, in-12. br.

4105 Voyage du P. Labat en Espagne et en Italie. *Paris*, 1730, 8 vol. in-12.

4106 Voyages and cruises of commodore Walker, during the late Spanish and French wars. *Lond.* 1760, 2 vol. in-12. br.

4107 Voyage de Londres à Lisbonne, par Henri Fielding. *Laus.* 1783, in-12.

4108 Journal du Voyage de Michel de Montaigne en Italie, par la Suisse et l'Allemagne, en 1580 et 1581, avec des notes, par de Querlon. *Paris*, 1774, in-4. gr. pap.

4109 Relationi della venuta degli ambasciatori Giaponesi à Roma sino alla partita di Lisbona, raccolte da Guido Gualtieri. *Roma*, 1586, in-8.

4110 Variorum in Europâ itinerum deliciæ, seu monumenta quæ passim in Italiâ et Germaniâ, Helvetiâ et Bohemiâ, Daniâ et Cimbriâ, Belgio et Galliâ, Angliâ et Poloniâ, conspicua sunt, collecta à Nathan. Chytræo. 1606, in-8.

4111 Voyage du duc de Rohan, fait en 1600, en Italie, Allemagne, Pays-bas-Unis, Angleterre et Ecosse. *Amst*. 1646, in-12.

4112 Voyages de Joseph II, empereur, en Italie, en Bohême et en France, par Mayer. *Lausanne*, 1777, in-8. br.

4113 Voyage d'Italie et de Grèce, avec une Dissertation sur la bizarrerie des opinions, par Mirabal. *Paris*, 1698, in-12.

4114 Remarques historiques et critiques, faites dans un voyage d'Italie et de Hollanoe, en 1704. *Cologne*, 1705, 2 tom. 1 vol. in-8.

4115 Voyage d'Italie et de Hollande, par Coyer. *Paris*, 1775, 2 tom. 1 vol. in-12.

4116 Voyage en Sicile et dans la Grande-Grèce. *Laus*. 1773, in-12. br.

4117 Voyage de Londres à Gênes, passant par l'Angleterre, le Portugal, l'Espagne et la France, trad. de l'anglais de Jos. Baretti. *Amsterdam*, 1777, 4 v. in-12. br.

4118 Mémoires et Voyages du P. Singlande, concernant la Corse, l'Allemagne, l'Italie, etc. *Paris*, 1765, 2 tom. 1 vol. in-12.

4119 Relation historique de Voyages en Allemagne, Angleterre, Bohême, Suisse, etc. par Ch. Patin. *Amst*. 1695, in-12. fig.

4120 Lettre contenant plusieurs aventures arrivées au chevalier de Saint-Georges, pendant son voyage secret d'Avignon en Allemagne et autres lieux. *Lond.* 1757, in-12. br.

4121 Itinerary through the twelve dominions of Germany, Bohmerland, Sweitzerland, Netherland, Denmarke, Poland, Italy, Turky, France, England, Scotland and Ireland, by Fines Morison. *London*, 1617, in-fol.

4122 Travels through Germany, Bohemia, Hungary, Switzerland, Italy and Lorrain, by John George Keysler. *Lond.* 1756 et 1757, 4 vol. in-4. fig. v. fil.

4123 Le Voyageur véridique, ou Instruction que donne à son fils un homme de qualité dans un voyage d'Allemagne et de Hollande. *Paris*, 1754, in-12.

4124 Le Voyageur d'Europe en Allemagne, Pologne, Angleterre, Dannemarck et Suède. *Paris*, 1694, in-12.

4125 Mémoires de Beaujeu, contenant ses voyages en Allemagne, Pologne et Hongrie. *Paris*, 1698, in-12.

4126 Voyage en Allemagne et en Pologne, depuis 1774. *Paris*, 1784, in-12. br.

4127 Lettres sur différens sujets, faites pendant un voyage par l'Allemagne, la Suisse, la France méridionale et l'Italie, en 1774 et 1775, par Jean Bernoulli. *Berlin*, 1777, 2 tom. 1 vol. in-8.

4128 Lettres d'un Voyageur anglais (sur la Prusse, l'Allemagne, l'Italie, la Suisse). *Geneve*, 1779, in-8. br.

4129 Voyage d'une Française en Suisse et en Franche-Comté, depuis la révolution. *Londres*, 1790, 2 tom. 1 vol. in-8.

4130 Voyage de France, de Suisse et d'Italie, en 1685 et 1686, par Burnet. *Rotterdam*, 1687, in-12.

4131 Voyage historique et politique de Suisse, d'Italie et d'Allemagne. *Francf.* 1736, 2 vol. in-12. fig.

4132 Voyages de Genève et de la Touraine. *Orléans*, 1779, in-12. v. fil.

4133 Voyages de Payen en Angleterre, dans le Brabant, en Hollande, Frize, Dannemarck, Suède, Allemagne, Pologne et Venise. *Paris*, 1667, in-12.

4134 Voyage en Angleterre, Flandres et Hollande, en 1670. Mss. in-8.

4135 Curiosités de Londres, de l'Angleterre et de Hollande, par le Rouge. *Paris*, 1770, in-8. br.

4136 Voyage en Angleterre, France, Espagne, Portugal, Italie, Malthe, Piémont, Suisse, Alsace, Allemagne et Hollande, par Maurice Margerot. *Lond.* 1780, 2 vol. in-8.

4137 Lettres curieuses de voyages, écrites d'Angleterre, d'Italie, de Hongrie, d'Allemagne, de Suisse, de Bohême, de Hollande, de Flandres, d'Espagne et autres lieux. *Paris*, 1691, in-12.

4138 Journal d'un voyage de Constantinople en Pologne, par Jos. Boscowich. *Lausanne*, 1772, in-12. broch.

4139 Travels into Poland, Russia, Sweden and Denmark, by Will. Coxe. *Lond.* 1784, 2 vol. in-4. fig. br.

4140 Le même, trad. par P. H. Mallet, avec un Voyage en Norwège. *Genève*, 1786, 4 vol. in-8. cart.

4141 Relation du Voyage de la reine de Pologne et du retour de madame de Guebriant, par la Hongrie, l'Autriche, Styrie, Carinthie, le Frioul et l'Italie, par J. le Laboureur. *Paris*, 1647, in-4.

4142 An account of some travels in divers parts of Europ, Hungaria, Servia, Bulgaria, Macedonia, Thessaly, Austria, Syria, Carinthia, Carniola, Frioli, Germany, Marca Trevisana, Lombardy, by Edw. Brown. *Lond.* 1685, in-fol. fig.

4143 Les mêmes, trad. en français. *Paris*, 1674, in-4. fig.

4144 Car. Ogerii Ephemerides, sive iter Danicum, Suecicum et Polonicum; accedunt Nic. Borbonii epistolæ ad eumdem. *Lut. Par.* 1656, in-8.

4145 Relation d'un Voyage du chevalier de Bellerive d'Espagne à Bender, et de son séjour au camp du roi de Suède. *Paris*, 1713, in-12.

4146 Voyage de Strasbourg à Pétersbourg, par la Bavière, l'Autriche, la Hongrie, la Pologne, la Lithuanie, la Curlande et la Livonie, par le marquis de Fougère, en 1757, in-fol. mss.

4147 A tour from London to Petersburgh, from Thence to Moscou, and return to London, by way of Courland, Poland, Germany and Holland, by John Richard. *Lond.* 1780, in-8.

4148 Observations d'un Voyageur sur la Russie, la Finlande, la Livonie, la Curlande et la Prusse, par Abel Burja. *Maëstr.* 1787, in-8. br.

4149 Mémoires du Voyage du marquis de Ville, en Dalmatie et au Levant, ou Histoire du siège de Candie, par Fr. Savin d'Alquié. *Amst.* 1671, in-12.

Voyages en France.

4150 Atlas de France dressé par l'académie des Sciences, sous la direction de Jacq. Cassini de Thury, avec la description géométrique, contenant 165 feuilles in-fol. manq. la 153e.

4151 Recueil de cartes pour l'Etude de l'Histoire de France de Velly, Villaret et Garnier. *Paris*, 1787, 2 vol. in-4. br.

4152 Coup-d'œil général sur la France, par Brion. *Paris*, 1765, in-4. cartes enlum.

4153 Table Géographique et Politique de la France, par le même. *Paris*, 1767, in-fol. en 28 cartes.

4154 Le Conducteur français, par L. Denis. *Paris*, 1786 et suiv. 51 numér. in-8. br.

4155 Dictionnaire des Postes, par Guyot. *Paris*, 1754, in-4.

4156 Plans des principales villes de guerre et villes Maritimes frontières de France, par le Mau de la Jaisse. *Paris*, 1736, in-8. fig.

4157 Hadr. Valesii notitia Galliarum. *Paris.* 1675, in-fol.

4158 Notice de l'ancienne Gaule, par d'Anville. *Paris*, 1760, in-4.

4159 La même avec la carte. *Paris*, 1760, in-4. v. fil.

4160 Eclaircissemens Géographiques sur l'ancienne Gaule, par le même. *Paris*, 1741, in-12. cartes.

4161 Mémoires Géographiques sur quelques antiquités de la Gaule, par Pasumot. *Paris*, 1765, in-12. cart.

4162 Nouvelles découvertes sur l'Etat de l'ancienne Gaule, du temps de César, par de Mandajors. *Paris*, 1696, in-12. carte.

4163 Dissertation sur l'ancienne jonction de l'Angleterre à la France, par Desmarest. *Amiens*, 1753, in-12. cartes.

4164 Description du royaume de France, par Tillemon. *Paris*, 1693, in-12.

4165 Dénombrement du royaume de France, par généralités, élections, paroisses et feux. *Paris*, 1720, in-4. carte.

4166 Le royaume de France et les états de Lorraine, disposés en forme de Dictionnaire, par Doisy. *Paris*, 1753, in-4.

4167 Le royaume de France, divisé par généralités, élections, etc. par L. A. Ducaille. *Paris*, 1761, in-8. obl.

4168 Description Historique et Géographique de la France, ancienne et moderne, par Longuerue. *Paris*, 1722, in-fol. cartes.

4169 Description de la France, par Piganiol de la Force. *Paris*, 1753, 15 vol. in-12. cartes.

4170 Idée Géographique et Historique de la France, par Bougerel. *Paris*, 1747, 2 vol. in-12.

4171 Dictionnaire des Paroisses du ressort du Parlement de Paris. *Paris*, 1776, in-4. gr. pap. v. d. s. t.

4172 Description générale et particulière de la France, avec dix livraisons des estampes. *Paris*, 1781, 4 vol. in-fol. br.

4173 Description des principaux lieux de France, par J. A. Dulaure. *Paris*, 1789, 6 vol. in-16. fig. br.

4174 Dictionnaire Géographique, Historique et Politique des Gaules et de la France, par Expilly. *Avignon*, 1762 et suiv. 5 vol. in-fol.

4175 Dictionnaire Géographique de la République française en 85 Départemens. *Paris*, 1793, in-8. carte, br.

4176 Voyage Littéraire de DD. Mabillon et Montfaucon. *Paris*, 1717, 2 vol. in-4. fig.

4177 Le même. *Paris*, 1730, 2 vol. in-4. fig.

4178 Voyages Liturgiques de France, par de Moleon. *Paris*, 1718, in-8. fig.

4179 Jodoci Sinceri itinerarium Galliæ. *Amst.* 1649, in-12. fig.

4180 Délices de la France, par Fr. Savinien d'Alquié. *Amsterdam*, 1670, in-12. fig.

4181 Voyage du tour de la France, par Henry de Rouvière. *Paris*, 1713, in-12.

4182 Voyage de France, par Dumas. *Paris*, 1720, in-12. fig.

4183 Voyage de France, par Piganiol de la Force. *Paris*, 1724, in-12.

4184 Le même. *Paris*, 1740, 2 vol. in-12. cartes.

4185 Le même. *Paris*, 1780, 2 vol. in-12. cartes.

4186 Délices de la France. *Leide*, 1728, 3 vol. in-12. fig. v. fil.

4187 Voyage en France, de 1787 à 1790, par Arthur Young, avec des notes, par de Casaux. *Paris*, 1793, 2 vol. in-8. carte.

4188 Plan de Paris, commencé en 1734, achevé en 1739, en 20 feuilles. in-fol. en feuilles.

4189 Plan topographique et raisonné de Paris, par Pasquier et Denis. *Paris*, 1765, in-12. v. fil.

4190 Géographie parisienne, par Teisserenc. *Paris*, 1754, in-12

4191 A Journey to Paris in the year 1698, by Martin Lister. *London*, 1699, in-8.

4192 Description de la ville de Paris et de tout ce qu'il y a de remarquable, par Germain Brice. *Paris*, 1713, 2 vol. in-12. fig.

4193 Recherches critiques, historiques et topographiques sur la ville de Paris, par Jaillot. *Paris*, 1775, 5 vol. in 8. v. d. s. t.

4194 Voyage pittoresque de Paris, par d'Argenville. *Paris*, 1 52. — Différentes critiques des ouvrages exposés au Sallon. 1754, in-12.

4195 Voyage pittoresque de Paris et des environs, par d'Argenville. *Paris*, 1755 et suiv. 2 vol. in-12. fig.

4196 Description de Paris, Versailles, Marly, Meudon, Saint-Cloud, Fontainebleau, par Piganiol de la Force. *Paris*, 1742, 8 vol. in-12. fig.

4197 Descrip. de Versailles, de Marly, de Meudon, de Saint-Cloud et de Fontainebleau, par le même. *Paris*, 1742, in-12. fig.

4198 Descrip. des environs de Paris, par Rob. de Vaugondi. *Paris*, 1761, in-8. cartes.

4199 Descrip. des curiosités de Paris, des environs, et singularités historiques, par J. A. Dulaure. *Paris*, 1787 et suiv. 5 vol. in-12. br.

4200 Versailles immortalisé, poëme en français, par J. Bap. de Monicart, trad. en lat. par Rom. le Testu. *Paris*, 1720, 2 vol. in-4. fig.

4201 Plans, profils et élévations des villes et châteaux de Versailles, levés sur les lieux, dessinés et gravés en 1714 et 1715, in-fol.

4202 Description de la forêt de Compiègne, par Louis-Auguste, Dauphin. *Paris*, 1766, in-8. carte enlum.

4203 Description historique de Compiègne et guide de la forêt. *Paris*, 1769, in-12. fig. enlum.

4204 Trésor des merveilles de la maison royale de Fontainebleau, par P. Dan. *Paris*, 1742, in-fol.

4205 Description historique des château, bourg et forêt de Fontainebleau, par Guilbert. *Paris*, 1731, 2 vol. in-12. fig.

4206 Description géographique et historique de la Haute-Normandie. *Paris*, 1740, 2 vol. in-4.

4207 Etat géographique de la province de Normandie, par de Masseville. *Rouen*, 1722, 2 vol. in-12.

4208 Voyage de Bourgogne, en prose et en vers. *Paris*, 1777, in-8. br.

4209 Voyage d'Auvergne, par le Grand d'Aussy. *Paris*, 1788, in-8. fig.

4210 Voyage au Mont-Pilat, observations sur l'hist. naturelle de cette montagne et des lieux circonvoisins, avec un catalogue des plantes qui y croissent. *Lyon*, 1770, in-8. br.

4211 Voyage littéraire de Provence, par Papon. *Paris*, 1780, in-12.

4212 Le même. *Paris*, 1787, 2 vol. in-12.

4213 Voyage en Franche-Comté, Suisse, pays des Grisons, et Italie, en 1678. Mss. in-8.

4214 Voyage ou descript. des Pyrénées. in-fol. Mss. b.

Voyages en Italie.

4215 Descrittione di tutta l'Italia di F. Leandro Alberti. *Venetia*, 1561, in-4.

4216 Analyse géographique de l'Italie, par d'Anville. *Paris*, 1744, in-4.

4217 Géographie comparée de l'Italie, par Mentelle. *Paris*, 1788, 2 vol. in-8. fig.

4218 Journal du voyage de l'Italie, par l'abbé Pougny. in-fol. Mss.

4219 Itinerario, overo descrit. de'viaggi principali d'Italia di Fr. Scotti. *Roma*, 1650, in-8.

4220 Andr. Schotti itinerarium Italiæ. *Vesaliae*, in-12. fig.

4221 Voyage en Italie, par Fontenay Marueil, en 1641. *Paris*, 1643, in-12.

4222 Voyage et description d'Italie, en 1644, par P. Duval. *Troyes*, 1656, in-8.

4223 Voyage du prince Condé, en Italie. *Paris*, 1666, in-12.

4224 The voyage of Italy, by Richard Lassels. *London*, 1770, in-12.

4225 Le même, trad. en franç. *Paris*, 1671, 2 vol. in-12.

4226 Voyages d'Italie et de Malthe, par A. Jouvin de Rochefort. *Paris*, 1682, in-12.

4227 Nouveau voyage d'Italie, par de Seine. *Lyon*, 1699, 2 vol. in-12.

4228 Nouveaux mémoires de Nodot, ou observations faites pendant son Voyage d'Italie. *Amst.* 1706, 2 v. in-12. fig.

4229 Jac. Tollii epistolæ itinerariæ, cum annotat. Henr. Christiani Henninii. *Amst.* 1714. — Ejusdem insignia itinerarii Italici, quibus continentur antiquitates sacræ. *Traj. ad Rhen.* 1696, in-4. fig.

4230 Voyage d'Italie de Misson, avec les remarques d'Addisson. *Utrecht*, 1722, 4 vol. in-12. fig. v. fil.

4231 Voyage historique d'Italie, par Merville. *La Haye*, 1729, 2 vol. in-12.

4232 Délices de l'Italie. *Paris*, 1743, 4 vol. in-12.

4233 Voyage pittoresque d'Italie, par Cochin. *Paris*, 1756, 1 tom. 2 vol. in-8. gr. pap. mar.

4234 Letters from Italy, in 1765 and 1766, by Sam. Sharp. *Lond.* 1767, in-8.

4235 Travels through Italiy, by John Northall. *Lond.* 1766, in-8. fig.

4236 Description historique et critique de l'Italie, par Richard. *Paris*, 1769, 6 vol. in-12.

4237 An account of Italy, by Jos Baretti. *Lond.* 1769, 2 vol. in-8.

4238 Les Italiens, ou Mœurs et Coutumes d'Italie, trad. de l'ang. du même. *Paris*, 1773, in-12.

4239 Observations sur l'Italie et les Italiens, par Grosley. *Paris*, 1774, 5 vol. in-12. br.

4240 Dictionnaire historique et géographique de l'Italie. *Paris*, 1775, 2 vol. in-8.

4241 Guide de l'Italie. *Paris*, 1775, in-18. br.

4242 View of society and manners in Italy, by John Moore. *Lond.* 1781, in-8.

4243 Voyage en Italie, par de la Lande. *Paris*, 1786, 9 vol. in-12. avec atlas.

4244 Lettres sur l'Italie, par Dupaty. *Paris*, 1788, 2 tom. 1 vol. in-8.

4245 Voyage en Italie, par Duclos. *Paris*, 1791, in-8.

4246 Voyage aux glacières de Savoye, en 1772, par Bordier. *Genève*, 1773, in-12.

4247 Voyages de Gênes et de Venise, par Jean Marot. *Paris*, 1532, in-8. mar.

4248 Description des Beautés de Gênes et de ses environs. *Gênes*, 1768, in-8. fig. br.

4249 Description géographique et historique de l'île de Corse, par Bellin. *Paris*, 1769, in-4. cartes.

4250 Account of Corfica and memoirs of Pascal Paoli, by James Boswell. *Lond.* 1768, in-8. carte.

4251 Les mêmes, trad. en franç. *Laus.* 1769, 2 vol. in-12. carte.

4252 Description de la Corse. *Paris*, 1768, in-12.

4253 Voyage en Corse, par Gaudin. *Paris*, 1787, in-8. carte.

4254 Relation de différens voyages dans les Alpes du Fauçigny. *Maestr.* 1776, in-12. br.

4255 Relation abrégée d'un voyage à la cîme du Mont-Blanc, en 1787, par H. B. de Saussure. *Genêve*, in-8. br.

4256 Voyage astronomique et géographique dans l'état de l'église, par les PP. Maire et Boscovich. *Paris*, 1770, in-4. carte.

4257 Lettres contenant le journal d'un voyage fait à Rome, en 1773. *Paris*, 1783, 2 tom. 1 vol. in-12.

4258 Voyage pittoresque de Naples et de Sicile, par de Saint-Non. *Paris*, 1781 et suiv. 4 tom. 5 vol. in-fol. fig. en feuilles.

4259 Le même, 5 vol. in-fol. fig. v. d. s. tr.

4260 Descrizione di Sicilia da Bernardino Masbel. *Palermo*, 1694, in-fol.

4261 Description de l'isle de Sicile, par P. del Callejo y Angulo, et mém. de l'état politique de cette Isle, par Agatin Apary. *Amst.* 1734, in-8. fig.

4262 Lettre d'un voyageur sur la Sicile et description de l'Ethna, par la Tapie. in-fol. mss. br.

4263 Voyage en Sicile et à Malthe, par Brydone, trad. par Demeunier. *Paris*, 1775, 2 vol. in-8.

4264 Le même avec des notes, par Derveil. *Neuch.* 1776, 2 tom. 1 vol. in-8.

4265 Lettres sur la Sicile. *Paris*, 1778, in-12. br.

4266 Lettres sur la Sicile et sur l'isle de Malthe, par de Borch. *Turin*, 1782, 2 vol. in-8. fig.

4267 Travels in the two Sicilies, by Henry Swinburne, in the years 1777-1780. *Lond.* 1783, in-4. fig. br.

4268 Le même, trad. par la Borde. *Paris*, 1785, 4 vol. in-8.

4269 Voyage en Sicile, par de Non. *Paris*, 1788, in-8. carte. br.

4270 Descrizione di Messina. in-4. imparf.

4271 Voyage aux isles de Lipari, en 1780, par Déodat de Dolomieu. *Paris*, 1783, in-8.

Voyages en Allemagne.

4272 Atlas d'Allemagne, par le Rouge. *Paris*, 1759, in-4.

4273 Danubius Pannonico-Mysicus, ab Aloysio Ferd. Com. Marsili. *Hag. Com.* 1726, 6 vol. in-fol. fig. gr. pap. v. fil.

4274 Constantinus Germanicus de Peregrinationibus Germanorum instituendis. *Cosmopol.* in-12.

4275 An account of a Journey through some Provinces of Germany, in the year 1698, by Theop. Dorrington. *London*, 1699, in-8.

4276 Relation de deux Voyages en Allemagne, par Cassini de Thury. *Paris*, 1765, in-4.

4277 Relation d'un Voyage en Allemagne, et Description des conquêtes de Louis XV, depuis 1745 jusqu'en 1748, par le même. *Paris*, imp. Roy. 1775, in-4. cartes, br.

4278 Travels through Germany, by Th. Nugent. *Lond.* 1768, 2 vol. in-8. fig.

4279 Voyage en Allemagne, par de Riesbeck. *Paris*, 1788, 3 vol. in-8. fig

4280 Description du lac de Czirknizt en Carniole, par de Steinberg. *Brux.* 1761, in-8. fig. br.

4281 Voyage du cardinal de Baden, et son séjour à Liège, en 1674 et 1675. *Amst.* in-4.

4282 Voyage fait à Munster en Westphalie, en 1646 et 1647, par Joly. *Paris*, 1670, in-12.

Voyages en Suisse.

4283 Rhætia, Ethrusca, Romana, Gallica, Germanica, sacra et profana, descripta à F. Gabr. Bucelino. *Augustae-Vindel.* 1666, in-4.

4284 Délices de la Suisse. *Amst.* 1730, 4 vol. in-12. g. v. d. s. tr.

4285 Itinera per Helvetiæ Alpinas regiones facta, annis 1702 usque 1711, à Joh. Jac. Scheuchzero. *Lugd. Bat.* 1723, 4 tom. 2 vol. in-4. fig. v. fil.

4286 Vallesiæ descriptio, de Alpibus commentarius, à Josia Simlero. *Tiguri*, 1574, in-12.

4287 Voyages dans les Alpes, et Essai sur l'Histoire naturelle des environs de Genève, par Horace Bénédict de Saussure. *Neufchâtel*, 1779 et 1786, 2 vol. in-4. fig. br.

4288 Vues remarquables des montagnes de la Suisse, avec leur description, première partie. *Berne*, 1778, in-fol. en feuilles.

4289 Voyage en Suisse, fait en 1761. in-fol. mss. br.

4290 Lettres sur la Suisse, par de Boufflers. *Paris*, 1772, in-8. br.

4291 Voyage dans la Suisse occidentale. *Neufchâtel*, 1781, 2 vol. in-8.

4292 Lettres de W. Coxe sur la Suisse, trad. de l'angl. *Paris*, 1781, 2 vol. in-8. pap. double.

4293 Les mêmes. *Paris*, 1782, 3 vol. in-8. et in-12.

4294 Voyage en Suisse, en 1784, par Mayer. *Paris*, 1786, 2 vol. in-8.

4295 Lettres sur la Suisse, par la Borde. *Paris*, 1783, 2 vol. in-8. fig.

4296 Voyage dans les XIII cantons Suisses, les Grisons, le Vallais et autres pays et Etats alliés, ou sujets des Suisses, par Robert. *Paris*, 1789, 2 tom. 1 vol. in-8.

4297 Le Voyageur sentimental, ou ma promenade à Yverdun, par Vernes. *Neufchâtel*, 1787, in-12. br.

4298 Course de Bâle à Bienne, par les vallées du Jura. *Bâle*, 1789, in-8. fig.

4299 Voyage de Fribourg. *Paris*, 1774, in-8.

4300 Voyage de Beville dans les montagnes de Valengin. *Basle*, 1780, in-8. br.

Voyages en Flandre et en Hollande.

4301 Abrah. Ortelii et Jo. Viviani Itinerarium per nonnullas Galliæ Belgicæ partes. *Antuerpiæ*, 1684.

— Aditus novus ad occultas sympathiæ et antipathiæ causas inveniendas, à Silvestro Rattray. *Glasguæ*, 1658, in-12. br.

4302 Voyage pittoresque de la Flandre et du Brabant, par Jean-Bapt. Descamps. *Paris*, 1779, in-8. fig.

4303 Carte des Pays-Bas, en 24 feuilles, par G. d'Heulland. in-4.

4304 Cartes des conquêtes de Louis XIV dans les Pays-Bas, par Duval. *Paris*, in-12.

4305 Délices des Pays-Bas. *Bruxelles*, 1720, 4 vol. in-12. fig. v. d. s. t.

4306 Délices du Brabant et de ses campagnes, par Cantillon. *Amst.* 1757, 4 tom. 2 vol. in-8. fig.

4307 Delices de la Hollande. *La Haye*, 1710, 2 vol. in-12. fig.

4308 Relation historique et théolog. d'un voyage en Hollande et autres provinces des Pays-Bas, par Guillot de Marcilly. *Paris*, 1710, in-12.

4309 Amsterdam et ses principaux bâtimens. in-8. obl. br.

4310 Guide ou Descript. d'Amsterdam. *Amst.* 1722, in-8. fig. br.

4311 Délices de Leyde. *Leyde*, 1712, in-8. fig.

Voyages en Espagne et en Portugal.

4312 Abrégé de la Géographie universelle de l'Espagne et du Portugal, par Masson de Morvilliers. *Paris*, 1776. — Discours politique sur les avantages que les Portugais pourroient retirer de leur malheur. *Lisbonne*, 1756, in-12.

4313 Délices de l'Espagne et du Portugal, par D. Juan Alvarez de Colmenar. *Leide*, 1715, 6 tom. 3 vol. in-12. fig. v. d. s. t.

4314 Annales d'Espagne et de Portugal, par le même. *Amst.* 1741, 8 vol. in-12. fig.

4315 Voyage d'Espagne, fait en 1655. *Paris*, 1665, in-4. gr. pap.

4316 Relation d'un Voyage d'Espagne. *Paris*, 1664, in-12.

4317 Voyage d'Espagne, par de S.-Maurice. *Cologne*, 1666, in-12.

4318 Journal du voyage d'Espagne, fait en 1669. in-4.

4319 A Relation of a voyage to Spain. *London*, 1692, in-12.

4320 Relation d'un voyage d'Espagne. *La Haye*, 1715, 3 vol. in-12.

4321 Voyage d'Espagne, fait en 1755, trad. de l'ital. par le P. de Livoy. *Paris*, 1772, 2 part. 1 vol. in-12.

4322 Lettres sur le voyage d'Espagne, par Coste d'Arnobat. *Paris*, 1756, in-12.

4323 Letters concerning the Spanish nation, by Edward Clarke. *London*, 1763, in-4.

4324 Voyage en Portugal et en Espagne, en 1772 et 1773, par Rich. Twiss. *Berne*, 1776, in-8. cartes.

4325 Travels through Spain, in the years 1775, 1776, by Henry Swinburne. *London*, 1779, in-4. fig. br.

4326 Le même, trad. par de la Borde. *Paris*, 1787, in-8.

4327 Nouv. Voyage en Espagne, fait en 1777 et 1778. *Paris*, 1782, 2 vol. in 8.

4328 Travels through Spain, by John Talbot. *Lond.* 1780, in-4. fig. br.

4329 Voyage en Espagne et Portugal, en 1774, avec une Relation de l'Expédition des Espagnols contre les Algériens, en 1775, par W. Dalrymple. *Brux.* 1783, in-8.

4330 Mon Voyage en Espagne, par de Langle. *Neufchâtel*, 1785, 2 tom. 1 vol. in-12.

4331 Voyage en Espagne et Portugal, trad. de l'angl. *Brux.* 1787, in-8. cartes.

4332 Voyage en Espagne. *Paris*, 1789, 3 vol. in-8. fig.

4333 Description historique, géographique et naturelle de l'isle de Minorque. *Basle*, 1756, in-8. cart. br.

4334 Descrip. de la ville de Lisbonne. *Paris*, 1730, in-12.

Voyage en Angleterre, Ecosse et Irlande.

4335 Atlas d'Angleterre, par Julien, en 12 feuilles. in-4. gr. pap. br.

4336 Délices de la Grande-Bretagne et de l'Irlande, par James Beeverell. *Leide*, 1727, 8 vol. in-8. fig.

4337 Essai géographique sur les isles Britanniques, par Belin. *Paris*, 1757, in-4. cartes.

4338 Le même. *Paris*, 1759, 2 vol. in-12. fig.

4339 Description historique et géographique des isles Britanniques, par Expilly. *Paris*, 1759, in-12. cartes.

4340 The traveller's guide, or descript. of the roads of England, being Ogilby's. *Lond.* in-8. carte.

4341 Les Routes d'Ogilby par l'Angleterre, augm. par Senex, en 101 cartes, trad. de l'angl. par le Rouge. *Paris*, 1759, in-4. obl.

4342 Relation d'un voyage en Angleterre, par Sorbière. *Paris*, 1664, in-12. fig.

4343 Réponse à Sorbière, au sujet de son voyage d'Angleterre. in-12.

4344 Mémoires et Observations faites par un voyageur en Angleterre. *La Haye*, 1698, in-12. fig.

4345 Travels over England, Scotland, and Walles, by James Brome. *London*, 1707, in-8.

4346 Voyage philosophique d'Angleterre, fait en 1783 et 1784. *Londres*, 1786, 2 tom. 1 vol. in-8.

4347 Le Guide des étrangers à Londres et à Westminster. *Londres*, 1763, in-8.

4348 An historical account of the curiosities of London and Westminster. *London*, 1765, in-12.

4349 Londres. *Neufchâtel*, 1770, 3 vol. in-8.

4350 Observations sur Londres et ses environs, avec un Précis de la Constitution d'Angleterre et de sa décadence, par Lacombe. *Londres*, 1777, in-12.

4351 Londres et ses environs, ou Guide des voyageurs dans cette partie de l'Angleterre. *Paris*, 1788, 2 vol. in-12. fig.

4352 Le Parisien à Londres, par Decremps. *Paris*, 1789, 2 tom. 1 vol. in-12.

4353 A tour through the southern counties of England and Wales. *Lond.* 1768, in-8.

4354 Journey to the western islands of Scotland. *Lond.* 1775, in-8. br.

4355 A survey of Dorsetshire, by Coker. *Lond.* 1732, in-fol. cartes.

4356 Itinerarium septentrionale, or a Journey thro' most of the counties of Scotland and those in the North of England, by Alex. Gordon. *Lond.* 1726, in-fol. fig.

4357 The tour through the North, East, and Southern of England and Wales, containing an account of the state of agriculture, manufactures, and population in several counties of this kingdom. *Lond.* 1771 et 1772, 9 vol. in-8. fig. br.

4358 Recueil de Voyages au Nord de l'Europe et de l'Asie, aux isles de Scilly, d'Anglesey, Hébrides. *Genève*, 1785, in-4. tom. 1. gr. pap. fig. br.

4359 Le même. *Genève*, 1785, 2 vol. in-8, fig.

4360 Journey through Scotland. *Lond.* 1723, in-8.

4361 Navigation du roi d'Ecosse Jacques, autour de son royaume et isles Hebridés et Orchades, par Nicolay d'Arfeuille. *Paris*, 1583, in-8. fig.

4362 A tour in Scotland and voyage to the Hebrides, by Th. Pennant. *London*, 1776, 3 vol. in-4. fig. br.

4363 Voyage dans les montagnes de l'Ecosse et dans les isles Hébrides, en 1786, par John Knox. *Paris*, 1790, 2 vol. in-8.

4364 A tour in Ireland, in 1776 - 1779, by Arthur Young. *London*, 1780, 2 vol. in-8. fig.

Voyages dans les pays du Nord de l'Europe, la Pologne, la Hongrie, le Dannemarck, la Suède et la Russie.

4365 Journal d'un voyage au Nord en 1736 et 1737, par Outhier. *Paris*, 1744, in-4. fig.

4366 Voyages au Nord de l'Europe, par Joseph Marshal. *Paris*, 1776, in-8.

4367 A tour through some of the Northern part of Europe, particulary Copenhagen, Stockholm and Petersburgh, by N. Wraxall. *Lond.* 1775, in-8. carte.

4368 Le même trad. en franç. *Rotterd.* 1777, in-8. br.

4369 Histoire des découvertes et des voyages faits dans le Nord, par J. R. Forster, trad. par Broussonet. *Paris*, 1788, 2 vol. in-8. cartes.

4370 Description d'Ukranie, par de Beauplan. *Rouen*, 1660, in-4. carte.

4371 Description du royaume de Pologne, par Bl. de Vigenere. *Paris*, 1573, in-4.

4272 Sur la Pologne. 1791, in-8. br.

4373 J. Ferdin. Behamb notitia Hungariæ antiquo-modernæ, Berneggeri observat. condecorata. *Argentorati*, 1676, in-8.

4374 Travels through the Bannat of Temesswar, Transylvania, and Hungary, in the year 1770, by Inigo Born, added John James Ferbers mineralogical history of Bohemia, transl. by R. E. Raspe. *Lond.* 1777, in-8. fig. br.

4375 Mémoires historiques et géographiques, sur la Valachie. *Francfort*, 1778, in-8.

4376 Saggio d'osservazioni sopra l'isola di Cherso ed Osero, d'Alberto Fortis. *Venez.* 1771, in-4. carte. br.

4377 Atlas topographique et militaire des états de la couronne de Bohême et la Saxe électorale, avec leurs frontières, par Julien. *Paris*, 1758, in-fol. obl.

4378 Relation d'un voyage fait en Dannemarck, à la suite de l'envoyé d'Angleterre. *Rotterd.* 1707, in-8.

4379 Description de Copenhague, par Laurids de Thurah, en danois, allemand et français. *Copenhague*, 1748, in-4. gr. pap. fig. v. fil.

4380 Relation de l'Islande, par la Peyrere. *Paris*, 1663, in-8.

4381 Description de l'Islande, trad. d'Horrebows, et observations sur l'histoire naturelle de cette isle, par Anderson. *Paris*, 1764, 2 vol. in-12. carte, mar.

4382 Lettres sur l'Islande, par de Troil, trad. par Lindblom. *Paris*, 1781, in-8. fig.

4383 Deliciæ sive amœnitates regnorum Sueciæ, Gothiæ, Finlandiæ, aliarumque a Suecis occupatarum provinciarum. *Lugd. Bat.* 1706, 2 vol. in-12. fig. v. fil.

4384 Jo. Frid. Leopold relatio epistolica de itinere suo Suecico. *Lond.* 1727, in-8. fig.

4385 Voyage en Suède, et histoire abrégée de ce royaume, depuis Gustave I en 1553, jusqu'en 1786, et histoire du Dannemarck. *La Haye*, 1789, in-8.

4386 Histoire de la Laponie, traduite du latin de J. Scheffer. *Paris*, 1678, in-4. fig.

4387 Atlas Russien contenant une carte générale et 19 cartes particulières de tout l'Empire de Russie et des pays limitrophes, par l'Académie des Sciences de St.-Pétersbourg, en latin et en français. *Pétersbourg*, 1745, in-fol. br.

4388 Lettres d'Algarotti sur la Russie, trad. de l'ital. *Neuch.* 1770, in-8. br.

4389 Relation de tout ce qui regarde la Moscovie, ses habitans et leur grand-duc. *Paris*, 1687, in-12.

4390 Augustini Liberi bar. de Mayerberg, et Hor. Gulielmi Calnuccii iter in Moschoviam, anno 1661. in-fol.

4391 Voyage en Moscovie, par Augustin baron de Mayerberg, ambassadeur de Léopold, vers le Czar Alexis Michalowics, grand-duc de Moscovie. *Leid.* 1688, in-12. v. d. s. t.

Voyages en Turquie.

4392 L'empire Turc et de Russie, considérés dans leur établissement et dans leurs accroissemens successifs, par d'Anville. *Paris*, 1772, in-12. br.

4393 Navigations, pérégrinations et voyages faits dans la Turquie, par Nicolas de Nicolay. *Anv.* 1576, in-4. fig.

4394 Journal du voyage de Collier, résident à Constantinople, pour les états-généraux des Provinces-Unies. *Paris*, 1672. — Relation de l'isle de Malthe, avec des particularités du Levant. *Paris*, 1679, in-12.

4395 Description de la Crimée, par Thounmann, trad. de l'allem. *Strasb.* 1786, in-8.

4396 Voyage en Crimée et à Constantinople, en 1786, par Miladi Craven, trad. de l'angl. par Guedon de Berchère. *Paris*, 1789, in-8. fig.

4397 Viaggio in Dalmazia dell' abatte Alberto Fortis. *Venezia*, 1774, 2 tom. 1 vol. in-4. fig.

4398 Le même, trad. en franç. *Berne*, 1778, 2 tom. 1 vol. in-8. fig.

4399 Osservazioni intorno al Bosforo Tracio, overo canale di Constantinopoli da Luigi Ferdin. Marsigli. *Roma*, 1681, in-4. fig.

4400 Georg. Dousæ de itinere suo Constantinop. epistola. *Antuerp.* 1599, in-8.

4401 Voyages de Quiclet, à Constantinople, par terre. *Paris*, 1664. —Voyages de Deshayes, baron de Courmesvin, en Dannemarck. *Paris*, 1664, in-12.

4402 Relation d'un voyage de Constantinople, par Grelot. *Paris*, 1680, in-4. fig.

4403 Voyage de Constantinople, pour le rachat des Captifs, par le P. Jehannot. *Paris*, 1732, in-12. cartes.

4404 Mémoires historiques et géographiques du royaume de la Morée, Négrepont, et des places maritimes jusqu'à Thessalonique, par P. M. Coronelli. *Amst.* 1686, in-12. fig.

4405 Description géographique et historique de la Morée reconquise par les Vénitiens; du royaume de Négrepont, des lieux circonvoisins, et de ceux qu'ils ont soumis dans la Dalmatie et dans l'Epire, par le même. *Paris*, 1687, in-fol. fig.

4406 Relation du voyage de Pellegrin dans le royaume de la Morée. *Marseille*, 1722, in-12.

Voyages en Grèce.

4407 Analyse de la carte des côtes de la Grèce et de l'Archipel, par d'Anville. *Paris*, imprim. royale, 1757, in-4. br.

4408 Description des isles de l'Archipel et de quelques autres adjacentes, trad. du flam. d'O Dapper. *Amst.* 1703, in-fol. fig.

4409 Pausanias, voyage historique de la Grèce, trad. par Gédoyn. *Paris*, 1731, 2 vol. in-4. gr. pap. fig.

4410 Voyage du jeune Anacharsis en Grèce, par Barthelemy, avec l'atlas. *Paris*, 1788, 5 vol. in-4.

4411 Lettres écrites sur une dissertation d'un voyage de Grèce, publié par Spon. *Paris*, 1679, in-12.

4412 A Journey into Greece by George Wheler, and Spon. *Lond.* 1682, in-fol. fig.

4413 Travels in Greece by Richard Chandler. *Oxford*, 1776, in-4. fig. br.

4414 Voyage pittoresque de la Grèce, par Choiseul-Gouffier. 12 livraisons in-fol. fig. en feuilles.

4415 Voyage littéraire de la Grèce, par Guys. *Paris*, 1771, 2 vol. in-12.

4416 Le même. *Paris*, 1776, 2 vol. in-8. fig. v. fil.

4417 Lettres sur la Grèce, par Savary. *Paris*, 1788, in-8. fig.

Voyages en Europe et Asie.

4418 Observations historiques et géographiques sur les peuples barbares qui ont habité les bords du Danube et du pont Euxin, par Peyssonel. *Paris*, 1765, in-4. fig.

4419 Journal des Voyages de Monconys en Europe et Asie. *Lyon*, 1665, 3 vol. in-4. fig. v. fil.

4420 Remark's upon the manners, religion, and gouvernement of the Turks; a survey of the seven churches of Asia, and descript. of Constantinople, by Tho. Smith. *Lond.* 1678, in-8.

4421 Travels through Germany, Italy, Greece and severals parts of Asia, as far as the banks of the Euphrates, by Alexand. Drummond. *Lond.* 1754, in-fol. fig.

4422 Voyages de Pallas en différentes provinces de l'empire de Russie, et dans l'Asie septentrionale, trad. de l'allemand par Gauthier de la Peyronie. *Paris*, 1788 et suiv. 4 vol. in-4. fig. br.

4423 Travels from St. Petersburg in Russia to diverse parts of Asia, by Jonh Bell of Antermony. *Glasgow*, 1763, 2 vol. in-4. fig. v. fil.

4424 Les mêmes, trad. de l'angl. *Paris*, 1766, 3 vol. in-12. cartes.

4425 Voyage en divers états d'Europe et d'Asie, pour découvrir un nouveau chemin à la Chine, avec une description de la Grande-Tartarie, par Ph. Avril. *Paris*, 1692, in-4. fig.

4426 Le même. *Paris*, 1693, in-12. fig.

4427 Relation curieuse et nouvelle de Moscovie, et Voyage de Spatarus par terre à la Chine. *Paris*, 1698, in-12.

4428 Nouveaux Mémoires sur l'état présent de la Grande Russie ou Moscovie, depuis 1714 jusqu'en 1719; Description de Pétersbourg et de Cronslot; Voyage de Laur. Lange à la Chine; Description des mœurs et usages des Ostiackes; Manifeste du procès criminel du Czarewitz Alexis Petrowitz, jusqu'en 1718. *Paris*, 1725, 2 vol. in-12. cartes.

4429 Relation du Voyage du P. Jos. Tissanier, depuis la France jusqu'au royaume de Tunquin, depuis 1658 jusqu'en 1660. *Paris*, 1663. — Lettre du P. Jacq. le Favre sur son arrivée à la Chine, et l'état présent de ce royaume. *Paris*, 1662, in-8.

4430 Naufrage dans l'Inde et retour en Europe, de M. de Kearny. in-8. br.

4431 Recueil de Lettres sur l'Expédition faite en Ecosse en 1745; Journal du Voyage fait aux Indes par l'escadre française; Relation du siège de Pondichéry par les Anglais. *Paris*, 1766, in-12.

4432 A Journal or account of William Daniel, his late expedition or undertaking to go from London to Surrat, in India. *Lond.* 1702, in-8.

4433 Voyage de l'Italie et du Levant, par Fermanel, Fauvel, Baudouin de Launey, et Stochove. *Rouen*, 1670, in-12.

4434 Voyage d'Italie, de Dalmatie, de Grèce et du

Levant, fait en 1675 et 1676, par Jacob Spon et George Wheler. *Lyon*, 1678, 3 vol. in-12. fig.

4435 Voyage de Dalmatie, de Grèce et du Levant, par George Wheler. *Anvers*, 1689, 2 vol. in-12. fig.

4436 Voyage du Levant, par du Mont, contenant ce qu'il a vu de plus remarquable en Allemagne, France, Italie, Malthe et Turquie. *La Haye*, 1694, in-12. fig.

4437 An account of divers choice remarks taken in a journey through the low-countries France, Italy, and part of Spain, with the isles of Sicily and Malta; as also a Voyage to the Levant, by E. Veryard. *Lond.* 1701, in-fol. fig.

4438 Gesta et vestigia Danorum extra Daniam, præcipuè in Oriente, Italiâ, Hispaniâ, Galliâ, Angliâ, Scotiâ, Hiberniâ, Belgio, Germaniâ et Sclavoniâ, ab Erico Pontoppidano. *Lipsiæ*, 1740, 3 tom. 2 vol. in-8 br.

4439 Voyage des pays septentrionaux, Norwégiens, Lapons, Kiiloppes, Borandiens, Sibériens, Samojèdes, Zembliens et Islandais, par de la Martinière. *Paris*, 1671, in-12. fig.

4440 Le même. *Paris*, 1676, in-12.

4441 Le même augmenté (sous le titre de nouveau Voyage du Nord). *Amst.* Roger, in-12. fig.

4442 Le même encore augmenté (sous le titre de nouveau Voyage vers le Septentrion). *Amst.* 1708, in-12. fig.

4443 Mémoires sur les Samojèdes et les Lapons. *Genève*, 1766, in-8. br.

4444 Jo. Kirchmanni commentarii historici duo, de regibus vetustis Norvagicis, et de profectione Danorum in Terram Sanctam circa 1185, edente Bernh. Casp. Kirchmanno. *Amst.* 1684, in-8.

4445 Balthas. Mencii itinera sex à diversis Saxoniæ Ducibus et Electoribus, in Italiam, Palæstinam et Terram Sanctam facta; additis iis quæ Hierosolymis, Romæ et Wittembergæ ab advenis observari maximè merentur. *Wittembergæ*, in-12.

4446 Voyages dans l'isle de Chypre, la Syrie et la Palestine, avec l'Histoire générale du Levant, par Mariti. *Paris*, 1791, 2 vol. in-8.

4447 Viaggi fatti da Vinetia alla Tana, in Persia, India et in Constantinopoli. *Vineg.* 1543, in-8.

4448 Voyages de J. B. Tavernier, en Turquie, en Perse et aux Indes. *Amsterdam*, 1679, 3 vol. in-12. fig.

4449 Voyages en Moscovie, Tartarie, Perse et aux Indes orientales, par Adam Olearius et J. Albert de Mandelslo, trad. par A. de Wicquefort. *Amst.* 1727, 2 vol. in-fol. fig.

4450 Voyage en Turquie et en Perse, et Relation des Expéditions de Tahmas-Kouli-Khan, par Otter. *Paris*, 1748, 2 vol. in-12.

4451 An Historical account of the British trade over the Caspian sea; with the author's journal of travels from England through Russia into Persia, and back through Russia, Germany and Holland, by Jonas Hanway. *Lond.* 1754, 2 vol. in-4. fig.

4452 Mémoires, Voyages et Aventures de la Roque, en Turquie, Perse et au Levant. *La Haye*, 1754, 2 vol. in-12.

4453 Histoire des découvertes faites par divers savans voyageurs dans plusieurs contrées de la Russie et de la Perse, relativement à l'histoire civile et naturelle, etc. 1779, 2 vol. in-4. fig. enlum.

4454 La même. *Berne*, 1779, 6 vol. in-8. fig. br.

4455 Mémoires historiques, politiques et géographiques des Voyages de Ferrières Sauvebœuf, faits en Turquie, en Perse et en Arabie, depuis 1782 jusqu'en 1789, et détails sur la guerre des Turcs avec les deux cours d'Autriche et de Russie, et Observations sur ces Mémoires. *Paris*, 1790, 2 tom. 1 vol. in-8.

4456 Mathiæ Miechow tractatus de duabus Sarmatiis Asianâ et Europianâ, et de contentis in eis. *August. Vindel.* 1618, in-4.

4457 Descript. of the North and Eastern parts of Europa and Asia, but more particularly of Russia,

Siberia, and great Tartary, together with and polyglot-table of the dialects of 32 Tartarian nations, and a vocabulary of the Kalmuck-Mungallian tongue, by Phil. John von Strahlenberg. *Lond.* 1738, in-4. fig.

4458 La même trad. de l'allemand de Strahlenberg. *Paris*, 1757, 2 vol. in-12.

4459 Mémoires de Wagner sur la Russie, la Sibérie et le royaume de Casan, trad. de l'allem. *Berne*, 1790, in-8. br.

4460 Martini Broniovii Tartariæ descript. Georg. à Reischerdorff Transylvaniæ ac Moldaviæ, aliarumque vicinarum regionum descript. Georg. Wernerus de admirandis Hungariæ aquis. *Colon. Agripp.* 1595, in-fol. cartes.

4461 Voyages de Jean Struys, en Moscovie, Tartarie, Perse, aux Indes et en plusieurs autres pays étrangers, par Glanius. *Paris*, 1720, 3 vol. in-12. fig.

4462 Voyage de Vienne à Belgrade et à Kilia Nova, dans le pays des Tartares Budziacs et Nogaïs dans la Crimée, et de Kaffa à Constantinople, au travers de la Mer Noire, avec le retour à Vienne, par Trieste, en 1768 à 1770, par Nic. Ernest Kleeman, avec une descrip. de la Crimée. *Neufchâtel*, 1780, in-8.

4463 Mémoire du baron de Tott, sur les Turcs et les Tartares. *Paris*, 1785, 2 vol. in-4. fig.

4464 Les mêmes. *Amst.* 1784, 4 tom. 2 vol. in-8.

4465 Lettre de M. de Peyssonnel, contenant quelques observations relatives aux mémoires du baron de Tott. *Paris*, 1785, in-8. br.

Voyages en Europe, Asie et Afrique.

4466 Itinerarium Benjam. Tudelensis (in Europa, Asia et Africa) ex hebr. latinum factum, Bened. Aria Montano interprete. *Antuerp.* 1575, in-8.

4467 Traduction de ce voyage, avec des dissertations historiques et critiques, par J. Ph. Baratier. *Amst.* 1734, 2 vol. in-12.

4468 Voyages et observations de la Boullaye le Gouz, sur différens états et royaumes de l'Europe, l'Asie et l'Afrique, *Paris*, 1653, in-4. fig.

4469 Voyages de A. de la Motraye, en Europe, Asie et Afrique, et particulièrement, en Italie, Grèce, Turquie, Tartarie, Crimée, Nogaye, Circassie, Suède et Laponie. *La Haye*, 1727, 3 vol. in-fol. fig.

4470 Voyageurs modernes, ou abr. des voyages faits en Europe, Asie et Afrique, trad. de l'angl. par de Puysieux. *Paris*, 1760, 4 vol. in-12.

4471 Voyage en Europe, Asie et Afrique, de 1777 à 1781, par Makintosh; voyages de Capper, dans les Indes, au travers de l'Egypte et du grand Désert, par Suez et Bassora, en 1779. *Paris*, 1786, 2 vol. in-8. cartes.

4472 Le même (avec des notes de M. de Malesherbes.) *Paris*, 1786, 2 vol. in-8.

4473 Voyage de Paul Lucas, dans la Grèce, l'Asie mineure, la Macédoine et l'Afrique. *Paris*, 1712, 2 vol. in-12. fig.

4474 Voyage du même, fait en 1714, dans la Turquie, l'Asie, Sourie, Palestine, haute et basse Egypte. *Paris*, 1724, 3 vol. in-12. fig.

4475 Mémoires d'Arvieux, contenant ses voyages à Constantinople, dans l'Asie, la Syrie, la Palestine, l'Égypte et la Barbarie, par J. B. Labat. *Paris*, 1735, 6 vol. in-12.

4476 Travels through part of Europe, Asia Minor, the islands of the Archipelago, Syria, Palestine, Egypt, Mont Sinai, etc. by J. Ægidius Van Egmont, and John Heyman. *Lond.* 1759, 2 vol. in-8. fig.

4477 Voyage au pays de Bambouc et observations sur les cartes Indiennes, sur la Hollande et sur l'Angleterre. *Paris*, 1789, in-8.

4478 Voyages et mémoires de Maurice Auguste comte de Benyowsky, contenant ses opérations militaires en Pologne, son exil en Kamchatka, son voyage au Japon, à Formose, à Canton, en Chine et à Madagascar. *Paris*, 1791, 2 vol. in-8.

4479 Voyages de Villamont, en Italie, Sclavonie, Grèce, Turquie, Chypre, Jérusalem, Syrie, Damas, Phénicie, Egypte, Damiette, au grand Caire de Babylone, avec la description de l'empire du grand Turc. *Liège*, 1608, in-8.

4480 Le Bouclier de l'Europe, ou la guerre sainte et voyage d'Egypte, de Barbarie, Phénicie et de la Terre-Sainte, par J. Coppin. *Lyon*, 1686, in-4. fig.

4481 Voyage de l'Egypte, de la Terre-Sainte, du Mont-Liban, de Constantinople et des échelles du Levant. *Lisbonne*, 1702, in-12. mar.

4482 Voyage de Grèce, Egypte, Palestine, Italie, Suisse, Alsace et des Pays-Bas, depuis 1721, jusqu'en 1723 *La Haye*, 1724, in-12.

4483 Voyages de Pietro de la Vallé, dans la Turquie, l'Egypte, la Palestine, la Perse, les Indes-Orientales et autres lieux. *Paris*, 1745, 8 vol. in-12.

4484 Voyages de Richard Pococke, en Orient, dans l'Egvte, l'Arabie, la Palestine, la Syrie, la Grèce, la Thrace, etc. trad. par la Flotte. *Paris*, 1772, 7 vol. in-12. br.

4485 Les mêmes, trad. de l'angl. par Eydous. *Neuchât.* 1772, 7 vol. in-12.

4486 Voyage par l'Italie, en Egypte, au Mont-Liban et en Palestine ou Terre-Sainte, par de Binos. *Paris*, 1787, 2 vol. in-12. fig.

4487 Travels through Germany, Italy and France, by John Ray. Travels of Fr. Willughby through Spain. Travels of Leonhart Rauwolf into Syria, Palestine or the Holy Land, Armenia, Mesopotamia, Assyria, Chaldæa, etc. translated by Nic. Staphorst. Travels into Greece, Asia minor, Egypt, Arabia Felix, Petræa, Ethiopia, the Red Sea, etc. collected from the observat. of Belon, Alpinus, etc. to which added three catalogues of trees, shrubs, and herbs, as groot in the Levant, by John Ray. *Lond.* 1738, 2 vol. in-8. fig.

Voyages en Europe, Asie et Amérique.

4488 Description des trois Voyages de mer, faits par les navires de Hollande et Zélande, au Nord, par derrière Norwège, Moscovie et Tartarie, vers les royaumes de Chine et Catay, et les découvremens du Weygat, Nova Semble et du Groenland, par Gir. le V[illegible]. *Amst.* 1598, in-fol. fig.

4489 Recueil de Voyages au Nord. *Amst.* 1731, 10 vol. in-12. fig.

4490 History of St. Kilda, by Kenneth Macaulay. *Lond.* 1764. — An account of the new northern Archipelago, lately discovered by the Russians, in the seas of Kamtschatka and Anadir, by J. von Stæhlin. *Lond.* 1774, 2 vol. in-8.

4491 Histoire de Saint-Kilda ; Relation du nouvel Archipel septentrional, découvert depuis peu par les Russes dans les mers de Kamtschatka et d'Anadir, par J. von Stæhlin ; Récit des Aventures singulières de quatre voyageurs Russes, qui furent jettés dans l'isle déserte du Spitzbergen, par P. L. le Roi, trad. par le P. Kenneth Macaulay. *Paris*, 1782, in-12.

Voyages en Europe, Afrique et Amérique.

4492 Remarques d'un voyageur sur la Hollande, l'Allemagne, l'Italie, l'Espagne, le Portugal, l'Afrique, le Brésil et quelques isles de la Méditerranée. *La Haye*, 1728, in-12. br.

4493 Nic. Clenardi epistolæ (itinerariæ in Galliâ, Hispaniâ, Lusitaniâ et Africâ). *Hanoviæ*, 1606, in-8.

4494 Descript. of the Turkish empire, of Ægypt, of the Holy Land, of the remote parts of Italy, and Ilands y adjoyning, by George Sandys. *Lond.* 1670, in-fol.

4495 Voyage en Turquie et en Egypte, en 1784. *Paris*, 1788, in-12.

4496 Relation d'un Voyage dans la mer du Nord, aux côtes d'Islande, du Groenland, de Ferro, de Schettland, des Orcades et de Norwège, fait en 1767 et

1768, par de Kerguelen Trémarec. *Amst.* 1772, in-4. fig. br.

4496 *bis*. Description des Voyages faits dans les possessions d'Espagne en Europe et en Amérique, depuis 1751 jusqu'à 1756, avec des remarques et observations sur les plantes les plus remarquables, publiées par Ch. Linné, trad. du Suédois en Allemand, par Kolpin. *Berlin*, 1776, in-8.

Voyages en Asie.

4497 L'Asia di Giov. di Barros, di lingua Portoghese trad. dal Alfonso Ulloa. *Venet.* 1562, 2 tom. 1 vol. in-4.

4498 Voyages en Asie depuis le 12e. jusqu'au 15e. siècle, et Histoire des Sarrasins et des Tartares, par P. Bergeron. *La Haye*, 1735, 2 tom. 1 v. in-4. gr. pap. fig.

4499 Roman historique, philosophique et politique de Bryltophend, suivi des Relations sur le royaume de Thibet, par Bogle; sur le Jappon, par Thunberg; sur l'isle de Sumatra, par Miller fils, trad. de l'angl. *Paris*, 1789, in-8. br.

4500 Mémoires sur la mer Caspienne, par d'Anville. *Paris*, impr. royale, 1777, in-4. cartes. br.

Voyages au Levant.

4501 Relation du Voyage du Levant, par Henry de Beauveau. *Toul.* 1608, in-8.

4502 Voyage du Levant, en 1621. *Paris*, 1624, in-4.

4503 Relation du Voyage au Levant, par du Loir. *Paris*, 1654, in-4.

4504 Voyages de Poullet au Levant, et Dissertation sur le commerce des Anglais et des Hollandais dans le Levant. *Paris*, 1668, 2 vol. in-12. fig.

4505 Voyage into the Levant, by Henry Blunt. *Lond.* 1671, in-12.

4506 Relation du Levant, ou Traités de la religion, du gouvernement et des coutumes des Perses, Arméniens et Gaures, par L. Moréri. *Lyon*, 1671, in.12.

4507 Voyage au Levant, dans les principaux endroits de l'Asie-Mineure, dans les isles de Chio, de

Rhodes, de Chypre, etc. et dans les plus considérables villes d'Egypte, de Syrie et de la Terre-Sainte, par Corn. le Brun. *Delft*, 1700, in-fol. fig.

4508 Voyage de Paul Lucas au Levant, contenant la Description de la Haute-Egypte. *Paris*, 1714, 2 v. in-12. v. fil.

4509 Relation d'un Voyage au Levant, par Pitton de Tournefort. *Paris*, imprimerie royale, 1717, 2 vol. in-4. fig.

4510 Voyage de Thevenot dans le Levant et aux Indes orientales. *Amst.* 1727, 5 vol. in-12. fig.

4511 Voyage au Levant, en 1731 et 1732, par Tollot. *Paris*, 1742, in-12.

4512 Mémoires d'un Voyage au Levant, et particulièrement à Constantinople, par de Saumery. *Liége*, 1732, 4 vol. in-12.

4513 Voyage au Levant et en Palestine, depuis 1749 jusqu'à 1752, par Fred. Hasselquist, publié en Suédois par Ch. Linné, trad. en allemand. *Rostock*, 1762, in-8.

4514 Les mêmes trad. en anglois. *London*, 1766, in-8.

4515. Les mêmes, trad. en françois. *Paris*, 1769, 2 vol. in-12. br.

4516 Recueil de cent estampes représentant différentes nations du Levant, par de Ferriol. *Paris*, 1714, in-fol. fig. enlum.

Voyages en Natolie, Syrie et Palestine.

4517 Travels in Asia-Minor, by Richard Chandler. *Lond.* 1776, in-4. fig. br.

4518 Voyage dans la Grèce asiatique, à la péninsule de Cyzique, à Brusse et à Nicée, avec l'Histoire naturelle et des plantes de ces contrées, trad. de Dom Sestini. *Paris*, 1789, in-8. br.

4519 Voyage de Syrie et du mont Liban, par de la Roque. *Amst.* 1723, 2 vol. in-12. fig.

4520 Description abrégée du mont Liban, et des Maronites qui l'habitent. *Paris*, 1671. — Etat présent de la religion en Allemagne. 1671, in-12.

4521 Voyage du mont Liban, trad. de l'ital. de Jérôme Dandini. *Paris*, 1675, in-12.

4522 Passaiges d'outre-mer faits par les Français. *Paris*, 1518. — Voyage de Hiérusalem, et Traité des Croisades, pour la recouvrance de la Terre-Sainte. *Paris*, 1522, in-4.

4523 Mart. Brionaei totius Terræ-Sanctæ urbiumque Descriptio. *Parisiis*, 1540. — Expositio thematum dominicorum et memorabilium quæ Hierosolymis sunt, gr. et lat. edente Fed. Morello. *Lutet.* 1620, in-4.

4524 Description du Voyage d'outre-mer au saint Sépulcre de Jérusalem et autres lieux de la Terre-Sainte, par Ant. Regnault. *Lyon*, 1573, in-4. fig.

4525 Borchardi Descriptio Terræ-Sanctæ et regionum finitimarum; Barth. de Saligniaco itinerarium hierosolymitanum. *Magdeb.* 1587, in-4.

4526 Le Pélerin véritable de la Terre-Sainte. *Paris*, 1615, in-4. fig.

4527 Description de la Terre-Sainte; Discours des principaux points de l'Alcoran; Histoire de l'émir Fechrreddin, prince des Drus; et Relation de Zaga-Christ, prince d'Ethiopie, par Eugène Roger. *Paris*, 1646, in-4. gr. pap. fig.

4528 La même. *Paris*, 1664, in-4. fig.

4529 A pisgah-sight of Palestine, and confines thereof, with the hist. of the Old and New Testament acted thereon, by Th. Fuller. *London*, 1650, in-fol. fig.

4530 Voyage de la Terre-Sainte, par J. Doubdan. *Paris*, 1666, in 4. fig.

4531 Voyage de la Terre-Sainte, par le P. Naud. *Paris*, 1702, in-12.

4532 Relation géographique et historique de la Terre-Sainte et de tous les lieux saints, par de la Croix. mss. in-4. v. d. s. t.

4533 Voyage de la Roque dans la Palestine, vers le chef des Arabes du désert, Bédouins, ou Arabes

Scénites, et Description d'Arabie, par Ismaël Abufelda. *Paris*, 1717, in-12. fig.

4534 Bern. de Breydenbach Peregrinationes in montem Sion ad Christi Sepulchrum, in Hierusalem atque in montem Sinaï. *Spiræ*, 1502, in-fol. fig.

4535 Voyage à Jérusalem, et Croisades des rois, princes chrétiens, pour la recouvrance de la Terre-Sainte. *Paris*, 1522, in-4. fig.

4536 Jo. Colovici itinerarium hierosolymit. et syriacum; accessit synopsis reipublicæ Venetæ. *Antuerp.* 1619, in-4. fig.

4537 Voyage a Jérusalem, par J. Zuallart. *Anvers*, 1626, in-4. fig.

4538 Le pieux Pelerin, ou Voyage de Jérusalem, par Bernardin Surius. *Brux.* 1666, in-4. fig.

4539 Voyage d'Alep à Jérusalem, en 1697, par Henri Maundrell. *Paris*, 1706, in-12. fig.

4540 Voyage de la Galilée. *Paris*, 1670, in-12.

4541 Relatione della Colchide hoggi detta Mengrellia, da Archang. Lamberti. *Napoli*, 1654, in-4. carte.

Voyages en Sibérie.

4542 Voyage en Sibérie, fait en 1761, par Chappe d'Auteroche, avec l'atlas. *Paris*, 1768, 2 tom. 5 v. in-fol. et in-4. fig. v. fil.

4543 Antidote ou Examen du Voyage en Sibérie, de Chappe d'Auteroche. *Amsterdam*, 1770 et 1771, 2 vol. in-8.

4544 Lettre d'un Scyte franc et loyal, à Rousseau de Bouillon (sur le Voyage en Sibérie de l'abbé Chappe d'Auteroche). *Paris*, 1771, in 12. br.

4545 Voyage en Sibérie, par Gmelin, trad. par de Keralio. *Paris*, 1767, 2 vol. in-12.

4546 Relation d'un Voyage aux monts d'Altaï en Sibérie, fait en 1781, par Patrin. *St. Pétersbourg*, 1783, in-8. br.

4547 Brevis expositio observ. occasione transitûs Veneris per Solem in urbe Selenginsk, à Steph. Rumouski. *Petrop.* 1762, in-4. br.

4548 The Hist. of Kamtschatka, and the Kurilski, with the countries adjacent, translated into English, by James Grieve. *Glocester*, 1764, in-4. fig. v. filets.

4549 La même trad. par Eidous. *Lyon*, 1767, 2 vol. in-12. br.

4550 Description abrégée du pays de Kamtschatka, tirée de la trad. allem. de Tobie Koehler, faite sur l'original anglais de Grieve et Jefferys. *Erlang*, 1768, in-8. br.

4551 Voyage de Kamtschatka en France, par M. de Lesseps. *Paris*, 1790, 2 vol. in-8. fig. pap. double. mar.

Voyages en Tartarie et en Arabie.

4552 Voyage de l'empereur de la Chine dans la Tartarie. *Paris*, 1685, in-12.

4553 Voyage de Glantzby dans les mers orientales de la Tartarie. *Paris*, 1729. — Relation de la Grande Tartarie. *Amst.* 1737, 2 vol. in-12. fig

4554 Description de l'Arabie, par C. Niebuhr. *Copenh* 1773, in-4. fig. v. fil.

4555 Voyage du même en Arabie et en d'autres pays circonvoisins. *Amsterdam*, 1776, 2 vol. in-4. fig. v. fil.

4556 Le même, avec l'Extrait de sa Description de l'Arabie, et des Observations de Forskal. *Suisse*, 1786, 2 vol. in-8. fig.

4557 Voyage de l'Arabie heureuse, par l'Océan oriental et le détroit de la mer Rouge, et Voyage du port de Moka à la cour du roi d'Yemen, depuis 1708 jusqu'en 1713, avec un Traité sur le café. *Amst.* 1716, in-12. fig.

4558 Itinéraire de l'Arabie déserte, ou Voyage de Balsora à Alep, par le grand et le petit désert, fait en 1750 par Plaisted et Eliot, traduit de l'anglais, par de la Marquitière. *Paris*, 1759, in-12. v. d. s. t.

4559 Voyage au mont Sinaï et à Jérusalem, par A. Morison. *Toul*, 1704, 3 tom. 1 vol. in-4. fig.

4560 Relation de l'Expédition de Moka, en 1737, sous les ordres de la Garde-Jazier. *Paris*, 1739, in-12.

4561 Recueil de Rits et Cérémonies du Pélerinage de la Mecque; Catéchisme musulman, trad. de l'arabe d'Aly; Dissertation de Zehny - Effendy sur les sciences des Turcs et sur l'ordre qu'ils gardent dans le cours de leurs études; Relation de l'isle de Chio; Marche du mariage de la sultane Esma, par Galand. *Paris*, 1754, in-8.

Voyages en Orient et en Perse.

4562 Neptune oriental, par d'Après de Manevillette. *Paris*, 1775, in-fol. atl. v. d. s. t.

4563 Voyage d'Orient du P. Philippe de la Sainte Trinité. *Lyon*, 1669, in-8.

4564 Relation du Voyage de Perse et des Indes orientales, trad. de l'angl. de Th. Herbert, avec les révolutions arrivées au royaume de Siam, en 1647, trad. du flamand de Jérémie van Vliet. *Paris*, 1663, in-4.

4565 Ambassade de Garcias de Silva Figueroa en Perse, trad. de l'espagnol par Wicquefort. *Paris*, 1667. — Histoire du royaume de Tunquin et de Lao, trad. de l'italien du P. Marini, *Paris*, 1666, in-4.

4566 Beautés de la Perse. *Paris*, 1673, in-4.

4567 Voyage, ou Relation de l'état présent du royaume de Perse, par Sanson. *Amsterdam*, 1695, in-12. fig.

4568 Voyages de Chardin en Perse et autres lieux de l'Orient. *Amsterdam*, 1711, 3 vol. in-4. fig.

4569 Voyage de Corn. le Brun par la Moscovie, en Perse et aux Indes orientales, avec les antiquités de ces pays et des remarques contre Chardin et Kempfer. *Amst.* 1718, 2 vol. in-fol. fig.

Voyages dans l'Indostan.

4570 Recherches historiques sur la connoissance que les anciens avoient de l'Inde, trad. de l'anglais de W. Robertson. *Paris*, 1792, in-8. fig.

4571 Antiquités géographiq. de l'Inde et de plusieurs autres contrées de la Haute-Asie, par d'Anville. *Paris*, 1775, in-4. mar.

4572 Eclaircissemens Géographiques sur la carte de l'Inde, par le même. *Paris*, imprim. royale, 1753, in-4.

4573 Mémoires sur la Navigation de France aux Indes, par d'Après de Mannevillette. *Paris*, imprim. royale, 1768, in-4. fig. v. fil.

4574 Description historique et géographique de l'Inde, coutenant la Géographie de l'Indoustan, par le P. Jos. Tieffenthaler; des Recherches sur l'Inde et Description du cours du Gange et du Gagra, par Anquetil du Perron; la Carte de l'Inde, celles du cours du Brahmapoutre, et de la Navigatiou intérieure du Bengale, par Jacq. Rennel; avec des remarques et additions, par J. Bernoulli. *Berlin*, 1786, 3 vol. in-4. br.

4575 Recherches historiques et géographiques sur l'Inde, par Anquetil du Perron. *Berlin*, 1786 et 1787, 2 parties in-4.

4576 Histoire de la Navigation de J. Hug. de Linschot aux Indes orientales, avec annot. de B. Paludanus. *Amst.* 1619, in-fol. fig.

4577 Voyages de Fernand Mendez Pinto aux Indes, trad. du portugais par Bern. Figuier. *Paris.*, 1628, in-4.

4578 A Voyage to East-India and to Empire of the Great Mogol, by Edw. Terry. *London*, 1655, in-8. fig.

4579 Histoire des Indes orientales, par Souchu de Rennefort. *Paris*, 1688, in-4.

4580 Journal d'un voyage des grandes Indes, par M. de La Haye, en 1670, jusqu'en 1674. *Paris*, 1698, 2 vol. in-12.

4581 Relation, ou journal d'un voyage fait aux Indes-Orientales, depuis 1671, jusqu'en 1675. *Paris*, 1677, in-12.

4582 Voyage des Indes-Orientales, par Carré. *Paris*, 1699, 2 vol. in-12.

4583 Rélation du voyage et retour des Indes-Orientales, pendant 1690 et 1691, par Pouchot de Chantassin. *Paris*, 1692, in-12.

4584 Le même. *Bruxelles*, 1693, in-12.

4585 Recueil des voyages qui ont servi à l'établissement et aux progrès de la compagnie des Indes-Orientales, formée dans les Provinces-Unies des Pays-Bas. *Amst.* 1710, 9 vol. in-12. fig.

4586 Le même et voyage de Schouten. *Rouen*, 1725, 12 vol. in-12. fig.

4587 Anciennes relations des Indes et de la Chine, du IXe. siècle, trad. de l'arabe par Renaudot. *Paris*, 1718, in-8.

4588 Voyage de Nic. de Graaf, aux Indes-Orientales et en d'autres lieux de l'Asie, avec une relation de Batavia, et des mœurs et du commerce des Hollandais établis dans les Indes. *Amst.* 1719, in-12. fig.

4589 Voyage et aventures de Fr. Leguat et de ses compagnons, en deux isles désertes des Indes-Orient. *Paris*, 1720, 2 tom. 1 vol. in-12. fig.

4590 Journal d'un voyage fait aux Indes-Orientales, par Duquesne, depuis 1690, jusqu'en 1691. *La Haye*, 1721, 3 vol. in-12. cartes.

4591 Voyage aux grandes Indes, avec une instruc. pour le commerce des Indes-Orientales, par Luillier. *Rotterd.* 1726, in-12.

4592 Voyage aux Indes-Orientales, par J. Henri Grose, trad. de l'angl. par Hernandez. *Paris*, 1758, in-12. br.

4593 Voyage d'Olof Torée aux Indes-Orientales, à Surat et à la Chine, depuis 1750, jusqu'en 1752 — De l'économie rurale des Chinois, par Ch. Gust. Eckeberg, publiée par Linné, trad. du Suédois, par Domin. de Blackford. — Etat actuel des Colonies anglaises, dans l'Amérique Septentrionale, par Dom. de Blackford. — Réponse de Francklin, à l'intérogatoire qu'il subit devant la Chambre-des-Communes, en février 1766. *Milan*, 1771, in-12.

4594 Voyage dans les mers de l'Inde, par le Gentil. *Paris*, 1779, 2 vol. in-4. fig.

4595 Etat actuel de l'Inde. *Paris*, 1787. — Voyage du comte Duprat, dans l'Inde. *Paris*, 1780, in-8. carte.

4596 Voyage aux Indes-Orientales et à la Chine, depuis 1774, jusqu'en 1781, par Sonnerat, avec le supplément. *Paris*, 1782, 3 vol. in-4. et in-8. fig. br.

4597 Le même, avec le supplément. *Paris*, 1782 et 1785, 4 vol. in-8. fig.

4598 Voyage de Fr. Bernier, au grand Mogol. *Amst.* 1724, 2 vol. in-12. fig.

Voyages dans la presqu'isle de l'Inde.

4599 Voyage de Dellon, avec sa relation de l'inquisition de Goa. *Paris*, 1711, 3 vol. in-12. fig.

4600 Relation de l'inquisition de Goa. *Amst.* 1697, in-12. fig.

4601 Voyage d'Innigo de Biervilles, à la côte de Malabar, Goa, Batavia et autres lieux des Indes-Orientales. *Paris*, 1736, in-12.

4602 Journal du voyage de Siam, par l'abbé de Choisy, en 1685 et 1686. *Trev.* 1741, in-12.

4603 Voyage de Siam, par Guy Tachard. *Paris*, 1686, in-4. fig.

4604 Voyage de Siam, par les Jésuites envoyés par le roi aux Indes et à la Chine. *Amst.* 1689, 3 vol. in-12. fig.

4605 Description du royaume de Siam, par de la Loubere. *Amst.* 1714, 2 vol. in-12. fig.

4606 Mémoire sur le commerce de la Cochinchine, fait en 1743, par Poivre. — Journal d'un voyage fait à la Cochinchine, pour la compagnie des Indes, par Laurens, commandant dans ce vaisseau. — Histoire naturelle de la Cochinchine. — Relation de la persécution de la Cochinchine, en 1750. — Observ. sur le Sucre. in-fol. Mss. br.

Voyages en Chine.

4607 Mémoire de d'Anville, sur la Chine. *Paris*, 1776, in-8. br.

4608 Ambassade de la compagnie Orientale des Provinces-Unies vers l'empereur de la Chine, faite par P. de Goyer et Jacob de Keyser, recueillie par J. Nieuhoff. mise en franç. par J. le Carpentier. *Leyde*, 1665, in-fol. fig.

4609 A relat. of second et third embassies from the East-India company of the Unite Provinces to empire of China, by Arnoldus Montanus and John Ogilby. *Lond.* 1671, in-fol. fig.

4610 Descripcion del imperio de la gran China, por Domingo Fernandez Navarrette. *Madrid*, 1676, in-fol.

4611 Divers voyages de la Chine et autres royaumes de l'Orient, par Alexandre de Rhodes. *Paris*, 1681, in-4.

4612 Relation du Voyage d'Evert Isbrand, envoyé de S. M. Czarienne à l'empereur de la Chine, depuis 1692 jusqu'en 1694, par Adam Brand. *Amst.* 1699, in-8.

4613 Relation du Voyage fait à la Chine en 1698, par Gio. Gherardini. 1700, in-12.

4614 Remarques savantes et curieuses sur divers sujets, avec une Relation d'un Voyage de la Chine. *Paris*, 1702, in-12.

4615 Voyage to China and the East Indie, by Peter Osbeck: to Suratte, by Osloff Toreen; account of the Chinese husbandry, by Ch. Gustavus Eckeberg, transl. by John Rheinold Forster; added a faunula and flora Sinensis. *London*, 1771, 2 vol. in-8. v. fil.

4616 Voyage d'Olof Torée fait à Surate, à la Chine, etc. depuis 1750 jusqu'en 1752, publié par Linnæus, trad. du suédois par Dom. de Blackford. *Milan*, 1771. — Précis de l'état actuel des Colonies anglaises dans l'Amérique septentr. par Dom. de Blackford. *Milan*, 1771, in-12.

4617 The Chinese traveller, and the life of Confucius, collected from Du Halde, le Compte, and other modern travellers. *London*, 1775, 2 vol. in-12. fig. v. fil.

4618 Description générale de la Chine, par Grosier. *Paris*, 1785, in-4.

4619 Descr. de Peking, par de l'Isle et Pingré. *Paris*, 1765, in-4. fig. br.

4620 Descr. du royaume de Cataye, c'est-à-dire, la Chine septentrionale, traduite du turc de Hussein Efendi Hezarfen, par Fr. Petis de la Croix. in-4. mss. mar.

4621 Relation du Naufrage d'un vaisseau hollandais sur la côte de l'isle de Quelpaerts, avec la Descrip. du royaume de Corée, par Minutoli. *Paris*, 1670, in-12.

Voyages au Japon, et aux isles Formose, Pelew et Ceylan.

4622 Histoire du Japon, par Engelbert Kæmpfer, trad. en français sur la version anglaise de J. Gasp. Scheuchzer. *La Haye*, 1729, 2 vol. in-fol. fig.

4623 La même. *Amst.* 1732, 3 vol. in-12. fig.

4624 Ambassades de la compagnie des Indes orientales des Provinces-Unies vers les empereurs du Japon. *Amst.* 1680, in-fol. fig.

4625 Les mêmes, et Relation des guerres civiles du Japon. *Rouen*, 1722, 3 tom. 1 vol. in-12. fig.

4626 Histoire du Japon, par le P. Charlevoix. *Paris*, 1754, 6 vol. in-12. fig.

4627 Description de l'isle Formose en Asie, dressée sur les mémoires de George Psalmanaasar. *Amst.* 1708, in-12. fig.

4628 Relation des isles Pelew, composée sur les journaux d'Henri Wilson, par George Keate. *Paris*, 1788, 2 vol. in-8. fig.

4629 Relation ou Voyage de l'isle de Ceylan dans les Indes orientales, par Rob. Knox, trad. de l'angl. *Amst.* 1693, 2 tom. 1 vol. in-8. fig.

Missions en Asie.

4630 Mémoires des Missions de la compagnie de Jésus dans le Levant. *Paris*, 1717 et suiv. 9 vol. in-12.

4631 Relation de la Mission des Jésuites dans le royaume de Perse, par le P. Alexandre de Rhodes. *Paris*, 1659, in-8.

4632 Mission de l'archevêque d'Ancyre à Ispahan. in-8. manq. le titre.

4633 P. Maffei Historiæ Indicæ et Japonicæ. *Antuerp.* 1605, in-8.

4634 Les mêmes, trad. par de Pure. *Paris*, 1665, in-4.

4635 Relation de ce qui s'est passé dans les Indes orientales, dans les provinces de Goa, Malabar, Japon, Chine, et autres pays nouvellement découverts par les Jésuites, par le P. J. Maracci. *Paris*, 1651, in-8.

4636 Relation des Missions des Jésuites dans les Indes orientales. *Paris*, 1659, in-8.

4637 S. Francisci Xaverii Indiarum apostoli epistolæ. *Parisiis*, 1661, in-12.

4638 Histoire de la Mission Danoise dans les Indes orientales, depuis 1705 jusqu'à 1736, traduite de l'allemand de Jean-Lucas Niecamp. *Genève*, 1745, 3 tom. 1 vol. in-8.

4639 Mémoires historiques sur les Missions des Indes orientales, par le P. Norbert. *Luques*, 1745, 4 vol. in-12.

4640 Vie du P. Norbert, connu aujourd'hui sous le nom de l'abbé Platel. *Brux.* 1762, in-12.

4641 Histoire du Christianisme des Indes, par M. V. la Croze. *Trev.* 1758, 2 vol. in-12.

4642 Histoire orientale des grands progrès de l'église catholique, apostolique et romaine, ou la Réduction des anciens chrétiens, dits de S. Thomas, et de plusieurs autres schismatiq. et hérétiq. à l'union de la vraie Eglise, composée en portugais par le P. Ant. Govea, mise en espagnol par le P. Fr. Munoz, et en français par J. Bapt. de Glen. *Brux*. 1609. — La masse des anciens chretiens, dits de S. Thomas, en l'évêché d'Angamal ès Indes orientales, repurgée des erreurs et blasphêmes du Nestorianisme, par Alexis de Meneses, archevêque de Goa. *Bruxelles*, 1609, in-8.

4643 Relation des provinces du Malabar et du Japon, par les PP. Fr. Cardin et Fr. Barretto, trad. en franç. *Paris*, 1645 et 1646, in-8.

4644 Alex. de Rhodes Tunchinensis Historia. *Lugd.* 1652, in-4.

4645 Hist. et Relat. del Tunchino e del Giapone, con le missioni fattevi dalli Giesuiti, da Gio. Filippo de Marini. *Venet.* 1665, in-12.

4646 La même trad. en franç. *Paris*, 1666, in-4.

4647 Relation du Voyage de l'évêque de Béryte, vic. apost. du royaume de la Cochinchine, par la Turquie, la Perse, les Indes, etc. jusqu'au royaume de Siam et autres lieux, par de Bourges. *Paris*, 1666, in-8.

4648 La même. *Paris*, 1683. — Relation des Missions des évêques français aux royaumes de Siam, de la Cochinchine, de Camboye et du Tonquin, etc. *Paris*, 1684. — Relation des Missions et Voyages des évêq. vicaires apost. ès années 1672 à 1677. *Paris*, 1682, 3 vol. in-8.

4649 Relation de la nouvelle Mission des Jésuites au royaume de la Cochinchine, trad. de l'italien du P. Christop. Borri, par le P. Ant. de la Croix. *Rennes*, 1631, in 8.

4650 Lettres sur la visite apostolique de M. de la Beaume, évêque d'Halicarnasse, a la Cochinchine, en 1740, par Favre. *Venise*, 1753, 3 vol. in 12. v. fil.

4651 Recueil de pièces sur les affaires des Jésuites a la Chine. 1600 et suiv. in-12. br.

4652 Annua della Cina, del 1606 e 1607, da Matteo Ricci. *Roma*, 1610. — Lettera di Giappone dell' anno 1606, del P. Giov. Rodriguez. *Roma*, 1610, in-8.

4653 Nic. Trigautius de Christiana expeditione apud Sinas suscepta à societate Jesu, ex Matt. Ricii commentariis. *Aug. Vind.* 1615, in 4.

4654 La même histoire, trad. par D. F. de Riquebourg-Trigault. *Lyon*, 1616, in-8.

4655 La même. *Lille*, 1617, in-4.

4656 Relat. delle cose piu notabili negli anni 1619 sino al 1621, dalla Cina. *Roma*, 1624, in-8.

4657 Rerum memorabilium in regno Sinæ gestarum litteræ annuæ Societatis Jesu. *Antuerpiœ*, 1625, in-8.

4658 Relat. abr. des Missions et des voyages des évêques franç. envoyés aux royaumes de la Chine, Cochinchine, Tonquin et Siam, par Fr. Pallu. *Paris*, 1668, in-8.

4659 Relat. des missions et des voyages des évêques, vicaires apostoliques, ès années 1672 à 1675. *Paris*, 1680, in-8. mar.

4660 Défense des nouveaux chrétiens et des missionnaires de la Chine, du Japon et des Indes, contre la morale des Jésuites et l'esprit d'Arnauld. *Paris*, 1687, 2 vol. in.8.

4661 Hist. del grand reyno de la China, da Jo. Gonzales de Mendoza. Itinerario del Nuovo-Mundo, da Padre Martin Ignacio. in-8. manque le titre.

4662 Hist. de l'édit de l'empeur de la Chine, en faveur de la religion chrétienne, avec un eclaircissement sur les honneurs que les Chinois rendent à Confucius et aux morts, par Ch. le Gobien. *Paris*, 1698, in-12.

4663 Cérémonies de la Chine, par le père Louis le Comte. *Liége*, 1700, in-12.

4664 Nouveaux mémoires sur l'état présent de la Chine, par le même. *Paris*, 1701, 3 vol. in-12. fig.

4665 Recueil de pièces sur l'état de la religion chrétienne à la Chine. 1700, et suiv. 3 vol. in-12. br.

4666 Traité sur quelques points importants de la mission de la Chine, par Ant. de Sainte-Marie, trad. de l'espagnol. *Paris*, 1701, in-12.

4667 Ecrits des miss. étrang. au Pape, sur le décret de sa sainteté contre les idolatries et les superstitions chinoises. 1710, in-12.

4668 Relation de la persécution de la Chine, jusqu'à la mort du Card. de Tournon, par F. Gonzales de St.-Pierre. *Amst.* 1714, in-12.

4669 Anecdotes sur l'état de la religion dans la Chine, et réponse à la letre du P. de Goville. *Paris*, 1736, 8 vol. in-12.

4670 Istoria delle cose operate nella China da Gio. Ambrog. Mezzabarba, Patriarca d'Alessandria, scritta da Viani. *Parigi*, 1740, in-8.

4671 Rerum memorabilium in regno Japoniæ gestarum litteræ, an. 1619 ad 1622, Soc. Jesu. *Antverp.* 1625, in-8. br.

4672 Nic. Trigautius de christianis apud Japonios triumphis, cum Raderi auctuario et iconibus Sadelerianis. *Monachii*, 1623, in-4.

4673 Histoire de ce qui s'est passé au royaume du Japon, en 1624. *Paris*, 1628, in-8.

4674 Histoire ecclésiastique des îles et royaume du Japon, par Fr. Solier. *Paris*, 1627, 2 vol. in-4.

4675 Relation de ce qui s'est passé en 1649, dans les royaumes où les Jesuites de la province du Japon publient le Saint-Evangile, par le père Alexandre de Rhodes. *Paris*, 1655, in-8.

4676 Rech. histor. sur l'état de la religion chrétienne au Japon, relativement à la nation Hollandaise, trad. du holland. de Onno-Swier de Haren. *Paris*, 1778, in-12. br.

4677 Histoire des Isles-Marianes converties à la relig. chrét. et mort des prem. missionnaires qui y ont prêché la foi, par le père Ch. le Gobien. *Paris*, 1700, in-12. cartes.

4678 Descripcion et missiones de la compagnia de Jésus en las Filipinas, por Fr. Colin. *Madrid*, 1663, in-fol.

4679 Hist. de las islas de Mindanao, Jolo, y sus adyacentes; progressos de la religion y armas catolicas, por F. Combes. *Madrid*, 1667, in-fol.

Voyages en Asie et Afrique.

4680 Relation de divers Voyages curieux en Asie et Afrique, par Melchisedec Thevenot. *Paris*, 1696, 2 vol. in-fol. fig.

4681 Travels through Turkey in Asia, the Holy Land, Arabia, Egypt, with a description of Jerusalem, by Ch. Thompson. *Lond.* 1767, 2 vol. in-12. fig.

4682 Voyage sur les côtes de l'Arabie heureuse, sur la mer Rouge et en Egypte, contenant le récit d'un combat des Anglais contre M. de Suffren, et leur expédition contre le cap de Bonne-Espérance, en 1781, par Henri Rooke. *Paris*, 1788, in-8. br.

4683 Recueil de pièces, concernant l'Histoire des Indes, savoir : Mémoires sur les établissemens à la côte de Coromandel, par de Mandave. — Observations sur l'état de l'agriculture chez différens peuples d'Afrique et de l'Asie, et Relation des Voyages faits aux Indes, depuis 1748 jusqu'en 1757, par Poivre. — Relation des évènemens arrivés dans le Bengale, depuis la prise de Chandernagor. — Relation de la prise de Calcutta, par le Nabab Sourajot Doula, et quelques événemens qui l'ont précédée en 1757. — Journal de l'isle de France, relatif à une campagne de M. d'Aché. in-fol. mss. broch.

4684 Voyage à Madagascar et aux Indes orientales, par Rochon. *Paris*, 1791, in-8. carte.

4685 Delle Navigationi et Viaggi in molti luoghi, la descr. dell' Africa e del paese del Prete Janni, con varii viaggi all' isole Molucche et à Calicut. *Venet.* 1554, in-fol.

4686 Voyage de J. Ovington à Surate et en d'autres lieux de l'Asie et de l'Afrique, trad. de l'angl. *Paris*, 1725, 2 tom. 1 vol. in-12.

4687 Voyages de Shaw dans plusieurs provinces de la Barbarie et du Levant, contenant des observations sur les royaumes d'Alger et de Tunis, sur la Syrie, l'Egypte et l'Arabie pétrée, trad. de l'angl. *La Haye*, 1743, 2 vol. in-4. fig.

4688 A supplem. to the travels, by Th. Shaw. *Oxford*, 1746, in-fol. fig.

4689 A series of adventures in the course of a voyage up the Red-Sea, on the coasts of Arabia and Epypt; and of a route through the desarts of Thebais, hitherto unknown to the European traveller in the Year 1777, by Eyles Irwin. *London*, 1780, in-4. fig. br.

4690 Voyage de Turquie, qui comprend la Terre-Sainte et l'Egypte, par Jouvin. *Paris*, 1676, in-12.

4691 Relation des Voyages de de Breves faits à Jérusalem, en Asie et Afrique, et Traité fait entre Henry le Grand et le Grand Turc, en 1604. *Paris*, 1630, in-4.

4692 Voyage en Syrie et en Egypte, de 1783 à 1785, par C. F. Volney. *Paris*, 1787, 2 vol. in-8. fig.

Voyages en Asie et Amérique.

4693 Mémoires et Observations géographiques et critiques des pays septentrionaux de l'Asie et de l'Amérique. *Lausanne*, 1765, in-4. cartes.

4694 Mémoires sur les pays de l'Asie et l'Amérique, situés au Nord de la mer du Sud, par de Vaugondi. *Paris*, 1774, in-4. carte. br.

4695 Collectiones Peregrinationum in Indias orientales et occidentales, 22 partibus comprehensæ, cum figuris æneis fratrum de Bry et Meriani. *Francof. ad Mœnum*, 1590 et seq. 6 vol. in-fol.

4696 Account of Voyages and discoveries. John Narborough's Voyage to the South-Sea; Tasman's discoveries on the coast of the south terra incognita. Wood's attempt to discover a Nort-East passage to China. F. Marten's Voyage to Spitzbergen, and Greenland. *Lond.* 1724, in-8. fig.

4697 Voyages from Asia to America, for completing the discoveries of the North West coast of America, transl. of Muller, by Th. Jefferys. *Lond.* 1764, in-4. carte. br.

4698 Les mêmes, trad. de l'allemand de Muller, par

C. G. F. Dumas. *Amsterdam*, 1768, 2 tom. 1 vol. in-12. carte

4699 Extraits raisonnés des Voyages faits dans les parties septentrionales de l'Asie et de l'Amérique, ou nouvelles preuves de la possibilité d'un passage aux Indes par le Nord, démontrées par Engel. *Laus.* 1779, in-4. cartes. br.

4700 Account of the Russian discoveries between Asia and America; the conquest of Siberia, and the history of the transactions and commerce between Russia and China, by Will. Coxe. *Lond.* 1780, in-4. cartes. br.

4701 Les mêmes, trad. en français. *Paris*, 1781, in-4. fig. br.

4702 Viaggi di Franc. Carletti nell' Indie occidentali e orientali. *Firenze*, 1701, in-8.

4703 Voyage des Indes au Pérou, par la mer du Sud, en 1769, ou extrait du journal du Voyage de M. de Surville. mss. in-8.

4704 Relation de deux Voyages dans les mers australes, et des Indes, faits en 1771 jusqu'en 1774, par de Kerguelen. *Paris*, 1782, in-8. carte.

4705 Voyage de Fr. Pyrard aux Indes orientales, aux Moluques et au Brésil. *Paris*, 1616, 2 vol. in-8.

4706 Voyage aux Moluques et à la nouvelle Guinée, depuis 1774 jusqu'en 1776, par Forrest. *Paris*, 1780, in-4. fig.

Voyages en Asie, Afrique et Amérique.

4707 Mélanges intéressans et curieux d'Histoire naturelle, morale, civile et politique de l'Asie, l'Afrique, l'Amérique et des terres Polaires, par Surgy. *Paris*, 1766 et suiv. 10 vol. in-12.

4708 Voyages de Vincent le Blanc en Asie, Afrique et Amérique, par Bergeron. *Paris*, 1649, in-4.

4709 Voyages d'un Philosophe, ou Observations sur les mœurs et les arts des peuples de l'Afrique, de l'Asie et de l'Amérique. *Yverdon*, 1768, in-12. broch.

4710 Histoire des derniers troubles du Brésil entre les Hollandais et les Portugais, par Pierre Moreau. *Paris*, 1651. — Trois Relations d'Egypte, par Cesar Lambert, Jacq. Albert et Santo Seguezzi, depuis 1627 jusqu'en 1635. — Voyage en Perse, en 1598 et 1599. in-4.

4711 Recueil de Relations de Voyages faits à Madagascar, au Brésil, en Egypte et en Perse. *Paris*, 1651. — Voyage de la Terre-Sainte, fait en 1652. *Paris*, 1657, in-4.

4712 Voyages en Afrique, Asie, Indes orientales et occidentales, par J. Mocquet. *Rouen*, 1665, in-8. fig.

4713 Journal d'un Voyage sur les côtes d'Afrique et aux Indes d'Espagne, avec une Description particulière de la rivière de la Plata, de Buenos Ayres et autres lieux, depuis 1702 jusqu'en 1706. *Paris*, 1723, in-12.

4714 Relation de divers Voyages dans l'Afrique, l'Amérique et aux Indes occidentales, avec la Description du royaume de Juda, et la Relation d'une isle nouvellement habitée dans le détroit de Malaca en Asie. 1726, in-12.

4715 Voyage de Rob. Lade en différentes parties de l'Afrique, de l'Asie et de l'Amérique, trad. de l'angl. par Prévost. *Paris*, 1744, 2 vol. in-12.

4716 A Collection of Voyages and travels, containing the descr. of the Molucco and Philippine islands, by L. de Argensola; account of Carolina, by Lawson; the travels of P. de Cieza in Peru; of the Jesuits in Ethiopia; the captivity of Mouette in Fez and Marocco; the travels of P. Texeira from India to the Low-countries by Land; a Voyage to Madagascar, by Cauche. *London*, 1711, 2 vol. in-4. cartes.

4717 Recueil de pièces concernant les Indes orientales, contenant des Fragmens copiés d'après les Relations de M. de Mandave, et ses Lettres à Voltaire. — Description de la ville de Rio Janeiro. — Des mines d'or et de diamans du Brésil. — Commerce et Histoire naturelle de l'isle Grande, —

Commerce et Marine des Jésuites au Brésil. — Missions du Paraguai. — Mémoires sur l'isle de Bourbon. — Projet de M. Hermans, pour des mines dans l'isle de France. — Route depuis l'isle de Bourbon jusques dans l'Inde. — Sur l'isle de Ceylan. — Etablissemens des Européens à la côte de Coromandel. — Sur la Chasse du tigre. — Préjugés superstitieux des nouveaux Chrétiens dans l'Inde. — Sur le royaume et la ville de Tanjaor. — Description du Carnate. — Des Princes de la côte de Malabar. — Sur l'empire Mogol. — Manière de soutenir le Commerce dans l'Inde. — Notes sur MM. de Bussy et Lally. — Sur la ville de Madras. — Notes sur Tavernier et Bernier. — Culte du Lingam. — Ordre chronologique des empereurs Mogols, depuis Tamerlan. — Table géographique et historique de l'Inde. — Extrait de quelques conversations avec M. Poivre. —Mémoires sur Masulipatan, par de Vezou. Mss. in-4. br.

Missions en Asie, Afrique et Amérique.

4718 Lettres édifiantes écrites des Missions étrangères, par quelques missionnaires de la compagnie de Jésus. *Paris*, 1717 et suiv. 34 tom. 32 vol. in-12. fig.

4719 Les mêmes. *Paris*, 1780 et suiv. 26 vol. in-12. fig.

4720 Mémoires géographiques, physiques et historiques sur l'Asie, l'Afrique et l'Amérique, tirés des lettres édifiantes, par Surgy. *Paris*, 1767, 4 vol. in-12.

4721 Histoire du Christianisme d'Ethiopie et d'Arménie, par Mathurin Veyssière la Croze. *La Haye*, 1739, in-8.

4722 Relation de ce qui s'est passé en la Nouvelle-France, depuis 1633 jusqu'en 1671, par différens Jésuites. *Paris*, 1634 et suiv. 26 vol. in-8. manq. 1634, 1636, 1644, 1658.

4723 Histoire de la Nouvelle-France, ou Canada, par P. Boucher. *Paris*, 1664, in-12.

4724 Franc. Creuxii Historia Canadensis. *Parisiis*, 1664, in-4.

4725 Etat présent de l'église et de la colonie française dans la Nouvelle-France, par l'évêque de Québec. *Paris*, 1688, in-8.

4726 Premier Etablissement de la Foi dans la Nouvelle-France, par Chrestien le Clercq. *Paris*, 1691, 2 vol. in-12.

4727 Recueil de pièces concernant les Jésuites du Paraguai. 6 vol. in-8 et in-12.

4728 Relation des Missions du Paraguai, trad. de Muratori. *Paris*, 1757, in-12.

4729 Histoire de la Mission des Capucins en l'isle de Maragnan et terres circonvoisines, par le P. Claude d'Abbeville. *Paris*, 1614, in-8.

4730 Relation des Missions dans les isles et la terre ferme de l'Amérique méridionale, avec un Dictionnaire Galibi, par P. Pelleprat. *Paris*, 1655, in-8.

4731 Mémoires touchant l'établissement d'une Mission chrétienne dans le troisième Monde, appellé la Terre Australe, Meridionale, Antarctique et Inconnue, par le P. Paulmyer. *Paris*, 1663, in-8.

Voyages en Afrique.

4732 Description de l'Afrique, trad. de Jean Leon. *Lyon*, 1556, in-fol. fig.

4733 L'Afrique de Marmol, trad. par Nic. Perrot d'Ablancourt, et Histoire des Chérifs, trad. de l'espagnol par le Duc d'Angoulême père. *Paris*, 1667, 3 vol. in-4. cartes

4734 Description de l'Afrique, par d'O Dapper. *Amst.* 1686, in-fol. fig. v. fil.

4735 Relation de l'Afrique anc. et mod. par de la Croix. *Lyon*, 1688, 4 vol. in-12. fig.

4736 Travels into the inland parts of Africa, to which is added Capt. Stibbs's Voyage up the Gambia, in the Year 1723, by Fr. Moore. *Lond.* 1738, in-8. fig.

4737 An account of that part of Africa inhabited by the Negroes. *Philadelph.* 1762, in-8. br.

4738 Voyage de le Vaillant dans l'intérieur de l'Afrique par le cap de Bonne-Espérance, de 1780 à 1785. *Paris*, 1790, 2 vol. in-8. fig. br.

4739 Histoire du naufrage et de la captivité de Brisson, avec la Description des déserts d'Afrique, depuis le Sénégal jusqu'à Maroc. *Genève*, 1789, in-8.

Voyages en Egypte et en Nubie.

4740 Jo. Bapt. Scortia, de naturâ et incremento Nili. *Lugd.* 1617, in-8.

4741 Mémoires sur l'Egypte anc. et mod. et Description du golfe Arabique ou de la mer Rouge, par d'Anville. *Paris*, imprimerie royale, 1766, in-4. cartes.

4742 L'Egypte de Murtadi, trad. par P. Vattier. *Paris*, 1666, in-12.

4743 Voyage en Egypte, par Vansleb, en 1672 et 1673. *Paris*, 1677, in-12.

4744 Discours sur l'Egypte, et Relation d'un Voyage de Sinaï fait en 1725 par le P. Sicard. in-fol. Mss. broch.

4745 Relation du Voyage fait en Egypte, par Granger, en 1730. *Paris*, 1745, in-12.

4746 Description de l'Egypte, composée sur les mémoires de Maillet, par le Mascrier. *Paris*, 1735, in-4. fig.

4747 Lettres sur l'Egypte, par Savary. *Paris*, 1785, 3 tom. 2 vol. in-8. fig.

4748 Les mêmes. *Paris*, 1785, 3 vol. in-8. fig.

4749 Voyage aux sources du Nil, en Nubie et en Abyssinie, de 1768 à 1772, par James Bruce, trad. par J. H. Castera, avec les cartes et figures. *Paris*, 1790, 8 vol. in-4 et in-8.

4750 Voyage de Lybie, au royaume de Sénéga, le long du Niger, par Cl. Jannequin. *Paris*, 1643, in-8. fig.

4751 Description Historique et Géographique des plaines d'Héliopolis et de Memphis. *Paris*, 1755, in-12. cartes.

Voyages en Ethiopie ou *Abyssinie.*

4752 Relation de la Haute-Ethiopie ou Abyssinie. Mss. fig. dessinées et lavées en couleur. in-4. mar.

4753 Voyage de Zaga-Christ, empereur des Abyssins, par Rechac. *Paris*, 1535, in-8.

4754 Historiale Description de l'Ethiopie. *Anvers*, 1558, in-12. br.

4755 Jobi Ludolfi Historia Æthiopica, cum commentario. *Francof.* 1681 et 1691, 2 vol. in-fol.

4756 Commentarius de vita scriptisque ejusdem, à Christ. Junckero, et specimen linguæ Hottentotticæ. *Lips.* 1710, in-8.

4757 Histoire d'Abyssinie ou d'Ethiopie, tirée de la précédente Histoire. *Paris*, 1684, in-12. fig.

4758 Histoire de l'Ethiopie orientale, trad. du portugais de J. Dos Santos, par Gaston Charpy. *Paris*, 1684, in-12. v. d. s. t.

4759 Relation historique d'Abyssinie, trad. du portugais du P. Jer. Lobo, par le Grand, avec la carte de l'Ethiopie orientale, par d'Anville. *Paris*, 1728, in-4.

4760 Relation historique de l'Ethiopie occidentale, par Labat. *Paris*, 1732, 5 vol. in-12. fig.

Voyages en Barbarie.

4761 An account of South-west Barbary, territorie of the king of Fez and Mœrocco, by Simon Ockley. *Lond.* 1713, in-8.

4762 Relation de l'Afrique occidentale, par Labat. *Paris*, 1728, 5 vol. in-12. fig.

4763 Navigation faite en Barbarie par Fr. Brook, trad. de l'angl. *Utrecht*, 1737, in-12.

4764 Voyage en Barbarie, en 1785 et 1786, et

Recherches sur l'Histoire naturelle de la Numidie, par Poiret. *Paris*, 1789, 2 vol. in-8.

4765 Relation de la ville et royaume de Tripoly de Barbarie, par Fr. Petis de la Croix, en 1697. mss. in-4.

4766 Description de la ville et état d'Alger, par Petis de la Croix, en 1695. mss. in-4.

4767 Voyage pour la Rédemption des Captifs aux royaumes d'Alger et de Tunis, en 1720, par les PP. Fr. Comelin, Philémon de la Motte et Jos. Bernard. *Paris*, 1721, in-12. fig.

4768 Etat des royaumes de Barbarie, Tripoly, Tunis et Alger, par les PP. Godefroy Comelin et Philémon de la Motte. *Rouen*, 1731, in-12.

4769 Voyage pour la Rédemption des Captifs aux royaumes de Maroc et d'Alger, depuis 1723 jusqu'en 1725, par les PP. J. de la Faye, Dan. Macker, Augustin d'Aveisas, Henry le Roy. *Paris*, 1726, in-12.

4770 Voyage du baron de Saint-Amant, ambassadeur du roi de France, vers le roi de Maroc. *Lyon*, 1696, in-12.

4771 Voyage d'Afrique fait en 1629 et 1630, par de Razilly, ès côtes occident. des royaumes de Fez et de Maroc, avec des observations, par J. Armand. *Paris*, 1632, in-8.

4772 Relation de ce qui s'est passé dans les trois voyages que les religieux de la Mercy ont faits dans les états du roi de Maroc, pour la rédemption des captifs, en 1704, 1708 et 1712. *Paris*, 1724, in-12.

Voyages dans la Nigritie, en Guinée, au Congo et et dans le pays des Cafres.

4773 Relation de la Nigritie, avec la découverte de de la rivière du Sénéga. *Paris*, 1689, in-12. fig.

4774 Description de la Nigritie. *Paris*, 1789, in-8. cartes, br.

4775 Relation des côtes d'Afrique appellées Guinée, par Villault, en 1665 et 1667. *Paris*, 1669, in-12.

4776 Voyage de Guinée, par Guill. Bosman. *Utrecht*, 1705, in-12. fig.

4777 Remarques sur la côte de Guinée et sur quelques autres lieux de l'Afrique méridionale, 1714, Mss. in-4.

4778 Voyages aux côtes de Guinée et en Afrique. *Amst.* 1719, in-12. v. fil.

4779 Relation de quelques endroits de Guinée et du commerce d'esclaves qu'on y fait, trad. de l'angl. de Guill. Snelgrave. *Amst.* 1735, in-12, carte.

4780 Voyage de Guinée, trad. de l'angl. de Guill. Smith. *Paris*, 1751, 2 vol. in-12.

4781 Nouvelle histoire de l'Afrique française (depuis le cap Blanc, jusqu'au cap Saint-Anne), par Demanet. *Paris*, 1767, 2 tom. 1 vol. in-12.

4782 Relation du voyage du royaume d'Issiny, Côte-d'Or, Guinée, par Godefroi Loyer. *Paris*, 1714, in-12. fig.

4783 Relation d'un voyage de Congo, en 1666, par Michel-Ange de Gattine et Denis de Carli de Plaisance. *Lyon*, 1680, in-12.

4784 Histoire de Loango, Kakongo et autres royaumes d'Afrique, par Proyart. *Paris*, 1776, in-12. br.

4785 Mémoire sur le pays des Cafres et la terre de Nuyts, par J. P. Purry. *Amst.* 1718, in-12.

4786 Voyages chez les Hottentots et les Cafres, par Williams Paterson, de 1777 à 1779, trad. par la Borde. *Paris*, 1790, in-8. br.

Voyages aux Isles de l'Afrique.

4787 Wilhelmus tin Rhyne de Promontorio Bonæ Spei ejusve tractus incolis Hottentottis, cum notis Henr. Scretæ S. à Zavorziz. *Scafusii*, 1686, in-12.

4788 Description du cap de Bonne-Espérance, par P. Kolbe. *Amst.* 1743, 3 vol. in-12. fig.

4789 Journal historique du voyage fait au cap de Bonne-Espérance, par la Caille. *Paris*, 1763, in-12. fig.

4790 Voyage au cap de Bonne-Espérance et principalement dans le pays des Hottentots et des Cafres, par André Sparman, trad. par le Tourneur. *Paris*, 1787, 3 vol. in-8. fig.

4791 Histoire de la grande isle Madagascar, par Flacourt. *Troyes*, 1661, in-4. fig.

4792 Relation du premier voyage de la compagnie des Indes-Orientales à l'isle de Madagascar ou Dauphine, par Souchu de Renefort. *Paris*, 1668, in-12.

4793 Voyage de Madagascar, ou isle de Saint-Laurent, par Carpeau du Saussay. *Paris*, 1722, in-12.

4794 Madagascar, or Rob. Drury's journal. *Lond.* 1729, in-8. fig.

4795 Lettre concernant l'isle Malegache, ou Madagascar, *Paris*, 1764, in-12. br

4796 Voyage à l'isle de France, à l'isle de Bourbon, au cap de Bonne-Espérance, etc. *Neuch.* 1773, 2 vol. in-8. br.

4797 Relation abrégé des voyages faits par Poivre, pour le service de la compagnie des Indes, depuis 1748, jusqu'en 1757, in-fol. Mss. br.

4798 Notice sur la vie du même, intendant des isles de France et de Bourbon. *Philadelphie*, 1786, in-8. br.

4799 Lettres d'un voyageur (contenant quelques détails sur l'isle d'Oleron et sur-tout sur l'isle d'Annobon, sur la côte d'Afrique.) *Paris*, 1788, 2 tom. 1 vol. in-12.

4800 Histoire de la première découverte et conquête des Canaries, faite en 1403, par J. de Bethencourt, écrite par P. Bontier et J. le Verrier, mise en lumière par Galien de Bethencourt, et traité des navigations et des découvertes modernes, principalement des François. *Paris*, 1630, in-8.

4801 Voyages de le Maire aux isles Canaries, Cap Verd, Sénégal et Gambie. *Paris*, 1695, in-12.

4802 Voyages of George Robert's in to the Islands of Canaries, Cape de Verdo, Barbadoes, and to the Coast of Guiney. *Lond.* 1726, in-8. fig.

4803 The history of the Canary islands, transl. of Spanish manuscript, by George Glas. *Lond.* 1764, in-4. carte br.

4804 Relation du voyage du Cap Verd, par le P. Alexis de Saint-Lo. *Paris*, 1637, in-8.

4805 Relation historique de la découverte de l'isle de Madère. *Paris*, 1671, in-12.

Voyages en Afrique et Amérique.

4806 Recueil de divers voyages faits en Afrique et en Amérique, par Rich. Ligon, Wische et de la Borde, avec des traités touchant la haute-Ethiopie, le débordement du Nil, la Mer-Rouge et le Prête-Jean. *Paris*, 1674, in-4.

4807 Voyages et aventures de Rob. Boyle en Barbarie, et description de la Pensylvanie et de Philadelphie. *Amst.* 1730, 2 tom. 1 vol, in-12.

4808 Relation du voyage fait par de Gennes, depuis 1695, jusqu'en 1697, aux côtes d'Afrique, Détroit de Magellan, Brésil, Cayenne et isles Antilles, par Froger. *Paris*, 1699, in-12. fig.

4809 Voyage de des Marchais, en Guinée, Isles voisines et à Cayenne, depuis 1725, jusqu'en 1727, par le P. Labat. *Paris*, 1730, 4 vol. in-12. fig.

4810 Voyage to Guinea, Brasil, and the West-Indies, by John Atkins. *Lond.* 1737, in-8.

4811 Relation des voyages et des découvertes que les Espagnols ont fait dans les Indes-Occidentales, par Las-Casas, avec la relation des voyages de Montauban, en Guinée, l'an 1695. *Amst.* 1698, in-12.

4812 Relation de l'isle de Madagascar et du Brésil, par Morisot. Relation d'Egypte de César Lambert. Etat de l'Egypte et de ses gouvernemens, par Jacq. Albert, Revenus de l'Egypte, par Santo Seguezzi — Voyage de Perse, en 1598 et 1599. *Paris*, 1651, in-4.

4813 A voyage to the Islands Madera, Barbados, Nieves, Saint-Christophers and Jamaïca, with the natural history by Hans Sloane. *Lond.* 1707, 2 vol. in-fol. fig. v. fil.

Voyages en Amérique.

4814 Description générale des côtes de l'Amérique, par Dassié. *Rouen*, 1677, in-12.

4815 Recueil de pièces, concernant l'Amérique, savoir: Description des isles de l'Amérique Espagnole, depuis la Marguerite jusqu'à la côte des Mosquites. — Descr. des terres de l'Amérique. — Mém. de M. de Silhouette, en 1739, sur l'importance du commerce du tabac, et sur les moyens d'en établir les plantations dans nos Colonies, et de supplanter les Anglais. — Différens mém. sur la Louisiane, par Fabri, le Normand, Chamousset, d'Heguerti et autres, et mém. sur l'Oyo, par Lagrange. — Mém. sur les missions du Paraguay. — Mém. sur quelques endroits propres à observer le passage de Vénus, par Chabert. in-fol. Mss. br.

4816 Description of the Spanish Islands and Settlements on the coast of the West Indies, by Th. Jefferys. *Lond.* 1762, in-4. fig.

4817 Christ. Columbi, Americi Vesputii, Petri Martyris, Ferdin. Cortesii, navigationes primæ in Americam; Casparis Varrerii commentarius de Ophyra regione. *Roterod.* 1616, in-8.

4818 Le nouveau monde et navigations d'Améric Vespuce, transl. par Mathur. du Revouer. *Paris*, 1516, in-4.

4819 Singularités de la France Antarctique, autrement nommée Amérique et de plusieurs Isles découvertes, par André Thevet. *Paris*, 1558, in-4. fig.

4820 Novi orbis historia, id est, res ab Hispanis in India-Occidentali gestæ, italicè, ab Hieron. Benzone, et lat. ab Urbano Calvetone. de Gallorum in Floridam expeditione. *Genevae*, 1578. — Histoire d'un voyage de quelques français en la Floride, trad. par Urbain Chauveton. 1579, in-8.

4821 Petr. Martyr de orbe novo, cum annotationibus Rich. Hakluyti. *Paris.* 1587, in-8.

4822 Narrations des isles trouvées en la grande Mer

Océane, par P. Martyr, transl. en franç. *Paris*, 1532, in-4.

4823 Voyages et conquêtes de Ferdin. Cortès ès Indes-Occidentales, trad. par Guill. le Breton. *Paris*, 1588, in-8.

4824 Itinerarium ad regiones sub Æquinoctiali plaga constitutas, Alex. Geraldini, episc. civitatis Sancti-Dominici, edente Onuphr. Geraldino de Catenacciis. *Romae*, 1631, in-8.

4825 Jo. de Laet Americæ utriusque descriptio. *Lugd. Bat.* 1633, in-fol. fig.

4826 La même, trad. en français. *Leyde*, 1640, in-fol. fig.

4827 Voyages et conquêtes des Castillans dans les Indes-Occidentales, trad. de l'espag. d'Ant. de Herrera, par de la Coste. *Paris*, 1660, 3 vol. in-4.

4828 Joan. Bisselii argonauticon Americanorum, sive hist. periculorum P. de Victoria ac sociorum ejus. *Gedani*, 1698, in-12.

4829 Voyages de Lionel Waffer à l'isthme de l'Amérique, et à la Nouv. Espagne, trad. par Montirat. *Paris*, 1706, in-12. cartes.

4830 Journal du voyage à l'Equateur, et mesure des trois premiers dégrés du Méridien, par de la Condamine, avec le supplément. *Paris*, 1751, 3 tom. 2 vol. in-4. fig.

4831 Voyage au Nouveau Monde, et naufrage du P. Crespel. *Paris*, 1757, in-12.

4832 Histoire des Colonies Européennes dans l'Amérique, trad. de W. Burck, par Eidous. *Paris*, 1767, 2 vol. in-12. cartes.

4833 Voyages aux Indes-Occidentales, par Bossu. *Paris*, 1768, 2 vol. in-12, fig.

4834 Naufrages et Aventures de P. Viaud. *Paris*, 1770, in-12.

4835 An account of the European settlements in América. *Lond.* 1777, 2 vol. in-8. br.

4836 Voyage dans l'Amérique, par Henri Bouquet, (avec des additions Mss.) *Paris*, 1778, in-8. fig.

4837 Le Voyageur américain, avec un précis sur l'Amérique Septentrionale et la Républiquedes treize Etats-Unis. *Amst.* 1782, in-8. carte.

4838 Voyages dans différentes Colonies françaises, espagnoles, anglaises etc. et un mémoire sur les maladies de Saint-Domingue, leurs remèdes et leur préservatif. *Paris*, 1788, in 8.

Voyages dans l'Amérique Septentrionale.

4839 Amérique Septentrionale, par Michel, trad. de l'angl. par le Rouge, collée sur toile, avec gorges dorées.

4840 Description des côtes de l'Amérique Septentrionale, avec l'Histoire naturelle du pays, par Denys. *Paris*, 1672, 2 vol. in-12. fig.

4841 Recueil de Voyages de Thevenot, dans l'Amémérique septentrionale, etc. *Paris*, 1681, in-8. cartes.

4842 Dernières découvertes dans l'Amérique septentrionale, par de la Salle, mises au jour par le chev. Tonti. *Paris*, 1697, in-12.

4843 Voyage dans l'Amérique septentrionale, par Louis Hennepin, et Relation des Caraïbes, par de la Borde. *Amst.* 1712, in-8. fig.

4844 Histoire de l'Amérique septentrionale, par de Bacqueville de la Potherie. *Rouen*, 1722, 4 vol. in-12. fig.

4845 Voyage de la Hontan dans l'Amérique sptentrionale. *Rouen*, 1741, 3 vol. in-12. fig.

4846 Voyage fait en 1750 et 1751, dans l'Amérique septentrionale, par Chabert. *Paris*, imp. roy. 1753, in-4. fig.

4847 Voyages dans l'Amérique septentrionale, par Bossu. *Paris*, 1777, in-8. fig.

4848 Voyage de Chastellux dans l'Amérique septentrionale, de 1780 à 1782. *Paris*, 1786. — Discours en vers aux armées américaines, par David Humphries, en anglais et français. *Paris*, 1786, 2 vol. in-8. fig.

4849 Voyage en Amérique, par le même. *Paris*, 1785, in-8. v. fil.

4850 Le même, 1785. — Voyage dans l'Amérique septentrionale en 1781, et Campagne de l'armée du comte de Rochambeau, par Robin. *Paris*, 1782. — Lettres sur le crédit de la Grande-Bretagne, et de l'Amérique septentrionale. — Mémoires concernant l'académie des Sciences et Beaux-Arts des Etats-Unis de l'Amérique, établie à Richemond, par Quesnay de Beaurepaire. *Paris*, 1788, in-8.

Voyages au Mexique et à la Californie.

4851 Histoire de la conquête du Mexique, par Fernand Cortès; trad. de l'espagnol d'Ant. de Solis. *Paris*, 1730, 2 vol. in-12. fig.

4852 Journal historique du dernier Voyage que M. de la Salle fit dans le golfe de Mexique, pour trouver l'embouchure et le cours de la riviere du Mississipi, nommée à présent la rivière de Saint-Louis, qui traverse la Louisiane, avec l'histoire de sa mort, par Joutel, rédigé par Michel. *Paris*, 1718, in-12. carte.

4853 Voyages de Th. Gage dans la nouvelle Espagne, avec la Description de la ville de Mexique. *Amst.* 1721, 4 tom. 2 vol. in-12. fig.

4854 Voyage à Guaxaca, et Traité de la culture du nopal et de l'éducation de la cochenille dans l'Amérique, par Thiery de Menonville. *Cap François*, 1787, 2 vol. in-8. fig. enlum.

4855 Histoire de la Californie, trad. par Eidous. *Paris*, 1767, 3 vol. in-12. carte.

Voyages au Canada.

4856 Histoire de la Nouvelle-France, par Marc Lescarbot. *Paris*, 1609, in-8.

4857 Voyages de Champlain dans la Nouvelle-France. in-4. manq. le titre.

4858 Journal of the Canada expedition, by Hovenden Walker. *Lond.* 1720, in-8. mar.

4859 The history of the five Indian nations of Canada, and New-York in America, by Cadwallader Colden. *London*, 1755, 2 tom. 1 vol. in-12. v. fil.

4860 Histoire et Description générale de la Nouvelle-France, avec le Journal historique d'un Voyage dans l'Amérique septentrionale, par Charlevoix. *Paris*, 1744, 6 vol. in-12. fig.

4861 The history of the American Indians, particulary the Missisippi, Florida, Georgia, Carolina and Virginia, by James Adair. *London*, 1775, in-4. carte.

4862 Voyage du pays des Hurons, situé en l'Amérique vers la mer Douce, ès derniers confins de la Nouvelle-France, dite Canada, et Dictionnaire de la Langue Hurone, par Gabr. Sagard Théodat. *Paris*, 1632, in-8.

4863 Relation de la Gaspesie ou des sauvages Gaspesiens porte-croix, adorateurs du Soleil, et d'autres peuples de l'Amérique septentrionale, dite le Canada, par le P. Chrestien le Clercq. *Paris*, 1691, in-12.

4864 Voyage de la baye de Hudson, en 1746 et 1747, trad. par Henri Ellis. *Paris*, 1769, 2 vol. in 12. fig.

Voyages dans les possessions anglaises de l'Amérique septentrionale.

4865 L'Amérique anglaise, trad. de l'angl. *Amst.* 1688, in-12. cartes.

4866 The British empire in America. *Lond.* 1742, 2 vol. in-8. cartes.

4867 Travels through the middle settlements in North-America, in the years 1759 and 1760, by Andr. Burnaby. *Lond.* 1775, in-8.

4868 Travels through the interior parts of North-America, in 1766, 1767, and 1768, by J. Carver. *Lond.* 1781, in-8. fig. coloriées.

4869 Le même, trad en français. *Paris*, 1784, in-8. carte.

4870 Acquest of dominion and the plantation of Colonies made by the English in America. *Lond.* 1762.

— Voyage en Californie, pour observer le passage de Vénus sur le disque du Soleil, le 3 juin 1769, par Chappe d'Auteroche, rédigé par Cassiny. *Paris*, 1772, in-4. fig.

4871 Travels into North-America, by Peter Kalm, translated by Jonh Reinhold Forster. *Lond.* 1772, 2 vol. in-8. fig.

4872 A tour in the united states of America, by J. F. D. Smyth. *Lond.* 1784, 2 vol. in-8.

4873 Extrait du Journal d'un officier de l'escadre de M. d'Estaing, 1782, in-8.

Voyages dans la Nouvelle-Angleterre.

4874 New-Englands rarities discovered, by John Josselyn. *Lond.* 1672, in-12.

4875 The history of New-England, by Dan. Neal. *Lond.* 1720, 2 vol. in-8.

4876 Relation du Voyage du port royal de l'Acadie, ou de la Nouvelle-France, par Diéreville. *Rouen*, 1768, in-12.

4877 Histoire géographique de la Nouvelle-Ecosse. *Paris*, 1749. — Conduite des Français par rapport à la Nouvelle-Ecosse. *Paris*, 1755, in-12.

4878 The state of trade in the Northern Colonies considered, and particular descript. of Nova-Scotia. *Lond.* 1748, in-8.

4879 Histoire de la Virginie, trad. de l'angl. *Amst.* 1707, in-12. fig.

4880 History of Virginia. *Lond.* 1722, in-8. fig.

4881 The history of Virginia, by Will. Stith. *Lond.* 1753, in-8.

4882 Hist. de Kentucke à l'Ouest de la Virginie, trad. de John Filson, par Parraud. *Paris*, 1785, in-8. carte.

4883 Hist. of the Colony of Massachusets-bay from 1628, until the year 1750, by Hutchinson. *Lond.* 1760, 2 vol. in-8. br.

4884 La même. *Lond.* 1765, 2 vol. in-8.

4885 The history of the province of New-York, from the first discovery to the year 1732, by Will. Smith. *Lond.* 1757, in-4. fig.

4886 La même, trad. par Eidous. *Paris*, 1767, in-12.

Voyages à la Floride ou Louisiane, et à l'Amérique occidentale.

4887 An account of the first discovery and natural history of Florida, by Will. Roberts, illustrated by a general map and plans by T. Jefferys. *Lond.* 1763, in-4.

4888 Histoire de la Floride, par Basanier. *Paris*, 1586, in-8.

4889 Description de la Louisiane, et mœurs des Sauvages, par L. Hennepin. *Paris*, 1683, in-12.

4890 Relation de la Louisiane et du fleuve Mississipi. *Amst.* 1720, in-12. fig.

4891 Relation de la Louisiane, du fleuve Mississipi, de la Virginie, de la baye de Hudson, et Navigations de Frobisher au détroit qui porte son nom. *Amst.* 1720, 2 vol. in-12. fig.

4892 Recueil d'arrêts et autres pièces pour l'établissement de la Compagnie d'Occident; Relation de la baie de Hudson; Navigations de Frobisher au détroit qui porte son nom. *Amst.* 1720, in-12. fig.

4893 Voyage de la Louisiane, en 1720; Observations sur la réfraction; divers Voyages faits pour la correction de la carte de la côte de Provence, et Réflexions sur quelques points du systême de Newton, par le P. Laval. *Paris*, 1728, in-4. fig.

4894 Mémoires sur la Louisiane, par Dumont. *Paris*, 1753, 2 vol. in-12. fig. v. d. s. t.

4895 Histoire de la Louisiane, par le Page du Pratz. *Paris*, 1758, 3 vol. in-12. fig.

4896 Journal d'un Voyage à la Louisiane, en 1720. *Paris*, 1768, in-12.

4897 Account of East-Florida, with a Journal Kept by John Bartram, upon a Journey from St.-Augustine up the River St.-John's. *Lond.* in-8.

4898 Relation du Voyage de Bretigny à l'Amérique occidentale, avec un Dictionnaire de la Langue, par Paul Boyer. *Paris*, 1754, in-8.

Voyages dans l'Amérique méridionale, au Pérou et au Chily.

4899 Voyage de Franç. Coreal aux Indes occidentales, depuis 1666 jusqu'en 1697, trad. de l'espagnol, avec une Relation de la Guiane, par Walter Raleigh, et le Voyage de Harbrough à la mer du Sud par le détroit de Magellan, et Découverte des Indes méridionales et des terres Australes. *Paris*, 1722, 2 vol. in-12. fig.

4900 Le même, *sous le titre* de Recueil de Voyages dans l'Amérique méridionale, contenant diverses Observations touchant le Pérou, la Guiane, le Brésil. *Amst.* 1738, 3 vol. in-12. fig.

4901 Voyage historique de l'Amérique méridionale, par George Juan et Ant. de Ulloa, avec l'Histoire des Incas du Pérou. *Amsterdam*, 1752, 2 vol. in-4 fig.

4902 Relation abrégée d'un Voyage fait dans l'intérieur

de l'Amérique méridionale, depuis la côte de la mer du Sud jusqu'aux côtes du Brésil et de la Guinée, en descendant la rivière des Amazones, par de la Condamine. *Paris*, 1745, in 8. fig. mar.

4903 Histoire de l'Orénoque et des principales rivières qui s'y jettent, par Jos. Gumilla, trad. par Eidous. *Marseille*, 1758, 3 vol. in-12. fig. br.

4904 Voyage au Pérou, par Courte de la Blanchardière; Traité des anciennes mines d'Espagne, trad. d'Alonso-Carillo-Lazo. *Paris*, 1751, in-12. fig.

4905 Figure de la terre déterminée par les observations de Bouguer et de la Condamine, et Relation de leur Voyage au Pérou, par Bouguer. *Paris*, 1749, in-4. fig.

4906 Justification de plusieurs faits qui concernent les opérations des Académiciens au Pérou, pour la mesure de la terre, par le même. *Paris*, 1752, in-4. v. d. s. t.

4907 Voyage de Marseille à Lima et dans les autres lieux des Indes occidentales. *Paris*, 1720, in-12.

4908 Historica Relat. di regno di Cile, da Alonso d'Ovaglie. *Roma*, 1646, in-4. fig.

Voyages aux Terres Magellaniques, au Paraguay, à la rivière des Amazones et au Brésil.

4909 Description des Terres Magellaniques et des pays adjacens, trad. de l'angl. *Genève*, 1787, 2 vol. in-8.

4910 Novi freti, à parte meridionali freti Magellanici, in magnum mare Australe, detectio facta à Guill. Corn. Schoutenio, annis 1615 ad 1617. *Amst.* 1619, in-4. fig. br.

4911 Lettre au docteur Maty, sur les géants Patagons. *Paris*, 1767, in-12. br.

4912 The narrative of John Byron, containing an a

account of the great distresses suffered by himself and his companions on the coast of Patagonia, from 1740 till 1746, with a descript. of St. Jago de Chili. *Lond.* 1768, in-8.

4913 A Description of Patagonia, and the adjoining parts of South-America: and some particulars relating to Falkland's Islands, by Th. Falkner. *Hereford*, 1774, in-4. br. carte.

4914 Nic. del Techo hist. provinciæ Paraguariæ. *Leodii*, 1673, in-fol. v. fil.

4915 Histoire du Paraguay, par P. Fr. Xavier de Charlevoix. *Paris*, 1752, 3 vol. in-4. fig. pap. double.

4916 Relation de la rivière des Amazones, trad. par Gomberville. *Paris*, 1682, 2 tom. 1 vol. in-12.

4917 Voyage fait en la terre du Brésil, dite Amérique, par Jean de Lery. 1578, in-8.

4918 Le même. 1600, in-8. mar.

4919 Casp. Barlæi rerum per octennium in Brasilia et alibi nuper gestarum historia. *Amstelodami*, 1647, in-fol. fig.

Voyages à la Guiane.

4920 Description géographique de la Guiane, par Bellin. *Paris*, 1763, in-4. cartes.

4921 Description de la colonie de Surinam, par Phil. Fermin. *Amst.* 1769, 2 vol. in-8. carte. v. fil.

4922 Tableau de la colonie de Surinam, par Phil. Fermin. *Maestr.* 1778, in-8.

4923 Histoire de Cayenne. 3 vol. in-8. Mss. figures enluminées.

4924 Voyage de la France équinoxiale en l'isle de Cayenne, entrepris par les Français, en 1652, par Ant. Biet. *Paris*, 1664, in-4.

4925 Description de la France équinoxiale, ci-devant

appellée Guyanne, et par les Espagnols el Dorado, par Le Febvre de la Barre. *Paris*, 1666, in-4.

4926 Nouvelle Relation de la France équinoxiale, par Pierre Barrère. *Paris*, 1743, in-12. fig.

4927 Mémoires pour servir à l'Histoire de Cayenne et de la Guiane française, par Bajon. *Paris*, 1777, 2 vol. in-8. fig.

Voyages aux isles de l'Amérique.

4928 Voyage des isles de l'Amérique, qui font partie des Indes occidentales, et Etablissemens des Carmes en icelles. *Mons*, 1654, in-8.

4929 Voyage aux isles de l'Amérique, par Labat. *Paris*, 1742, 8 vol. in-12. fig. v. fil.

4930 Relation de ce qui s'est passé dans les isles et terre ferme de l'Amérique, pendant la guerre avec l'Angleterre, avec un journal du Voyage de la Barre en la terre ferme et isles de Cayenne, et Voyage de Delbée dans la côte de Guinée. *Paris*, 1671, 2 vol. in-12.

4931 Histoire du Cap Breton, depuis son établissement jusqu'en 1758. *Londres*, 1760, in-12. v. fil.

4932 Description géographique des isles Antilles, possédées par les Anglais, par Bellin. *Paris*, 1758, in-4. fig. v. fil.

4933 Histoire générale des Antilles, par du Tertre. *Paris*, 1667, 3 vol. in-4. fig.

4934 Histoire naturelle et morale des isles Antilles de l'Amérique, avec un Vocabulaire Caraïbe, par de Rochefort. *Rotterdam*, 1681, in-4. fig.

4935 Voyages aux isles Antilles françaises du vent de l'Amérique septentrionale, y compris les isles Caraïbes, de Saint-Vincent, Sainte-Lucie, la Dominique et Saint-Thomas, appartenant aux Danois. *Paris*, 1769, 2 vol. in-12.

4936 Voyage des isles Camercanes en l'Amérique, par Maurile de Saint-Michel. *Mans*, 1654, in 8.

4937 Histoire de l'isle espagnole, ou de Saint-Domingue, par P. Fr. Xavier de Charlevoix. *Amst.* 1733, 4 vol. in-12. fig.

4938 Voyage d'un Suisse dans différentes colonies d'Amérique, et particulièrement Saint-Domingue. *Neufchâtel*, 1785, in-8.

4939 Voyage à la Martinique, par Thibault de Chanvallon *Paris*, 1763, in-4. carte.

4940 Relation de l'isle de Tabago, par de Rochefort. *Paris*, 1766, in-12.

4941 Voyage aux isles Malouines, en 1763 et 1764, et Observations sur le détroit de Magellan et sur les Patagons, par Pernetty. *Paris*, 1770, 2 vol. in-8. fig.

Voyages aux Terres Arctiques et Antarctiques.

4942 Exposé des Découvertes dans les mers du Sud, par de Lisle et Phil. Buache. *Paris*, 1753, in-4. cartes.

4943 Atlas des nouvelles Découvertes à la mer du Sud, par Phil. Buache. in-4. obl.

4944 Mémoires sur le choix et l'état des lieux où le passage de Vénus pourra être observé avec le plus d'avantage, et sur la position géographique des isles de la mer du Sud, par Pingré. *Paris*, 1767, in-4. br.

4945 The Observat. of Richard Hawkins Knight, in his voyage into the South sea, anno 1593. *Lond.* 1622, in-fol.

4946 Second Voyage de Louis Hennepin. *Utrecht*, 1698, in-12. fig.

4947 Bucaniers of America, by John Esquemeling. *Lond.* 1684, in-4. fig.

4948 Journal du Voyage fait à la mer du Sud avec

les Flibustiers de l'Amérique, par Raveneau de Lussan. *Paris*, 1699, in-12.

4949 Voyage de la mer du Sud, détroit de Magellan, Brésil, Cayenne et isles Antilles, par Froger. *Amst.* 1715, in-12. fig.

4950 Relation du Voyage de la mer du Sud aux côtes du Chily et du Pérou, depuis 1712 jusqu'en 1714, par Frezier. *Paris*, 1716, in-4. fig.

4951 Réponse à la Critique du P. Feuillée contre la Relation du Voyage de la mer du Sud de Frézier. *Paris*, 1727, in-4. br.

4952 The dangerous Voyage of Thom. James in his intended discovery of a Nort West passage into the South sea. *Lond.* 1740, in-8. carte.

4953 A Voyage to the South-seas, in the years 1740, 1741, by John Bulkeley, and J. Cummins. *Lond.* 1743, in-8.

4954 Voyage for the discovery of a North-West passage, by Hudson's streights to the western and southern Ocean of America, in the year 1746 and 1747. *Lond.* 1748, 2 vol. in-8. cartes.

4955 Histoire des nouvelles Découvertes faites dans la mer du Sud, depuis 1767 jusqu'en 1770, rédigée par de Fréville. *Paris*, 1774, 2 vol. in-8. br. carte.

4956 Voyages dans la mer du Sud, par les Espagnols et les Hollandais, par Dalrymple, trad. par Fréville. *Paris*, 1774, in-8. cartes.

4957 Voyage au Pôle boréal, fait en 1773 par Constantin-Jean Phips, trad. de l'angl. *Paris*, 1775, in-4. fig. v. fil.

4958 Voyage à la mer du Sud, par Marion et Duclesmeur, avec un extrait de celui de M. de Surville. *Paris*, 1783, in-8. fig.

4959 Histoire de Spitsberghe. *Amst.* 1613, in-8. fig.

4960 Navigations de George de Spilbergen et de Jacob

le Maire, par le détroit de Magellan. *Amst.* 1621, in-4. obl.

4961 Histoire des Navigations aux terres Australes, par des Brosses. *Paris*, 1756, 2 vol. in-4. gr. pap.

4962 Histoire de l'Expédition de trois vaisseaux envoyés par la Compagnie des Indes occidentales des Provinces-Unies aux terres Australes, en 1721. *La Haye*, 1739, 2 vol. in-8.

4963 Relation de l'enlevement du navire le Bounty, et Voyage de Guill. Bligh, depuis les isles des Amis jusqu'a Timor, trad. par Dan. Lescallier. *Paris*, 1790, in-8. br. cartes.

4964 Voyage à la nouvelle Guinée, par Sonnerat. *Paris*, 1776, in-4. br. fig.

4965 Relation d'une Expédition à la baye Botanique, située dans la Nouvelle-Hollande, trad. de l'angl. de Watkin Tinch. *Paris*, 1789, in-8. br.

Voyages romanesques.

4966 Histoire du royaume d'Antangil. *Leide*, 1616, in-8.

4967 Histoire des Aventuriers Flibustiers, qui se sont signalés dans les Indes, par Alex. Olivier Œxmelin. *Paris*, 1699, 2 vol. in-12. fig.

4968 Voyage du prince de Montberaud dans l'isle de Naudely. 1705, in-12. fig.

4969 Le Voyage forcé de Becafort. *Paris*, 1709, in-12.

4970 Voyages et Aventures de Jacques Massé. *Bord.* 1710, in-12.

4971 Relation d'un Voyage du pôle arctique au pôle antarctique, par le centre du monde. *Paris*, 1723, in-12. fig.

4972 Aventures d'Abdalla. *Paris*, 1723, in-12.

4973 Travels into several remote nations of the world, by Lemuel Gulliver. *Lond.* 1727, in-8. cartes.

4974 Voyages de Gulliver, trad. par des Fontaines. *Paris*, 1772, 2 vol. in-12.

4975 Vie et Aventures de Robinson. *Paris*, 1742, 4 vol. in-12. fig.

4976 Voyages et Aventures du comte de *** et de son fils. *Paris*, 1748, 2 vol. in-12.

4977 Voyage de Paris à Saint-Cloud par mer, et retour à Paris par terre, par Néel. *Paris*, 1751, in-12.

4978 Voyages de Cyrus, par Ramsay. *Paris*, 1753, 2 vol. in-12.

4979 Repos de Cyrus. *Paris*, 1762, in-12. fig. br.

4980 Entretien d'un Européen avec un Insulaire du royaume de Dumocala. 1754, in-12.

4981 Histoire ou Police du royaume de Gala. *Paris*, 1754, 2 vol. in-12. v. d. s. t.

4982 Voyage curieux d'un Philadelphe, dans des pays nouvellement découverts. *Paris*, 1755, 2 vol. in-12.

4983 Histoire d'un peuple nouveau découvert par David Tompson. *Lond.* 1757, in-12.

4984 Voyageur philosophe dans un pays inconnu, par de Listonai. *Amst.* 1761, 2 vol. in-12. pap. double.

4985 Voyage de Robertson aux terres Australes, trad. de l'angl. *Amst.* 1767, in-12.

4986 A sentimental Journey through France and Italy, by Yorick. *Lond.* 1768, in-12.

4987 Voyage sentimental, par Sterne, trad. par Frenais. *Laus.* 1786, in-12.

4988 Voyage de Figaro à l'isle de Ténériffe. 1786, in-8. br.

HISTOIRE ANCIENNE.

Chronologie ancienne, et ancienne et moderne.

4989. Système chron. sur les trois textes de la Bible; avec l'hist. des anc. Monarchies, expliquée et rétablie, par Michel. *Toul*, 1733, *in*-4.

4990. Chronologie des anc. Royaumes, trad. de l'Angl. d'Isaac Newton, par Granet. *Paris*, 1728. — Défense de la chronologie contre le systême de Newton, par Freret. *Paris*, 1758, *in*-4.

4991. Abr. de la chronol. des anc. Royaumes, par Newton, trad. de l'Angl. de Reid. *Genêve*, 1743, *in*-12.

4992. Artificiosum Chronologiæ compendium. *Rothom.* 1684, *in*-12.

4993. Dion. Petavii Rationarium temporum. *Paris.* 1703, 3 *vol. in*-12.

4994. Abr. chron de l'hist. sacrée et profane, par Phil. Labbe. *Paris*, 1666, 5 *vol. in*-12.

4995. Table chronologiq. de l'hist. universelle, par Lenglet Dufresnoy. *in-fol.*

4996. Tablettes chronologiq. jusqu'à 1762, par le même. *Paris*, 1763, 2 *vol. in*-8.

4997. Tables hist. chronol. et généalog. par Rou. *in-fol.*

4998. Table chronologique, dans un cylindre de carton.

4999. Tablettes chronol. de Marcel. *Paris*, 1729, *in*-12.

5000. Differ. Alman. chronologiques et hist. *in*-24.

Histoire universelle ancienne, et ancienne et moderne.

5001. Le monde primitif analysé et comparé avec le monde moderne, ou rech. sur les antiquités du monde, par Court de Gébelin. *Paris*, 1773, *et suiv.* 9 *vol. in*-4. *fig. br.*

5002. Histoire des premiers temps du monde, prouvée par l'accord de la physique avec la Genèse. *Paris*, 1778, *in*-12.

5003. Histoire universelle de Diodore de Sicile, trad. par Terrasson. *Paris*, 1737, 7 *vol. in*-12.

5004. Justinus, cum interpret. et notis Petri Jos. Cantel, in usum Delphini. *Paris*, 1667, *in*-4.

5005. La même hist. trad. par Paul. *Par.* 1774, 2 *v. in*-12.

5006. Discours sur l'Histoire universelle, par Bossuet. *Paris*, 1765, 2 *vol. in*-12.

5007. Histoire du Monde, par Larrey. *Paris*, 1717, 8 *vol. in*-12.

5008. Histoire universelle imitée de l'Anglois, par Turpin. *Paris*, 1770, 4 *vol. in*-12.

5009. Abrégé chron. de l'Histoire universelle. *Paris*, 1757, *in*-8, *v. fil.*

5010. Analyse chron. de l'Histoire universelle, depuis le commencement du monde jusqu'à l'empire de Charlemagne, par Philippe de Pretot. *Paris*, 1756, *in*-4. gr. pap.

5011. Cours d'Histoire universelle, par Luneau-de-Bois-Jermain. *Paris*, 1760, 2 *vol. in*-8.

5012. Cours d'Histoire sacrée et profane. *Paris*, 1763, 2 *vol. in*-12.

5013. Polychrographie, par Expilly. *Avignon*, 1756, *in*-8.

5014. Traits de l'Histoire sacrée et de la fable, gravés par le Maire. *Paris*, 1760, 6 *vol. in*-8.

5015. Tableau philos. du genre humain jusqu'à Constantin, trad. de l'Angl. *Lond.* 1770, *in*-12.

5016. Cl. Æliani variæ Historiæ, gr. et lat. cum notis Joh. Schefferi et Joach Kuhnii, curante Joh. Hen. Lederlino. *Argentor.* 1713, 2 *vol. in*-8.

5017. Diversités hist. trad. du grec d'Elien, avec des remarq. par Formey. *Berlin*, 1764, *in*-12.

5018. Hist. diverses d'Elien, traduites avec des remarques. *Paris*, 1772, *in*-8.

5019. Observations hist., par J. P. le Camus, Evêque de Belley, *Rouen*, 1632, *in*-12.

5020. Tapisseries, hist. par le même. *Paris*, 1644, *in*-8.

5021. Événemens singuliers, par le même. *Paris*, 1660, *in*-8.

5022. Hist. des conjurations, par Duport du Tertre. *Paris*, 1754 *et suiv.* 10, *vol. in-12*, *v. d. s. tr.* manque tom. 7.

5023. Ger. Heerkens Notabilia : *Groningæ*, 1762, *in-12*.

5024. Théâtre du monde, par Richer. *Paris*, 1775, 2 *vol. in-8. fig.*

Religion des peuples anciens, et anciens et modernes.

5025. Mém. pour servir à l'hist. de la Religion secrette des anciens Peuples, par de Sainte Croix. *Paris*, 1784, *in-8.*

5026. Mém. de M. Dupuis sur l'origine astronomiq. de l'idolâtrie et de la fable. *in-4.* br.

5027. Du style allégorique de la haute antiquité, par Dupuis. *in 8°. br.*

5028. Origine, progrès et décadence de l'idolatrie. *Par.* 1757, *in-12.*

5029. Traité hist. des Dieux du paganisme, par Benj. Binet. *Trev.* 1699, *in-12.*

5030. Théologie payenne, par Burigny. *Paris*, 1754, 2 *vol. in-12.*

5031. Dict. portatif de Mithologie. *Par.* 1765, 2 *vol. in-8.*

5032. Pauli Ernesti Jablonski, Pantheon Ægyptiorum. *Francofurti ad Viadrum*, 1750, 2 *vol. in-8.*

5033. Du culte des Dieux Fétiches, 1740, *in-12.*

5034. Fables Egyptiennes et Grecques, par Ant. Jos. Pernetti. *Paris*, 1758, 2 *vol. in-8.*

5035. Essai sur la Religion des anciens Grecs, par le Clerc de Sept Chênes. *Genève*, 1787, *in 8.*

5036. Mém. sur Vénus, par Larcher. *Paris*, 1775, *in-12.* pap. double.

5037. Dissertation sur les attributs de Vénus, par de la Chau. *Paris*, 1776, *in-4. fig.* br.

5038. Hist. d'Hercule le Thébain, par Caylus. *Paris*, 1758, *in-8. v. fil.*

5039. Pauli Orosii, adversus paganos historiæ, cum annotat. Fr. Fabritii et notis Lud. Lautii et Andr. Schotti. *Mogunt.* 1663, *in-12.*

5040. Examen de la doctrine touchant le salut des payens, ou apologie de Socrate, par J. Auguste Eberhard. *Amst.* 1773, *in*-8.

5041. Hist. des temples des Payens, des Juifs et des Chrétiens, par Ballet. *Paris*, 1740, *in*-12. *v. fil.*

Histoire des Juifs et autres peuples anciens.

5042. Hist. du Peuple de Dieu, depuis son origine, jusqu'à la fin de la synagogue, par le P. Isaac Jos. Berruyer, avec les critiques. *Paris*, 1728 et *suiv.* 13 *vol.* *in*-4. gr. et pet. pap.

5043. Paraphrase littérale des Epitres des Apôtres, par le même. *Lyon*, 1758, 5 *vol.* *in*-12.

5044. Recueil de critiques de l'hist. du Peuple de Dieu, et réponses du P. Berruyer. 5 *vol.* *in*-4. et *in*-12.

5045. Hist des Juifs, par Flavius-Joseph, trad. par Arnaud-d'Andilly. *Brux.* 1676, 5 *vol.* *in*-12.

5046. La même, trad. par Gillet. *Paris*, 1756, et *suiv.* 4 *vol.* *in*-4°. gr. pap.

5047. Philonis Judæi; varia opera. *Parisiis*, 1554, *in*-8.

5048. Hist. des Juifs, par Basnage. *la Haye*, 1716, 10 *vol.* *in*-12.

5049. Hist. du monde sacrée et profane, par Sam. Schuckford. *Paris*, 1752, 3 *vol.* *in*-12.

5050. Hist. des Juifs et des Peuples voisins, par Prideaux, trad. de l'Angl. *Amst.* 1755, 6 *vol.* *in*-12. *v. fil.*

5051. Abr. chron. de l'hist. des Juifs. *Paris*, 1759, *in*-8.

5052. Mœurs des Israëlites et des Chrétiens, par Fleury. *Paris*, 1712, 2 *vol.* *in*-12.

5053. Cérémonies et coutumes qui s'observent aujourd'hui parmi les Juifs, trad. de Leon de Modene, par de Semonville. *Paris*, 1681, *in*-12.

5054. Recueil sur le mariage des Juifs. *Paris*, 1759, 2 *vol.* *in*-12, *v. f.*

5055. Opinions des anciens, sur les Juifs, par Mirabeau. *Lond.* 1769, *in*-12, *v. d. s. tr.*

5056. Essais hist, et critiq. sur les Juifs anc. et modernes. *Lyon*, 1771, 2 *vol. in*-12.

5057. Dissert. critiq. sur les Juifs par de Boissi. *Paris*, 1787, 2 *vol. in*-12.

5058. Recueil d'ouvrages sur les Juifs, 4 *vol. in*-8. et *in*-12.

5059. Recueil de pieces manuscrites, concernant les Juifs, ramassées par M. de Malesherbes, pour faire un travail sur cet objet, comme il en avoit fait un sur les Protestans; dans un carton *in-fol.*

5060. Histoire ancienne, par Rollin. *Paris*, 1740, 6 *vol. in*-4. gr. pap.

5061. Tableau hist. et chronol. de l'hist. ancienne du moyen âge, par de Grace. *Paris*, 1789, *in*-12, *br.*

5062. Hist. du Gouvernement des anciennes Républiq. par Turpin. *Paris*, 1769, *in*-12.

5063. Hist. de la fondation des Colonies des anc. Républ. trad. de l'Anglois. *Utrecht*, 1778, *in*-8.

5064. De l'état et du sort des Colonies des anciens Peuples. *Philadelphie*, 1779, *in*-8.

5065. Recueil de pieces sur l'hist. ancienne. 2 *vol. in*-8. *br.*

5066. C. Valerii Flacci Argonautica, cum variorum notis, curante Petro Burmanno. *Leidæ*, 1724, *in*-4.

5067. Coluthi Helenæ raptus, Triphiodori Ilii excidium, gr. cum vers. lat. M. Neandri. *Crispinus*, *in*-24.

5068. Dictys Cretensis de bello Trojano, et Dares Phrygius de excidio Trojæ. *Amst.* *in*-32.

5069. Iidem, cum interpretat. Annæ Daceriæ in usum Delphini, et Jos. Iscanus de bello Trojano cum notis Sam. Dresemii. *Amst.* 1702, *in*-4.

5070. Hist. des Egyptiens sous les Pharaons, par Delille de Salles. *Paris*, 1781, 3 *vol. in*-8. *fig. br.*

5071. Hist. du commerce et de la navigation des Egyptiens sous le regne des Ptolemées, par Ameilhon. *Paris*, 1766, *in*-12. v. fil.

5072. Essai sur les hieroglyphes des Egyptiens trad. de l'Angl. de Warburthon. *Paris*, 1744, 2 *vol. in*-12.

5073. Hist. de Zenobie, Impératrice de Palmyre, par Euvoi de Hauteville. *Paris*, 1758, *in*-12.

Histoire Grecque.

5074. Hist. d'Hérodote, trad. par du Ryer. *Paris*, 1678, 3 *vol. in*-12.

5075. Les mêmes trad. par M. Larcher. *Paris*, 1786, 7 *vol. in*-8. *v. fil.*

5076. Hist. de Thucydide de la guerre du Péloponèse contin. par Xenophon, trad. par Perrot d'Ablancourt. *Paris*, 1662, *in-fol.*

5077. Xenophontis opera, gr. et lat. edente Jo. Leunclavio, cum Æmilii et Fr. Porti notis. *Francof.* 1596, *in-fol.*

5078. Expédition de Cyrus dans l'Asie supérieure, et la retraite des dix mille, trad. par M. Larcher. *Paris*, 1778, 2 *vol. in*-12.

5079. La même trad. par L. C. D. L. L. *Paris*, 1778, 2 *vol. in*-12.

5080. La Cyropédie, trad. par M. Dacier. *Paris*, 1777, 2 *vol. in*-12, pap. double. mar.

5081. Abr. de l'hist. grecque, par Alletz. *Paris*, 1764, *in*-12, *v. fil.*

5082. The Grecian and Roman history, by Goldsmith. *London*, 1774, 4 *vol. in*-8. *v. fil.*

5083. Lettres sur l'hist. primitive de la Grece, par Rabaut de Saint-Etienne. *Paris*, 1787, *in*-8. *pap. vel. mar.*

5084. Hist. des sept Sages, par de Larrey. *Rouen*, 1714, 2 *vol. in*-12.

5085. Recherches philosophiques sur les Grecs, par Paw. *Genève*, 1788, 2 *vol. in*-8.

5086. Hist. de Philippe, Roi de Macédoine, par Olivier. *Paris*, 1740, 2 *vol. in*-12.

5087. Guerres d'Alexandre par Arrian, et vie d'Alexandre par Plutarque, trad. par Nicolas Perrot d'Ablancourt. *Paris*, 1664, *in*-12.

5088. Hist. d'Alexandre le Grand, par Quinte-Curce, trad. par Vaugelas, avec les supplém. trad. par Dinouart. *Paris*, 1772, 2 *vol. in*-12.

5089. Exam. crit. des anciens historiens d'Alexandre le Grand, par de Sainte-Croix. *Paris*, 1775, *in*-4. *mar.*

5090. La Thébaïde de Stace, trad. par Cormiliolle. *Paris*, 1783, 3 *vol. in*-12.

5091. Steph. Byzantii grammatici fragmentum de Dodone, gr. et lat. et Jac. Gronovii exercitationes de Dodonê. *Lugd. Bat.* 1681, *in*-4.

5092. Antiquités de la Grèce et d'Athènes, par Lamb. Bos, trad. par la Grange. *Paris*, 1749, *in*-12.

5093. Entret. sur la musique grecque. *Paris*, 1777, *in*-8. *br.*

5094. Hist. de Pyrrhus, Roi d'Epire. *Paris*, 1749, 2 *vol. in*-12.

5095. Vie d'Agathocle, tyran de Syracuse. *Par.* 1752, *in*-12.

5096. Histoire de Simonide, par de Boissy. *Paris*, 1755, *in*-12.

5097. Les belles Grecques ou Hist. des plus fameuses courtisannes de la Grece, par Madame Durand. *Paris*, 1736, *in*-12, *fig.*

5098. Hist. de Laïs, Courtisanne Grecque. *Paris*, 1756, *in*-12.

Histoire Romaine.

5099. Antiquités Romaines de Denys d'Halycarnasse, trad. avec des notes par Bellanger. *Paris*, 1720, 2 *vol. in*-4.

5100. Hist. Romanæ scriptores latini minores. *Francof.* 1588, 2 *vol. in-fol.*

5101. T. Livii historiæ, cum supplementis librorum amissorum à J. Freinshemio concinnatis, recensuit et notis illustravit J. B. L. Crevier. *Paris*, 1735, et seq. 6 *vol. in*-4. C. M. *v. d. s. tr.*

5102. Traduction de Tite-Live, par Guérin, revue par Cosson. *Paris*, 1770, 10 *vol. in*-12.

5103. Lucii Annæi Flori res Romanæ. *Parisiis*, 1671, *in*-24.

5104. Eædem, cum annotat. Joh. Minellii. *Roterod.* 1698, *in*-12.

5105. Caii Velleii Paterculi historiæ Romanæ, *Parisiis* 1714, *in*-12.

5106. Les mêmes en lat. trad. en françois. *Limoges*, 1710, *in*-12.

5107. Eutropius, cum metaphrasi græca Paeanii, et notis variorum : accedunt Sexti Rufi breviarium, cum notis Christoph. Cellarii, et Messala Corvinus de progenie Augusti, recensuit Sigeb. Havercampus, cum notis Christoph. Augusti Heumanni. *Lugd. Bat.* 1729, *in*-8.

5108. Aurelius Victor, en lat. et en franç. *Paris*, 1672, *in*-24.

5109. Hist. Romaine, par Catrou et Rouillé. *Paris*, 1725 et *suiv.* 16 *vol. in*-4. gr. pap. *fig.*

5110. Révolutions Romaines, par Vertot. *Paris*, 1752, 3 *vol. in*-12. *v. d. s. tr.*

5111. Abr. chron. de l'hist Romaine. *Par.* 1756, *in*-8. *v. fil.*

5112. Spectacle de l'hist. Romaine, par Philippe. *Par.* 1762, *in*-8.

5113. Caii Silii Punica, cum variorum notis, curante Arnoldo Drakenborch. *Traj. ad Rhen.* 1717, *in*-4. *fig.*

5114 Silius Italicus de la seconde guerre punique, en lat. trad. par Lefebvre de Villebrune. *Paris*, 1781, 3 *vol. in*-12.

5115. Hist. de Polybe, trad. par D. Vinc. Thuillier, avec un comment. par Folard. *Paris*, 1727, 6 *vol. in*-4. *fig.*

5116. Appiani Romanæ historiæ, et de bellis civilibus, græcè, cum latina versione et notis Henrici Stephani. *Paris.* 1592, *in-fol.*

5117. Appian des guerres des Romains, trad. du grec, par Odet Philippe Sr des Mares. *Paris*, 1659, *in-fol.*

5118. Hist. de Scipion l'Affricain, et d'Epaminondas, par Seran' de la Tour. *Paris*, 1752, *in*-12. mar.

5119. C. Sallustius, cum comment. Joh. Minellii. *Roterod.* 1653, *in*-8.

5120. Hist. de la République Romaine dans le cours du septième siècle, trad. du latin de Salluste, par Ch. de Brosses. *Dijon*, 1777, 3 *vol. in*-4. *fig.*

5121. Histoire de la conjuration de Catilina, *Paris*, 1752. *in*-12.

5122. Histoire de la vie de Cicéron, trad. de Middleton, par Prevost. *Paris*, 1749, 4 *vol. in*-12.

5123. Hist. de l'exil de Cicéron, par Morabin. *Paris*, 1725, *in*-12. br.

5124. M. Annæi Lucani Pharsalia. *Parisiis*, 1677, *in*-16.

5125. Eadem, cum commentario P. Burmanni. *Leidæ*, 1740, *in*-4.

5126. Vie de Jules-César, par de Bury. *Paris*, 1758, 2 *vol. in*-12.

5127. Hist. des deux Triumvirats, par Larrey. *Trev.* 1715, 4 tom. 2 *vol. in*-12.

5128. C. Corn. Taciti opera, recognovit, emendavit, supplementis explevit, notisque illustravit Gabr. Brottier, *Paris.* 1771, 4 *vol. in*-4. C. M. *v. fil.*

5129. Traduction de quelques ouvrages de Tacite, par de la Bletterie. *Paris*, 1755, 2 *vol. in*-12.

5130. Hist. de la guerre des Bataves et des Romains, d'après César, Tacite, etc. avec les planches d'Otto Vœnius, gravées par Antoine Tempeste, rédigée par de Saint-Simon. *Amst.* 1770, *in*-4°. gr. pap. *fig.*

5131. Caius Suetonius Tranquillus. *Parisiis*, typ. regia, 1644, *in*-12.

5132. Idem, cum notis variorum, edente Jo. Schildio. *Lugd. Bat.* 1647, *in*-8.

5133. Suetone, trad. par de la Harpe. *Paris*, 1770, 2 *vol. in*-8.

5134. Ammian Marcellin, trad. par Marolles. *Paris*, 1672, 3 *vol. in*-12.

3135. Le même, nouv. traduct. *Lyon*, 1778, 3 *vol. in*-12.

5136. Hist. des Empereurs, par le Nain de Tillemont, *Paris*, 1720 et *suiv.* 5 *vol.* in-4.

5137. Abr. chron. de l'hist. des Empereurs, par Richer, *Paris*, 1767, 2 *vol. in*-8. *v. fil.*

5138. Dionis Cassii historia Romana, gr. et lat. studio Jo. Leunclavii, cum variorum notis, *Hanoviæ*, 1606, *in-fol.*

5139. Hist. d'Herodian, trad. du lat. d'Ange Politian, par J. Collin. *Lyon*, 1546. — Singularités de Pline, extr. et trad. par P. de Changy. *Lyon*, 1551, *in-18. v. fil.*

5140. Hist. d'Hérodien, trad. du grec, par Mongault. *Paris*, 1745, *in-12.*

5141. La même. *Paris*, 1784, *in-12.*

5142. Les Écrivains de l'hist. d'Auguste, trad. par de Marolles. *Paris*, 1667, *in-8.*

5143. Les Césars de l'Emper. Julien, trad. du grec, par Spanheim, avec médailles gravées par Bern. Picart. *Amst.* 1728, *in-4.*

5144. Essai sur les regnes de Claude et de Néron, et sur les mœurs et les écrits de Séneque, par Diderot. 1782, 2 *vol. in-12.*

5145. Vies des Empereurs Tite-Antonin et Marc-Aurele, par Gautier de Sibert. *Paris*, 1769, *in-12.*

5146. Recueil d'ouvrages concern. Marc-Aurele. *in-12* et *in-8*, br.

5147. Hist. de l'Église Romaine et de Constantinople, trad. par Cousin. *Amst.* 1685 et *suiv.* 18 *vol. in-12.*

5148. Hist Rom. trad. de Laur. Echard, par Desfontaines. *Paris*, 1744, 16 *vol. in-12.*

5149. The History of the decline and fall of the Roman Empire, by Edward Gibbon. *Lond.* 1777, 3 *vol. in-4.*

5150. La même, trad. par Le Clerc de Septchênes. *Paris*, 1777, 3 *vol. in-8.*

5151. Vies des Empereurs Julien et Jovien, par la Bletterie. *Paris*, 1735, 3 *vol. in-12.*

5152. Bélisaire, par Marmontel. *Lausanne*, 1771, *in-8. fig.*

5153. Recueil de pieces concern. Bélisaire. *in-12.*

5154. Hist. de l'Impératrice Irene. *Paris*, 1762, *in-12.*

5155. Hist. de l'Empire de Constantinople, sous les Empereurs Français, par Geoffr. de Ville-Hardouin, donnée par Charles du Fresne, Sieur du Cange. *Paris*, 1657, *in-fol.*

5156. Hist. de Jean de Brienne, Roi de Jérusalem, et Empereur de Constantinople, depuis 1198, jusqu'en 1237. *Paris*, 1750, *in*-12.

5157. Hist. des Révolutions de Constantinople, par de Burigny. *Paris*, 1750, 3 *vol. in*-12.

5158. Précis hist. de la Maison Impériale des Comnènes. *Paris*, 1784, *in*-8. br.

5159. Les plus beaux monum. de Rome, ancienne et moderne, dessinés par Barbault. *Rome*, 1761, 2 *vol. in-fol. fig.*

5160. Vetera Romanorum Itineraria, sive Antonini Augusti Itinerarium, cum variorum notis, curante Petro Wesselingio. *Amst.* 1735, *in*-4.

5161. Hist. des grands chemins de l'Empire Romain, par Nic. Bergier. *Paris*, 1622, *in*-4. mar.

5162. Comment. historiques, par J. Tristan. *Paris*, 1635, *in-fol.*

5163. Hist. abrégé des Empereurs Romains et Grecs, et des personnes de la famille impériale, pour lesquelles on a frappé des médailles, depuis Pompée jusqu'à Constantin XIV, par Beauvais. *Paris*, 1767, 3 *vol. in*-12.

5164. Coutumes et cérémonies observées chez les Romains, trad. de Nieuport. *Paris*, 1741, *in*-12.

Histoire et Traités du droit public des Peuples anciens.

5165. Origine des Loix, des arts et des sciences, et de leurs progrès chez les anciens Peuples, par Goguette. *Paris*, 1758, 3 *vol. in*-4.

5166. Hist. des tribunaux des Peuples, tant anciens que modernes, par des Essarts. *Paris*, 1778, 8 *vol. in*-8.

5167. Dissert. sur les loix de Lycurgue, par Mathon de la Cour, et de Gourcy. *Paris*, 1767, *in*-8.

5168. Sam. Petiti leges Atticæ. *Paris*, 1635, *in-fol.*

5169. Discours sur le barreau d'Athènes et de Rome, par le Moine d'Orgeval. *Paris*, 1755, 2 *vol. in*-12.

5170. Essai sur le barreau grec, romain et français. *Paris*, 1773, *in*-8.

5171. Dissert. sur les droits des métropoles grecques,

sur leurs colonies, par Bougainville. *Paris*, 1745, *in*-12. *v. fil.*

5172. Examen du gouvernement de Sparte, par Vauvilliers. *Paris*, 1769, *in*-12.

5173. Dissertation sur l'influence des loix maritimes des Rhodiens, sur la marine des Grecs et des Romains, par Pastoret. *Paris*, 1784, *in*-8. *br.*

5174. Dissertation sur une anc. inscription grecque, relative aux finances des Athéniens, par Barthelemy. *Paris*, 1792, *in*-4. *fig. br.*

5175. Corpus juris civilis cum notis Dion. Gothofredi. *Paris.* Vitray, 1628, 2 *vol. in-fol.*

5176. Rob. J. Pottier, Pandectæ Justinianeæ in novum ordinem digestæ. *Carnuti*, 1748, et seq. 3 *vol. in-fol.*

5177. Loix civiles dans leur ordre naturel, par Domat. *Paris*, 1745, *in-fol.*

5178. Justiniani Imperatoris, Institutionum juris civilis expositio methodica, à Fr. Lorry. *Par.* 1757, *in*-4.

5179. Cl. Ferriere, nova et methodica institutionum juris civilis tractatio. *Parisiis*, 1736, *in*-24.

5180. Esprit des lois Romaines, trad. de Gravina, par Réquier. *Paris*, 1775, 3 *vol. in*-12.

5181. Hist. de la jurisprudence Romaine, par Ant. Terrasson. *Paris*, 1750, *in-fol. v. d. s. tr.*

5182. Comment. sur la loi des douze tables, par Bouchaud. *Paris*, 1787, *in*-4. gr. pap. vél. *mar.*

5183. République Romaine, par de Beaufort. *Paris*, 1767, 6 *vol. in*-12.

5184. Hist. critiq. du gouvernement Romain. *Paris*, 1765, *in*-12. v. *fil.*

5185. Essai sur l'histoire des Comices de Rome, des États-Généraux de France et du Parlement d'Angleterre. *Paris*, 1789, 3 *vol. in*-8.

5186. Traité du Sénat Romain, trad. de l'angl. de Middleton, par D. *Montauban*, 1753, *in*-12.

5187. Essai sur le Sénat Romain, trad. de l'angl. de Chapman. *Paris*, 1765, *in*-12.

5188. Histoire du tribunat de Rome. *Paris*, 1774, 2 *vol. in*-8°.

5189. Recherches sur l'administration des terres, chez les Romains, par Dumont. *Paris*, 1779, *in*-8. br.

5190. Etat de l'agriculture chez les Romains, par Arcere. *Paris*, 1777, *in*-8. br.

5191. Nature des biens des anc. Romains, et leurs différ. méthodes de procéder aux suffrages jusqu'à l'empire d'Auguste, par O Héguerty de Magnières. *Par.* 1769, *in*-12.

5192. Traité des finances et de la fausse monnoie des Romains. *Paris*, 1740, *in*-12.

5193. Impôt territorial en nature chez les Romains. *Paris*, 1787, *in*-8.

Monumens, Costumes, Usages, etc. des Peuples Anciens, et Anciens et Modernes.

5194. Disc. sur les monum. publics de tous les âges et de tous les peuples connus, par de Lubersac. *Par.* Impr. Roy. 1771, *in fol. fig. v. d. s. tr.*

5195. Hist. de l'art chez les anciens, par Winckelmann, trad. *Amst.* 1766, 2 *vol. in*-12. *fig.*

5196. Antiquité expliquée, par Bern. de Montfaucon, avec le supplém. *Paris*, 1719 et 1724, 5 *vol. in-fol. fig.*

5197. Recueil des Antiquités Egyptiennes, Etrusques, Grecques, Romaines et Gauloises, par Caylus. *Par.* 1752 et *suiv.* 7 *vol. in*-4. *fig. v. d. s. tr.*

5198. Dict. des antiquités, trad. de Sam. Pitiscus. *Paris*, 1765, 2 *vol. in*-8.

5199. Dict. des antiquités Grecques et Romaines, par Furgault. *Paris*, 1768, *in*-8.

5200. Recueil de pierres gravées antiques. *Paris*, Mariette, 1732, *in*-4.

5201. Traité des pierres gravées par P. J. Mariette. *Paris*, 1750, 2 *vol. in-fol. fig.*

5202. Descr. des pierres gravées du Baron de Stosck, par Winckelmann. *Florence*, 1760, *in*-4.

5203. Usage des statues chez les anciens. *Brux.* 1768, *in*-4.

5204. Introd. à la science des médailles, par Thomas Mangeart. *Paris*, 1763, *in-fol, fig.*

5205. Hist. des médailles, par Ch. Patin. *Amst.* 1695, *in*-12.

5206. Science des médailles, par la Bastie. *Paris*, 1739, 2 *vol. in*-12. gr. pap. *v. d. s. tr.*

5207. Recueil de médailles de peuples et de villes, par Pellerin. *Paris*, 1763 et *suiv.* 9 *vol. in*-4. v. *fil.* et *br.*

5208. Dict. hist. des monnoies anc. et modernes, par de Salzade. *Brux.* 1767, *in*-4. *br.*

5209 Costumes des anciens peuples, par Dandré Bardon. *Paris*, 1772, 3 *vol. in*-4. gr. pap. *fig.*

5210. Mœurs, coutumes et usages des anciens Peuples, par Sabbathier. *Châlon-sur-Marne*, 1770, 3 *vol. in*-12.

5211. Exercices du corps chez les anciens, par le même. *Paris*, 1772, 2 *vol. in* 8.

5212. Sépulture des anciens par Olivier. *Marseille*, 1771.—Réflex. sur les dangers des exhumations précipitées, et des inhumations dans les Eglises, par P. Touss. Navier. *Paris*, 1775, *in*-12.

5213. Mém. militaires sur les anciens, par Maubert de Gouvest. *Brux.* 1762, 2 *tom.* 1 *vol. in*-8.

5214. Milice des Grecs, ou tactique d'Elien, trad. par Bouchaud de Bussy. *Paris*, 1757, 2 *vol. in*-12.

5215. Mém. militaires sur les Grecs et les Romains, par Ch. Guischardt. *La Haye*, 1758, *in*-4. *fig.*

5216. Les mêmes. *Lyon*, 1760, *in*-4. *fig.*

5217. Hist. de la navigation. *Paris*, 1722, 2 *vol. in*-12.

5218. Hist. du commerce et de la navigation des peuples anciens et modernes. *Paris*, 1758, 2 *vol. in*-12.

5219. Hist. du commerce et de la navigation des anciens, par Huet. *Lyon*, 1763, *in*-8. gr. pap. *v. fil.*

5220. Dissert. sur les Triremes ou Vaisseaux de guerre des anciens, par Languedoc. *Paris*, 1722, *in*-12. *br.*

5221. Essai sur la Marine des anciens et sur leurs Vaisseaux de guerre, par Deslandes. *Paris*, 1768, *in*-12. *fig.*

5222. La Marine des anciens peuples, expliquée par M. le Roy. *Paris*, 1777, *in*-8. *fig.*

5223. Origine et usage des Postes, chez les anciens et les modernes, par le Quien de la Neuville. *Paris*, 1708, *in*-12.

ANTIQUITÉS.

Histoire Littéraire générale ancienne, et ancienne et moderne.

5224. Tableau des révolutions de la Littérature anc. et moderne, trad. de Denina. *Paris*, 1776, *in*-12.

5225. Œuv. de Plutarque, trad. par Amiot, avec des notes par Brotier. *Paris*, 1783, *et suiv.* 22 *vol. in*-8. fig. *br.*

5226. Réflex. Politiq. et morales sur les Hommes illustres de Plutarque, par Lambert. *Paris*, 1764, 4 *vol. in*-12.

5227. Cornelius Nepos, de vita excellentium Imperatorum. *Blesis*, 1741, *in*-12.

5228. Valerii Maximi dicta facta que memorabilia, cum notis J. Minellii. *Roter.* 1681, *in*-12.

5229. Polydorus Vergilius et Alex. Sardus de rerum inventoribus. *Neomagi*, 1671, 2 *vol. in*-12.

5230. Dict. des origines. *Par.* 1777, 6 *vol. in*-8.

5231. Vies des Hommes illustres, comparés les uns avec les autres, par Richer. *Paris*, 1756, 2 *vol. in*-12.

5232. L'Héroisme, ou l'Hist. milit. des plus illustres Capitaines qui ayent paru dans le monde. *Par.* 1766, *in*-12, *fig. br.*

5233. Calendrier des Héros, ou manuel des militaires. *Par.* 1772, *in*-8. *br.*

5234. Fastes de la marine, et vies des Marins les plus célèbres, par Richer. *Paris*, 1781, *et suiv.* 14 *tom.* 9 *vol. in*-12.

5235. Dict. hist. par Louis Moreri, revu par Drouet. *Paris*, 1759, 10 *vol. in-fol.*

5236. Dict. hist. par Ladvocat, avec un supplém. par Ch. Guill. Leclerc. *Paris*, 1777, *et suiv.* 4 *vol. in*-8.

5237. Dict. hist. par Barral. *Paris*, 1758, 6 *vol. in*-8.

5238. Dict. des portraits hist. des Hommes illustres. *Paris*, 1758, 3 *vol. in*-8.

5239. Dict. historique par une Société de gens de lettres. *Paris*, 1772, 6 *vol. in*-8.

5240. Le même. *Lyon* 1789. 9 *vol. in*-8.

5241. Dict. des Femmes célèbres. *Paris*, 1788, 2 *vol. in*-8.

HISTOIRE MODERNE.

Chronologie et Histoire universelle.

5242. Art de vérifier les dates par DD. Clémencet et Clément. *Paris*, 1770, *in-fol.*

5243. Tabletres hist. Généal. et Chronol. par Chazot. *Paris*, 1749, *et suiv.* 11 *vol. in*-24.

5244. Mémorial de chronologie généal. et hist. par d'Estrées, depuis 1752 jusqu'en 1755, et 1759. *Par.* 1752, *et suiv.* 6 *vol. in*-24. *mar.*

5245. Tableau de l'hist. moderne, par Méhégan. *Paris*, 1766, 3 *vol. in*-12.

5246. Hist. moderne, par Marsy et Richer. *Paris*, 1754, *et suiv.* 28 *vol. in*-12.

5247. Hist. impartiale des événemens milit. et polit. de la dernière guerre dans les quatre parties du monde, depuis 1774, jusqu'en 1783. *Paris*, 1785, 3 *vol. in*-12.

5248. Recueil hist. depuis la lettre A jusqu'à &. *Paris*, 1745 *et suiv.* 24 *vol. in*-12.

5249. Essai sur les grands événemens par les petites causes, par Richer. *Paris*, 1758, 2 *vol. in*-12.

5250. École militaire, par Raynal. *Paris*, 1762, 3 *vol. in*-12.

5251. Mêl. hist. et philolog. par Michault. *Paris*, 1754. 2 *vol. in*-12.

5252. Mêlanges hist. et critiq. *Paris*, 1768. 2 *volumes in*-12.

5253. Récréations historiques, par Dreux du Radier. *Paris*, 1767, 2 *vol. in*-12.

5254. Pièces intéressantes et peu connues, pour servir à l'hist. par de la Place. *Paris*, 1781, *et suiv.* 8 *vol. in*-12.

Hisoire

Histoire Ecclésiastique des peuples modernes.

5255. Sulpicii Severi opera, cum notis Jo. Vorstii et Jo. Clerici. *Lips.* 1709, *in*-8.

5256. Les mêmes trad. par L. Géry. *Rouen*, 1759, *in*-12.

5257. Extraits de Sulpice Sévere et de l'hist. sacrée de Sponde. Manuscr. *in-folio*.

5258. Disc. sur l'hist. ecclésiastiq. par Fleury. *Paris*, 1777, 2 *vol. in*-12.

5259. Hist. ecclésiastique par le même, continuée par Fabre. *Paris*, 1750 *et suiv.* 36 *vol. in*-4.

5260. Abr. de l'hist ecclésiastique par Racine. *Paris*, 1748, 15 *vol. in*-12.

5261. Abr. chron. de l'hist. ecclésiastique par Macquer. *Paris*, 1757, 2 *vol. in*-8. *v. fil.*

5262. Le même. *Paris*, 1768, 3 *vol. in*-8. *v. fil.*

5263. Abrégé de l'hist. ecclésiast. par Formey. *Amster.* 1763, 2 *vol. in*-12.

5264 Abr. de l'hist. ecclésiat. par Frédéric II, Roi de Prusse. *Berne*, 1767, *in*-8.

5265. Les siè cles chrétiens. *Par.* 1775, 4 *vol. in*-12 *v. d. s. tr.*

5266. Historia Patriarcharum Alexandrinorum Jacobitarum, à D. Marco usque ad finem sæculi XIII. *Par.* 1713. *in*-4.

5267. L'Europe ecclésiastique. *Paris*, 1757, *in*-12. v. d. s. tr.

5268. Dict. des Conciles, par Alletz. *Par.* 1758, *in*-8.

5269. Opera di (Pietro Soave.) F. Paolo Sarpi. *Helmstad.* 2 *vol. in*-4.

5270. Hist. del Concilio Tridentino, del Medesimo. *Londres*, 1619. *in-fol.*

5271. La même, trad. par Fr. le Courroyer. *Par.* 1751. 3 *vol. in*-4. gr. pap. *mar.*

5272. Instr. et Missives des Rois de France et de leurs Ambassadeurs, et autres pièces concernant le Concile de Trente. 1608, *in*-12.

5273. Hist. de la réception du Concile de Trente, par Mignot. *Par.* 1756, 2 *vol. in*-12.

5274. Hist. abr. des Papes. *Par.* 1776, 2 *vol. in*-12.

5275. Hist. des démêlés du Pape Boniface VIII, avec Philippe-le-Bel, par Adr. Baillet. *Par.* 1718, *in*-12. *mar.*

5276. Vie du Pape Alexandre VI et de César Borgia, par P. Gordon. trad. de l'Anglais. *Amst.* 1732, 2 *vol. in*-12.

5277. Hist. du Pontificat de Paul V. par Goujet. *Paris*, 1765, 2. *tom.* 1 *vol. in*-12.

5278 Hist. du Démêlé du même avec la Républiq. de Venise, par le P. Paul. *Par.* 1759, *in*-12.

5279. Hist. du Pape Clément XI. par Reboulet. *Avig. in*-4.

5280. Vie du Pape Clément XI, par la Fiteau, Évêque de Sisteron. *Padoue*, 1752, 2 *vol. in*-12.

5281. Vie du Pape Benoît XIV. *Par.* 1783, *in*-12.

5282. Vie et lettres du Pape Clément XIV, par Caraccioli. *Par.* 1776, 3 *vol. in*-12.

5283. Éloge du Pape Clément XIV, par le P. Jean-Pierre Lieutaud. *Par.* 1781, *in*-12. *br.*

5284. Éloge hist. du Card. Passionei, par Goujet. *Par.* 1763, *in*12.

5285. Dict. hist. des Cultes religieux. *Par.* 1770, 3 *vol. in*-8.

5286. Recueil de pièces concernant les ordres religieux. *in*-8, et *in*-12.

5287. Hist. de St. Maur, par A. J. Ansart. *Par.* 1772, *in*-12.

5288. Hist. de D. Didier de la Cour, par D. Ch. Mich. Haudiquer. *Par.* 1772, *in*-8.

5289. Hist. de la Fondation de l'Ordre de Notre-Dame de la Mercy, pour la rédemption des Captifs, par J. Latomy. *Par.* 1618, *in*-8.

5290. Annuæ litteræ Societ. Jesu anni 1592. *Florent.* 1600, *in*-8.

5291. Hist. de Inigo de Guipuscoa, par Herc. Rasiel. Trév. 1758, 2 vol. in-12.

5292. Hist. de Ranucio d'Alétès. Trév. 1752, in-12.

5293. Hist. impartiale des Jésuites, par Linguet. Par. 1768, 2 vol. in-12. v. fil.

5294. Recueil de pièces concern. les Jésuites. Par. 1766. 82 vol. in-4., in-8. et in-12. rel. et br.

5295. Abr. de l'hist. de Port-Royal, par Racine. Par. 1742, in-12. v. fil.

5296. Hist. de l'abbaye de Port-Royal, par Besongne. Par. 1752, 6 vol. in-12, mar.

5297. Mém. pour servir à l'hist. de Port-Royal, par Fontaine. Par. 1753, 4 vol. in-12.

5298. Mém. hist. et chronologiques sur l'abbaye de Port-Royal des Champs. Par. 1755 et suiv. 7 vol. in-12.

5299. Hist. génér. de Port-Royal, par D. Clémencet. Par. 1755 et suiv. 10 vol. in-12.

5300. Mém. hist. et chronol. sur l'abbaye de Port-Royal des Champs, depuis sa fondation en 1204, jusqu'à la mort des dernières religieuses. Par. 1758, 2 vol. in-12.

5301. Vie de Marguerite-Marie à la Coque, par J. Jos. Lenguet. Par. 1729, in-4.

5302. Fleurs des vies des Saints par le P. Ribadeneira, augm. par Simon Martin. Par. 1657, 2 vol. in-fol.

5303. Vies des Saints par Baillet. Par. 1703 et suiv. 17 vol. in-8.

5304. Vies des Saints pour tous les jours de l'année, par Mésenguy. Par. 1734, 2 vol. in-4.

5305. Vie et Mystères de la Ste.- Vierge, par P. Fr. de la Fiteau, Évêq. de Sisteron. Par. 1759, in-12. v. fil.

5306. Vies de différentes Saintes. in-12. br.

5307. Vies des Pères des déserts et de quelques Saintes, trad. par Arnaud d'Andilly. Par. 1736, 3 vol. in-8. v. fil.

5308. Dict. hist. des auteurs ecclésiastiques. Lyon, 1767, 2 vol. in-8.

5309. Vie de S.-François-Xavier, par Dom. Bouhours. *Par.* 1682, *in*-4.

5310. Vie de St-Ignace, par le même. *Par.* 1679, *in*-4.

5311. Religions du monde, par Alex. Ross, trad. par Thom. La Grue. *Amst.* 1666, *in*-4. *fig.*

5312. Examen impartial des principales religions du monde. *in*-12.

5313. Lettres de Leibnitz et réponses de Pellisson sur la tolérance des religions. *Par.* 1692, *in*-12.

5314. Pouvoir des Souverains et liberté de conscience, trad. du lat. de Noodt, par J. Barbeyrac. *Amst.* 1714, *in*-12.

5315. Dict. des hérésies, par Pluquet. *Par.* 1762, 2 *vol.* *in*-8.

5316. Discours d'Eusèbe, Évêq de Césarée, touchant les miracles attribués par les payens à Apollonius de Tyane, trad. par Cousin. *Par.* 1684, *in*-12.

5317. Vie d'Apollonius de Tyane, par Philostrate, trad. par Bl. de Vigenere. *Par.* 1699, *in*-4.

5318. La même, avec les comment. par Ch. Blount, trad. en franç. *Berlin*, 1774, 4 *vol.* *in*-12.

5319. Hist. crit. de Manichée et du Manichéisme, par Beausobre. *Amst.* 1734, 2 *vol.* *in*-4.

5320. Photii bibliotheca, græcè edidit David Hoeschelius; latinè veró reddidit et scholiis auxit Andr. Schottus. *Rothom.* 1653, *in-fol.*

5321. Hist. de Photius, Patriarche de Constantinople. *Par.* 1772, *in*-12.

5322. Hist. des Flagellans, par Boileau, et critiq. par J. B. Thiers. *Amst.* 1701, 2 *vol* *in*-12.

5323. Hist. des Anabaptistes, par Fr. Catrou. *Paris*, 1706, *in*-4.

5324. Vie de Pélage. *Paris*, 1751, *in*-12.

5325. Vie de Lucilio-Vanini. *Rotterdam*, 1717, *in*-12.

5326. Mém. pour servir à l'hist. des foux, par du Tilliot. *Paris*, 1751, *in*-12. *v. f. fil.*

5327. Vrais jugemens sur la société des Francs-Maçons. *Bruxelles*, 1752, *in*-12. br.

5328. Mém. hist. pour servir à l'hist. des Inquisitions. *Paris*, 1716, 2 tom. 1 *vol. in*-12. fig.

5329. Hist. de l'Inquisition et son origine. *Paris*, 1733, *in*-12.

5330. Hist. des Inquisitions. *Paris*, 1759, 2 *vol. in*-12. *fig. v. fil.*

5331. Manuel des Inquisiteurs. *Paris*, 1762, *in*-12.

5332. Mém. de Gaudence de Luques, prisonnier de l'inquisition. *Paris*, 1753, 2 *vol. in*-12. *fig. mar.*

Monumens, Costumes, Usages, &c. des peuples modernes.

5333. Esprit des usages et des coutumes des differ. peuples, par Démeunier. *Paris*, 1776, 3 *vol. in* 8.

5334. Traité des monnoies, par J. Boizard. *Paris*, 1711, 2 *vol. in*-12. *fig.*

5335. Tables des monnoies courantes dans les quatre parties du monde, par Abot de Basinghen. *Paris*, 1767, *in*-18.

5336. Traité des monnoies et jurisdict. de la cour des monnoies, par le même. *Paris*, 1764, 2 *vol. in*-8.

5337. Traités des monnoies, par Henry Poullain. *Paris*, 1709, *in*-12.

5338. Essai sur les monnoies, par Dupré de Saint-Maur. *Paris*, 1746, *in*-4.

5339 Recueil de pièces sur les monnoies. *in* 12.

HISTOIRE DE L'EUROPE.

Histoire Universelle et politique de tous les États en général.

5340. États formés en Europe après la chûte de l'empire Romain en Occident, par d'Anville. *Paris*, 1771, *in*-4.

5341. Introd. à l'hist. de l'univers, par de Pufendorff, augm. par Bruzen de la Martinière, revue par de Grace. *Paris*, 1753, 8 *vol. in*-4. gr. pap. d'Hollande. *v. fil.*

5342. Essai sur l'hist. générale et sur les mœurs et l'esprit des nations, depuis Charlemagne jusqu'à nos jours, par Voltaire. *Genève*, 1761, 8 *vol. in-8.*

5343. Hist. générale des guerres, jusqu'à 1748, par d'Arcq. *Par.* 1756 *et suiv.* 2 *vol. in-4.*

5344. Hist. du seizième siécle, par Durand. *La Haye*, 1734, 4 *vol. in-12.*

5345. Recueil de diverses relations remarquables des principales cours de l'Europe, écrites par des ambassadeurs qui ont résidés à ces cours. *Cologne*, 1681, *in-12.*

5346. Lettres sur les matières du temps, depuis 1688 jusqu'en 1690. *Amsterdam*, 1688, *in-4.*

5347. L'espion Turc pour servir à l'hist. du siécle, depuis 1637 jusqu'en 1697. *Paris*, 1756, 9 *vol. in-12.*

5348. Lettres sur l'état politique de l'Europe, depuis 1648 jusqu'à 1713, par Lord Woolterton, trad. de l'Ang. *La Haye*, 1764, *in-8. v. fil.*

5349. Mém. pour servir à l'hist. de l'Europe, depuis 1600 jusqu'en 1716, par d'Avrigni. *Par.* 1757, 5 *vol. in-12.*

5350. Intérêts et prétentions des Puissances de l'Europe, par Rousset. *La Haye*, 1736, 3 *vol. in-4.*

5351. Recueil hist. d'actes, négociat. mém. et traités, depuis la paix d'Utrecht jusqu'à celle d'Aix-la-Chapelle, par le même. *La Haye.* 1728 *et suiv.* 21 *tom.* 23 *vol. in-8. v. fil.*

5352. Recueil de differ. traités de paix. *in-4.* br.

5353. Remarks on several parts of Europe, relating to the hist. antiq. and geogr. by Breval. *Londres*, 1726, 2 *vol. in-fol. fig.*

5354. Lettres et mém. de Pollnitz. *Francfort.* 1738, 5 *vol. in-12.*

5355. Hist. des négociat. pour la paix de Belgrade du 18 Septembre 1739, par Laugier. *Par.* 1768, 2 *vol. in-12.*

5356. The memoirs of George Carleton, containing a descript. of many of their cities, towns etç, of the Europa. *Londres.* 1743, *in-8. v. fil.*

5357. Mém. pour servir à l'hist. de l'Europe, depuis 1740 jusqu'à la paix d'Aix-la-Chapelle, le 18 octobre 1748. *Paris*, 1749, 3 *vol. in*-12.

5358. Hist. polit. du siecle, depuis 1648 jusqu'en 1748. *Londres*, 1757, *in*-4.

5359. Mém. hist. milit. et polit. de l'Europe, depuis 1521, par Raynal. *Par.* 1754, 3 *vol. in* 8. manq. t. 1.

5360. Recueil d'actes et pièces concernant le commerce de divers pays de l'Europe. *Par.* 1754, *in*-12.

5361. Le point d'appui entre les principales puissances de l'Europe. *Liége*, 1759, 6 *vol. in*-12. br.

5362. Recueil de pièces sur les évènem. de l'Europe, depuis 1744 jusqu'en 1763. *in*-12.

5363. L'espion Chinois. *Paris*, 1774, 6 *vol. in*-12.

5364. Calendrier des anecdotes, des faits et tableau polit. et litter. de l'Europe en 1775. *Par.* 1776, 2 *vol. in*-12. br.

5365. Essais polit. sur l'état actuel de quelques puissances. *Genéve*, 1777, *in*-8. br.

5366. Hist. de la guerre et des négociations qui ont précédé le traité de Teschen. *Genéve*, 1783, *in*-8. br.

5367. Sur quelques contrées de l'Europe, *Paris*, 1788, 2 *vol. in*-8. br.

5368 Etat des cours de l'Europe et de France, par de la Roche Tilhac. *Paris*, 1788, *in*-8. br.

5369. Discours polit., hist. et critiques sur quelques gouvernemens de l'Europe, par d'Albon. *Neufchâtel*, 1779, *in*-8. br.

5370. Disc. sur l'hist. le gouvernem. les usages, l littérature et les arts de plusieurs nations de l'Europe, par le même. *Paris*, 1782, 4 *vol. in*-12.

5371. Hist. des inaugurations des rois, des empereurs et autres souverains. *Par.* 1776, *in*-8. *fig.*

5372. Mém. concern. les impositions et droits en Europe, par Moreau de Beaumont. *Par.* Impr. roy 1768, 4 *vol. in*-4. *v. fil.*

5373. Mémoires manuscrits concern. différentes cours de l'Europe. *in-fol.*

Histoire de différens Etats de l'Europe en particulier.

5374. Th. Carve itinerarium (ceu relat. historica) Gallorum, Suecorum, Anglorum, Scotorum et Hybernorum in exercitu Cæsareo militantium. *Mogunt.* 1641, 2 *tom.* 1 *vol. in*-12.

5375. Lettres sur la France, l'Angleterre et l'Italie, par F. D. H. *Genève*, 1785, *in*-8. *br.*

5376. A view of society and manners in France, Switzerland and Germany, by John More. *London.* 1779, 2 *vol. in*-8.

5377. Code criminel de Florence et de Vienne, et lettre à l'Empereur sur l'atrocité des supplices qu'il a substitués comme adoucissement à la peine de mort. *Paris*, 1787, *in*-8.

5378. Relationi della republ. di Venetia, del Regno di Polonia et del regno di Boemia, da Gio Fr. Olmo. *Venet.* 1628, *in*-4.

5379. Soirées Helvétiennes, Alsaciennes et Francomtoises, par de Fezai. *Paris*, 1771, *in*-8.

5380. Lettres sur la Suissse, l'Italie, la Sicile et Malthe, par Roland de la Platière, de 1776 à 1778. *Suisse*, 1780, 6 *vol. in*-12.

5381. Tableau de l'Angleterre et de l'Italie, trad. de l'Allemand. d'Archenholz. *Brux.* 1788, 3 *vol. in*-12.

5382. Abr. chron. de l'hist. du Nord, par Lacombe. *Paris*, 1762, 2 *vol. in*-8. *v fil.*

5383. Hist. des gouvernem. du Nord, trad. de Villiams. *Paris*, 1780, 4 *vol. in*-12.

5384. Consider. polit. et philos. sur les affaires du Nord et de Pologne. *Paris*, 1774, *in*-8.

5385. Relat. des guerres du Nord et de Hongrie, depuis 1700 jusqu'en 1710. *Paris*, 1756, *in*-12.

5386. Mém. de Hambourg, de Lubeck et de Holstein, de Dannemarck, de Suède et de Pologne, par Aubery du Maurier. *Blois*, 1735, *in*-12.

5387. Les mêmes. *Amsterdam*, 1736, *in*-12. *br.*

Histoire de France.

Histoire des anciens Gaulois.

5388. Antiquités de la nation et de la langue des Celtes, par Paul-Yves-Pezron. *Paris*, 1704, *in*-12.

5389. Hist. des Celtes et particulièrement des Gaulois et des Germains, par Simon Pelloutier, augm. par de Chiniac. *Paris*, 1770, 8 *vol. in*-12.

5390. Mém. pour servir à l'hist. des Gaules et de la France, par Gibert. *Paris*, 1744, *in*-12. *v. d. s. tr.*

5391. Jo. Dan. Schœpflini vindiciæ Celticæ. *Argentor.* 1754, *in*-4.

5392. Réveil de l'antique tombeau de Chyndonax, avec les cérémonies des anc. sépultures, par J. Guenebault. *Paris*, 1623, *in*-4.

5393. Recueil des antiquités Gauloises et Françaises. *Paris*, 1579, *in*-4.

5394. Recueil d'antiquités dans les Gaules, par de la Sauvagere. *Paris*, 1770, *in*-4. *fig. v. d. s. tr.*

Histoire Ecclésiastique de France.

5395. Mém. chronologiques et dogmat. pour servir à l'hist. ecclési. depuis 1600 jusqu'en 1716, par d'Avrigny. *Paris*, 1720, 4 *vol. in*-12.

5396. Miracles opérés à l'intercession de M. de Paris. 1737, 2 *vol. in*-4. *fig.*

5397. La constitution unigenitus déferée à l'église universelle. *Cologne*, 1757, 3 *tom.* 4 *vol. in-fol.*

5398. Recueil de pièces concern. la constit. 17 *vol. in*-4.

5399. Lettres pacifiques au sujet des contestations sur le refus des sacremens. *Paris*, 1752, 3 *vol. in*-12.

5400. Dissert. sur le formulaire. *Utrecht*, 1775, *in*-12.

5401. Mém. sur le refus des sacremens à la mort qu'on fait à ceux qui n'acceptent pas la constitution. 1750, *in*-12.

5402. Traité des refus publics et secrets de la communion à la Sainte-Table ou en maladie. *Avignon*, 1754, 2 *vol. in*-12.

5403. Diction. des livres jansénistes. *Anvers*, 1752, 4 *vol. in*-12.

5404. Journal de d'Orsanne, depuis 1711 jusqu'en 1729, *Rome*, 1653, 2 *vol. in*-4. *gr. pap.*

5405. Mém. et instruct. secrettes du C. de Noailles pour servir de suppl. au journal de l'ab. d'Orsanne. 1756, *in*-12.

5406. Nouvelles ecclésiastiques, depuis 1730. jusqu'en 1760, avec la table. 10 *vol. in*-4.

5407. Ouvrages sur le Quiétisme. — Rélation par Bossuet. *Par.* 1698, — Lettres. 1688. — Vie de M^e^. Guion. *Cologne*, 1720, 3 *vol. in*-12.

5408. Thesis Jo. Mart. de Prades, theologicè discussa et impugnata. *Paris*, 1753, *in*-12.

5409. Apologie de l'abbé de Prades. 1752, *in*-8.

5410. Recueil de pièces concern. la thèse de Prades. *Paris*, 1753, *in*-4.

5411. Comment. de l'état de la religion et république sous Henri et François II, et Charles IX, par P. de la Place. 1565, *in*-8.

5412. Hist. des variations des églises protestantes, par Jaq. Bénigne-Bossuet. *Paris*, 1747, 4 *vol. in*-12.

5413. Hist. du fanatisme de notre temps, par Brueys. *Paris*, 1692, *in*-12.

5414. Hist. du soulèvement des fanatiques dans les Cévènnes. *Paris*, 1713, *in* 12.

5415. Hist. des Camisards. *Londres*, 1754, 2 *vol. in*-12. *br.*

5416. Hist. des troubles des Cévennes sous le règne de Louis XIV. *Villefranche*, 1760, 3 *vol. in*-12. *br.*

5417. Hist. de l'édit de Nantes jusqu'à sa révocation. *Delft*, 1693, 5 *vol. in*-4. *v. d. s. tr.*

5418. Lettres à Raynal sur l'hist. de la révocation de l'édit de Nantes. *Genève*, 1782, *in*-8. *br.*

5419. Recueil de pièces concern. les Protestans, Manuscrites, dont la plûpart n'ont pas été imprimées; dans deux grands cartons. *in-fol.*

5420. Recueil de pièces relatives aux Protestans en

France et sur la tolérance. 38 *vol. in-4.°. in-8.* et *in-12.* br.

5421. Recueil des procès-verbaux et rapports du Clergé, et abrégé des actes. 14 *vol. in-fol.*

5422. Recueil de déclarat., lettres patentes et arrêts concernant le Clergé de France, depuis 1711 jusqu'en 1750. 1750, *in-12.*

5423. Hist. du droit public, ecclésiastiq. français, par D. B. (du Boulay?). *Trevoux*, 1740, 3 *vol. in-12.*

5424. Esprit des lois de l'église Gallicane. *Par.* 1791, 2 *vol. in-8. br.*

5425. Traité des droits et libertés de l'église Gallicane, par P. Pithou. *Par.* 1730, 4 *tom.* 2 *vol. in-fol.*

5426. Le même. 4 *vol. in-fol.*

5427. Le même, nouv. édit. donnée par Durand de Maillane. *Lyon*, 1771, 5 *vol. in-4. v. d. s. tr.*

5428. Maximes et libertés de l'église Gallicane. *Par.* 1755, *in-12.*

5429. Mém. sur les libertés de l'église Gallicane, par du Marsais, 1755.—Disc. sur les libertés de l'église Gal. par Fleury, avec un commentaire et des réflex. sur ce comment. 1765, 2 *vol. in-12.*

5430. Exposition de la doctrine de l'église Gallicane, par rapport aux prétentions de la cour de Rome, par du Marsais. *Par.* 1757, *in-12.*

5431. P. de Marca dissert. de concordia sacerdotii et imperii. *Paris*, 1704, *in-fol.*

5432. Traité des deux puissances, par l'ab. de Foy. *Paris*, 1752, *in 8. v. d. s. tr.*

5433. Droits respectifs de l'état et de l'église rappelés à leurs principes. *Par.* 1766, *in-12. br.*

5434. Autorité des deux puissances. *Strasbourg*, 1780, 3 *vol. in-8.*

5435. Principes sur l'essence, la distinction et les limites des deux puissances, spirit. et temporelle, par de la Borde. *Par.* 1753, *in-12.*

5436. Traité du pouvoir du magistrat politique sur les choses sacrées, trad. du lat. de Grotius. *Londres*, 1751, *in-12.*

5437. Véritable usage de l'autorité séculière dans les matières qui concernent la religion, par le Franc, évêq. du Puy. *Par.* 1753, *in*-12.

5438. Traité de l'autorité des rois touch. l'administ. de l'église, par le Vayer-de-Boutigny. 1753. Suite du même traité. *Londres*, 1756, *in*-12.

5439. Autorité du roi touch. l'âge nécessaire à la profession des religieux, par le Vayer-de-Boutigny. *Par.* 1751, *in*-12.

5440. Exposition des droits des souverains sur les empêchemens dirimans du mariage. *Par.* 1787, *in*-12.

5441. Traité des droits du roi sur les bénéfices de ses états. *Par.* 1752, 2 *vol. in*-4.

5442. Traité des droits de l'état et du prince sur les biens possédés par le Clergé, par Mignot. *Amsterdam*, 1755, 6. *vol. in*-12.

5443. Droit du Souverain sur les biens fonds du Clergé. et des moines. *Naples*,. — Lettres d'un Archevêque sur l'ouvrage intitulé, du Droit du Souverain. *Cologne*, 1770, *in*-8o. *br.*

5444. Lettres sur les prétentions du Clergé, par rapport à l'exemption du vingtième. 1750, *in*-12.

5445. Examen impartial des immunités ecclésiastiques. *Lond.* 1751, *in*-12.

5446. Mém. concernant le Clergé sur la déclarat. du Roi de 1750, pour l'imposition du vingtième du revenu des biens ecclésiast. et laïques. 1753, *in*-12.

5447. Lettres d'un ecclésiast. à un magistrat sur les affaires présentes. *Par.* 1754, *in*-8.

5448. Défense de la déclaration de l'assemblée du Clergé de 1682 touchant la puissance ecclés., par Bénigne Bossuet. *Par.* 1745, 3 *vol. in*-4.

5449. Conférence de l'édit de la jurisdiction ecclésiastique de 1695, par J. Pierre Gibert. *Par.* 1757, 2 *vol. in*-12. *mar.*

5450. Abr. des édits sur les matières ecclésiastiques et recueil d'arrêts sur des matières civiles, par ordre chronol. et alphabétique, manuscr. de la main du Chanc. de Lamoignon. 3 *vol. in-fol.*

5451. Hist. du syndicat. d'Edmond Richer. *Paris*, 1753, *in*-8.

5452. Gallia Christiana, Tom. 13. *Paris*, 1785, *in-fol. v. fil.*

Préliminaire de l'histoire des Rois de France.

5453. Epitome de l'antiquité des Gaules et de France, par Guill. du Bellay. *Paris*, 1556, *in*-4.

5454. Joan. Isaaci Pontani, origines Francicæ. *Hardervici*, 1716, *in*-4.

5455. Hist. crit. de l'établissem de la monarchie Franç. dans les Gaules, par Dubos. *Paris*, 1742, 4 *vol. in*-12.

5456. Dynasties des anciens Rois des Gaulois et des Franç. par Jacq. Cassan. *Paris*, *in*-8.

5457. Dict. hist. des mœurs, usages et coutumes des Français, par La Chesnaye-des-Bois. *Paris*, 1767, 3 *vol. in*-8.

5458. Mœurs et coutumes des Français, par Le Gendre. *Paris*, 1753, *in*-12.

5459. Usages et mœurs des Français, par Poullin de Lumina, *Lyon*, 2 *vol. in*-12.

5460. Hist. de la vie privée des Français, par Legrand d'Aussy. *Paris*, 1782, 3 *vol. in*-8.

5461. Hist. des modes Françaises. *Paris*, 1773, *in*-12.

5462. État de la France, comme elle étoit gouvernée en 1648, 1649, *in*-12.

5463. Lettres sur les Anglais et les Français, par le Blanc. *Par.* 1728, 3 *vol. in*-12.

5464. Les mêmes. *Paris*, 1751, 2 *vol. in*-12.

5465. La différence du patriotisme national chez les Français et chez les Anglais, par Basset de la Marelle. *Paris*, 1766, *in*-8.

5466. Lettres sur les Anglais et les Franç. relativem. à la frivolité reprochée aux uns et la philosophie attribuée aux autres. *Paris*, 1779, *in* 8. *br.*

5467. Lettres Franç. et Germaniq. ou réflex. militaires,

littéraires et critiques sur les Français et les Allemands. *Londres*, 1740, *in*-12.

5468. J. Limnæi notitia regni Franciæ. *Argentorati*, 1655, 2 *tom.* 1 *vol. in*-4.

5469. Recherches des recherches et autres œuvres d'Et. Pasquier. *Par.* 1622, *in*-8.

5470. Œuvres d'Étienne et Nicolas Pasquier, contenant les recherches de la France, leurs lettres, poësies &c. *Amsterdam*, (*Trevoux*), 1723, 2 *vol. in-fol.*

5471. Recherches sur la France. *Par.* 1766, 2 *vol. in*-12.

5472. Œuvres de Cl. Fauchet. *Par.* 1610, *in*-4.

5473. Recueil des Rois de France, par J. du Tillet. *Par.* 1618, 2 *vol. in*-4.

5474. Variations de la monarchie Française, dans son gouvernem. polit. civil et milit., par Gautier-de-Sibert. *Par.* 1765, 4 *vol. in*-12. *v. fil.*

5475. Traité de l'origine du gouvernem. Français, par Garnier. *Par.* 1765, *in*-12.

5476. Dissert. sur differ. sujets. de l'hist. de France, par Bullet. *Besançon*, 1759, *in*-8.

5477. Dissert. sur la mythologie Française et autres points de l'hist. de France, par le même. *Par.*, 1771, *in*-12. *br.*

5478. Pièces fugitives pour servir à l'hist. de France, recueillies par le Baron d'Aubais. *Par.* 1759, 3 *vol. in*-4.

5479. Mém. hist. et crit. de Mézeray. *Par.* 1753, *in*-12.

5480. Memoires et dissert. qui établissent que la Maison qui règne en France doit s'appeller *de France*, et non de *Bourbon*. *Par.* 1769, *in*-12. *br.*

5481. Recueil de dissertations sur divers sujets de l'hist. de France, par Sabbathier. *Châlons*, 1770, *in*-12.

5482. Chroniques de S. Denis, Manuscr. sur velin du 14e. siecle, avec mignatures et lettres initiales peintes en or et en couleur. 3 *vol. in-fol.*

5483. Inventaire général de l'hist. de France, depuis Pharamond jusqu'à 1620, par J. de Serres. *Par.* 1620, *in-fol.*

5484. Paulus Æmilius, et Arnoldus Ferronus, de rebus gestis Francorum. *Lutet.* 1566, *in-fol.*

5485. Compendium Rob. Gaguini super Francorum gestis. *Par.* 1504, *in-4.*

5486. Ejusdem de Francorum regum gestis annales. *Par.* 1528, *in-8.*

5487. La mer des chroniques et miroir historial de France, par le même. *Par.* 1532, *in-fol.*

5488. Papirii Massoni, annales Francorum. *Lutet.* 1577, *in-4.*

5489. Annales de France depuis Philippe de Valois jusqu'à Henri III. par François de Belleforest. *Par.* 1579, 2 *vol. in-fol.*

5490. Hist. de l'origine et des progrès de la Monarchie Française, par Guill. Marcel, *Par.* 1686, 4 *v. in* 12, *fig.*

4491. Abr. chr. de l'hist. de France par Mézeray, avec la continuat. *Par.* 1755, 4 *vol. in-4.*

5492. Hist. de France, par le P. G. Daniel, avec des notes et dissert. (par le P. Henri Griffet.) *Par.* 1755, 17 *vol. in-4*, gr. pap. *fig.*

5493. Plan de l'histoire de la Monarchie Française, par Lenglet Dufresnoy. *Par.* 1753, 3 *vol. in-12. v. s. s. tr.*

5494. Hist. de France, par Velly, Villaret et Garnier, avec l'avant Clovis, par Laureau, *Par.* 1755, et *suiv.* 31 *vol. in-12.*

5495. Discours sur l'hist. de France, par Moreau, avec le plan, *Par.* 1777, et *suiv.* 22 *vol. in-8.*

5496. Abr. de l'hist. de France, depuis Clovis jusqu'à Louis XIV. par Henault. *Par.* 1768, 2 *vol. in-4*, gr. pap. *v. fil.*

5497. Abr. chro. des grands fiefs de France, par Brunet. *Par.* 1759, *in-8. v. fil.*

5498. Tablettes des Rois de France, et anecdotes des Reines et Régentes, par Dreux du Radier. *Par.* 1759 et *suiv.* 7 *vol. in-12.*

5499. Abr. de l'hist. de France. *Avign.* 1763, *in-12 br.*

5500. Précis de l'histoire de France, en vers, par Pelosi. *Par.* 1776, *in-8.*

5501. Réflexions et lettre sur l'hist. de France. *Par.* 1765, *in-12 br.*

5502. Lettres de Rob. Talbot sur la France, trad. par Maubert. *Amst.* 1766, 2 *vol. in-12.*

5503. Hist. de la Maison de Bourbon, par Desormeaux. *Par.* 1772 et *suiv.* 5 *vol. in-4. fig. v. d. s. tr.*

5504. Victoires mémorables des Français, par Alletz. *Par.* 1754, 2 *vol. in-12.*

5505. Biblioth. des auteurs qui ont écrit l'hist. et topogr. de la France, par André du Chesne. *Par.* 1627, *in-8.*

5506. And. et Franc. Duchesne, Series auctorum omnium qui de Francorum historia scripserunt *Lut. Par.* 1663, *in-12.*

5507. Bibliotheq. hist. de la France, par Jacq. le Long, augm. par Fevret de Fontete. *Par.* 1768. *et suiv.* 5 *vol. in-fol. v. fil.*

5508. Bibliothèque physiq. de la France, par Ant. Prosper Hérissant. *Par.* 1771, *in-8.*

5509. Historiæ Francorum scriptores coëtanei ab ipsius gentis origine ad Philippi IV pulchri usque regnum, opera ac studio Andr. Duchesne. *Lut. Par.* 1636 et seq. 5 *vol. in-fol.*

5510. Recueil des historiens des Gaules et de la France, par D. Bouquet et autres. *Par.* 1738 *et suiv.* 13 *vol. in-fol.*

5511 Notice des diplômes, des chartres et des actes relatifs à l'histoire de France, par de Foy. *Par.* Imp. Roy. 1765, *in-fol.* tom. I.

5512. Collection universelle des mém. particuliers relatifs à l'hist. de France, avec la table. *Par.* 1785 et *suiv.* 67 *vol. in-8. br.*

5513. Traité hist. des monnoies de France, avec la dissert. hist. sur quelques monnoies, par le Blanc. *Amst.* 1692, *in-4. fig.*

Histoire des Rois de France de la première et de la seconde race.

5514. Gothicarum et Langobardicarum rerum scriptores aliquot veteres. *Lugd. Bat.* 1617, *in-8.*

5515. Hist. génér. des Goths trad. de Jornandès, par Drouet de Maupertuis. *Par.* 1703, *in*-12.

5516. Hist. des François, par S. Grégoire de Tours, trad. par Mich. de Marolles. *Par.* 1668, *in*-8.

5517. Traduction de l'hist. de Grégoire de Tours, et d'autres ouvrages contemporains sur l'hist. de France, par Sauvigny, avec figures tirées au bistre. *Par.* 1784, et *suiv.* 6 *vol.* in-4, *br.*

5518. Annonius de regum procerumque Francorum origine, gestisque usque ad Philippum Augustum. *Par.* 1514, *in fol.*

5519. Mém. de J. B. Rémy de la Landelle, conten. ce qui s'est passé de plus mém en France, par rapport au gouvernement et à la Religion. 1716, 2 *v.* *in*-12.

5520 Gesta Dei per Francos, sive Orientalium expeditionum, et regni Francorum Hierosolymitani historia, (collectore Jac. Bongarsio) *Hanoviæ*, 1611, 2 *v.in-fol.*

5521. Clovis, poëme par J. Desmarets. *Par.* 1673, *in*-8.

5522. Anecd. de la Cour de Childeric, par Hamilton. *Par.* 1736, *in*-12.

5523. Frédegonde et Brunéhaut, par Monvel. *Par.* 1775, *in*-8, *fig. v. f. d. s. tr.*

5524. Charles Martel, ou les Sarrasins chassés de France, poëme, par de Sainte-Garde. *Par.* 1688, *in*-12.

5525. Histoire du regne de Charlemagne, par le Clerc de la Bruere. *Par.* 1745, 2 tom. 1 *vol.* *in*-12.

5526. Hist. du même par Gaillard. *Par.* 1782, 4 *vol.* *in*-12.

5527. Essai sur les causes qui ont contribué à détruire les deux premières races des Rois de France, par Dumont. *Par.* 1776, *in*-8, *v. f. fil.*

5528. État des personnes en France, sous la première et la seconde race de nos rois, par de Gourcy. *Par.* 1789, *in*-8,

Histoire de la troisième race des Rois de France, depuis Hugues Capet, jusqu'à Charles VIII.

5529. Vie de P. Abeillard et d'Héloïse, par D. Fr. Armand Gervaise. *Par.* 1720, 2 *vol.* *in*-12.

5530. L'Héritière de Guyenne ou histoire d'Eléonor, fille de Guillaume, dern. Duc de Guyenne, femme de Louis VII, Roi de France, et ensuite de Henri II, Roi d'Anglet. *Roterd.* 1692, *in*-12.

5531. Hist. de Suger, par D. Fr. Arm. Gervaise. *Par.* 1721, 3 *vol. in*-12.

5532. Éloges du même par Garat et Jumel; disc. sur Suger et son siècle; réflexions sur Suger et son siècle, par d'Espagnac. *Par.* 1779, *in*-8.

5533. Hist. de la guerre Sainte, dite proprement la Franciade orientale, trad. du lat. de Guillaume, Arch. de Tyr, par Gabr. du Preau. *Par.* 1573, *in-fol.*

5534. Hist. de Philippe Auguste par Nic. Baudot de Juilly. *Par.* 1702, 2 *vol. in*-12.

5535. Hist. de S. Louis par J. de Joinville, avec des observ. par Ch. Dufresne, Sr. du Cange. *Par.* 1668, *in-fol.*

5536. La même, par Jeh. de Joinville et Guill. de Nangis, donnée par Sallier et Mellot. *Par.* 1761, *in-fol.*

5537. Hist. de S. Louis, par de Bury. *Par.* 1775, 2 *vol. in*-12.

5538. La Louiséide, poëme. *Par.* 1773, *in*-8. *br*,

5539. Hist. d'Eustache de St. Pierre au siége de Calais, en 1346 et 1347. *Par.* 1765, *in*-12, *br.*

5540. Éloge de Charles V. par de la Harpe et autres. *Par.* 1767, *in*-8.

5541. Vie de Bertr. du Guesclin, par Lefebvre. *Douai.* 1692, *in* 4.

5542. Mém. pour servir à l'hist. de Charles II, Roi de Navarre et Comte d'Evreux, surnommé le mauvais, par Secousse. *Par.* 1758, 2 *vol. in*-4.

5543. Hist. et chroniques de Jeh. Froissart, revues et corrigées par Denis Sauvage, depuis 1326 jusqu'à 1400. *Par.* 1574, 4 tom. 1 *vol. in-fol.*

5544. Hist. de Charles VI, par J. le Laboureur. *Par.* 1663, 2 *vol. in-fol.*

5545. Hist. de Jean de Boucicaut, jusqu'en 1408. *Par.* 1620, *in*-4.

5546. Hist. et règne de Charles VI, par Melle de Lussan. *Par.* 1753, 9 *vol. in*-12

5547. Hist. de France sous St Louis, Philippe de Valois, Jean, Charles V et Charles VI, par Choisy. *Par.* 1750. 4 *vol. in*-12

5548. Hist. de la rivalité de la France et de l'Angleterre, par Gaillard. *Paris*, 1771 et *suiv.* 11 *vol. in*-12.

5549. Hist. de Jeanne d'Arc, par Lenglet Dufresnoy. *Par*, 1753, 3 *tom.* 2 *vol. in*-12.

5550. La Pucelle, poëme, par Chapelain. *Par.* 1657, *in*-12, *fig.*

5551. La Pucelle, par Voltaire, en 20 chants, 1762, *in*-8 *v. fil.*

5552. Journal de Paris sous Charles VI et Charles VII. Hist. du meurtre de Jean sans peur; état de la Maison des Ducs de Bourgogne. *Par.* 1729, *in*-4.

5553 Hist. d'Artus III, Duc de Bretagne, depuis 1413 jusqu'en 1457, par Théod. Godefroy. *Par.* 1722, *in*-4.

5554. Chroniques d'Enguerrand de Monstrelet, depuis 1400 jusqu'à 1515. *Par.* 1603. 3 tom. 1 *vol. in fol.*

5555. Hist. de Jean de Bourbon, Prince de Carency, par Mad. d'Aulnoy. *Par.* 1729, 2 *vol. in*-12.

5556. Hist de Marguerite d'Anjou, par Prevost. *Amst.* 1741, 2 *vol. in*-12.

5557. Hist. de Charles VII, par Baudot de Juilly. *Par.* 1754, 2 *vol. in*-12, *v. d. s. tr.*

5558 Mém. secrets de la Cour de Charles VII, par Md. D** (Durand) *Par.* 1700, 2 *vol. in*-12.

5559. Hist. de Louis XI, ou chronique scandaleuse, depuis 1460 jusqu'en 1483. 1611, *in*-8.

5560. La même, 1620. *in*-8.

5561. Éloge de Guill. d'Estouteville, par Roux de la Borie, *Par.* 1788, *in*-8. *br.*

5562. Mém. de Phil. de Comines, depuis 1464 jusqu'en 1498, avec des addit. par Godefroy, *Brux.* 1723, 5 *vol. in*-8.

5563. Hist. de Louis XI, par Duclos. *Par.* 1745, 4 *vol. in*-12.

5564. Hist. et règne de Louis XI, par Melle de Lussan. *Par.* 1755, *6 vol. in-12.*

5565. Hist. de Charles VIII, par Guill. de Jaligny, André de la Vigne et autres historiens de ce tems-là, depuis 1483 jusqu'en 1498, recueillie par Godefroy. *Paris.* Impr. Roy. 1684, *in-fol.*

Règnes de Louis XII. jusqu'à Charles IX.

5566. Mém. de Condé, depuis 1559 jusqu'en 1564. *Par.* 1743, *6 vol. in-4, v. fil.*

5567. Mém. de Fr. de Boyvin Baron du Villars, sur les guerres en Piémont et Duché de Milan, par Ch. de Cossé, Comte de Brissac, depuis 1550 jusqu'en 1559, *Paris*, 1607, *in-4.*

5568. Hist. du règne de Henri II, par Lambert. *Paris*, 1755, *2 vol. in-12.*

5569. Obsèques, enterrement et oraisons funèbres de François premier, par P. du Chastel. 1665, *in-8*,

5570. Mémoires de Martin et Guill. du Bellay, depuis 1513, jusqu'en 1546, *Paris*, 1569, *in-fol.*

5571. Les mêmes et mémoires de Fleuranges, mis en nouveau style par Lambert. *Paris*, 1753, *7 vol. in-12.*

5572. Hist. de Paul Jove, depuis 1494, jusqu'en 1547, trad. par Denis Sauvage. *Par.* 1570, *in-fol.*

5573. Tableau du siècle de Louis XII. *Paris*, 1769 *in-12.*

5574. Lettres de Louis XII et du Cardinal d'Amboise, depuis 1504 jusqu'en 1514, *Bruxelles*, 1712, *4 vol. in-12.*

5575. Éloges de Louis XII. par Cordier de Saint Firmin, et Noel. *Par.* 1788, *in-8. br.*

5576. Hist. de Louis XII par Talhié. *Par.* 1755, 3 *vol. in-12.*

5577. Hist. de la ligue faite à Cambray, par Dubos. *Paris.* 1728, *2 vol. in-12.*

5578. Vie du Cardinal d'Amboise, par Louis le Gendre. *Rouen*, 1724, *2 vol. in-12.*

5579. Hist. de Nic. Flamel et de Pernelle sa femme. *Par.* 1761, *in*-12.

5580. Mémoire pour servir à l'éloge hist. de Jean de Pins, Evêque de Rieux. *Avignon*, 1748, *in*-12.

5581 Histoire du Chevalier Bayard, depuis 1489 jusqu'en 1524. *Par.* 1619, *in* 4.

5582. La même, par Aimar. *Lyon*, 1700, *in*-12.

5583. Vie d'Étienne Dolet, par Née de la Rochelle, *Par.* 1779, *in*-8, *br.*

5584. Hist. du procès du Chancelier Poyet. *Bruxelles.* 1776, *in*-8, *br.*

5585. Ambassades de Noailles en Angleterre, depuis 1552 jusqu'en 1556, rédigées par de Vertot. *Par.* 1763, 5 *vol. in*-12.

5586. Lettres et mémoires d'état depuis 1537 jusqu'en 1560, par Guill. Ribier. *Blois*, 1666, 2 *vol. in-fol.*

5587. Vie de Fréd. de Lorraine, Duc de Guise. *Par.* 1681, *in*-12.

5588. Le Prince de Condé et autres romans de Boursault. *Par.* 1739, 2 *vol. in*-12.

5589. Éloge hist. d'Anne de Montmorenci, par Mad. de Château-Regnault. *Par.* 1783, *in*-8, *br.*

5590. Mém. de Mich. de Castelnau, augm. par J. le Laboureur. *Brux.* 1731, 3 *vol. in-fol.*

5591. Mém. de la vie de Fr. de Scepeaux, Sire de Vieilleville, depuis 1528 jusqu'en 1571, composés par Vincent Carloix. *Par.* 1757, 5 *vol. in*-8,

5592. Comment. de Blaise de Montluc. *Par.* 1661, 2 *vol. in* 8.

5593. Mém. de Gaspard de Saulx, Sgr. de Tavanes, depuis 1649 jusqu'en 1653. *Sully. in-fol.*

5594. Les mêmes. *Par.* 1691, *in*-12, *v. fil.*

5595. Éloges et essai de traduction de quelques épîtres et autres poësies latines de Mich. de l'Hôpital. *Par.* 1778, 2 *vol. in*-8.

5596. Vie du même, par Jean Simon Lévesque de Pouilly. *Par.* 1764, *in*-12 *v. fil.*

Règnes de Henri III et Henri IV.

5597. Mém. sur la vie de Roger de S. Lary de Bellegarde, par Secousse, avec les additions, par de Cambis. *Avignon*, 1764, *in*-12.

5598. Éclaircissemens sur la vie et les ouvrages de Guill. Postel, par des Billons. *Liege*, 1773. — Vie du Dante, par de Chabanon. *Par.* 1773, *in*-8.

5599. Lettres de Paul de Foix, Arch. de Toulouse, à Henri III, en 1581 et 1582. *Par.* 1628, *in*-4.

5600. Hist. de la vie et faits de Louis de Bourbon, surnommé le Bon, premier Duc de Montpensier, depuis 1537 jusqu'en 1582, par Nic. Coustureau, augm. par du Bouchet. *Rouen*, 1645, *in*-4.

5601. Mem. sur la vie de Pibrac. *Paris*, 1761, *in*-12, *v. fil.*

5602. Éloge de Marc-Ant. Muret, et de J. Dorat, par Vitrac. *Limoges*, 1774, 2 *vol. in*-8.

5603. A. Gislenii Busbequii omnia quæ extant. *Amst.* Elzevir, 1660, *in*-24.

5604. Lettres du même, trad. par de Foy. *Paris*, 1748, 3 *vol. in*-12.

5605. Journal des choses mémorables advenues durant tout le regne de Henri III, 1621, — Procès-verbal de Nic. Poulain conten. l'hist. de la ligue depuis 1585 jusqu'en 1588, *in*-8.

5606. Recueil de Mém. et Instruc. servans à l'hist. de France, depuis 1586 jusqu'en 1591. *Paris*, 1626, *in*-4.

5607. Discours politiq. et militair. de Fr. de la Noue, dit Bras-de-Fer. *in*-8.

5608. Vie du même par Moyse Amirault. *Leyde*, 1661, *in*-4.

5609. Éloge d'Arm. Gontaud, Baron de Biron, Maréchal de France, par Duvigneau. *Bordeaux*, 1786, 2 *vol. in*-8, *br.*

5610. Satyre Ménippée, *Ratisb.* 1714, 3 *vol. in*-8, *fig.*

5611. Mém. de Louis de Gonzague, Duc de Nevers, sous Charles IX, Henri III. et Henri IV. *Paris*, 1665, 2 *vol. in-fol.*

5612. Vie de P. Pithou, par Grosley. *Paris*, 1756, 2 *vol. in*-12.

5613. Éloge du même, par Briquet de Lavaux. *Paris*, 1778, — Éloge de Louis XII, par Cordier de Saint-Firmin. *Paris*, 1778, *in*-8.

5614. Hist. de Matignon, depuis 1522 jusqu'en 1597, par de Cailliere. *Paris*, 1661, *in-fol.*

5615. Mém. de Bellievre et de Silleri, conten. un Journal de la négociation de la paix, traitée à Vervins en 1598. *la Haye*, 1696, 2 *vol. in*-12, *v. fil.*

5616. Mém. et négociat. de la paix de Vervins, en 1598. *Paris*, 1700, 2 *vol. in*-12.

5617. Lettres de Bongars, depuis 1589 jusqu'en 1598, trad. en franç. *Paris*, 1681, 2 *vol. in*-12.

5618. Mém. de la Ligue, avec des notes par Goujet. *Paris*, 1758, 6 *vol. in*-4, *v. fil.*

5619. Histoire des derniers troubles de la France sous Henry III et Henry IV, par P. Mathieu, 1601, *in*-8.

5620. Hist. des guerres civiles de France, depuis 1559 jusqu'en 1597, par Henri Catherine Davila, trad. en français, 2 *vol. in-fol.* Manusc.

5621. La même, trad. par M. (Mallet). *Paris*, 1757, 3 *vol. in*-4, gr. pap. *v. d. s. tr.*

5622. Esprit de la Ligue, par Anquetil. *Paris*, 1771, 3 *vol. in*-12.

5623. Mém. d'État sous Henry III et IV, par Hurault de Chiverny. *Paris*, 1664, 2 *vol. in*-12.

5624. Hist. Univers. de d'Aubigné, depuis 1550 jusqu'en 1601. *Maillé*, 1616, 3 tom. 2 *vol. in-fol.*

5625. Histoire des troubles survenus en France et pays circonvoisins depuis 1562 jusqu'en 1602, par de Villegomblain. *in*-8.

5626 Hist. Univers. de Jaq. Auguste de Thou, depuis 1543 jusqu'en 1607, trad. par Desfontaines. *Paris*, 1734, 16 *vol. in*-4.

5627. Abr. de la même, par. Remond de St Albine. *Paris*, 1759, 10 *vol. in*-12.

5628. Lettres du Cardinal d'Ossat depuis 1584 jusqu'en

1603, avec des notes par Amelot de la Houssaye, *Amst.* 1708, 5 *vol. in*-12.

5629. Vie du même. *Paris*, 1771, 2 *vol. in*-8.

5630. Mém. d'État par de Villeroy, sous Charles IX, jusqu'à Louis XIII. *Trev.* 1723, 7 *vol. in*-12.

5631. Mém. ou économies de Henry le Grand, par Màxim. de Bethune, Duc de Sully. *Trev.* 1725, 12 *vol. in*-12.

5632. Les mêmes, par Baudeau. *Paris*, 1775, 2 *vol. in*-8.

5633. Les mêmes mis en ordre avec des remarq. par de l'Ecluse. *Paris*, 1767, 8 *vol. in*-12.

5634. Vie et gestes de Henry le Grand, par Bapt. le Grain. *Paris*, 1614, *in-fol.*

5635. Hist. du même, par Hardouin de Péréfixe. *Paris*, 1749, *in*-12.

5636. Eloges du même, par Gaillard, de la Harpe et autres; Panégyrique de S. Louis, par le Couturier. *Paris*, 1769, 2 *vol. in*-8. et *in*-12.

5637. Esprit du même. *Paris*, 1770, *in*-8.

5638. Journal de Henry III et d'Henry IV, par P. de l'Estoile avec des notes par Lenglet du Fresnoy. *Paris*, 1741, 9 *vol. in*-8. *fig. v. fil.*

Regne de Louis XIII.

5639. Ambassades de la Boderie en Angleterre, depuis 1606 jusqu'en 1611. *Paris*, 1750, 5 *vol. in*-12.

5640. Procès criminels de Henri, Duc de Montmorency, de Marillac, de Cinq Mars et de Thou. *in*-12.

5641. Recueil de ce qui s'est passé en l'assemblée des Etats de 1614, par Florim. Rapine. *Paris*, 1651, *in*-4.

5642. Vie de Louis Balbe Berton de Crillon, par Melle de Lussan, et observ. sur cette vie. *Paris*, 1757, 3 *vol. in*-12.

5643. Mém. de Marguerite de Valois, et la fortune de la Cour. *La Haye*, 1715, *in*-8.

5644. Hist. de la même, par A. Mongez. *Par.* 1777, *in*-8.

5645. Recueil de pièces concern. l'hist. de Louis XIII, depuis 1610 jusqu'en 1617. *Paris*, 1716, 4 *vol. in*-12.

5646. Vie du Card. du Perron, par de Burigny. *Paris*, 1768, *in*-12.

5647. Hist. de la mère et du fils, Marie de Médicis et Louis XIII, depuis 1600 jusqu'en 1619, par Fr. Eudes de Mezeray. *Trev.* 1731, 2 *vol. in*-12.

5648. Mém. concern. les affaires de France sous la régence de Marie de Médicis, depuis 1610 jusqu'en 1620. *La Haye*, 1720, 2 *vol. in*-12.

5649. Négociation commencée avec Marie de Médicis en 1610, par le Comte de Bethune, continuée avec le Cardinal de la Rochefoucault. *Paris*, 1673, *in-fol.*

5650. Hist. des troubles du Béarn au sujet de la Religion dans le XVII siècle, par le P. Mirasson. *Paris*, 1768, *in*-12.

5651. Hist. de France, depuis François I. jusqu'à Louis XIII, par P. Matthieu. *Paris*, 1631, 2 *vol. in-fol.*

5652. Négociations du Présid. Jeannin, depuis 1607 jusqu'en 1623. *Paris*, 1656, *in-fol.*

5653. Vie et mém. de Phil. de Mornay, Sgr. du Plessis-Marli, depuis 1572 jusqu'en 1623. *La Forest*, 1624 *et suiv.* 5 *vol. in*-4, *v. fil.*

5654. Hist. de Henry de la Tour d'Auvergne, Duc de Bouillon, par Marsollier. *Paris*, 1719, *in*-4, *v. fil.*

5655. Hist. du Connétable de Lesdiguières. *Paris*, 1638, *in-fol.*

5656. Mém. de Bois d'Annemets, favori du Duc d'Orléans. *Leyde*, 1670, *in*-12, *v. fil.*

5657. Pièces du procès de Henry de Tallerand, Comte de Chalais. *Paris*, 1781, *in*-12.

5658. Mémoires du Duc de Rohan, depuis 1610 jusqu'en 1629. *Amst.* 1646, *in*-12. *mar.*

5659. Les mêmes. *Paris*, 1756, 2 *vol. in*-12.

5660. Vie du Card. de Berulle, par Goujet. *Paris*, 1764, *in*-12.

5661. Avantures du Baron de Fœneste, par Théod. Agrippa d'Aubigné. *au Désert.* 1640, *in*-8.

5662. Les mêmes. *Paris*, 1731, 2 *vol. in*-12.

5663. Mém. de la Vie de Théod. Agrippa d'Aubigné. *Amst.* 1731, 2 *vol.* 12.

5664. Mém. du Marq. de Bassompierre. *Rouen*, 1703, 2 *vol. in*-12.

5665. Hist. du ministère du Cardinal de Richelieu sous Louis XIII, depuis 1624 jusqu'en 1633. 1649, *in-fol.*

5666. Lettres et négociations du Marq. de Feuquieres, en 1633 et 1634. *Paris*, 1753, 3 *vol. in*-12.

5667. Hist. des Diables de Loudun, et de la condamnation d'Urbain Grandier. *Rouen*, 1740, *in*-12.

5668. Mém. des Ducs d'Angoulême, Etrées, Deageant et Orléans, depuis 1589 jusqu'en 1635. *Paris*, 1756, 4 *vol. in*-12.

5669. Hist. du Mar. de Toiras, par Mich. Baudier. *Paris*, 1644, *in-fol.*

5670. Vie du P. Joseph, Capucin. *Paris*, 1750, 2 *vol. in*-12.

5671. Mém. et lettres de Henri, Duc de Rohan, sur la guerre de la Valteline, par Zur-Lauben. *Paris*, 1758, 3 *vol. in*-12.

5672. Remarq. d'histoire sur ce qui s'est passé depuis 1610, jusqu'en 1639, par de Saint-Lazare. *Paris*, 1639, *in*-8.

5673. Mém. de Louis de Nogaret, Card. de la Valette, depuis 1635 jusqu'en 1639. *Paris*, 1772, 2 *vol. in*-12.

5674. Mém. secrets tirés des archives des Souverains de l'Europe, depuis 1601, par Vittorio Siri, trad. par Requier. *Paris*, 1765, *et suiv.* 36 part. 18 *vol. in*-12.

5675. Mém. de Montrésor. *Paris*, 1663, 2 *vol. in*-12.

5676. Mém. du Marq. de Feuquieres, depuis 1632 jusqu'en 1640. *Paris*, 1736, *in*-4, *fig.*

5677. Les mêmes. *Paris*, 1750, 4 *vol. in*-12.

5678. Éloges de Sully, par Thomas, Couasnier Deslandes, de Bury, Melle Mazarelly. *Paris*, 1763, *in*-8.

5679. Mém. de Montchal, Arch. de Toulouse, contenant des particularités de la vie du Cardinal de Richelieu. *Rouen*, 1734, 2 *vol. in*-12.

5680. Hist. de la Vie du Duc d'Epernon, par Girard. *Paris*, 1673, 3 *vol. in*-12.

5681. Vie de Marie de Médicis. *Paris*, 1774, 3 *vol. in*-8.

5682. Vie du Card. de Richelieu, par le Clerc. *Paris*, 1714, 5 *vol. in*-12.

5683. Testam. politiq. du même, et lettre sur ce testam. par de Foncemagne. *Paris*, 1764, 3 *vol. in*-8. et *in*-12.

5684. Hist. de Louis XIII, par Mich. le Vassor. *Trev.* 1757, 7 *vol. in*-4.

5685. Recueil de pièces concern. le regne de Henri IV et de Louis XIII. 3 *vol. in*-8.

5686. Recueil de pièces concern. le regne de Louis XIII. 22 *vol. in*-8.

Règne de Louis XIV.

5687. Hist. du Mar. de Guesbriant, par J. le Laboureur. *Paris*, 1657, *in-fol.*

5688. Chronologie septenaire, et Mercure François, par Edm. Richer. *Paris*, 1605, et *suiv.* 26 *vol. in*-8. manq. tom. 3.

5689. Hist. du traité de Westphalie, par le P. Bougeant. *Paris*, 1744, 3 *vol. in*-4.

5690. La même. *Paris*, 1751, 6 *vol. in*-12.

5691. Adami Adami relatio de pacificatione Osnabrugo Monasteriensi, accurante J. Godofr. de Meiern. *Lips.* 1737, *in*-4.

5692. Mém. du Duc Henri de Guise, conten. son entreprise sur le Royaume de Naples, jusqu'à sa prison, par de Saint-Yon. *Paris*, 1668, *in*-4.

5693 Les mêmes. *Cologne*, 1668, 2 tom. 1 *vol. in*-12, *v. d. s. tr.*

5694. Hist. de P. de Montmaur, par Sallengre. *La Haye*, 1715, 2 *vol. in*-8, *v. fil.*

5695. Hist. de Tancrede de Rohan et autres pièces concern. l'hist. de France et Romaine. *Liege*, 1767, *in*-12.

5696. Mém. de Claude de Letouf, Baron de Sirot, depuis 1615 jusqu'en 1650. *Paris*, 1683, 2 tom. 1 *vol. in*-12.

5697. Mém. de Pierre Lenet, conten. l'hist. des guerres civiles de 1649 et suiv. *Paris*, 1729, 2 *vol. in*-12, *v. fil.*

5698. Mém. de la Rochefoucault et de la Châtre. *Paris*, 1677, *in*-12.

5699. Mém. de Retz, Joly et Nemours. *Paris*, 1751, 7 *vol. in*-12.

5700. Mém. de Joly. *Rouen*, 1718, 2 *tom.* 1 *vol. in*-12.

5701. Mém. de Pontis, sous Henri IV, Louis XIII, et Louis XIV donnés par Th. des Fossés. *Paris*, 1715, 2 *vol. in*-12.

5702. Mém. d'Omer Talon. *Rouen*, 1732, 8 *vol. in*-12.

5703. Mercure de Vittorio Siri, trad. par Requier. *Paris*, 1756, 3 *vol. in*-4.

5704. Mém. de Michel de Marolles, depuis 1600 jusqu'en 1655, avec des notes par Goujet. *Paris*, 1755, 3 *vol. in*-12.

5705. Éloge de Mathieu Molé, par Henrion de Pancé. *Paris*, 1775, *in*-8. pap. d'Holl. *br.*

5706. Vie de Jér. Bignon, par Perau. *Paris*, 1757, *in*-12, *v. fil.*

5707. Lettres du Cardinal Mazarin pour la négociation de la paix des Pyrénées. *Paris*, 1745, 2 *vol. in*-12.

5708. Hist. des négociations et du traité de paix des Pyrénées, par Luc Denans de Courchet. *Paris*, 1750, 2 *vol. in*-12.

5709. Mém. de Jacques de Chastenet de Puységur depuis 1617 jusqu'en 1658, et ses instructions militaires. *Paris*, 1747, 2 *vol. in*-12.

5710. Mém. de François de Paule de Clermont, Marq. de Montglat, depuis 1635 jusqu'en 1660. *Rouen*, 1727, 4 *vol. in*-12.

5711. Mém. du Marq. de Chouppes sous Louis XIII et Louis XIV. *Paris*, 1753, *in*-12, *mar.*

5712. Mém. de Terlon, depuis 1656 jusqu'en 1661. *Paris*, 1681, 2 *vol. in*-12, *v. fil.*

5713. Recueil de diverses pièces curieuses pour servir à l'hist. *Cologne*, 1664, —Hist. des amours d'Henry IV, avec diverses lettres écrites à ses maitresses. *Leyde*, 1663, *in*-12.

5714. Vie du Maréchal Fabert, par Barre. *Paris*, 1752, 2 *vol. in*-12, *mar.*

5715. Hist. des démêlés de la Cour de France avec la Cour de Rome, au sujet de l'affaire des Corses. *Paris*, 1707, *in*-4.

5716. Mém. de Bordeaux, sous Louis XIV (avec les bons et mauvais cartons). *Trev.* 1758, 4 *vol. in*-12.

5717. Recueil hist. conten. diverses pièces curieuses de ce tems. *Cologne*, 1666, *in*-12.

5718. Mém. de Roger de Rabutin, Comte de Bussy, depuis 1636 jusqu'à 1666. *Amst.* 1721, 2 *vol. in*-12,

5719. Mém. pour servir à l'hist. d'Anne d'Autriche, par Mlle de Motteville. *Amst.* 1739, 6 *vol. in*-12.

5720. Mém. de la Porte, Valet-de-chambre de Louis XIV, par Gatien de Courtilz. *Trev.* 1756, *in*-12.

5721. Mém. de la Vie et des avantures de Nic. Gargot, Capitaine de Marine, depuis 1636 jusqu'en 1667. *in*-4.

5722. Lettres, Mém. et négociations du Comte d'Estrades, Ambassadeur plénipotentiaire à la paix de Nimegue. *Londres*, 1743, 9 *vol. in*-12, *v. fil.*

5723. Hist. de Madame Henriette d'Angleterre, par Marie de la Vergne, Comtesse de la Fayette. *Paris*, 1742, *in*-12.

5724. Mém. de Henri Charles de la Tremouille, Prince de Tarente. *Liege*, 1767, *in*-12, *br.*

5725. Mém. du Maréch. de Grammont. *Paris*, 1716, 2 *vol. in*-12.

5726. Lettres choisies de Guy-Patin. *Rouen*, 1715, 3 *vol. in*-12.

5727. Mém. de d'Artagnan. *Cologne*, 1700, 3 *vol. in*-12.

5728. Campagne du Grand Condé en Flandres en 1674, par Carlet de la Roziere. *Paris*, 1765, *in*-12, *Cartes.*

5729. Mém. de l'Abbé Arnauld, depuis 1634 jusqu'à 1675. *Paris*, 1756, 3 *tom.* 2 *vol. in*-8.

5730. Hist. de Turenne, par Ramsay. *Paris*, 1773, 4 *vol. in*-12, *fig.*

5731. Hist. de Turenne, par Raguenet. *Paris*, 1759, 2 *tom.* 1 *vol. in*-12.

5732. Campagne du Maréchal de Créqui en 1677. *Lunéville*, 1761, *in*-12, *v. fil.*

5733. Hist. du traité de paix de Nimegue. *Paris*, 1754, 2 *vol. in*-12.

5734. Hist. de Louis XIV depuis 1661 jusqu'à 1678, par Paul Pellisson, donnée par le Mascrier. *Paris*, 1747, 3 *vol. in*-12.

5735. Mém. de Gaspard, Comte de Chavagnac. *Besançon*, 1699, 2 *vol. in*-12, *v. fil.*

5736. Mém. de la Marquise de Fresne. *Paris*, 1734, *in*-12, *fig.*

5737. Lettres de la Comtesse de L** au Comte de R**, depuis 1674 jusqu'à 1680. *Paris*, 1785, *in*-12.

5738. Lettres de la Marq. de Villars, depuis 1679 jusqu'en 1681. *Paris*, 1759, — Avant. de Victoire Pointy. *Paris*, 1758, *in*-12.

5739. Mém. du Comte de Brienne, depuis 1614 jusqu'en 1661. *Amst.* 1719, 3 *vol. in*-8.

5740. Éloges de J. B. Colbert, par Necker, Costar et P***, avec un tableau et un examen de son ministère. *Paris*, 1773, et *suiv. in*-8.

5741. Mém. de Ch. Perrault. *Par.* 1759, *in*-12.

5742. Mém. de Navailles et de la Valette. *Par.* 1701, *in*-12.

5743. Négociations du Comte d'Avaux en Hollande, depuis 1679 jusqu'en 1684, *Par.* 1752, 6 *vol. in*-12.

5744. Mém. d'Anne de Gonzague, Princesse Palatine. *Par.* 1786, *in*-8, *br.*

5745. Mém. pour servir à l'hist. de Louis de Bourbon, Prince de Condé. *Cologne*, 1693, 2 *vol. in*-12.

5746. Histoire du même, depuis 1640 jusqu'en 1686, par Coste. *La Haye*, 1748, *in*-4.

5747. Hist. du même, par Désormeaux. *Par.* 1766, 4 *vol. in*-12, *fig. v. fil.*

5748. Vie du même, par Turpin. *Par.* 1767, 2 *vol. in*-12.

5749. Mém. du Comte de Grammont, par Ant. Hamilton. *Par.* 1741, *in*-12.

5750. Mém. de Mademoiselle de Montpensier. *Trev.* 1746, 8 *vol. in*-12.

5751. Esprit de la Fronde, par Mailly. *Par.* 1772, 5 *vol. in*-12.

5752. Intrigue du Cabinet sous Henri IV, Louis XIII et Louis XIV, par Anquetil. *Par.* 1780, 4 *vol. in*-12.

5753. Éloge d'Abrah. Duquesne. *Par.* 1766, *in*-8, *br.*

5754. Lettres hist. de Paul Pellisson. *Par.* 1729, 3 *vol. in*-12.

5755. Mém. de Bregy, pour servir à l'hist. du XVIIe. siècle. *Par.* 1760, 3 *vol. in*-8.

5756. Lettres de Madame de Sévigné à Madame de Grignan sa fille, depuis 1670 jusqu'en 1690. *Par.* 1754, 8 *vol. in*-12, pap. double. *v. fil.*

5757. Recueil de lettres choisies de la même *Par.* 1751, *in*-12.

5758. Lettres nouv. de la même et de la Marq. de Simiane, sa petite fille, *Par.* 1773, *in*-12.

5759. Lettres de la même au Comte de Bussy-Rabutin. *Par.* 1775, *in*-12.

5760. Sevigniana. *Par.* 1756. — Lettre de Madame de Sévigné à M. de Pomponne. *Par.* 1756, *in*-12.

5761. Éloges de Ch. de Sainte-Maure, Duc de Montausier, par Garat et la Cretelle, *in*-8. *br.*

5762. Recueil des testam. politiq. du Card. de Richelieu, du Duc de Lorraine, de Colbert et de Louvois. *Par.* 1749, 4 *vol. in*-12.

5763. Lettres de Roger de Rabutin, Comte de Bussy. *Par.* 1727, 7 *vol. in*-12.

5764. Hist. amoureuse des Gaules, par le même. *Par.* 1755, 5 *vol. in*-12.

5765. Mém. pour servir à l'hist. du Mar. de Luxembourg, depuis 1628 jusqu'en 1695. *La Haye*, 1758, *in*-4.

5766. Mém. et réflexions sur les princip. événem. du regne de Louis XIV, par La Fare. *Par.* 1749, *in*-12.

5767. Mém. de Gourville, depuis 1642 jusqu'en 1698. *Par.* 1782, 2 *vol. in*-12.

5768. Annales de la Cour et de la ville, pour les années 1697 et 1698, par Gatien de Courtils. *Rouen*, 1703, 2 tom. 1 *vol. in*-12.

5769. Mém. et négociations de Ferdin. Bonaventure, Comte d'Harrach, dans diverses Cours de l'Europe, depuis la paix de Ryswick, par la Torre. *La Haye*, 1735, 2 *vol. in*-12.

5770. Oraison funèbre de Madame Tiquet. *Cologne*, 1699, *in*-12. *br.*

5771. Hist. de Madame de la Charce, sous le regne de Louis XIV. *Par.* 1731, *in*-12.

5772. Mém. du Maréchal de Tourville, par Margon. *Trev.* 1758, 3 *vol. in*-12.

5773. Théâtre de la guerre en Italie, depuis 1701 jusqu'en 1702, par J.-B. Nolin. *Paris*, *in* 4, *br.*

5774. Vie de Bossuet, par de Burigny. *Par.* 1761, *in* 12, *v. fil.*

5775. Lettres de Ninon de Lenclos au Marq. de Sévigné. *Par.* 1757, 2 *vol. in*-12.

5776. Mém. et lettres pour servir à l'hist. de Ninon de l'Enclos, *Par.* 1751, *in*-12.

5777. Relat. de ce qui est arrivé au Chev. de Feuquerolle à la bataille de Ramilly. *Par.* 1752, *in*-12.

5778. Éloges du Mar. de Vauban, par A. Carnot, A. L. d'Antilly, et lettres par la Clos et de Lerse. *Par.* 1788, 2 *vol. in*-8.

5779. Mém. de Forbin, depuis 1675 jusqu'en 1709, *Par.* 1730, 2 *vol. in*-12, *v. d. s. t.*

5780. Les mêmes. *Par.* 1740, 2 *vol. in*-12. *v. fil.*

5781. Lettres et vie pénitente de Madame La Valliere, *Par.* 1767, *in*-12.

5782. Éloge de Louis Jos. Duc de Vendôme, par de Villeneuve. *Agen*, 1784, *in*-8, *br.*

5783. Vie de Nic. Catinat. *Par.* 1775, *in*-12.

5784. Éloges du même, par de la Harpe, Guibert, d'Espagnac et autres. *Par.* 1775, 3 *vol. in*-8.

5785. Mém. de Torcy, depuis le traité de Riswick, jusqu'à la paix d'Utrecht. *Par.* 1757, 3 *vol. in*-12.

5786. Actes, mém. et pièces authentiq. concernant la paix d'Utrecht, depuis 1706. *Rouen*, 1713, 3 *vol. in*-12.

5787. Journal de la Cour de Louis XIV, depuis 1684, jusqu'à 1715. 1770, *in*-8. *br.*

5788. Mém. et négot. secretes de diverses Cours de l'Europe, depuis 1699 jusqu'en 1715, par de Latorre. *La Haye*, 1721, 5 *vol. in*-12.

5789. Mém. de St-Hilaire, depuis 1661 jusqu'en 1715. *Par.* 1766, 4 *vol. in*-12.

5790. Eloges de Fénélon, par la Harpe et Maury, et observations d'un théologien sur l'éloge par de la Harpe. *Par.* 1771, *in*-8. *br.*

5791. Mém. de Duguay-Trouin. *Par.* 1740. *in*-4. *fig.*

5792. Vie et Lettres de Madame de Maintenon *Par.* 1754, 3 *vol. in*-12.

5793. Lettres et mém. de la même, recueillies par Angliv. de la Beaumelle. *Amst.* 1755, 15 *vol. in*-12.

5794. Maintenoniana. 1773, *in*-8.

5795. Souvenirs de Madame de Caylus. *Amst.* 1770 *in*-12, *v. fil.*

5796. Les mêmes, avec des additions manuscrites. *Genève*, 1770, *in*-8.

5797. Mém. pour servir à l'hist. de Louis XIV, par Choisy. *Trév.* 1727, 2 *vol. in*-12, *v. fil.*

5798. Hist. du règne de Louis XIV, par Reboullet. *Avign.* 1746, 9 *vol. in*-12.

5799. Louis XIV, sa Cour et le Regent, par Anquetil. *Par.* 1789, 4 *vol. in*-12.

5800. Lettres de Louis XIV, recueillies par Rose, avec des remarq. par Morelly. *Francf.* 1755, 2 *vol. in*-12.

5801. Recueil de Lettres pour servir d'éclaircissem. à l'Hist. milit. du règne de Louis XIV, par P. Henri Griffet. *Par.* 1760, 6 *vol. in*-12, *v. d. s. tr.*

Règne de Louis XV.

5802. Lettres de Du Noyers. *Trévoux*, 1757, 9. *v. in*-12.

5803. Mém. de la Colonie, depuis 1692 jusqu'en 1717. *Par.* 1737, 2 *vol. in*-12.

5804. Mém. du Marquis de Langallery. *Trev.* 1743, *in*-12.

5805. Mém. de St-Simon. *Paris*, 1788, 7 *vol. in*-8.

5806. Hist. des Négociations pour les paix de Nimegue, de Riswick, d'Utrecht, de Cambray, de Belgrade, Manuscrite, 14 *vol. in*-4.

5807. Mémoires manuscrits, concernant l'hist. de la Régence de Louis XV, 7 *vol. in*-4.

5808. Mém. de la Régence. *Par.* 1749, 5 *vol. in*-12.

5809. Mém. de Ravannes. *Liege*, 1740, 2 *vol. in*-12.

5810. Fragmens de Lettres originales de Charlotte-Élisab. de Baviere, veuve de Mr., frère unique de Louis XIV, depuis 1715 jusqu'à 1720. *Par.* 1788, 2 *tom.*, 1 *vol. in*-12.

5811. Vie de Philippe d'Orléans, Régent. *Trév.* 1736, 2 *vol. in*-12.

5812. Avantures de Pomponius. 1728, *in*-12.

5813. Vie de Choisy. *Par.* 1748, *in*-8.

5814. Recueil de différentes choses, par de Lassay. *Par.* 1756, 4 *vol. in*-12.

5815. Mém. de Montgon, depuis 1725 jusq. 1731. *Laus.* 1750, 9 *vol. in*-12.

5816. Mém. du Maréchal de Villars, par de la Pause de Margon. *Trév.* 1758, 3 *vol. in*-12.

5817. Vie du même, écrite par lui-même, et donnée au public, par M. Anquetil. *Par.* 1785, 4 *vol. in*-12, cartes.

5818. Lettres de Mademoiselle Aissé, anecdotes depuis 1726 jusq. 1733. *Par.* 1787, *in*-12, *br.*

5819. Mém. du Mar. de Berwick, depuis 1684 jusqu'en 1721. *Par.* 1778, 2 *vol. in*-12.

5820. Mém. du même, depuis 1685 jusqu'en 1734, par Plantard de la Pause de Margon. *Trév.* 1739, 2 *vol. in*-12.

5821. Mém. sur la vie et les ouvr. de Lenglet-Dufresnoy. *Par.* 1761. — Éloge de J. Gonthier d'Andernach, par Louis-Ant. Prosper Hérissant. *Par.* 1765, *in*-12.

5822. Mém. de Mad. de Staal. *Par.* 1755, 4 *vol. in*-12, *v. f. fil.*

5823. Hist. de la guerre présente, par Massuet. *Amst.* 1735, 2 *vol. in-12, fig.*

5824. Hist. de la Comtesse des Barres, par l'Abbé de Choisy. *Par.* 1736, *in-12.*

5825. Lettres de la Riviere, données par Michault. *Par.* 1751, 2 *vol. in-12.*

5826. Hist. du Card. Polignac, par Chrysost. Faucher. *Par.* 1777, 2 *vol. in-12.*

5827. Hist. de la guerre de 1741, par Voltaire. *Par.* 1755, *in-12.*

5828. Lettres et négociations de Van Hoey, Ambassad. à la Cour de France. *Par.* 1743, *in-12.*

5829. Campagne du Mar. de Noailles, en Allemagne, en 1743. *Amst.* 1760, 2 *vol. in-12, v. f. fil.*

5830. Campagne du Mar. de Coigny, en Allemagne, en 1743. *Amst.* 1761, 3 *vol. in-12.*

5831. Mém. de M. de Lage de Cueilly, contenant son journal de la campagne navale de 1744. *Par.* 1746, *in-12.*

5832. Hist. de la guerre des Alpes de 1744, et Hist. de Coni, depuis 1120 jusqu'à présent, par le Marq. de St-Simon. *Amst.* 1770, *in-4, fig.*

5833. Mém. pour servir à l'hist. des années 1744 et 1745. *Berlin*, 1746. — Motifs apparens ou réels de la guerre présente. *Amst.* 1746, 2 *vol. in-12, br.*

5834. Hist. des campagnes de Maillebois, en Italie, pendant 1745 et 1746, avec les cartes, par de Pezay. *Par. impr. roy.* 1775, 4 *vol. in-fol.* et *in-4, v. d. s. tr.*

5835. Mém. sur les campagnes d'Italie, de 1745 et 1746. *Amst.* 1777, *in-12.*

5836. Mém. de Varack, depuis 1700 jusq. 18 Oct. 1748. *Amst.* 1751, 2 *vol. in-12.*

5837. Recueil de pièces relatives à la paix d'Aix-la-Chapelle de 1748, et à celle de Dresde de 1745. *Londres*, 1753, *in-8. br.*

5838. Hist polit. du siecle, depuis 1648 jusqu'en 1748, par Maubert. *Genève*, 1755, 2 *vol. in-12, v. fil.*

5839. Hist. de Maurice, Comte de Saxe, 1755, 2 *v. in-12.*

5840. Hist. du même, par d'Espagnac. *Par.* 1775, 3 *vol. in*-4, gr. pap. *fig.*

5841. L'ombre du Grand Colbert, le Louvre et la Ville de Paris, dialogue. *Par.* 1752, *in*-12.

5842. Le Parnasse, ou essais sur les campagnes du Roi, poëme, par de Caux. *Par.* 1752, *in*-12.

5843. L'Observateur Hollandois, par M. Moreau. *Par.* 1755, 5 *vol. in*-12.

5844. Mém. d'Adrien Maurice, Duc de Noailles, depuis 1682 jusqu'à 1755, donnés par Millot. *Par.* 1777, 6 *vol. in*-12.

5845. Hist. et testament de Mandrin. *Par.* 1755, *in*-12.

5846. Procès de Rob.-Fr. Damiens. *Par.* 1757, *in*-4, gr. p.

5847. Mém. pour servir à l'hist. du tems. *Francf.* 1757, *in*-12.

5848. Vie de Lautour du Châtel, par l'Autour. *Par.* 1758, *in*-12, *br.*

5849. Recueil de Pièces et Mém. polit. concern. la guerre entre l'Angleterre et la France, depuis 1756 jusq. 1758, 10 *vol. in*-4 et *in*-12.

5850. La dernière guerre des bêtes. *Lond.* 1758, *in*-12, *v. f. fil.*

5851. Poëmes sur des sujets pris de l'hist. de notre tems. *Liége*, 1758, *in*-12.

5852. Correspondance de Montalembert pendant les campagnes de 1757 à 1761. *Genève*, 1777, 2 *vol. in*-8.

5853. Vie, Codicile, Testament, et Lettres au Mar. de Contades, par le Mar. de Belle-Isle. *La Haye*, 1762, 3 *vol. in*-12.

5854. Mém. hist. sur la négociation de la France et de l'Angleterre. *Par.* 1761, *in*-8.

5855 Examen de la négociation de 1761 entre l'Angleterre et la France, en anglais; *in*-8, *br.*

5856. History of the origin and progress of the late wars. from 1754 to 1763. *Lond.* 1764, 2 *vol. in*-8.

5857. Hist. de la guerre de 1756 à 1763. *Par.* 1769, *in*-12.

5858. Lettres, mém. et négociations particulières du Chevalier Déon, pendant l'année 1763. *Brux.* 1764, *in*-8.

5859. Correspondance particulière du Comte de Saint-Germain, avec Paris du Verney, depuis 1747 jusqu'en 1764. *Par.* 1789, 2 *vol. in-8.*

5860. Mém. pour l'histoire de Louis, Dauphin de France, par le P. Griffet. *Par.* 1777, 2 *vol. in-12.*

5861. Eloge d'Ambroise Bertrandi, par Louis. *Par.* 1767, *in-8*, br.

5862. Vie de Marie Leczinska, Reine de France, par Aublel de Maubuy. *Par.* 1773. — Voyage de Mesdames à Plombières, *Par.* 1762, 2 *vol. in-8*, *br.*

5863. Éloge hist. de Chevert. *Par.* 1769, *in-12.*

5864. Éloge de Jos. Balthazar Gibert, *in-12*, *br.*

5865. Le Café politique d'Amsterdam. *Amst.* 1776, 2 *vol. in-8*, *v. éc. d. s. tr.*

5866. Éloge de Helvétius, *in-12*, *br.*

5867. Lettres de Mad. de Bellegarde, au Mar. de Biron, sur le Conseil de guerre tenu aux Invalides, en 1773, *in-12*, *broc.*

5868. Éloge de Pierre-Joseph de la Pimpie, Chev. de Solignac, par Ferlet. *Par.* 1774, *in-8*, *br.*

5869. Journal hist. ou fastes du régne de Louis XV. *Par.* 1766, 2 *vol. in-8*, pap. de Holl. *mar.*

5870. Autre, par Ant.-Ét. Nic. des Odoars-Fantin. *Par.* 1788, 2 *vol. in-8.*

5871. Vie privée de Louis XV. *Amst.* 1781, 6 *vol. in-12.*

5872. Mém. secrets, pour servir à l'hist. de Perse. *Amst.* 1745, *in-12.*

5873. Journaux et relat. de différentes batailles sous le régne de Louis XV, *in-4*, *br.*

5874. Mém. secrets sur les regnes de Louis XIV et de Louis XV, par Duclos. *Par.* 1791, 2 *vol. in-8.*

5875. Dialogue entre le siècle de Louis XIV et celui de Louis XV. *Par.* 1751. — Le Cosmopolite, ou les contradictions. 1760, *in-12.*

5876. Précis du siècle de Louis XV, par Voltaire. *Genève*, 1772, *in-12*, *br.*

5877. Lett. sur les hommes celèb. du régne de Louis XV. *Par.* 1752, *in-12.*

Règne de Louis XVI.

5878. Hist. des événemens arrivés en France, depuis Septembre 1770 jusqu'en 1774, *in*-4, manusc.

5879. Journal hist. de la révol. opérée dans la constit. de la monarchie franç. par de Maupeou. *Londres*, 1774, 7 *vol. in*-12.

5880. Recueil de pièces sur cette révolution, *in*-8 et *in*-12.

5881. Correspondance secr. et familière de Maupeou. *Par.* 1773, *in*-12.

5882. Maupœouana. 1775, 5 *vol. in*-12.

5883. Mém. concern. l'administ. des finances, sous le ministère de l'Abbé Terrai et Turgot. *Londres*, 1776, *in*-12.

5884. Correspondance du Duc d'Aiguillon, au sujet de l'affaire du Comte de Guines, et de Tort, depuis 1771 jusq. 1775. *Par.* 1775, *in*-8, *br.*

5885. Vie de Louis XVI, par le Prince de Burliable. *Lond.* 1774, *in*-8, *br.*

5886. Anecdotes du règne de Louis XVI, 1774 à 1776. *Par.* 1776, *in*-12.

5887. Orais. funèb. de Louis-Charles de Bourbon, Comte d'Eu, par de Vauxcelles. *Montpell.* 1776, *in*-8, *br.*

5888. Mém. du Comte de St.-Germain, et Commentaires sur ces mémoires. *Suisse*, 1779 et 1780, 2 *vol. in*-8.

5889. Vie de Mademoiselle Déon de Beaumont, par de la Fortelle. *Par.* 1779, *in*-8, *br.*

5890. Précis de la Campagne de 1779, par M. Dubosq. *Brest*, 1779, *in*-8, *br.*

5891. Lettres Historiq. polit. et crit. sur les événemens qui se sont passés depuis 1778. *Lond.* 1788, 6 *vol. in*-12, *br.*

5892. Vie du Comte de Chabo. *Par.* 1782 *in*-12.

5893. Précis hist. sur le Comte de Vair. *Rennes.* 1782, *in*-8, *br.*

5894. Eloge du Comte de Maurepas, par Condorcet. *Par.* 1782, *in*-8, *br.*

5895. La vérité rendue sensible à Louis XVI. *Genève*, 1782, 2 *tom.* 1 *vol. in*-8.

5896. Éloges de d'Alembert, par Dumas, et Condorcet. *Par.* 1784—Pensées de d'Alembert. *Par.* 1774, —Réflex. sur la théorie de la résistance des fluides, par le même. 3 *vol. in*-8. et *in*-12, *br.*

5897. Vie de Turgot, par Condorcet. *Londres.* 1786, —Œuvres posthumes du même. *Lausanne.* 1787, *in*-8.

5898. Vie de Grosley, par lui-même, continuée par Maydieu. *Par.* 1787, *in*-8.

5899. Éloge de Jean Lévesque de Burigny, par M. Dacier. 1786, *in*-8, *br.*

5900. Éloge de Gaspard le Compasseur de Créqui-Montfort, Marq. de Courtivron, par Condorcet. 1786, *in*-8, *br.*

5901. Éloge de Georges Louis Phelippeaux d'Herbault, Arch. de Bourges, par Blin de Sainmore. *Par.* 1788, *in*-8, *br.*

5902. Éloge hist. de Phil. André Grandidier, par D. Grappin. *Strasb.* 1788, *in*-8, *br.*

5903. Mém. du Mar. de Richelieu. *Par.* 1790, 4 *vol. in*-8.

5904. Hist. singulière de l'Abbé de Buquoit, prisonnier à la bastille. 1788, *in*-8, *br.*

5905. Éloge de Louis Fr. de Paule le Fevre d'Ormesson de Noiseau, par l'Abbé Gaubert. *Par.* 1789, *in*-8, *br.*

5906. Recueil des pièces concern. l'assemblée constituante et autres. 30 *vol. in*-8. et *in*-12, *br.*

5907. Recueil de mémoires présentés et de rapports faits a l'assemblée nationale et aux suivantes, sur différentes parties de l'administration, depuis 1788 jusqu'à 1792. *in*-8, *br.*

5908. Recueil de pièces sur l'administration et projets de réforme, *in*-4. *in*-8. et *in*-12.

Histoire politique de France.

Cérémonial de France.

5909. Cérémonial français, par Théod. et Den. Godefroy. *Par.* 1649, 2 *vol. in-fol.*

5910. Traité hist. et chron. du sacre et couronnem. des Rois et Reines de France, par Menin. *Amst.* 1724, *in-12.*

5911. Cérémonial du sacre des Rois de France. *Par.* 1775, *in-8.*

5912. Essais hist. sur le sacre et couronnem. des Rois de France, les minorités et les régences, *Par.* 1775, —Lettre de Marmontel sur le sacre de Louis XVI. *in-8.*

5913. Le sacre Royal, ou les droits de la Nation Française reconnus et confirmés par cette cérémonie. 1776, *2 vol. in-12, v. fil.*

5914. Sacre de Louis XVI. *Par.* 1775, *in-4. mar.*

Droit français.

5915. Hist. et élémens du Droit Français par Ant. Fr. Jos. Dumées. *Douai*, 1753, *in-12.*

5916. Institution au Droit Français, par Argou. *Par.* 1710, *2 vol. in-12.*

5917. La même, augmentée par Boucher d'Argis. *Par.* 1771, *2 vol. in-12.*

5918. Institution au Droit Français (Manuscr. de la main du Chanc. de Lamoignon.) *2 vol. in-4*,

5919. Traité du Droit Français; Manuscrit avec des notes marginales de la main du P. P. de Lamoignon. *5 vol. in-fol.*

5920. Traité du Droit Français, Manuscrit du Chanc. de Lamoignon. *5 vol. in-fol.*

5921. Analyse hist. des principes du Droit Français. *Par.* 1757, *in-12, v. fil.*

5922. Principes de la jurisprudence française, par Prévot de la Jannès. *Par.* 1780, *2 vol. in-12.*

5923. Collect. de décisions et de notions relatives à la jurisprudence, par Denisart. *Par.* 1754, *6 vol. in-12, v. d. s. tr.*

5924. La même, et Actes de notoriété donnés au Châtelet de Paris. *Paris*, 1768, *4 vol. in-4.*

5925. Traité de procédure civile et criminelle, et notes sur la coutume de Paris. (Manuscrit de la main du Chancel. de Lamoignon). 2 *vol. in-fol.*

5926. Bibliothèque du Droit Français, par Laurent Bouchel, augm. par J. Bechefer. *Par.* 1671, 3 *vol. in-fol.*

5927. Dict. de droit et de pratique, par Cl. Jos. de Ferriere. *Par.* 1771, 2 *vol. in-4.*

5928. Recueil de jurisprudence civile, par Guy du Rousseaud de la Combe, *Par.* 1753, *in-4.*

5929. Glossaire du Droit Français, par Eusebe de Lauriere. *Par.* 1704, 2 *vol. in-4.*

5930. Essai sur les réformes à faire dans notre législation, par Vermeil. *Par.* 1781, *in-12.*

5931. Essai sur les révolutions du Droit Français, par Bernardi. *Par.* 1785, *in-8.*

Droit public de France.

5932. Droit public de France, par Fleury, avec des notes, par J. B. Daragon. *Par.* 1769, 2 *vol. in-12.*

5933. Souveraineté du Roi, par Savaron. *Par.* 1620, *in-8.*

5934. Œuvres de Jacq. Leschassier. *Par.* 1649, *in-4.*

5935. Maximes du Droit public Français, par Monblin. *Amst.* 1775, 2 *vol. in-4.*

5936. Les mêmes, 1775, 6 *vol. in-12.*

5937. Hist. du gouvernem. de la France, par Boulainvilliers, Manuscr. 2 *vol. in-4.*

5938, Mém. et hist. du Gouvernem. de France, par le même. 1727, 4 *vol. in-12.*

5939. Les Origines ou l'ancien gouvernement de la France, de l'Allemagne et de l'Italie, par Buat. *Par.* 1757, 4 *vol. in-12.*

5940. Recueil de pièces manuscrites sur le Droit public de France. *in-4, br.*

5941. La grande Monarchie de France, par Cl. Seyssel, avec la loi Salique. *Par.* 1557, *in-8, v. fil.*

5942. Lettres provinciales sur la Monarchie Française. *Par.* 1772, 2 *vol. in-8*.

5943. De la Monarchie Franc. ou de ses loix, par P. Chabrit. *Bouillon*, 1783, *in-8*.

5944. Exposition et défense de la Constitution Monarchiq. Française, par Moreau. *Par.* 1789, 2 *vol. in-8*.

5945. Traité de la succession à la Couronne de France, par Joachim le Grand. *Par.* 1728, *in-12*.

5946. Traité de la majorité des Rois et des régences du royaume, par Dupuy. *Par.* 1722, 2 *vol. in-8*.

5947. Recueil des États tenus en France, depuis Charles VI. jusqu'à Louis XIII. *Par.* 1651, *in-4*.

Loix et ordonnances des Rois de France.

5948. Leges Francorum Salicæ et Ripuariorum, et formulæ veteres Alsaticæ, opera Jo. Georg. Eccardi. *Francof.* 1720, *in-fol, br.*

5949. Loix des Français, recueillies par de Littleton, et traité sur les coutumes Anglo-Normandes, avec des remarq. par Dav. Houard. *Rouen*, 1766, et *suiv.* 4 *vol. in-4*.

5950. Steph. Baluzii Capitularia Regum Francorum. *Par.* 1677, 2 *vol. in-fol.*

5951. Ordonnances des Rois de France de la troisième race, par de Lauriere, Secousse, Villevault et Brequigny, avec la table chronolog. *Par.* 1723, et *suiv.* 14 *vol, in-fol. v. fil.*

5952. Table chronologiq. et alphab. des capitulaires, et du Recueil des ordonnances des Rois de France. Manuscrit de la main du Chancelier de Lamoignon, en 32 cartons, *in-4*.

5953. Édits et ordonnances des Rois de France, par Ant. Fontanon et Gab. Michel. *Par.* 1600, 3 *vol. in-fol.*

5954. Confér. des ordonnances, par P. Guenois. *Lyon*, 1660, 3 *vol. in-fol.*

5955. Recueil d'édits et d'ordonnances royaux, depuis 1332 jusqu'à 1719, recueillis par P. Neron et Ét. Girard. *Par.* 1720, 2 *vol. in-fol.*

5956. Recueil des édits, par J. Corbin. *Par.* 1623, *in-4.*

5957. Confér. des ordonn. de Louis XIV et de Louis XV, par Phil. Bornier et Guy du Rousseaud de la Combe. *Par.* 1755 *et suiv.* 3 *vol. in-4.*

5958. Code de Louis XV, depuis 1722 jusqu'à 1740. *Par.* 1758 et *suiv.* 12 *vol. in-12.*

5959. Code de Louis XV, et ordonn. sur les substitutions. *Par.* 1741, *in-24.*

5960. Esprit des ordonnances de Louis XV. par Sallé. *Par.* 1752. 3 *vol. in-12, v. d. s. tr.*

5961. Le même. *Par.* 1771, *in-4.*

5962. Calendrier des réglemens, par Vallat-la-Chapelle. *Par.* 1766 et suiv. 4 *vol. in-18.*

5963. Recueil d'édits, ordonn. arrêts, etc. 50 *vol. in-4, en feuilles.*

5964. Autre, rangé par ordre alphabétique. 50 *vol. in-4, en feuilles.*

5965. Table chronologiq. des édits, etc. depuis 1309 jusqu'en 1755. manuscrit *in-fol. mar.*

5966. Recueil d'ouvrages et de mémoires concern. les loix criminelles. *Par.* 1768, *et suiv.* 7 *vol. in-8.*

5967. Réglemens pour l'administration de la justice. *Par.* 1705, *in-12.*

5968. Loix des bâtimens, suiv. la coutume de Paris, par Desgodets, avec des notes par Goupy. *Par.* 1768, *in-8.*

5969. Code civil, d'Avril 1667, *Par.* 1667, *in-18.*

5970. Code civil et criminel. *Par.* 1670 et 1671, 2 *vol. in-24.*

5971. Ordonnances civile, criminelle et pour l'abbréviation de la procédure, et recueil d'ordonnances manuscr. avec des notes de la main du P. P. de Lamoignon. 5 *vol. in-fol.*

5972. Commentaire sur l'ordonnance civile et criminelle, par Jousse. *Par.* 1753, 2 *vol. in-12.*

5973. Procès-verbal des conférences pour l'examen des ordonnances civile et criminelle. *Par.* 1740, *in-4.*

5974. Code Committimus d'Août 1669. *Par.* 1700, *in-24.*

5975. Code du Conseil. *Par.* 1740, *in*-24.

5976. Recueil de réglemens concernant le contrôle des exploits et saisies mobiliaires. *Par.* 1732, *in*-12.

5977. Explication des tarifs du contrôle des actes et de l'insinuation, par Contramont. *Par.* 1780, 2 *vol. in*-8.

5978. Projets de Réglem. sur le contrôle, Manuscrits, *in-fol*, *br.*

5979. Code criminel, d'Août 1670, *Par.* 1738, *in*-24.

5980 Ordonnance criminelle, d'Août 1670, avec des observations marginales; (Manuscrit de la main du Chancel. de Lamoignon) *in*-4.

5981. Code pénal, par Laverdy. *Par.* 1755, *in*-12.

5982. Observations sur les loix criminelles de France, par Boucher d'Argis. *Par.* 1781, *in*-12.

5983. Observ. sur les loix criminelles de France, par Philpin de Piépape. *Par.* 1789, *in*-4.

5984. Conférence de l'ordonnance concernant les donations, par Damours, *Par.* 1753, *in*-8. *v. d. s. tr.*

5985. Code des Eaux et Forets, d'Août 1669. *Par.* 1733, *in*-24.

5986. Le même. *Par.* 1765, *in*-24.

5987. Le même, avec les réglem. rendus en interprétation. *Par.* 1764. *in*-12.

5988. Inst. sur les Eaux et Forêts, par Jacq. Chauffourt. *Par.* 1603, *in*-8.

5989. Recueil d'ouvrages concern. les droits des fermes, manuscrits et imprimés. 18 *vol. in*-4.

5990. Réglemens dépendans des droits confiés à l'administration de la régie générale. *Par.* 1783, *in*-8.

5991. Ordonnance des Gabelles, de Mai 1680. *Par.* 1758, *in*-24.

5992. Recueil de réglem. concern. les Fermes et Gabelles. *Rouen.* 1764. 2 *vol. in*-8.

5993. Code Marchand, de Mars 1673. *Par.* 1762, *in*-24.

5994. Ordonn. de la Marine, d'Août 1681. *Par.* 1720, *in*-24.

5995. Commentaire sur l'ordonnance de la Marine, *Marseille*, 1780, 2 *vol. in*-12.

5996. Us et Coutumes de la mer. *Rouen.* 1671, *in-4.*

5997. Ordonn. et réglem. concern. la Marine. *Par.* 1786, *in-4, br.*

5998. Code matrimonial, par Léridant. *Par.* 1766, *in-12.*

5999. Essai sur la Jurisprudence de la médecine en France, par Verdier. *Par.* 1763, *in-12.*

6000. Code militaire, par Briquet. *Par.* 1727, 3 *vol. in-12, mar.*

6001. Code Municipal. *Par.* 1761, *in-12, mar.*

6002. Abr. chron. d'édits, etc. concern. la Noblesse, par L. N. Cherin. *Par.* 1788, *in-12.*

6003. Code de la Police, par Duchesne. *Par.* 1767, 2 *vol. in-12.*

6004. Code des prises. *Par.* 1784, 2 *vol. in-4.*

6005. Traité sur les prises maritimes. *Par.* 1758, 2 *tom.* 1 *vol. in-12.*

6006. Code des tailles. *Par.* 1761, 3 *vol. in-12, mar.*

6007. Mém. sur les tarifs des droits de traite. *Par.* 1762, 2 *vol. in-8.*

6008. Hist. du tarif de 1664, et de la Compagnie des Indes, par du Fresne de Francheville. *Par.* 1746, 3 *vol. in-4, v. d. s. tr.*

Traités concernant les Finances, le Commerce et la Marine de France.

6009. Recherches sur les Finances de France, depuis 1595 jusqu'à 1721, par Forbonnais. *Genève*, 1758, 2 *vol. in-4, v. fil.*

6010. Mém. de Desmarets sur l'administr. des Finances, depuis 1708 jusqu'en 1715. *in-8.*

6011. Recueil de pièces manuscrites sur les Finances : savoir, Mém. de Law, pour l'établissement d'une banque royale — Mém. sur le système — Instr. sur les Finances, données au Roi par le Duc d'Orléans, en 1722, — Mém. sur le commerce des bleds par un Intendant. — Mém. sur les droits des fermes, par le pere du Chancelier d'Aguesseau. — Tarif des droits du Royaume, avec des notes manuscrites de M. de Malesherbes. 6 *vol. in-fol.* et *in-4*.

6012. De l'administration des Finances de France, par Necker. *Genève*. 1784, 3 *vol. in-8*, gr. pap.

6013. Vues sur l'administr. des Finances de France, par de Lubersac, *Paris*, 1787, *in-4*, *br.*

6014. La Dixme royale, 1764. Considérat. sur le gouvernem. ancien et présent de la France, par d'Argenson. *Amst.* 1765, —Lettre sur la monnoie fictive, sur son usage dans le commerce, par Jérôme Belloni, 1765, —Idées sur la nécessité de rendre la liberté au commerce. *Lyon*, 1762, *in-8*.

6015. Réflexions sur le traité de la Dixme roy. de Vauban. 1726, *in-12*.

6016. Hist. de Messieurs Paris. *Par.* 1776, *in-8*.

6017. Opuscules de M. Turgot; lettres sur les grains; le conciliateur; réflex. sur la formation et la distribution des richesses. 1788, *in-8*.

6018. Vie du même, par Dupont. *Par.* 1782, *in-8*

6019. Administ. provinciale, et réforme de l'impôt. *Par.* 1779, *in-4*.

6020. Impôt territorial combiné avec les principes de l'administr. de Sully et de Colbert, par de Lamerville. *Strasbourg*, 1788, *in-4*.

6021. Remontrances de la Cour des Aides, relatives aux impôts. *in-8*. *br.*

6022. Recueil de pièces concern. les impôts. 10 *vol. in-8* et *in-12*.

6023. Almanachs des finances, années 1755 et 57. *Par.* 2 *vol. in-12*.

6024. Recueil de procès concern. l'administr. des finances. 8 *vol. in-8*.

6025. Mém. sur le commerce de la France, depuis la première croisade, jusqu'au règne de Louis XII, par Clicquot de Blervache. *Par.* 1790, *in-8*.

6026. Recueil de pièces sur l'administrat. des chemins. *in-8*. et *in-12*.

6027. Recueil des réglemens génér. et partic. concern. les manufactures et fabriques du Royaume. *Par.* Imprim. roy. 1730, 5 vol. *in-4*.

6028. Nouveau réglement pour la filature des soies. 1774, *in-8*, *br.*

6029. Remarques sur les avantages et les désavantages de la France et de la Grande-Bretagne, par rapport au commerce, trad. de l'angl. de John Nickols. *Leyde*, 1754, *in-12*.

6030. Questions sur le commerce des Français au Levant, par de Forbonnais. *Marseille*, 1755, *in-12*.

6031. Lettres crit. et polit. sur les Colonies et le commerce des villes maritimes de France. *Genève*, 1785, *in-8*.

6032. Réflexions hist. et polit. sur le commerce de France avec les Colonies de l'Amérique; par Weuves. *Par.* 1780, *in-8*.

6033. Nouvelle France ou France commerçante, par (Fr. Xavier Tixedor) *Par.* 1765, *in-12*, *br.*

6034. La France agricole et marchande, par Henri Goyon de la Plombanie. *Avignon*, 1762, 2 *vol. in-8*, *fig.* pap. double, *v. d. s. tr.*

6035. Considérations sur la constitution de la Marine Militaire de France, par J. B. Secondat. *Par.* 1756, *in-12*, *v. fil.*

6036. Principes sur la Marine, tirés des dépêches des Ministres, depuis Colbert jusqu'à de Morville, Manusc. par Pidensat de Mairobert. 1756, 5 *vol. in-4*, *mar.*

6037. Mémoire concern. le Ministère de la Marine et les Colonies. — Dissertat. sur la Marine. — Mém. sur tout ce qui concerne le service de la Marine. Manuscrit, 2 *vol. in-fol.* et *in-4*. *br.*

6038. Faits mémorables de la Marine, par Poncet de la Grave. *Par.* 1777, 2 *vol. in-12*.

6039. Mém. dans des procès concern. la Marine. *in-8*, *br.*

6040. Recueil de pièces concern. la navigation intérieure de la France, par Allamand, *in-4*, *br.*

6041. Traité des péages, et plan d'administration de la navigation intérieure, par le même, *Par.* 1779, *in-4*, *br.*

6042. Situation politiq. de la France et ses rapports actuels avec toutes les puissances de l'Europe, par Peyssonnel. *Par.* 1789, *in-8*.

Traités et histoires des Offices de France.

6043. Des Offices de France, par Jacques Jolly, 2 *vol. in-fol*, manq. les titres.

6044. Style universel de toutes les jurisdictions de France. *Toulouse*, 1757, 2 *vol. in-12.*

6045. Dissert. sur l'origine, les droits et les prérogatives des Pairs de France. 1753, *in-12.*

6046. Questions de droit public sur la Pairie. *Brux.* 1770, *in-8.*

6047. Hist. de la Pairie de France, par Boullainvilliers. *Trév.* 1753, *in-12.*

6048. Les quatre âges de la Pairie de France, par Zemganno. *Maestricht*, 1775, 2 *tom.* 1 *vol. in-8.*

6049. Mém. concern. les Pairs de France, avec les preuves, par Sacy. *Par.* 1720, *in-fol.*

6050. Recueil de pièces manuscrites, concernant la Pairie. 2 *vol. in-fol.*

6051. Contestation entre les Princes du Sang, et les Princes légitimés, *in-8.*

6052. Hist. généal. de France, par les PP. Anselme, Ange et Simplicien. *Par.* 1726, 9 *vol. in-fol*, gr. pap.

6053. L'état de la France, par le P. Ange. *Par.* 1722, 5 *vol. in-12.*

6054. État de la France, par les Bénédictins. *Par.* 1749, 6 *vol. in-12, fig.*

6055. Chronologie hist. et milit. par Pinard, *Par.* 1760 *et suiv.* 4 *vol. in-4*, gr. pap.

6056. Hist. des Connétables, etc. par J. le Feron, augm. par Den. Godefroy. *Par.* 1650, *in-fol.*

6057. Hist. des Chanceliers et Gardes des Sceaux de France, par Fr. du Chesne. *Par.* 1780. — Hist. de la Chancelerie. par Abr. Tessereau. *Par.* 1710. — Recueil de pièces manuscrites, concern. l'office de Chancelier. 4 *vol. in-fol.*

6058. L'Amiral de France et des autres nations, tant vieilles que nouvelles, par de la Popelliniere. *Par.* 1584, *in-4.*

6059. Hist. de la milice franç. par le P. G. Daniel. 1724, 2 *vol. in*-4. *fig*.

6060. Essais hist. sur différens Regimens de France, par Roussel. *Par*. 1765 et *suiv*. 10 *vol. in*-12.

6061. État militaire de France depuis 1758 jusq. 1778, par Montandre-Lonchamps et autres. *Par*. 1758 *et suiv*. 17 *vol. in*-12, *mar*. manq. 1764, 1766, 1767, 1773.

6062. Instit. militaires pour la France, ou le Vegece franç. par Andrieu de Bilistein *Amst*. 1762, *in*-8, *br*.

6063. Lettre sur l'École militaire, *Par*. 1755, *in*-12, *br*.

6064. Recueil d'Edits, etc. concern. l'École milit. *Par*. 1762, *in*-12.

6065. Hist. Ecclésiast. de la Cour de France, pat Oroux. *Par*. 1777, 2 *vol. in*-4.

6066. Projet dévelopé des Rois François I. et Henri II, de leur Chapelle gratuite. *Par*. 1788, *in*-8, *br*.

6067. Recueil de pièces concern. le Conseil du Roi, et les Secrétaires du Roi, manusc. et impr. 3 *vol. in-fol*. et *in*-4.

6068. Hist. du Conseil, par Guillard. *Par*. 1718, *in*-4.

6069. Procédure du Conseil. Manusc. du Chancelier de Lamoignon, écrit de sa main, *in*-4.

6070. Jurisprudence du Conseil sur les amortissemens, &c. par Dubost. *Par*. 1759, 3 *vol. in*-4.

6071. Traité de la politique de la France, par Paul Hay du Châtelet. *Colog*. 1669, *in*-12.

6072. Hist. des Secrétaires d'Etat, par Fauvelet du Toc. *Par*. 1668, *in*-4.

6073. Etat de la magistrature, par le Trosne. *Par*. 1764. — Des Charges de Secrétaires d'État, par Briquet, 1747. — Lettres sur la Robe, 1742, *in*-12.

6074. Recueil de pièces concern. le Grand Conseil, *in*-4, *in*-8. et *in*-12.

6075. Mém. de Miraulmont sur l'origine et institut. des Cours souveraines et Justices royales dans l'enclos du Palais de Paris. *Par*. 16.2. — Traité de la Chancellerie, par le même, 1620, 2 *vol. in* 8.

6076. Mém. sur les Parlemens, manusc. *in-fol*.

6077. Lettres hist. sur les fonctions essentielles du Parlement, et sur les Pairs. 1753, 2 *tom.* 1 *vol. in-12.*

6078. Hist. de ce qui s'est passé dans le Parlement de Paris depuis 1643, jusq. 1648. 1749, *in-8.*

6079. Hist. du Parlem. de Paris, par Voltaire. 1769, *in-8.*

6080. Recueil de pièces concern. le Parlem. *in-4.*

6081. Recueil de pièces sur l'exil de Troyes, *in-8.*

6082. Placita Curiæ, per Jo. Lucium. *Lut.* 1553, *in-fol.*

6083. Journ. des principales audiences du Parlement, par J. du Fresne. *Par.* 1733, 7 *vol. in-fol.*

6084. Registre des grands jours de Troyes, depuis 1367 jusqu'en 1635, manusc. *in-fol.*

6085. Table alphabétiq. des Registres du Parlem. manuscrite. 24 cartons, *in-fol.*

6086. Table alphabétique des Registres du Parlem. et de la Chambre des Comptes, manusc. 14 *vol. in-fol.* manq. la lettre A.

6087. Arrêts de réglem. recueillis par L. Fr. de Jouy. *Par.* 1752, *in-4.*

6088. Dict. des Arrêts, par P. Jacq. Brillon. *Par.* 1711, 3 *vol. in-fol.*

6089. Recueil de Remontrances. *Lyon*, 1604, *in-8.*

6090. Remontrances de Jacq. de la Guesle. *Par.* 1611, *in-4.*

6091. Recueil de pièces sur les démêlés du Parlement de Dijon avec les Élus généraux de la Bourgogne. *in-12.*

6092. Table chron. des Édits, etc. registrés au Parlem. de Metz, jusqu'en 1740. *Metz*, 1740, *in-4, br.*

6093. Journ. du Palais du Parlem. de Toulouse. *Toulouse*, 1759 *et suiv.* 4 *vol. in-4.*

6094. Questions de droit écrit, jugées au Parlement de Toulouse, conférées par Geraud de Maynard. *Toul.* 1751, 2 *vol. in-fol. v. fil.*

6095. Observ. sur les Arrêts du Parlem. de Toulouse, par J. de Catellan, augm. par Gabr. de Vedel. *Toulouse*, 1758, 2 *tom.* 1 *vol. in-4.*

6096. Recueil de pièces sur la Chambre des Comptes de Paris, *in-4, br.*

6097. Pièces sur la Cour des Comptes de Provence, *in-12, br.*

6098. Recueil de ce qui s'est passé de plus intéressant à la Cour des Aides, depuis 1756 jusqu'à Juin 1775. *Par.* 1779, *in-4.*

6099. Recueil de pièces concern. la Cour des Aides de Paris, *in-8.*

Ouvrages des Jurisconsultes Français.

6100. Recueil des Harangues et traités de du Vair. *Par.* 1606, 2 *vol. in-8.*

6101. Opuscules d'Ant. de Loisel. *Par.* 1652, *in-4.*

6102. Extraits de Coquille, de Leschassier, du Traité des hypothèques, et Comm. sur les Instituts de Justinien. Manuscrits de la main de Ch. Fr. de Lamoignon, fils du P. P. et du Chanc. de Lamoignon, 6 *vol. in-fol.* et *in-8.*

6103. Œuvres de Patru. *Par.* 1732. — Essai sur les principes de la justice. *Par.* 1761, 3 *vol. in-4.*

6104. Cl. Pelleterii et Petri Pithœi vita, accurante Joan. Boivin. *Par.* 1716, *in-4, mar.*

6105. Œuvres de René Choppin. *Paris*, 1662, 5 *vol. in-fol.*

6106. Œuvres de C. le Bret. *Rouen*, 1689, *in-fol.*

6107. Œuvres de Guy Coquille. *Par.* 1665, 2 *vol. in-fol.*

6108. Œuvres de Ch. Loyseau, augmen. par Cl. Joly. *Par.* 1666, *in-fol.*

6109. Recueil des arrêtés de Guill. de Lamoignon, premier Président. *Paris*, 1777, *in-4*, grand pap. *mar.*

6110. Le même. *Par.* 1783, 2 *vol. in-4*, gr. pap. *br.*

6111. Œuvres d'Auzanet. *Paris*, 1708, *in-fol.*

6112. Œuvres de Duplessis, avec des notes, par Berroyer et de Laurière. *Par.* 1726, 2 *vol. in-fol.*

6113. Œuvres de Cl. Henrys, avec des observ. par B. J. Bretonnier, *Par.* 1708, 2 *vol. in-fol.*

6114. Traités de la communauté et des successions,

par Den. le Brun, avec des rem. par Fr. Bern. Espiard de Saux. *Paris*, 1735, 2 *vol. in-fol.*

6115. Œuvres de J. Bacquet, augmen. par Cl. de Ferriere, et Cl. Jos. de Ferriere, *Lyon*, 1744, 2 *vol. in-fol.*

6116. Œuvres d'Ant. d'Espeisses. *Lyon*, 1750, 3 *vol. in-fol.*

6117. Œuvres de Renusson, avec des notes, par J. A. Serieux. *Par.* 1760, *in-fol.*

6118. Traité des donations, coutumes d'Amiens et de Senlis, comm. par J. Mar. Ricard. *Par.* 1713, 2 *vol. in-fol.*

6119. Œuvres de d'Héricourt. *Paris*, 1759, 4 *vol. in-4.*

6120. Œuvres de Cochin. *Paris*, 1751, 6 *vol. in-4. v. d. s. tr.*

6121. Discours de d'Aguesseau. *Par.* 1756, 2 *tom.* 1 *vol. in-4, v. fil.*

6122. Œuvres du même. *Paris*, 1759 et *suiv.* 13 *vol. in-4. v. fil.*

6123. Recueil de décisions, du même. Manuscrit. *in-4, br.*

6124. Œuvres de Pothier. *Orléans*, 1770 et *suiv.* 21 *vol. in-12.*

6125. Œuvres de Jousse. *Par.* 1757 et *suiv.* 10 *vol. in-12.*

6126. Traité de la justice criminelle, par le même. *Par.* 1771, 4 *vol. in-4.*

6127. Œuvres diverses d'un ancien magistrat. *Genève*, 1784. *in-8.*

6128. Œuvres diverses de Servan. *Lyon*, 1774, 2 *vol. in-12, br.*

6129. Œuvres posthumes de Glatigny. *Lyon*, 1757, *in-8.*

6130. Differ. traités de droit. Manuscrits dont quelques-uns de la main du P. P. de Lamoignon, 7 *vol. in-4.*

6131. Recueil de pièces manuscrites et imprimées, concern. différentes matières de droit, 20 *vol. in-fol.* et *in-4.*

6132. Recueil de differ. traités de droit, manuscrits. 25 *vol. in-fol.*

6133. Questions de droit, par Bretonnier. *Par.* 1756, 2 *vol. in*-12.

6134. Mémoral alphabétique concernant la justice, la police et les finances de France, par Bellet-Verrier. *Par.* 1714, *in*-8.

6135. Traité polit. et économ. des Chetels. *Dijon*, 1765, *in*-12, *br.*

6136. Instructions faciles sur les conventions. *Par.* 1760, *in*-12.

6137. Procédure criminelle. Manuscrit du Chancelier de Lamoignon, écrit de sa main. *in*-4.

6138. Manière de poursuivre les crimes dans les tribunaux. *Par.* 1739. — Traité des matières criminelles, par la Combe. *Par.* 1751. — Institutes et instr. criminelles, par Vouglans. *Par.* 1757. — Preuve par témoins, par Danty. *Par.* 1769, 6 *vol. in*-4.

6139. Élémens de la procédure criminelle. *Yverdon*, 1773, 2 *vol. in*-8, *br.*

6140. Dict. des Domaines, par Bosquet. *Rouen*, 1762, 3 *vol. in*-4, gr. pap. *mar.*

6141. Traité du Domaine, par le Fevre de la Planche. *Par.* 1764. 3 *vol. in*-4.

6142. Observ. sur les domaines du Roi. *Par.* 1787, *in*-8, *br.*

6143. Observ. sur les donations, par Pajon. *Par.* 1761, *in*-12.

6144. Indice des droits royaux et seigneur. par Fr. Ragueau. *Par.* 1600. — Traité de la souveraineté du Roi. *Par.* 1754, 2 *vol. in*-4.

6145. Traité des élections, par Vieville. *Par.* 1739, *in*-8.

6146. Traité des évictions et de la garantie formelle, par Berthelot. *Par.* 1781, 2 *vol. in*-12.

6147. Usage des fiefs en France, par Brussel. *Par.* 1727. —Traité des fiefs, par Cl. Pocquet de Livonniere. *Par.* 1729. —Traité des fiefs de du Moulin, donné par Henrion de Pensey. *Par.* 1773, 4 *vol. in*-4.

6148. Traité des fiefs par Germ. Ant. Guyot. *Par.* 1751 *et suiv.* 6 *vol. in*-4, *v. d. s. tr.*

6149. Dict. des fiefs et autres droits seigneuriaux, par de la Place, *Par.* 1757, *in*-8.

6150. Dict. des fiefs et des droits seigneuriaux, par Renauldon. *Par.* 1788, 2 *vol. in*-4.

6151. Traité du droit Commun des fiefs, par Gœtsmann. *Par.* 1768, 2 *vol. in*-12.

6152. Traité des injures dans l'ordre judiciaire, par Dareau. *Par.* 1775, *in*-12, *v. fil.*

6153. Traité sur le mariage, par Leridant. *Par.* 1753, *in*-4, *mar.*

6154. Traité de l'autorité des parens sur le mariage des enfans de famille, *Londres*, 1773, *in*-8, *br.*

6155. Principes sur la nullité du mariage pour cause d'impuissance. *Londres*, 1756, *in*-8.

6156. Recueil gén. des pièces du procès de Gesvres et de Mascranni, son épouse. *Rotterdam.* 1714, 2 *vol. in*-12.

6157. Recueil de pièces sur le mariage et le divorce. *in* 8. et *in*-12.

6158. Traité de la mort civile, par Fr. Richer. *Par.* 1755, *in*-4.

6159. Jurisprudence des rentes, *Paris*, 1762, *in*-8.

6160. Les principes de rentes constituées, *Nismes*, 1758, *in*-12.

6161. Traité des servitudes, par la Laure. *Par.* 1761, *in*-4, *mar.*

6162. Questions sur les substitutions et traité du douaire. Manuscr. 2 *vol. in-fol.*

6163. Traité de l'accroissement, tant en succession légitime, que testamentaire. *Par.* 1756, *in*-12.

6164. Traité de la vente des immeubles, par Louis de Héricourt, et des criées, par J. Alexis Thibault. *Par.* 1752 et *suiv.* 3 *vol. in*-4.

6165. Traité des fonctions des commissaires au Châtelet de Paris, par Sallé. *Par.* 1759, 2 *vol. in*-4, *mar.*

6166. Manuel des Huissiers, par Ouin. *Par.* 1775, *in*-12.

6167. Recueil de factums et mémoires, avec une grande quantité de rapports manuscrits. par MM. de Lamoignon, Avocats généraux, 116 *vol. in-fol.* et *in*-4.

6168. Extrait des causes jugées au Parlem. depuis 1705, jusqu'en 1723. Manuscrit de la main du Chanc. de Lamoignon, 14 *vol. in-4.*

6169. Plaidoyers et mémoires, par Mannory. *Par.* 1759 et *suiv.* 17 *vol. in-12.*

6170. Plaidoyers et mém. de Loiseau de Mauléon. *Par.* 2 *vol. in-4, v. fil.*

6171. Discours publics et éloges, par Guiton-Morveau, *Par.* 1775, 2 *tom.* 1 *vol. in-12.*

6172. Divers plaidoyers, précédés d'un essai sur l'éloquence du Barreau, par la Creteille. *Par.* 1779, *in-8.*

6173. Recueil de mémoires dans des affaires criminelles et différ. pièces manuscrites, concern. l'exil de 1771, 2 porte-feuilles *in-fol.*

6174. Recueil de mém. dans des procès de différens particuliers. *in-4.*

6175. Causes célèbres, par Richer, *Par.* 1772 et *suiv.* 20 *vol. in-12, br.*

6176. Continuation et faits des causes célèbres, par Laville, *Par.* 1766, 5 *vol. in-12.*

6177. Causes amusantes et connues, recueillies par Rob. Etienne. *Par.* 1769, *in-12.*

Histoire civile de France.

Histoire des Villes de France, leurs administration et coutumes.

6178. Antiquités et recherches des villes de la France, par And. Duchesne. *Par.* 1614, *in-8.*

6179. Recueil de pièces manuscrites et imprimées, concernant les Cours de Justice, et l'administration des différentes provinces de France. 38 cartons, *in-fol.*

6180. Etat de la France, par Boullainvilliers, *Trév.* 1752, 8 *vol. in-12, v. fil.*

6181. Procès-verbaux des assemblées provinciales de différentes provinces de France. 30 *vol. in-4, br.*

6182. Recueil de projets d'administration concern. des villes de France. *in-8* et *in-12.*

6183. Institutes coutumières, par Ant. Loisel, avec des notes manuscrites de son neveu. *Par.* 1646, *in-8.*

6184. Les mêmes, avec des notes par Eusebe de Lauriere. *Par.* 1710, 2 *vol. in*-12.

6185. Coutumier général, avec des notes, par Ch. du Molin. *Par.* 1567, *in-fol.*

6186. Le même, par Ch. A. Bourdot de Richebourg. *Par.* 1724, 4 *vol. in-fol.*

6187. Dict. des coutumes. Manuscrit du Chancelier de Lamoignon, écrit de sa main, 2 *vol. in*-4.

6188. Dict. alphabétique des coutumes. Manuscrit de la main du Chanc. de Lamoignon. 18 *vol. in-fol.* manq. les lettres V jusqu'à Z.

6189. Bibliothèq. des coutumes, par Cl. Berroyer. *Par.* 1699, *in*-4.

6190. Coutumes d'Angoumois, Aunis et la Rochelle, commentées par J. Vigier, avec des observ. par Jacq. et Fr. Vigier. *Angoulême*, 1720, *in-fol.*

6191. Coutumes d'Anjou, comm. par Gabr. Dupineau, avec des observ. par Cl. Pocquet de Livonnière. *Par.* 1725, 2 *vol. in-fol.*

6192. Coutumes du haut et bas pays d'Auvergne, avec la paraphr. par Jean de Bas-maison-Pouguet, et les notes de Ch. du Molin, revues et augmen. par Guill. Consul. *Clerm.* 1667, *in*-4.

6193. Coutumes de Beauvoisis, et assises de Jérusalem, par Gasp. Thaumas de la Thaumassière. *Bourges*, 1690, *in-fol.*

6194. Dion. Pontani comment. in consuetudines Blesenses. *Par.* 1677, 2 *tom.* 1 *vol. in-fol.*

6195. Coutumes générales de la sénéchaussée et Comté du Boullenoys. *Par.* 1551, *in*-8.

6196. Barth. à Chasseneo comment. in consuetudines Burgundiæ. *Lugd.* 1543, *in-fol.*

6197. Explication des statuts de Bresse, par Philb. Collet. *Lyon*, 1698, *in-fol.*

6198. Exposition abrégée des loix, et observ. sur les usages des provinces de Bresse et autres régies par le droit écrit. *Par.* 1751, *in*-8.

6199. Bertr. d'Argentré, commentarii in Britonum leges. *Par.* 1608, *in-fol.*

6200. Coutumes de Bretagne, avec les notes de P. Hevin, et Ch. du Moulin, et le comment. par A. M. Poullain du Parc. *Rennes*, 1748, 3 *vol. in*-4.

6201. Traité des usemens ruraux de Basse Bretagne, *Quimper*, 1774, *in*-8.

6202. Coutumes de Cambray, par Pinault. *Douay*, 1691, *in*-4.

6203. Jurisprudence du Hainaut Français, conten. les coutumes et ordonn. de cette province, par Ant. Fr. Jos. Dumées. *Douay*, 1750, *in*-4.

6204. Comment. sur la coutume de la Rochelle, et du Pays d'Aunis, par René-Josué Valin. *La Roch.* 1756, 3 *vol. in*-4.

6205. Coutumes et usages de Lille. *Lille*, 1687, *in* 4.

6206. Hist. des loix et usages de la Lorraine et du Barrois dans les matières bénéficiales, par Fr. Tim. Thibault, *Nancy*, 1763, *in-fol.*

6207. Mém. concern. la clôture des héritages, le vain-pâturage, et le parcours en Lorraine, *Nancy*, 1763, *in*-8, *br.*

6208. Coutumes de Lorris et de Montargis-le-Franc, commentées par Gasp. Thaumas de la Thaumassière, *Bourd.* 1678, *in-fol*, *br.*

6209. Observat. sur les coutumes et les usages anc. et modernes de Metz, par Gabriel. *Bouillon*, 1787, *in*-4.

6210. Coutumes de Mante et Meulan, par Germ. Ant. Guyot. *Par.* 1739, *in*-12.

6211. Coutume de Normandie, expliquée par Pesnelle, avec des observ. de Roupnel. *Rouen*, 1759, *in*-4.

6212. Coutumes d'Orléans, par Jacq. de la Lande. *Orléans*, 1673, *in-fol.*

6213. Coutumes d'Orléans, par Pothier. *Orléans*, 1770, *in*-4.

6214. Les mêmes, *Par.* 1776, 2 *vol. in*-12.

6215. Texte des coutumes de Paris, *Paris*, 1668, *in*-24.

6216. Coutumes de Paris, avec les notes de C. du Moulin, *Par.* 1678, *in*-12.

6217. Les mêmes, avec des notes par Eusebe de Laurière. *Par.* 1699, *in*-12.

6218. Les mêmes, avec des notes, par Alexandre Masson, *Par.* 1703, *in*-12.

6219. Principes généraux de la coutume de Paris, par Langlois, *Par.* 1742, *in*-24.

6220. Coutume du Poitou avec des observ. par Jos. Boucheul, *Poitiers*, 1727, 2 *vol. in-fol.*

6221. Traité des fiefs sur la coutume de Poitou, par J. Bapt. L. Harcher, *Poitiers*, 1762, 2 *vol. in*-4.

6222. Droit Public de la Provence, par Ch. F. Bouche. *Aix*, 1788, *in*-8.

6223. Coutumes de Senlis, par de S. Leu, *Par.* 1703, *in*-4.

6224. Coutumes de Touraine, avec les annotat. d'Et. Pallu. *Tours*, 1661, *in*-4.

6225. Abr. des comment. de la Coutume de Touraine, par Jacquet. *Auxerre*, 1761, 2 *vol. in*-4.

6226. Coutumes du bailliage de Troyes en Champ. avec les annotat. par P. Pithou. *Par.* 1600, *in*-4

6227. Coutumes de Vitry-le-Français, avec le comment. de Ch. de Salligny, *Chaalons*, 1676, *in*-4.

Gouvernement de Picardie.

6228. Essai sur l'hist générale de Picardie, par de Vérité. *Abbeville*, 1770, 3 *vol. in*-12.

6229. Almanach de Picardie, depuis 1759 jusqu'en 1763. 4 *vol. in*-24, *mar.*

6230. Mém. concernant l'institution de la Rosière de Salency. *Par.* 1775, *v. d. s. tr.*

6231. Antiquités d'Amiens, par Adr. de la Morlière. *Par.* 1742, *in-fol.*

6232. Hist. d'Amiens, par Daire. *Par.* 1757, 2 *vol. in*-4, *cartes*

6233. Britannia ou rech. de l'antiq. d'Abbeville, par Sanson. *Par.* 1636, *in*-8.

6234. Hist. du Comté de Ponthieu, de Montreuil et d'Abbeville. *Abbeville*, 1767, 2 *vol. in*-12.

6235. Hist. de la ville et du Doyenné de Doullens, par Daire. *Amiens*, 1784, *in*-12.

6236. Mém. pour servir à l'histoire du Vermandois, par L. Paul Colliette. *Cambrai*, 1771, 3 *vol. in*-4. *et suiv.*

6237. Recueil de pièces concern. une commission donnée en 1657 au P. P. de Lamoignon, alors Maître des Requêtes, au sujet des troubles survenus dans la province de Boulonnois, et des plaintes des habitans de cette province contre M. d'Aumont. Manuscrit *in-fol.*

6238. Histoire de Calais et du Calaisis, par Lefebvre. *Paris*, 1766, 2 *vol. in*-4, *Cartes.*

Gouvernement de Champagne.

6239. Hist. des Comtes de Champagne et de Brie, *Par.* 1753, 2 *vol. in*-12.

6240. Histoire de Reims, par Anquetil. *Reims*, 1756, 3 *vol. in*-12, *mar.*

6241. Recherches hist. sur la ville de Reims, par Moithey, *Paris*, 1775, *in*-4, *fig. br.*

6242. Almanach de Reims pour les années 1754 et 1756, *in*-24, *mar.*

6243. Mém. sur la nécessité et la facilité de rendre navigable la rivière de Marne, depuis Saint-Dizier jusqu'au dessus de Joinville, par Grignon. *Paris*, 1770, *in*-12.

6244. Bulletin des fouilles faites d'une ville romaine sur la montagne du Châtelet, entre Saint-Dizier et Joinville, découv. en 1772, par Grignon. *Bar-le-Duc*, 1774, *in*-8. *fig.*

6245. Illustrations de Gaule et singularités de Troyes, par J. Lemaire de Belges. *Lyon*, 1549, *in-fol.*

6246. Mém. hist. et crit. pour l'Hist. de Troyes. *Par.*, 1774, *tom.* 1, *in*-8., *fig.*

6247. Topogr. hist. de la Ville et du Diocèse de Troyes, par Courtalon Delaistre. *Troyes*, 1783, *in*-8.

6248. Recueil de pièces sur les octrois des Villes, et particul. sur ceux de la ville de Troyes. *Par.* 1764, *in-8*, *br.*

6249. Ephémérides Troyennes depuis 1757 jusqu'en 1768, 12 *vol. in-24*, *mar.* et *v. d. s. tr.*, *fig.* manq. 1760.

6250. Almanach hist. du Diocèse de Sens, depuis 1770 jusqu'en 1790, 21 *vol. in-24*, *mar.* et *br.*

6251. Hist. de l'église de Meaux, par Touss. Duplessis. *Par.* 1731, 2 *vol. in-4*,

Gouvernement de l'Isle de France.

6252. Dissert. sur l'Hist. ecclésiastique et civile de Paris, par Lebeuf. *Par.*, 1739, 3 *vol. in-12.*, *fig.*

6253. Nouv. Annales de Paris jusqu'au règne de Hugues Capet, avec le Poëme d'Abbon sur le siége de Paris par les Normands en 885 et 886, avec des notes, par Touss. Duplessis. *Par.* 1753, *in-4*, gr. pap., *v. d. s. tr.*

6254. Hist. et Recherches des Antiquités de Paris, par Henri Sauval. *Par.* 1724, 3 *vol. in-fol.*

6255. Hist. de la ville de Paris, par Mich. Felibien et Guy.-Alexis Lobineau. *Par.* 1725, 5 *vol. in-fol. fig.*

6256. Hist. de Paris, par Desfontaines. *Par.* 1735, 5 *vol. in-12. cartes.*

6257. Essais sur Paris, par de Saintfoix. *Par.* 1754 et *suiv.*, 5 *tom.*, 4 *vol. in-12.*

6258. Tableau de Paris, par Mercier. *Genève*, 1782, 4 *vol. in-8.*

6259. Paris, le modele des Nations etrangères ou l'Europe Française, par Caraccioli. *Par.* 1777, *in-12.*

6260. Journal du Citoyen et état de Paris. *Par.* 1754 et *suiv.* 4 *vol. in-8.*

6261. Traité de la Police, par Nicolas de la Marre. *Par.* 1744 et *suiv.*, 4 *vol. in-fol.*, *cartes.*

6262. Rues de Paris par ordre alphab., par Jaillot. *Par.* 1775, *in-8*, *v. d. s. tr.*

6263. Remarq. hist. et Anecd. sur la Bastille, 1774, *in-12.*

6264. Mém. sur les Hôpitaux de Paris, par Tenon. *Par.* 1788, *in*-4, *pap. vel. fig.*, *mar.*

6265. Etat de l'Hôpital général de Paris, manuscrit. *in-fol. br.*

6266. Recueil d'édits etc. concernan. l'Hôpital général, les Enfans-Trouvés, le St.-Esprit, et autres maisons y réunies. *Par.* 1745, *in*-4. *en feuilles.*

6267. Chapelle des Enfans-Trouvés, peinte par Nattier, gravée par Fessard, *in-fol.*

6268. Descrip. hist. de l'Hôtel des Invalides, par Perau, avec les plans, peintures et sculptures dessin. et grav. par Cochin. *Par.* 1756, *in-fol.* gr. pap., *v. d.s. tr.*

6269. Descript. de la Place de Louis XV, par le Gendre. *Par.* 1765, *in-fol. fig. br.*

6270. Projet des embellissemens de Paris. par Poncet de la Grave. *Par.* 1756, 3 *vol. in*-12. *v. fil.*

6271. Recueil de projets pour la salubrité de Paris, *in*-4. *br.*

6272. Recueil de Mémoires et projets concernant Paris, *in*-4. *br.*

6273. Mém. sur les accroissemens de Paris, par Robert de Vaugondy. *Par.* 1760, *in*-8, *br.*

6274. Trois Mémoires sur le projet d'amener l'Yverte à Paris, par de Parcieux. *Par.*, Imprim. Roy., 1763 et *suiv.*, *in*-4. *fig.*

6275. Réflex. sur le projet de M. de Parcieux de faire venir à Paris la rivière d'Yvette, par le P. Felicien de St. Norbert. 1768, *in*-8, *br.*

6276. Comparaison du projet de M. de Parcieux avec celui de M. d'Auxiron, pour donner des eaux à la ville de Paris, par d'Auxiron. *Par.* 1769, *in*-8, *br.*

6277. Mém. sur les moyens de conduire à Paris une partie de l'eau des rivières de l'Yvette et de la Bièvre, par Perronet. *Par.* Imprim. Roy., 1776, *in*-4, *fig. v. fil.*

6278. Lettre à M. Maynon d'Invau, sur l'inutilité d'amener à Paris l'eau de l'Yvette. *in*-8, *br.*

6279. Recueil de pièces sur Paris.

6280. Mém. sur la colonne de la Halle aux bleds, et sur le cadran cylindrique que l'on construit au haut de cette colonne, par Pingré. *Par.* 1764, *in*-8, *br.*

6281. Statuts des Communautés. *in*-4, *br.*

6282. Descrip. de la Généralité de Paris, par Hernandez. *Par.* 1759, *in*-8.

6283. Hist. de la ville et du diocèse de Paris, par Lebeuf. *Par.* 1758 et *suiv.* 15 *vol. in*-12.

6284. Pouillé hist. et topograph. du diocèse de Paris, par L. Denis. *Par.* 1767, *in-fol.*

6285. Opér. faites pour vérifier le dégré du méridien compris entre Paris et Amiens, par Bouguer, Camus, Cassini de Thury et Pingré. *Par.*, 1757, *in*-8. *br.*

6286. Hist. de l'Abbaye de St. Denis en France, par Mich. Felibien. *Par.* 1706, *in-fol.*, *fig.*

6287. Antiquités de Corbeil, par J. de la Barre. *Par.* 1647, *in*-4.

6288. Hist. de Melun; Vie de Bourchard, Comte de Melun, et de Jacq. Amyot, Evêque d'Auxerre, par Sébast. Rouilliard. *Par.* 1628, *in*-4.

6289. Mém. de la ville de Dourdan, par Jacq. de Lescornay. *Par.* 1624, *in*-8.

6290. Descript. hist. généalog. et chronolog. de Fontainebleau. Manusc. 1716, *in*-4, *mar.*

6291. Hist. de Beauvais et des antiq. du Beauvoisis, par P. Louvet. *Rouen*, 1614, *in*-8.

6292. La même. *Beauvais*, 1631, 2 *vol. in*-8.

6293. Hist. du château et de la ville de Gerberoy, par J. Pillet. *Rouen*, 1679, *in*-4.

6294. Les huit Barons ou Fieffés de l'Abbaye de St.-Corneille de Compiègne, par Louis de Gaya. *Noyon*, 1696, *in*-12.

6295. Hist. de Pont-Ste.-Maxence sur Loire. *Par.* 1764, *in*-12, *br.*

6296. Hist. des Antiquités de la ville de Soissons, par le Moine. *Par.* 1771, *in*-12, *mar.*

6297. Annales de l'Egl. Cathédrale de Noyon, par Jacq. Levasseur. *Par.* 1633, 2 *vol. in*-4.

6298. Hist. du duché de Valois. *Par.* 1764, 3 *vol. in-4*, *fig.*

Gouvernement de Normandie.

6299. Essais sur l'Hist. Economique des Mers Occidentales de France, par Tiphaine. *Par.* 1760, *in-8*, *v. fil.*

6300. Matthæi Paris historia major, cum Rogeri Wendoveri, Wilelmi Rishangeri chronicis, edente Willelmo Wats. *Par.* 1644, *in-fol.*

6301. Essai sur l'hist. de Neustrie ou de Normandie, depuis Jules César jusqu'à Philippe Auguste, par Ch. Gasp. Toustain-Richebourg. *Par.* 1789, 2 *vol. in-12.*

6302. Inventaire de l'hist. de Normandie. *Rouen*, 1646, *in-4.*

6303. Hist. sommaire de Normandie, par de Masseville. *Rouen*, 1733, 6 *vol. in-12.*

6304. Hist. de Rouen. *Par.* 1731, 6 *vol. in-12.*

6305. Abrégé de l'hist. de la ville de Rouen. *Rouen*, 1759, *in-12*, *v. d. s. tr.*

6306. Hist. de Rouen, et Essai sur la Normandie littéraire. *Rouen*, 1775, 2 *tom.* 1 *vol. in-12.*

6307. Recueil des Antiquités et Singularités de Rouen, par F. N. Taillepied. *Rouen*, 1587, *in-8.*

6308. Mém. sur le Port, la Navigat. et le Commerce du Havre de Grace. *Havre de Grace*, 1753, *in-8.*

6309. Hist. du Comté d'Evreux, par le Brasseur. *Par.* 1722, *in-4*, *fig.*

6310. Histoire des Pays et Comté du Perche et Duché d'Alençon, par Gilles Bry de la Clergerie. *Par.* 1620, *in-4.*

6311. Mém. hist. sur la ville d'Alençon et sur ses seigneurs, par Odolant-Desnos. *Alençon*, 1787, 2 *vol. in-8*, *fig. br.*

6312. Hist. de Cherbourg et de ses Antiquités, par Retau Dufresne. *Par.* 1760, *in-12*, *v. fil.*

6313. Essai sur les Marées, et de leurs effets aux grêves du Mont St. Michel, par le Mounier. *Par.* 1774, *in-8*, *br.*

Gouvernement de Bretagne.

6314. Hist. des Evêques, Ducs, et Duchesses de Bretagne. *in-4. manq. le titre.*

6315. Hist. de Bretagne, et chron. des Maisons de Vitré et de Laval, par P. le Baud. *Par.* 1638, *in-fol, v. fil.*

6316. Hist. de Bretagne, par Dom Gui-Alexis Lobineau. *Par.* 1707, 2 *vol. in-fol, fig.*

6317. Hist. de Bretagne, par D. Hyacinthe Morice, avec les preuves. *Par.* 1742, 5 *vol. in-fol.*

6318. Hist. des Ducs de Bretagne, et des Révolut. arrivées dans cette Province, par Desfontaines. *Par.* 1729, 6 *vol. in-12.*

6319. Hist. de la Réunion de la Bretagne à la France, par Irail. *Par.* 1764, 2 *tom.* 1 *vol. in-12.*

6320. Traité hist. de la Mouvance de la Bretagne. *Par.* 1710. — Dissert. sur la Mouvance de la Bretagne, par rapport au Droit que les ducs de Bretagne y prétendoient. *Par.* 1711, 2 *vol. in-12.*

6321. Mém. Hist. Crit. et Polit. sur les droits de souveraineté, relatifs aux droits de traite qui se perçoivent en Bretagne. 1765. — Preuves de la pleine Souveraineté du Roi sur la Bretagne. *Par.* 1765, *in-8.*

6322. Almanachs de Bretagne depuis 1756. 10 *vol. in-24, mar.*

6323. Dict. Hist. et Géograph. de Bretagne, par Ogée. *Nantes*, 1778, 4 *vol. in-4.*

6324. Descript. des trois formes du Port de Brest, bâties, dessinées et gravées en 1757, par Choquet. *Brest*, 1757, *in-fol. fig.*

Gouvernement de l'Orléanois.

6325. Hist. de la ville de Chartres, du pays Chartrain et de la Beauce, par Doyen. *Chartres*, 1786, 2 *vol. in-8.*

6326. Hist. du Gastinois, Senonois et Hurepois, par Guil. Morin. *Par.* 1630, *in-4.*

6327. Privilèges, franchises et libertés des Habitans de Montargis. *in-8*

6328.

6328. Antiquités d'Etampes, et Hist. de l'Abbaye de Morigny, par le P. Bas. Fleureau. *Par.* 1683, *in-4*.

6329. Hist. du Nivernois, par Guy Coquille. *Par.* 1712, *in-4*.

6330. Mém. pour servir à l'Hist. du Nivernois et Donziois, avec des dissert. par Nee de la Rochelle. *Par.* 1747, *in-12*.

6331. Recueil de pièces concern. la fondation annuelle faite par le duc de Nevers, pour le mariage de soixante pauvres filles. 3 *vol. in-4*.

6332. Hist. et Antiquités d'Orléans, par F. le Maire. *Orléans*, 1645 et 1646, *in-4*.

6333. Hist. de l'Orléanois, par Luchet. *Par.* 1766, *tom.* 1, *in-4*.

6334. Essais hist. sur Orléans, par Beauvais de Préau. *Orléans*, 1778, *in-8. fig*, *br.*

6335. Essai sur la Topographie d'Olivet. *Orléans*, 1784, *in-8*, *br.*

6336. Hist. de Blois, par J. Bernier. *Par.* 1682, *in-4*, *carte*.

6337. Recherch. hist. sur Angers, par Moithey. *Par.* 1776, *in-4*, *cartes*, *br.*

6338. Le mont Glonne, ou Recherches hist. sur l'origne des Celtes, Angevins, Aquitains, Armoriques, etc. par C. Robin *Par.* 1774, *in-12*.

6339. Hist. des Comtes de Poitou et Ducs de Guyenne, par J. Besly *Par.* 1647, *in-fol.*

6340. Essais sur l'Hist. de la ville de Loudun, par Dumoustier de Lafond. *Poitiers*, 1778, 2 *tom.* 1 *vol. in 8*.

6341. Discours sur la Rochelle, par Auguste Galland. *Par.* 1629, *in-8*.

6342. Hist. de la Rochelle et pays d'Aunis, par Arcere. *La Roch.* 1756, 2 *vol. in-4*.

6343. Hist. de Rochefort. *Par.* 1733, *in-4*

6344. Recueil hist. de ce qui se trouve écrit de la ville et des comtes d'Angoulême, par F. Corlieu et Gabr. de la Charlonye. *Angoulême*, 1631, *in-4*.

6345. Hist. de Berry, par J. Chaumeau. *Lyon*, 1566, *in-fol. fig*, *v. d. s. tr.*

6346. Hist. de Berry, par Gasp. Thaumas de la Thaumassiere. *Bourges*, 1689, *in-fol.*

6347. Histoire du Berry, par Pallet. *Par.* 1783, 5 *vol. in-8.*

6348. Mém. sur la Navigat. intérieure du Berry, et atlas de cette généralité, par Dupain Triel, 1781, *in-4*, *br.*

6349. Hist. de Sancerre, par J. de Lery. 1574, *in-8.*

6350. Hist. de la ville de Sancerre, par Poupard. *Par.* 1777, *in-12.*

Gouvernement de Bourgogne.

6351. Descrip. du Duché de Bourgogne, par Courtepée. *Dijon*, 1775, *tom.* I. *in-8.*

6352. Etat des Villes, Bourgs et Villages, du Comté de Bourgogne, par J. Querret. *Par.* 1748, *in-8*, *br.*

6353. Descr. du Gouvernement de Bourgogne, par Garreau. *Dijon*, 1734, *in-8.*

6354. Hist. de Bourgogne, par D. Plancher. *Dijon*, 1739, 4 *vol. in-fol.*

6355. Abrégé chron. de l'Hist. de Bourgogne, par Mille. *Dijon*, 1771 et *suiv.* 3 *vol. in-8.*

6356. Abrégé de l'Hist. du Comté de Bourgogne, et de ses Souverains, jusqu'au règne de Louis XV. *Besançon*, 1787, *in-8.*

6357. Hist. Amour. et Trag. des Princesses de Bourgogne. *La Haye*, 1720, *in-12.*

6358. Almanach de Bourgogne, de 1754 à 1760. 7 *vol. in-24*, *mar.*

6359. Mém. et Projets pour augmenter et établir la Navigation sur les rivières de Bourgogne. *Dijon*, 1774, *in-4*, *fig. br.*

6360. Mém. sur les Canaux qu'on peut construire en Bourgogne, et particulièrem. sur celui dont le lac de Longpendu formeroit le point de partage, 1775, *in-12*, *br.*

6361. Hist. de l'Eglise d'Autun. *Autun*, 1774, *in.8.*

6362. Hist. de Beaune et de ses Antiquités, par Gandelot. *Dijon*, 1772, *in*-4, *fig. br.*

6363. Hist. de Châlons sur Saône. *Châlons*, 1659, *in-fol*, *fig*. manq. le titre.

6364. L'illustre Orbandale, ou Hist. de Châlons sur Saône. *Lyon*, 1662, 2 *vol. in*-4.

6365. Hist. du Culte et Pélerinage aux reliq. de Ste. Reine d'Alise, à Flavigni en Bourgogne. *Avignon*, 1757, *in*-12, *br.*

6366. Vie de Caylus, évêque d'Auxerre. *Par.* 1765, 2 *vol. in*-12.

6367. Hist. et Descript. de l'Eglise de Brou, à Bourg en Bresse, par le P. Pacifiq. Rousselet. *Par.* 1767, *in*-12, *br.*

Gouvernement du Lyonnais.

6368. Rech. des antiquités et curiosités de la ville de Lyon, par Spon. *Lyon*, 1675, *in*-8, *fig.*

6369. Les divers caractères des ouvrages hist. et plan d'une nouv. hist. de la ville de Lyon, par le P. Cl. Fr. Menestrier. *Lyon*, 1694, *in*-12.

6370. Hist. de Lyon, par le même. *Lyon*, 1696, *in-fol.*

6371. Antiquités de Lyon, par le P. Dominique de Colonia. *Paris*, 1702, *in*-12, *fig.*

6372. Éloge hist. de la ville de Lyon, par Brossette. *Lyon*, 1711, *in*-4, fig.

6373. Almanachs de Lyon et des provinc. du Forez, Lyonnois et Beaujolois, depuis 1755 jusqu'en 1771, *Lyon*, 1755 et *suiv.* 18 *vol. in*-8, *mar.*

6374. Relat. des entrées solemnelles dans la ville de Lyon, des Rois, etc. depuis Charles V jusqu'à présent. *Lyon*, 1752, *in*-4. *mar.*

6375. Hist. du Forez, par Jean Marie de la Mure. *Lyon*, 1674, *in*-4.

6376. Mém. hist. et œconom. sur le Beaujolois, par Brisson. *Lyon*, 1770, *in*-8.

6377. Hist. d'Auvergne, par Desistrières Murat. *Paris*, 1782, *in*-12, *tom.* 1.

6378. Origines de Clairmont, par Savaron, augmen. par P. Durand. *Par.* 1662, *in-fol.*

6379. Descr. du nouv. Pont de pierre construit sur la rivière d'Allier, par de Régemortes. 1771, *in-fol, fig. v. d. s. tr.*

Gouvernement de Guienne et Gascogne.

6380. Annales d'Aquitaine, par J. Bouchet. *Poitiers*, 1644. — Mém. et rech. de France et de la Gaule Aquitanique, par J. de la Haye *Poitiers*, 1643. — Preuve hist. des litanies de Ste Radegonde, par J. Filleau. *Poitiers*, 1643, *in-fol.*

6381. Almanach hist. de la province de Guienne pour 1760. *Bordeaux*, *in-12*, *v. d. s. tr.*

6382. Assemblées provinciales de Haute-Guienne, tenues en 1779 et 1786. *Villefranche de Rouergue*, 1780 *et suiv*, 2 *vol. in-4*, *br.*

6383. Mém. sur l'administr. des corvées dans la Guienne, par Dupré de St Maur. *Par* 1784, *in-4*, *br.*

6384. Chronique Bourdeloise, par Gabriel de Lurbe, contin. et augmen. par J. Darnal. *Bord.* 1619, *in 4.*

6385. La même, augm. depuis 1671 jusqu'en 1701, par Tillet. *Bordeaux*, 1703, *in-4.*

6386. Hist de Bordeaux, par de Vienne. *Bordeaux*, 1771, *in-4*, *fig.*

6387. Dissert. sur les anciens monum. de la ville de Bordeaux, et sur les Ducs d'Aquitaine, par Venuti. *Bordeaux*, 1754, *in-4*, *fig.*

6388. Mém. relatif à quelques projets pour la ville de Bordeaux, par Dupré de St Maur. *Bordeaux*, 1782. —Essai sur les avantages du rétablissement de la culture du tabac dans la Guienne. *Bordeaux* 1783. — Mém. sur la décadence du commerce de Bayonne et Saint-Jean-de-Luz, et sur les moyens de le rétablir, par Dupré de St. Maur. *Bordeaux*, 1783. — Lettre d'un subdélégué de la génér. de Guienne, relative aux corvées. 1784. —Mém. sur les corvées dans la génér. de Guienne, par Dupré de St Maur. *Par.* 1784, *in-4.*

6389. Antiquités de l'Agenois, par J. Darnalt. *Par.* 1606. *in-12*,

6390. Steph. Baluzii hist. Tutelensis. *Par.* 1717, *in-4*.

6391. Hist. du Querci, par de Cathala-Coture. *Montaub.* 1785, 3 *vol. in-8*.

6392. Hist. du siége de Montauban. *Leyden*, 1624, *in-8*.

6393. Hist. de Montauban, par Henri le Bret. *Montauban*, 1668, *in-4*.

6394. Charges du procès de Lescalopier, Intendant de Montauban. 1756, *in-12*.

6395. Hist. de Navarre, par André Favyn. *Par.* 1612, *in-fol.*

6396. Mém. pour l'histoire de Navarre et de Flandres, par Auguste Galland. *Par.* 1648, *in-fol.*

6397. Hist. de Béarn, par P. de Marca. *Par.* 1640, *in-fol.*

6398. Ordonnances sinodales et régl. du diocèse d'Oleron, par F. de Revol. *Pau*, 1753, 2 *vol. in-8*, *br.*

Gouvernement du Languedoc.

6399. Carte du canal de Languedoc, *in-fol.*

6400. Canaux de navigation, et principalement celui de Languedoc, par de la Lande. *Par.* 1778, *in-fol*, *fig. br.*

6401. Essai sur divers avantages que l'on pourroit retirer de la côte de Languedoc, relativem. à la navigation et à l'agriculture, par de Barthès. *Yverdon*, 1789, *in-4*, *fig. br.*

6402. Mém. de l'hist. du Languedoc, par Guill. Catel. *Toulouse*, 1633, *in-fol.*

6403. Hist. de Languedoc, par D. Vaissette. *Par.* 1733, 5 *vol. in-fol*, *mar.*

6404. Abrégé de la même. *Par.* 1749, 6 *vol. in-12*, *Carte.*

6405. Mém. sur la province du Languedoc, par de Basville, manuscr. 1697, *in-4*.

6406. La même. *Trev.* 1734, *in-8*,

6407. Essai sur le gouvernement du Languedoc, depuis les Romains jusqu'à nous. *Avig.* 1773, *in-8*.

6408. Almanach hist. et chrono. du Languedoc et des

provinces du ressort du parlement de Toulouse. *Toulouse*, 1752, *in-8*, *br*

6409. Journ. de Languedoc, 1787. — Mém. des États génér. du Languedoc, en 1779. *Montpell.* 1780. 2 *vol. in-8*. *br.*

6410. Dissert. sur les origines de Toulouse. *Toulouse*, 1764, *in-8*, *br.*

6411. Hist. des Comtes de Toulouse, par Guill. Catel. *Toulouse*, 1623, *in-fol.*

6412. Annales de Toulouse, par G. La Faille. *Toulouse*, 1687, 2 *vol. in-fol.*

6413. Hist. de Toulouse, par J. Raynal. *Toulouse*, 1759, *in-4*, *mar.*

6414. Annales de Toulouse, par de Rozoi. *Par.* 1771, 2 *vol. in-4*.

6415. Acte du synode tenu à Toulouse en 1782. *Toulouse*, 1783, *in-8*,

6416. Hist. des Albigeois, des Vaudois ou Barbets, par le P. Benoit. *Par.* 1691, 2 *vol. in-12*.

6417. Hist. de Carcassonne, par le P. Bouges. *Par.* 1741, *in-4*.

6418. Hist. critiq. de la Gaule Narbonnoise, par de Mandragors. *Par.* 1733, *in-12*.

6419. Recueil de pièces et mém. relatifs au projet du canal de Narbonne. *in-fol*, *fig. br.*

6420. Hist. de Nismes, et de ses antiquités, par H. Gautier. *Par.* 1720, *in-8*, *fig.*

6421. Hist. de Nismes, par Ménard. *Par.* 1750, et *suiv.* 7 *vol. in-4*, gr. pap. *fig.*

6422. Eclaircissemens des antiquités de la ville de Nismes. *Tarascon*, 1766, *in-8*, *fig. br.*

6423. Recher. hist. et chronolog. sur la ville de Beaucaire. *Avignon*, 1717, *in-8*.

6424. Hist. des Comtes de Foix, Béarn et Navarre, par P. Olhagaray. *Par.* 1729, *in-4*.

Gouvernemens de Dauphiné et de Provence.

6425. Hist. des Dauphins de Viennois, d'Auvergne, et

de France, par Le Quien de la Neufville. *Par.* 1760, 2 *vol. in-12.*

6426. Hist. de Dauphiné, par Nic. Chorier. *Gren.* 1661, *in-fol.*

6427. La même. *Lyon*, 1672, *in-fol*, *mar.*

6428. Abr. hist. du canal de Provence. *in-4*, *cartes*, *mar.*

6429. Mém. concern. la nature et les avantages du canal de Provence. 1759, 2 *vol. in-fol*, manuscr. *fig. mar.*

6430. Hist. et chronique de Provence, par Cæsar de Nostradamus. *Lyon*, 1614, *in-fol*, *fig.*

6431. Abr. de l'hist. de Provence, par P. Louvet. *Aix*, 1676, 2 *vol. in-12*,

6432. Hist. de Provence, par J. Fr. de Gaufridi. *Aix*, 1723, 2 *vol. in-fol.*

6433. Hist. de Provence, par Papon. *Par.* 1777 et *suiv.* 3 *vol. in-4*, *fig.*

6434. Dict. de la Provence et du Comté Venaissin. *Marseille*, 1785, 4 *vol. in-4.*

6435. Vie de Nicolas Claude Peiresc, par Requier. *Par.* 1770, *in-12*

6436. La Madelaine au désert de la Sainte Baume, poëme, par P. de S. Louis *Lyon*, 1694, *in-12.*

6437. Antiquités d'Arles, par J. Seguin. *Arles*, 1687, *in-4*, *fig. br.*

6438. La royale Couronne des Rois d'Arles, par J. Bouis. *Avignon*, 1641, *in-8.*

6439. Recueil des antiquités et monumens marseillois, par J. B. B. Grosson. *Marseille*, 1773, *in-4*, *fig.*

6440. Marseille ancienne et moderne, par Guys. *Par.* 1786, *in-8.*

6441. Le guide marseillais pour les commerçans par J. Jh. Mazet. *Marseille*, 1780. — Mém. sur l'ancienne ville de Tauroentum; hist. de la ville de la Ciotat, et mém. sur le port de Marseille, par Marin. *Marseille*, 1782. — Explic. des cérémonies de la fête-Dieu d'Aix. *Aix*, 1777, *in-12*, *fig.*

6442. Hist. du siége de Toulon, par de Vizé, *Par.* 1707, 2 *vol. in-12*,

6443. Recherches historiques concern. les droits du Pape sur la ville et l'Etat d'Avignon, par de Castillon. *Paris*, 1768, 2 *vol. in-8.*

Gouvernement des provinces conquises.

6444. Recher. hist. sur la noblesse de Perpignan et de Barcelonne, par Xaupi. *Par.* 1776, 3 *vol. in-12.*

6445. Hist. des Sequanois, et de la province Sequanoise, des Bourguignons et du premier Royaume de Bourgogne, etc. par F. J. Dunod. *Dijon*, 1735, 2 *tom.* 1 *vol. in-4*, *fig.*

6446. Hist. de l'église, ville et diocèse de Besançon, par Dunod. *Besançon*, 1750, 2 *vol. in-4.*

6447. Hist. d'Alsace, par L. la Guille. *Strasb.* 1727, 4 *tom.* 8 *vol. in-8.*

6448 Jo. Dan. Schœpflini Alsatia illustrata, Celtica, Romana, Francica. *Colmariæ*, 1751, 2 *vol. in-fol. fig. v. fil.*

6449. Assemblées provinciales d'Alsace, Dauphiné et Orléans. *in-4*, *br.*

6450. Antiquités de Metz. *Metz*, 1760, *in-8.*

6451. Inventaire des titres et papiers de la ville de Metz. Manuscrits, *in-fol.*

6452. Hist. de Verdun. *Par.* 1745, *in-4.*

6453. Hist. de la Ville et du Diocèse de Toul, par le P. Benoit. *Toul*, 1707, *in-4*, *cartes.*

6454. Introduc. à la descript. de la Lorraine et du Barrois. *Nancy*, 1774. — Exposit. des loix, actes et monumens concern. l'origine et la constitution de la Cour souveraine de Nancy. 1775, *in-8.*

6455. Descript. de la Lorraine et du Barrois, par Durival. *Nancy*, 1778, 3 *vol. in-4*, *cartes*, *br.*

6456. Essai sur les duchés de Lorraine et de Bar, par Ch. Leop. Andreu de Bilistein. *Amst.* 1762, *in-8.*

6457. Essais sur la Lorraine et le Barrois. *Nancy*, *in-4.*

6458. Discours des hist. de Lorraine et de Flandres, par Ch. Etienne. 1552, *in-8.*

6459. Hist. de Lorraine, par Aug. Calmet. *Nancy* 1728, 4 *vol. in-fol*, *fig.*

6460. Hist. de Lorraine, par Bexon. *Par.* 1777, *tom.* 1, *in-8.*

6461. Mém. du Marq. de Beauveau, sous le règne de Charles Ier. Duc de Lorraine. *Par. in-12.*

6462. Vie de Mad. de Saint-Balmont, par des Billons. *Liège*, 1773, *in-12, br.*

6463. Nobiliaire de Lorraine et du Barrois, par D. Ambr. Pelletier. *Nancy*, 1758, *in-fol, br.*

6464. Navigation et Commerce des trois Evêchés et de Metz. *Metz*, 1773, *in-4.*

6465. Essai sur la ville de Nancy, par Ch. Leop. Andreu de Bilistein. *Amst.* 1762, *in-12, fig.*

6466 Précis des fondat. et établissem. faits par le Roi de Pologne à Nancy. *Nancy*, 1758, *in-4.*

6467. Recueil des fondations et établissemens faits par le Roi de Pologne à Nancy. *Lunéville*, 1762, *in-fol, fig. mar.*

6468. Mém. alphab. pour servir à l'hist. au Pouillé et à la descript. du Barrois. *Bar-le-Duc*, 1749, *in-8, mar.*

6469. Hist. d'Artois jusqu'en 1713, par de Vienne, 1784. 5 *part.* 2 *vol. in-8.*

6470. Notice de l'état de la Prov. et Comté d'Artois. *Par.* 1748, *in-12.*

6471. Le Patriote Artésien. *Par.* 1761, *in-8.*

6472. Mém. pour servir à l'hist. de la prov. d'Artois et principalem. de la ville d'Arras, pendant une partie du 15e. siècle, par Harduin. *Arras*, 1763, *in-12.*

6473. Hist. de l'Eglise de St. Omer. *Par.* 1754, *in-4, v. d. s. tr.*

6474. Châtelains de Lille, par Floris Vander Haer. *Lille*, 1611, *in-4.*

6475. Armemens en course à Dunkerque, durant la guerre de 1756 jusqu'en 1762, par J. Louis Briansiaux de Milleville. *Par.* 1765, *in-fol, mar.*

6476. Hist. de Tournay, par J. Cousin. *Douay*, 1619, 2 *vol. in-4.*

6477. Annales de la Province et Comté d'Haynaut, par Fr. Vinchant, augm. par Antoine Ruteau. *Mons*, 1648, *in-fol, v. fil.*

Histoire de la Noblesse de France.

6478. Méth. du Blason, par le P. F. C. Ménestrier. *Lyon*, 1728, *in*-12, *fig.*

6479. Traité de la noblesse, par de la Roque, *Rouen*, 1734. —Essais sur la noblesse, par Barthès. *Neuchât.*, 1781, *tom.* 1, 2 *vol. in*-4.

6480. Essais sur la noblesse de France, par Boullainvilliers. *Trévoux*, 1732, *in*-8.

6481. Lettres sur l'origine de la noblesse française. *Lyon*, 1763. — Origine de la noblesse franç. contre le préced. ouvrage. *Par.*, 1766, 2 *vol. in*-12.

6482. Précis sur la noblesse française. 1777, *in*-12.

6483. Dissert. sur les biens nobles et observ. sur le vingtième. 1758, *in*-12.

6484. Dict. des ennoblissemens. *Par.* 1788, *in*-8.

6485. Dict. généalogique, par la Chesnaye-des-Bois. *Par.* 1757 et *suiv.*, 7 *vol in*-8, *v. d. s. tr.*

6486. Calendrier des Princes et de la Noblesse de France, par la Chesnaye-des-Bois, depuis 1762 jusqu'en 1768. *Par.* 1763 et *suiv.*, 7 *vol. in*-12, *mar.*

6487. Armorial génér. de France, par d'Hozier, registres 3, 4 et 5. *Par.* 1752 et *suiv.* 5 *vol. in-fol.* dont 2 *br.*

6488. Armorial des principales maisons et familles de France, par Dubuisson. *Par.* 1757, 2 *vol. in*-12, *mar.*

6489. Mém. sur l'ancienne Chevalerie, par Ste-P. *Par.* 1759, 3 *vol. in*-12, *mar.*

6490. Essai sur les accusations intentées aux Templiers, par Fréd. Nicolaï. *Amst.* 1783, *in*-12, *br.*

6491. Condamnation des Templiers; Hist. du Schisme, depuis 1378 jusqu'en 1428; Procès criminels du Duc d'Alençon et du Connétable de Bourbon, par Duplessis. *Par.* 1700, *in*-12.

6492. Hist. de l'abolition de l'ordre des Templiers, *Par.* 1779, *in*-12, *br.*

6493. Hist. des ordres du Mont-Carmel et de St. Lazare, par Gautier de Sibert. *Par.* Imprim. Roy. 1772, *in*-4, *fig.*

6494. Essai sur l'hist. des ordres de St. Lazare et du Mont-Carmel. *Liege*, 1775, *in-12*, *br.*

6495. Hist. de l'ordre du St. Esprit, par Saint-Foix. *Par.* 1767, 4 *vol. in-12.*

6496. Recueil de généalogies. *in-8.*

6497. Généal. de la maison de Mailly. *Par.* 1757, *in 4*, *mar.*

6498. Hist. de la maison de Montmorency, par Desormeaux. *Par.* 1764, 5 *vol. in-12.*

6499. Hist. de Sablé, par Ménage. *Par.* 1683, *in-fol.*

Histoire litteraire de France.

Histoire des Académies et Etablissemens littéraires.

6500. Corps d'observ. de la Société d'Agriculture de Bretagne, depuis 1757 jusqu'en 1760. *Rennes*, 1760, 2 *vol. in-8*, *fig.*

6501. Recueil de Pièces en prose et en vers, de l'Acad. des belles-lettres de la Rochelle. *Par* 1747 et *suiv.*, 4 *vol. in-8.*

6502. Mém. de Mathématique et de Physique, rédigés à l'Observatoire de Marseille. *Avignon*, 1755, 2 *t.* 1 *vol. in-4*, *fig. br.*

6503. Mélanges de Poésie, de Littérature et d'Histoire, par l'Académie des belles-lettres de Montauban, depuis 1744 jusqu'en 1746. *Montauban*, 1750, *in-8*, *v. d. s. tr.*

6504. Hist. de la Société des Sciences établies à Montpellier, et Mém. de Mathémat. et de Physique, depuis 1706 jusqu'en 1741, et Assemblées publiques, depuis 1751 jusqu'en 1786. *Lyon*, 1766 et *suiv.* 10 *vol. in-4*, *fig. br.*

6505. Mém. pour servir à l'Hist. de la Faculté de Médecine de Montpellier, par J. Astruc. *Par.* 1767, *in-4*, *v. d. s. tr.*

6506. Hist. de l'Université de Paris, par Crevier. *Par.* 1761, 7 *vol. in-12.*

6507. Mém. sur le Collége royal de France, par Goujet. *Par.* 1758, 3 *vol. in-12.*

6508. Hist. de l'Académ. Franç., par Pelisson. *Par.* 1700, *in*-12.

6509. La même, par Pelisson et d'Olivet. *Par.* 1730, 2 *vol. in*-12.

6510. La même. *Par.* 1743, 2 *vol. in*-12.

6511. Hist. de l'Acad. Franç. depuis son établissement. *Par.* 1776, *in*-8, *br.*

6512. Pièces d'éloquence et de poésie qui ont remporté le prix de l'Acad. Franç., depuis 1671 jusqu'en 1771. *Par.* 1766 *et suiv.* 5 *vol. in*-12.

6513. Factums pour Ant. Furetière contre quelques membres de l'Acad. Franç. *Amsterd.* 1688, *in*-12.

6514. Les mêmes. *Par.* 1694, 2 *vol. in*-12.

6515. Hist. des membres de l'Acad. Franç., depuis 1700 jusqu'en 1771, par d'Alembert. *Par.* 1787, 6 *vol. in*-12.

6516. Hist. et Mém. de l'Acad. des Sciences de Paris, depuis 1665 jusqu'en 1788, 106 *vol.* — Grandeur de la terre. — Géométrie de l'infini. — Aurore boréale. — Astronomie de Cassini, 2 *vol.* — Méridienne de Paris. — Machines, 7 *vol.* — Savans étrangers, 10 *vol.* — Mém. de Fontaine. — Prix, *tom.* 6 à 9, 4 *vol.* — Tables, 8 *vol.* — Tables de Rosier, 4 *vol. Par.* 1733 et *suiv.* 145 *vol. in*-4, *fig.* dont 7 *br.*

6517. Hist et Mém. de l'Acad. des Inscript. et Belles-Lettres. *Par.* 1717 et *suiv.*, 43 *vol. in*-4, *fig. manq. tom.* 25 et 27.

6518. Hist. et Mém. de l'Acad. de Chirurgie, 5 *vol.* — Prix, 3 *vol. Par.* 1743 et *suiv.*, 8 *vol. in*-4.

6519. Hist. et Mém. de la Société de Médecine, depuis 1776 jusqu'en 1781, et la 2e. partie de 1783. — 3e., 4e., 5e. et 6e. Cahiers des éloges lus à la Société, par Vicq-d'Azyr. *Par.* 1782 et *suiv.* 6 *vol. in*-4, *br.*

6520. Essai hist. sur la Bibliothèque du Roi. *Par.* 1782, *in*-12, *br.*

6521. Catalogue des Livres imprimés et Manuscrits de la Bibliothèque du Roi, par Sallier et autres. *Par.* 1731 et *suiv.* 10 *vol. in-fol.*, *v. fil.*

6522. Mém. de la Société d'Agriculture de la Génér. de Rouen. *Rouen*, 1763, 2 *vol. in*-8, *fig.*

6523. Mém. conten. l'hist des Jeux Floraux et celle de Clémence Isaure, et Piéces qui ont remporté le prix de l'Acad. de Toulouse, depuis 1747 jusqu'en 1764. *Toulouse*, 1751 et *suiv.* 14 *vol.* *in*-4 et *in*-8.

6524. Recueil d'Edits, etc. concern. les Univers. de Toulouse, Montpellier et Cahors. *Toulouse*, 1722, *in*-12.

6525. Recueil des Mém. de la Société d'Agriculture de Tours, pour 1761. *Tours*, 1763, *in*-8.

Histoire des Grands Hommes de France en général, et Catalogues de Bibliothèques.

6526. Hist. littéraire de la France, par D. D. Rivet et Clément. *Par.* 1733 et *suiv.* 12 *vol.* *in*-4.

6527. Tableau hist. des gens de lettres, par de Longchamps. *Par.* 1767, 6 *vol.* *in*-12, *v. d. s. tr.*

6528. Tableau hist. des Littérateurs Français. *Par.* 1785, 4 *vol.* *in*-8.

6529. Hommes illustres qui ont paru en France pendant le 17e. siècle, par Perrault, avec leurs portraits. *Par.* 1696, 2 *tom.* 1 *vol.* *in-fol.*, gr. pap.

6530. Tableau hist. de Pascal, Catinat, Tourville et Montausier, par Turpin. *Par.* 1781, *in*-12, *br.*

6531. Eloges de quelques Auteurs Français. *Dijon*, 1742, *in*-8.

6532 Plutarque français, par Turpin. 3 *vol.* *in*-4, *br.*

6533. Nécrologe des Hommes célèbres de France, depuis 1767 jusqu'à 1775. *Par.* 1767 et *suiv.* 8 *vol.* *in*-12, *br.*

6534. Bibliothèq. franç., par Goujet. *Par.* 1741, 18 *vol.* *in*-12.

6535. Hist. littér. des Troubadours, par Millot. *Par.* 1774, 3 *vol.* *in*-12.

6536. Le Parnasse Français, par Titon du Tillet, avec portraits. *Par.* 1732, *in-fol.*

6537. Descr. du Parnasse Français, par le même. *Par.* 1727. — Essais sur les Honneurs et sur les Monum. accordés aux illustres Savans, par le même. *Par.* 1734, 2 *vol.* *in*-12.

6538. France littéraire, et Alm. des beaux Arts. 1754 et *suiv.* 8 *vol. in*-18 et *in*-24.

6539. La même, par de Brail. *Par.* 1759, 2 *vol. in*-8.

6540. Les Illustres Françaises. *Par.* 1748, 4 *vol. in*-12.

6541. Mém. pour servir à l'Hist. des hommes Illustres de Lorraine, par Chevrier. *Bruxelles*, 1754, 2 *vol. in*-12.

6542. Les Lyonnais dignes de Mémoire, par Pernetti. *Lyon*, 1757, 2 *vol. in*-8.

6543. Mém. pour servir à l'Hist. de plusieurs hommes illustres de Provence, par le P. Bougerel. *Par.* 1752, *in*-12.

6544. Catalog. des livres d'Astruc, 1766. — Baron, 1768. — Boze, 1758. — Charost, 1742. — Chaulnes, 1770. — Chauvelin, 1770. — Bourlamaque, 1770. — Chauvelin, 1762. — Prevost, 1754, 6 *vol. in*-8.

6545. Catalog. de Burette, 1748. — Falconet, 1763. — Fontette, 1773. — Lallemant de Betz, 1774, 6 *vol. in*-12 et *in*-8.

6546. Catalogues de Courtanvaux, 1782. — Crozat de Tugny, 1751. — Delan, 1755. — Estrées, 1740. — Favier, 1765; 6 *vol. in*-8.

6547. Catal. du Baron de Eck. *La Haye*, 1761. — De Henin. *Par.* 1765, 2 *vol. in*-8.

6548. Catalog. de Gluco de S. Port, 1749. — Grand Conseil, 1739. — Hellot, 1766. — Jésuites, 1763, 6 *vol. in*-8.

6549. Catal. d'Hoym, 1738. — Rothelin, 1746, 2 *vol. in*-8.

6550. Catalog. des manuscrits des Jésuites, 1764. — La Boissière, 1763. — La Haye, 1754. — La Virote, 1759. — Longuerue, 1735. — Couet, 1737. — Pajot d'Onsembray, 1756. — Simpson, 1759, 6 *vol. in*-12 et *in*-8.

6551. Catalogue de la bibliothèque de Lamoignon. *Par.* 1770, *in fol.*

6552. Catalogue de Lamoignon. *Par.* 1791, 3 *vol. in*-8, *br.*

6553. Catalog. de la Vallière. *Par.* 17[illegible], 2 *vol. in*-4.

6554. Catalogue de Morand. *Par.* 1774, *in-8.*

6555. Catalogue de J. Neaulme. *La Haye*, 1764 et 1767, 4 *vol. in-8*, *br.*

6556. Catalog. de Paris de Mezieux, 1760. — Pompadour, 1765. — Rieux, 1747. — Sardière, 1759. — Secousse, 1755. — Selle, 1761. — Boze, 1754. — 6 *vol. in-8.*

6557. Catalog. de Sénicourt, 1766. — Vence, 1760. — Ste. Maure, 1764. — Verrue, 1737. — Différens catalog. 7 *vol. in-8.*

Histoire d'Italie.

6558. Hist. génér. d'Italie, par Targe. *Par.* 1774, 4 *vol. in-12.*

6559. Abr. chron. de l'Hist. génér. d'Italie, par de Saint-Marc. *Par.* 1761 et *suiv.* 6 *vol. in-8.*

6560. Hist. des Guerres d'Italie, trad. de l'Italien de Fr. Guichardin, depuis 1490 jusqu'en 1534. *Par.* 1738, 3 *vol. in-4.*

6561. Révol. d'Italie, par Denina, trad. par Jardin. *Par.* 1770, 8 *vol. in-12.*

6562. Risorgimento d'Italia negli studi nell'arte ene costumi dopo il mille, da Saverio Bettinelli. *Bassano*, 1775, 2 *vol. in-8.*

6563. Nouv. Plan de Gouvernement pour l'Italie, trad. de l'Italien. *Par.* 1769, *in-12.*

6564. Dissertazione sopra le antichita Italiane, da Lod. Ant. Muratori. *Napoli*, 1752, 3 *vol. in-4*, *br.*

6565. Chronique de Savoye, extr. de l'hist. de Guill. Paradin. *Lyon*, 1602, *in-fol*, *fig.*

6566. Hist. générale de la Royale maison de Savoye, par Sam. Guichenon. *Lyon*, 1660, 2 *vol. in-fol*, *fig.*

6567. Descript. du Royaume de Sardaigne. *La Haye*, 1725, *in-12.*

6568. Hist. du prince François Eugène de Savoie. *Trév.* 1755, 5 *vol. in-12*, *fig.*

6569. Hist. de l'abdication de Victor Amédée, roi de Sardaigne, de sa détention au château de Tivoli, et des moyens dont il s'est servi pour remonter sur le trône. *Genève*, 1734, *in-12*, *br.*

6570. Abr. hist. de la vie de Charles-Emmanuel III, roi de Sardaigne, par Sabatier de Castres. *Laus.* 1773, *in-8*, *br.*

6571. Vie de Marie-Thérese et de Charles Emmanuel III, Roi de Sardaigne, par Sabatier de Castres. *Par.* 1773, —Oraison funèbre de Marie-Thérese, par l'Abbê de Sauvigny. *Par.* 1781, *in-8*, *br.*

6572. Loix et Constitutions de Sardaigne. *Par.* 1771, 2 *vol. in-12.*

6573. Ordini politici della citta di Torino. *Toriño*, 1578, *in-8.*

6574. La Ville et la République de Venise, par S. Disdier. *La Haye*, 1685, *in-12.*

6575. Nouv. relat. de la ville et République de Venise, par Freschot. *Utrecht*, 1709.

6576. Hist. de Venise, par Th. de Fougasses. *Paris*, 1608. *in-4.*

6577. Hist. de Venise, par Bapt. Nani. *Par.* 1679, 2 *vol. in-12.*

6578. Hist. de la Républiq. de Venise, par Laugier. *Paris*, 1759 et *suiv.* 12 *vol. in-12.*

6579. Hist. du gouvernem. de Venise, par Amelot de la Houssaye. *Paris*, 1685, *in-8.*

6580. Examen de la liberté originaire de Venise. 1680, *in-12.*

6581. Essai sur l'hist. du Commerce de Venise. *Paris*, 1729, *in-12.*

6582. Istoria delle origini e condizioni de' luoghi principali del Polesine de Rovigo, di Gian Girolamo Bronziero. *Venezia*, 1748, *in-4.*

6583. Cronica della citta di Verona da Pier Zagata, ampliata de Giambatista Biancolini. *Verona*, 1745, 3 *vol. in-4*,

6584. Chronique de Gênes et de Milan. *Paris*, 1507, *in-8*, *v. fil*

6585. Storia di Genova. *Leida*, 1750, *in-4.*

6586.

6586. Hist. des Révolutions de Gênes, jusqu'en 1748; par de Brequigny. *Par.* 1753, 3 *vol. in*-12.

6587. Hist. de la dern. révolut. de Gênes, depuis 1745, jusqu'en 1749. *Genève*, 1758, 2 *vol. in*-12.

6588. Essai sur les démêlés de la Républiq. de Gênes et de l'État Impérial de San Remo. *Basle*, 1755, *in*-12.

6589. Rech. sur le lieu où le Consul Sempronius fut mis en déroute par Annibal. 1766, *in*-8, *br.*

6590. Differens Mém. sur la Corse, par de Marbœuf, La Tapie et autres. 2 *vol. in-fol.* Manuscr. *br.*

6591. Mém. sur les événemens arrivés en Corse, depuis 1738 jusqu'en 1741, avec l'hist. nat. et civile de ce pays, par Jaussin. *Laus.* 1758, 2 *vol. in*-12, *cartes.*

6592. Hist. de l'Isle de Corse. *Nancy*, 1749, *in*-12.

6593. Essai Chronol. hist. et polit. sur l'Isle de Corse, par Ferrand Dupuy. *Par.* 1776, *in*-12, *br.*

6594. Hist. des Revolutions de Corse, par de Germanes. *Par.* 1771, 3 *vol. in*-12.

6595. Recueil de pièces concern. l'Isle de Corse. *in*-4.

6596. Vie de Bianca Capello, Grande Duchesse de Toscane, par Sanseverino, trad. de l'Ital. *Laus.* 1779, *in*-8, *br.*

6597. Indication sommaire des réglemens et loix de Toscane. *Bruxelles*, 1779, *in*-12, *fig.*

6598. Historia Fiorentina di Giov. e Matteo Villani. *Venet.* 1559, et 1562, 2 *vol. in* 4.

6599. Republ. Fiorentina di Donato Giannotti. *Venet.* 1721, *in*-8.

6600. Hist. des révolutions de Florence, sous les Médicis, trad. de Ben. Varchi, par Requier. *Par.* 1765, 3 *vol. in*-12, *v. fil.*

6601. Hist. de Laur. de Médicis, surnommé le Grand et le Père du Peuple, trad. de Nic. Valori, par Goujet. *Par.* 1761, *in*-12, *v. fil.*

6602. Vie de Phil. Strozzi, trad. par Requier. *Par.* 1762, *in*-12.

6603. État ancien et moderne des Duchés de Florence,

Modène, Mantoue et Parme, et relat. de Bologne. *Utrecht*, 1711, *in-8*, *Cartes.*

6604. Osservaz. storiche sopra l'antico Stato della montagne Pistoiese, da Dom. Cini. *Firenze*, 1737, *in-4.*

6605. Memorie storiche della citta di Pistoia, raccolte da Jac. Maria Fioravanti. *Lucca*, 1758, *in-fol.*

6606. Descrizione della provincia del Mugello, e Cronica della famiglia da Lutiano, da Gius. Mar. Brocchi. *Firenze* 1748, *in-4.*

6607. Descrittione di Corrona da Domenico Tartaglini. *Perugia*, 1700, *in-4.*

6608. Relazione di Gio Rondinelli sopra lo stato antico e moderno della citta' di Arezzo. *Arezzo*, 1755, *in-8.*

6609. Vie de P. Aretin; par de Boispréaux. *Par.* 1750, *in-12.*

6610. Découverte de la maison de campagne d'Horace, par Capmartin de Chaupy. *Rome*, 1767, 3 *vol. in-8*, *v. d. s. tr.*

6611. Le Antichita della citta di Roma, raccolte da Bern. Gamucci. *Vineg.* 1588, *in-8.*

6612. Rome ancienne et moderne. *Par.* 1671, *in-12.*

6613. Curiosités de l'une et l'autre Rome, par Nicolas de Bralion. *Par.* 1669, *in-8.*

6614. Descript. de la ville de Rome, par Franç. de Seine. *Lyon*, 1699, 4 *vol. in-12.*

6615. Descrizione di Roma, e dell' agro Romano, da Franc. Eschinardi. *Roma*, 1750, *in-8*, *fig.*

6616. Roma antica e moderna. *Roma* 1750, 3 *vol. in-8*, *fig.*

6617. Alaric ou Rome vaincue, poëme, par George Scudery. *Par.* 1654, *in-fol.*

6618. Conjuration de Nic. Gabrini, dit de Rienzi, tyran de Rome, en 1347, par du Cerceau. *Par.* 1733, *in-12.*

6619. Hist. de Nic. Rienzy, par de Boispréaux. *Par.* 1743, *in-12.*

6620. Relatione della corte di Roma. Manuscr. *in-8.*

6621. Relazione della corte Romana, del Angelo Corraro. *Leyda*, 1662, *in*-12.

6622. La même, traduite en français. *Leyde*, 1664, *in*-12.

6623. Taxe de la Chancellerie romaine ou banque du Pape. *Rouen*, 1744, *in*-12, *fig.*

6624. Il Puttanismo Romano. *Colon.* 1668, *in*-12.

6625. La citta nova di Piperno, da Fra Teodoro Valle da Piperno. *Napoli*, 1646, *in*-4.

6626. Hist. de Naples et de Sicile, par Math. Turpin. *Par.* 1630, *in-fol.*

6627. Hist. de l'origine du Royaume de Sicile et de Naples. *Par.* 1701, *in*-12.

6628. Hist. civile du Royaume de Naples, trad. de P. Giannone. *Trev.* 1742, 4 *vol. in*-4.

6629. Hist. de Jeanne Iere, Reine de Naples. *Par.* 1764, *in*-12, *v. fil.*

6630. Hist. de la Révol. de Naples en 1647 et 1648, par Mlle de Lussan. *Par.* 1757, 4 *vol. in*-12.

6631. Etat de la Rép. de Naples, sous le gouvern. du Duc de Guise, trad. de l'ital. par Marie Turge-Loredan. *Par.* 1679, *in*-12.

6632. Sito e antichita della citta di Pozzuolo. *Napoli*, 1595, *in*-8.

6633. Mém. sur la Ville souterraine découverte au pied du Mont Vésuve. *Par.* 1748. — Jac. Logan experim. de plantarum generatione, anglicè. *Lond.* 1747. — Mém. sur les araignées aquatiques. *Par.* 1749, *in*-8.

6634. Lettres sur l'état actuel de la Ville souterraine d'Herculée, et sur les causes de son ensévelissement sous les ruines du Vésuve. *Par.* 1750, *in*-8, *br.*

6635. Lettres de Winckelmann au Comte de Brulh, sur les découvertes d'Herculanum, trad. de l'allem. *Dresde*, 1764. — Mém. sur la musique des anciens, par Roussier. *Par.* 1770, *in*-4, *fig. v. fil.*

6636. Lettres sur la découverte de l'anc. ville d'Herculanum et de ses principales antiquités, par Soigneux de Correvon. *Yverdon*, 1770, 2 *vol. in*-8.

6637. Catalogo degli antichi monumenti di Ercolano, da Ottavio Ant. Bayardi. *Nap.* 1754, *in-fol.*

6638. Observ. sur les antiquités d'Herculanum, par Cochin et Bellicard. *Par.* 1755, *in-12, fig.*

6639. Rech. sur les ruines d'Herculanum, et Traité sur la fabrique des Mosaïques, par Fougeroux de Bondaroy. *Par.* 1770, *in-8, fig. br.*

6640. Antiquités de Pœstum, mesurées et dessinées par J. G. Soufflot, publiées par G. M. Dumont. 1763, *in-fol.*, gr. pap., *br.*

6641. Les ruines de Pœstum ou de Posidonie dans la grande Grèce, par T. Major, trad. de l'angl. *Lond.* 1768, *infol, fig. br.*

6642. Mém. sur les Isles Ponces; Descript. de l'éruption de l'Etna en 1787, par Deodat de Dolomieu. *Par.* 1788, *in-8.*

6643. Rerum Sicularum Scriptores. *Francof. ad Mœnum*, 1579, *in-fol.*

6644. Hist. de Sicile, par Burigny. *La Haye*, 1745, 2 *vol. in-4.*

6645. Hist. des Rois des Deux Siciles, de la maison de France, par d'Egly. *Par.* 1741, 4 *vol. in-12.*

6646. Relat. des mouvem. de la ville de Messine, depuis 1671. *Par.* 1676. — Hist. de l'Ethiopie orientale, par le P. J. dos Santos, trad. du Portug., par Gaetan Charpy. *Par.* 1684, *in-12.*

6647. Compendiosa relazione dello stato della scala franca di Messina, delle cause del poco introito delle gabelle, e dogane regie. Manusc. *in-fol.*

6648. Hist. de Malthe, par Vertot. *Par.* 1737, 7 *vol. in-12.*

6649. Nic. Villagnonis de bello Melitensi commentarius *Par.* 1553, *in-4.*

6650. Alm. de l'ordre de Malthe. *Par.* 1769, *in-8*, *v. fil.*

6651. Hist. du P. d'Aubusson, Grand Maître de Rhodes, par Bouhours. *La Haye*, 1739, *in-12.*

6652. Miscellanea Philosophico - Mathematica Societatis

privatæ Taurinensis. *Augustæ Taurinor.* 1759 et *seq.* 3 *vol. in-4, fig.*

6653. Tentamina experimentorum naturalium captorum in Academ. del Cimento, cum additionibus Petr. Van Muschenbroek. *Lugd. Bat.* 1731, *in-4, fig.*

Histoire d'Allemagne.

6654. Observ. sur les principes adoptés par l'Empereur dans les matières ecclésiastiques, et réponse à ces observ. *Brux.* 1784, 2 *vol. in-8, br.*

6655. Différents élevés entre le Clergé d'Allemagne et les Nonces du Pape. *Par.* 1787, *in-12, br.*

6656. Hist. de l'Empire, par Heiss. *Par.* 1684, 2 *vol. in-4.*

6657. Hist. de l'Empire d'Allemagne. *Par.* 1771, 8 *vol. in-12, v. fil.*

6658. Abr. de l'Hist. de l'Empire, depuis 1273. *Brux.* 1757, *in-12, br.*

6659. Anecdotes Germaniques. *Par.* 1769, *in-8.*

6660. Essai sur l'hist. de la Maison d'Autriche. *Par.* 1778, 9 *vol. in-12.*

6661. Hist. des Allemands, trad. de l'allem. de Schmidt, par J. C. de la Veaux. *Berlin,* 1786, 5 *vol. in-8.*

6662. Progrès des Allemands dans les Sciences, les Belles-Lettres et les Arts, par Bielfeld. *Amst.* 1752, *in-12.*

6663. Hist. du règne de Charles-Quint, par Robertson, trad. par Suard. *Par.* 1771, 6 *vol. in-12.*

6664. Mém. de Montécucully. *Par.* 1746, 2 *vol. in-12,*

6665. Mém. du Marq. Maffey, depuis 1683 jusqu'en 1703. *La Haye,* 1740, 2 *vol. in-12.*

6666. Mém du Comte de Vordac. *Par.* 1730, 2 *vol. in-12.*

6667. Hist. de l'Emper. Charles VI, par P. A. la Lande. *La Haye,* 1743, 6 *vol. in-12, v. d. s. tr.*

6668. Mém. de l'élection de l'Empereur Charles VII. *Genève,* 1742, *in-12, v. d. s. tr.*

6669. Mém. de Bussy Rabutin, Maréch. des armées de l'Empereur *Par.* 1773, *in-8, br.*

6670. Mém. de Frédér. Henri, Comte de Seckendorff, Maréc. de Camp de S. M. Impér. par Bellaminte. 1765, *in-12*, *br.*

6671. Annales du règne de Marie-Thérèse, Impératrice, par Fromageot. *Par.* 1775, *in-8*, *fig.*

6672. Anecdotes sur Joseph II. pendant son voyage en France. *Par.* 1777, *in-12*,

6673. Vie du même Empereur, *Par.* 1790, *in-8.*

6674. Abrégé du droit public d'Allemagne, par Louis Du May, augm. par d'Alexis. *Par.* 1660, *in-12.*

6675. Traité hist. et polit. du droit public d'Allemagne, par le Coq de Villeray. *Par.* 1748, *in-4.*

6676. Droit public germanique, *Amst.* 1749, 2 *vol.* *in-12.*

6677. Abrégé Chron. de l'hist. et du droit public d'Allemagne, par Pfeffel. *Par.* 1766, 2 *vol.* *in-8*, *v. fil.*

6678. La même, *Par.* 1776, 2 *vol. in-4*, *v. fil.*

6679. Hist. politiq. d'Allemagne, par de la Maillardière. *Par.* 1777, *in-12*, *br.*

6680. Capitulation harmonique de Müldener, et concordance de toutes les capitulations des Empereurs, depuis Charles-Quint jusqu'à François I. *Paris*, 1750, *in-4.*

6681 Hippolithi à Lapide Dissertatio de ratione Status in Imperio Rom. Germanico. *Freistadii*, 1647, *in-12*,

6682. Severinus de Monzambano de Statu Imperii Germanici. *Genevæ*, 1667, *in-12.*

6683. Descrip. du gouvernem. présent du Corps Germanique ou du S. Empire Romain, par Ch. Fred. Necker. *Genève*, 1741, *in-12*, *br.*

6684. Tableau de l'Empire Germanique, et traité du Gouvern. de l'Allemagne. 1741, *in-12*,

6685. Tableau du Gouvernem. actuel de l'Empire d'Allemagne, par J. J. Schmauss. *Par.* 1755, *in-12.*

6686. Traité hist. de l'élection de l'Empereur, avec les cérémonies qui s'y observent; la bulle d'or, et ce qui concerne les Électeurs. *Par.* 1741, 2 *tom.* 1 *vol.* *in-12.*

6687. Alexandrine de Bavière, ou Lettres de la Princesse Albertine, trad. de l'allem. de Dom Gusman. *Par.* 1786, *in*-12.

6688. Mém. pour prouver combien il importe de réunir à la France le Comté de Montbelliard. Manuscr. *in-fol. br.*

6689. Lettres pendant le séjour des troupes Françaises à Zelle, en 1757 et 1758. *Maestricht*, 1775, *in*-12.

6690. Electorale Saxonicum cedretum, seu delineatio operum regalium hujus Electoratus à Tobia Beutelio, Germ. et Lat. *Dresdæ.* 1683, *in*-4.

6691. Saxe Galante. *Paris*, 1735, *in*-12.

6692. Hist. de la Maison de Brunswick. *Genêve*, 1767, 2 *vol. in*-8, *br.*

6693. Vie du Prince Albregt-Henri de Brunswick. *La Haye*, 1762, *in*-8, *br.*

6694. Éloge de Maxim. Jules Léopold, Duc de Brunswick-Lunebourg, par la Cepède. *Par.* 1785, *in*-8, *br.*

6695. Camps topograghiq. de la campagne de 1757, en Westphalie, par du Bois. *La Haye*, 1760, *in*-4, *obl.*

6696. Exposé de la Révolution de Liége, en 1789, par de Dohm, trad. par Reynier. *Liége*, 1790, *in*-8.

6697. Précis de l'hist. du Palatinat du Rhin, par Colini. *Francfort*, 1763, *in*-12.

6698. Hist. de Hesse, par Mallet. *Copenh.* 1767, 3 *vol. in*-8, *br.*

6699. Commentarii societatis scientiarum Gottingensis, ab anno 1751, ad 1754. *Gottingæ*, 1752, *et seq.* 4 *tom.* 2 *vol. in*-4, *fig.*

6700. Acta Academiæ elector. Moguntinæ scientiarum utilium quæ Erfordiæ est. *Erfordiæ*, 1757, *tom.* 1. *in*-8, *fig.*

6701. Academiæ Leopoldino-Carolinæ naturæ curiosorum historia, ab Andr. Elia Buchnero. *Halæ Magdeburgicæ*, 1755, *in*-4.

6702. Miscellanea curiosa medico-physica Acad. naturæ curiosorum, sive ephemerides medico physicæ ab anno 1670, ad 1679, 1682, ad 1710, et nova acta ab anno 1754, usque ad annum 1764. *Lips.* 1670 et seq. 45 *tom.* 26 *vol. in*-4, *fig.*

6703. Acta physico-Medica Acad. Cæsareæ naturæ curiosorum. *Norimb.* 10 *vol. in*-4.

6704. Jo. Maur. Hoffmanni acta laboratorii chemici Altfordini. *Norimb.* 1719, *in*-4.

6705. Joh. Ja. Leibnitzii bibliothecæ Norimbergensis memorabilia, accedit Christoph. Arnoldi hydriotaphia, hoc est de urnis sepulchralibus in agro Anglorum Nortfolciensi repertis epistola. *Norimb.* 1674 *in*-4, *fig.*

Histoire de Prusse.

6706. Mém. pour servir à l'hist. de la maison de Brandebourg. *Berlin.* 1751, 2 tom. 1 *vol in*-4, gr. pap. *fig. v. fil.*

6707. Continuation des mém. de Brandebourg. 1757, *in*-12.

6708. Hist. de Frédéric Guillaume, premier Roi de Prusse. *Trév.* 1741, 2 *vol. in*-12.

6709. Hist. de la guerre de sept ans, commencée en 1756 et terminée en 1763, par d'Archenholtz, trad. par de Bock. *Metz*, 1789, *in*-12.

6710. Vie de Rob. Scipion de Lentulus, Lieutenant général des armées prussiennes, par Haller, trad. de l'allemand de Hedelhofer. *Genève*, 1787, *in*-8, *br.*

6711. Mém. du Baron de la Motte Fouqué, général Prussien. *Berlin*, 1788, *in*-12, *br.*

6712. Faits mémorables de Frédéric le Grand, Roi de Prusse. 1757, *in*-12.

6713. Recueil de Lettres du même. 1772, *in*-12.

6714. Correspondance du même, avec Suhm. *Genève*, 1787, 2 *tom.* 1 *vol. in*-12.

6715. Entretiens de Frédéric le Grand, peu de jours avant sa mort, avec Zimmermann, médecin du Roi d'Angleterre. *Par.* 1790, *in*-8, *br.*

6716. Vie du même, trad. de l'allemand de Ch. Hammerdorf, par Thynon. 1787. Mémoires pour servir à l'hist. du même Prince, *Laus.* 1760, 2 *vol. in*-8.

6717. Vie de Frédéric II. Roi de Prusse. *Strasb.* 1788. 7 *vol. in*-8.

6718. Vie du même, par Denina. *Amst.* 1789, *in*-8.

6719. Éloge du même, par Guibert. *Par.* 1787, *in*-8, *br.*

6720. Mém. de Frédéric, Baron de Trenck, trad. de l'allemand. *Par.* 1789, 3 *vol. in*-8, *fig.*

6721. Procédure entre S. M. le Roi de Prusse et la ville de Neufchatel. 1767, *in-fol*, *br.*

6722. Dissertation sur la population des États, et de ceux de Prusse, par Hertzberg. 1785. — Correspondance concern. la Constitution de la Prusse, depuis le règne de Frédéric-Guillaume II. *Postdam*, 1788, 2 *vol. in*-8, *br.*

6723. Code Frédéric. *Genêve*, 1751, 3 *vol. in*-8,

6724. Réglement pour l'infanterie Prussienne, trad. de l'allemand, par Gourlay de Keralio. *Par.* 1757, *in*-12, *fig.*

6725. Instruction militaire du Roi de Prusse pour ses généraux, traduite de l'allemand, par Faesch. *Par.* 1761, *in*-12, *fig.*

6726. Observ. sur la constitution militaire et politiq. des armées du Roi de Prusse. *Par.* 1777, *in*-8.

6727. Les mêmes. *Suisse*, 1778, *in*-8, *br.*

6728. La Prusse littéraire sous Frédéric II, par Denina. *Berlin*, 1790, 3 *vol. in*-8, *br.*

6729. Hist. de l'Académie des Sciences et Belles-Lettres de Berlin, depuis 1745 jusqu'en 1766, manq. 1763. *Berlin*, 1746 *et suiv.* 21 *vol. in*-4, *fig.*

6730. Miscellanea Berolinensia. *Berolini*, 1749 et seq. 7 *vol. in*-4, *fig.*

6731. Choix de Mém. et abr. de l'histoire de l'académie de Berlin. *Par.* 1767, 4 *vol. in*-12.

6732. Éloges des Académiciens de Berlin, par Formey. *Par.* 1757, 2 *vol. in*-12.

Histoire de Suisse.

6733. République des Suisses, traduite du latin de Josias

Simler. *Anvers.* 1580 — Traité de l'église, par Phil. de Mornay. *Francf.* 1582, *in*-8.

6734. Tableau hist. et politique de la Suisse, traduit de l'anglais, par de la Chapelle. *Par.* 1766, *in*-12.

6735. Diction. géograph. hist. et polit. de la Suisse. *Neuchatel*, 1775, 2 *vol. in*-8. *fig.*

6736. Dict. de la Suisse, *Genève*, 1788, 3 *vol. in*-8, *Carte.*

6737. Table des tableaux de la Suisse, par Quetan. *Par.* 1788, *in*-4, *v. fil.*

6738. Hist. milit. des Suisses, par le Baron de Zur-Lauben. *Par.* 1751, 5 *vol. in*-12.

6739. Hist. de la confédération helvétique par Alexandre Louis de Watteville. *Berne*, 1754, 2 *tom.* 1 *vol. in*-12, *v. fil.*

6740. Hist. des Révolutions de la haute Allemagne, conten. les Ligues, et les guerres de la Suisse. *Par.* 1766, 2 *vol. in*-12.

6741. Guillaume Tell. *Par.* 1767, *in*-12, *br.*

6742. Etat de la Suisse, en 1714, trad. de l'anglais. *Amst.* 1714, *in*-8.

6743. Priviléges des Suisses. *Yverdon*, 1770, *in*-4. *br.*

6744. Bulle d'Or des Suisses, en lat. et allem. *Berne*, 1765, *in*-12, *br.*

6745. Code des Suisses. *Maestr.* 1779, 2 *vol. in*-4.

6746. Mercure Suisse, par J. Martin. *Par.* 1624, *in*-8.

6747. Frag. hist. de la Ville et République de Berne. *Neuchatel*, 1759, 2 *vol. in*-12, *br.*

6748. Loix consistoriales de la Ville et République de Berne. *Berne*, 1746, *in*-4.

6749. Éloge de Alb. Haller, par V. B. Tscharner. *Berne*, 1778, *in*-8, *br.*

6750. Code de la Montagne de Diesse. *Neuchatel*, *in*-4, *br.*

6751. Mém. sur l'état de la population du pays de Vaud, par Muret. *Yverdon*, 1766, *in*-8, *br.*

6752. Explicat. des termes du droit consacrés à la pratique judiciaire du Pays de Vaud *Lauzanne*, 1766, *in*-12.

6753. Principes sur la formalité civile-judiciaire du Pays de Vaud, par Samuel Porta. *Lauzanne*, 1777, *in*-8, *br.*

6754. Loix et statuts de la ville de Payerne. *Berne*, 1733, *in*-4, *br.*

6755. Collection de Mém. présentés au Conseil par les habitans du Mont-Jura et le Chapitre de St Claude. *Genêve*, 1772, 2 *vol. in*-8, *br.*

6756. Hist. de Genêve, par Spon. *Genêve*, 1730, 2 *vol. in*-4, *fig.*

6757. Hist. de Genêve, par Bérenger. *Genève*, 1772, 6 *vol. in*-12.

6758. Abr. de l'hist. de Genêve et de son gouvernement, trad. de l'angl. de George Keate, par A. Lorovich. *Genêve*, 1774, *in*-8, *br.*

6759. Le même, *Genêve*. 1774, — Introd. à la pratiq. du barreau dans les Cours de Justices qui sont régies par la loi du plaid général, par Fr. Seigneux. *Lauz.* 1774, *in*-8.

6760. Hist. des troubles qui ont regné dans la ville de Genêve pendant. 1734 *Rouen*, 1736, *in*-4.

6762. Article Genêve de l'Encyclop. Profession de foi des Ministres Genevois et réponse à la lettre de J. J. Rousseau. *Par.* 1759, *in*-8, *br.*

6763. Lettres critiques d'un voyageur anglais sur l'article Genêve du diction. encyclopédique, et sur une lettre de d'Alembert à Rousseau sur les spectacles. *Genève*, 1776, 2 *tom.* 1 *vol. in*-8, *br.*

6764 Lettres populaires, avec les réponses. 1765, *in*-8.

6765. Lettre des natifs de Genêve, sur la Révolution de cette République. 1770, *in*-8, *br.*

6766. Recueil de pièces sur la Révol. de Genêve. 1782, 3 *vol. in*-8, *br.* et *in*-12.

6767. Recueil de pièces concern. les loix de Genêve. *Genêve*, 1735 et *suiv.* 4 *vol. in*-8, *br.*

6768. Mém. sur la vie et les écrits d'Abr. Trembley. *Neuch.* 1787, *in-8*, *br.*

6769. Hist. abr. des Comtes souv. de Neufchâtel, par Desmolins. *Par.* 1707, *in-12.*

6770. Lettres de Ch. Albert de Purý à Ferdin. Ostervald, au sujet de son livre; défense des considérations pour les Peuples de l'état. *Neuchatel*, 1762, *in-8*, *br.*

6771. Mém. justificatif des Conseillers d'état Montmollin et Pury, Maires en Suisse. 1767.—Exposé de la contestation entre Hume et J. J. Rousseau, et notes sur la letrre de Voltaire à Hume. 1766, *in-12*, *br.*

6772. Relat. de tout ce qui s'est passé à Neuchâtel, depuis la naissance des troubles. 1767, *in-12.*

6773. Recherches sur l'indigenat Helvétique de Neuchâtel et Vallangin, par Jérome Emmanuel Boyve. *Neuchâtel*, 1778, *in-8*, *br.*

6774. Abrégé Chronol. de l'histoire du Comté de Neuchatel et Vallangin, depuis 1035 jusqu'en 1787. *Suisse*, 1787, *in-8.*

6775. Acta Helvetica, physico-mathem.-botanico-medica. *Basil.* 1751 et *seq.* 6 tom. 5 *vol. in-4.*

6776. Conseils pour former une bibliothèque hist. de la Suisse, par Haller. *Berne*, 1771, *in-8*, *br.*

Histoire de Flandre et des Pays-Bas.

6777. Jac. Marchantii Flandria *Antuerp.* 1596, *in-8.*

6778. Chronique de Flandre mise en lumière, par Den. Sauvage. *Lyon*, 1561, *in-fol.*

6779. Mém. d'Olivier de la Marche, depuis 1435 jusqu'en 1479. *Bruxelles*, 1616, *in-4.*

6780. Jac. Meyeri commentarii rerum Flandricarum. *Antuerpiæ*, 1561, *in-fol*, *v. fil.*

6781. Légende des Flamans. *Par.* 1558, *in-8.*

6782. La même, *Par.* 1558—Chronique de Louis XI, depuis 1460, jusqu'en 1483. *Par.* 1558.—Jo. Mich. Bruti de rebus à Carolo Quinto Imperatore oratio. *Antuerp.* 1555—Onosander de optimo imperatore. *Bas.* 1570.—Comment. captæ Urbis ductore Car.

Borbonio.—Aurea bulla Caroli IV. *Antuerp.* 1566, *in-8.*

6783. Hist. de la guerre de Flandres, par Famianus Strada, trad. par du Ryer. *Par.* 1664, 4 *vol. in-12.*

6784. Hist. militaire de Flandres, depuis 1670, jusqu'en 1694, par Beaurain. *Par.* 1755, 2 *vol. in-fol. v. d. s. tr.*

6785. Opere del Card. Bentiveglio. *Par.* 1645, *in-fol.*

6786. Abr. Chron. de l'hist. de Flandres, par A. J. Panckoucke. *Dunkerq.* 1762, *in-8.*

6787. Calendrier de la Flandre, du Brabant et des conquêtes du Roi. *Lille*, 1748, *in-12, br.*

6788. Mém. sur l'Intendance de la Flandre, dressés sur les écrits de Dreux Louis Dugué Bagnols. *Bruxelles*, 1739, *in-8.*

6789. Théâtre de la guerre dans les Pays-Bas, par N. de Fer. 1702, 2 *vol. in-4, br.*

6790. Théâtre de la guerre des Pays-Bas, par Eug. Henri Friex. *in-fol.*

6791. Ann. et hist. des troubles des Pays-Bas, par Hugue Grotius. *Amst.* 1672, *in-fol.*

6792. Mém. hist. polit. des Pays-Bas Autrichiens, par de Neni. *Bruxelles*, 1785, 2 *tom.* 1 *vol. in-8.*

6793. Recueil de pièces concern. les Pays-Bas anciens. *in-8, br.*

6794. Jurisprudence des Pays-Bas Autrichiens, par Remi Alb. du Laury. *Bruxelles*, 1761, 2 *vol. in-8.*

6795. Hist. du Parlement de Tournay, par Math. Pinault. *Valenciennes*, 1701, *in-4. mar.*

6796. Ant. Sanderi, Gandavum. *Bruxellis*, 1627, *in-4, v. fil.*

6797. Coutumes et ordonn. de Namur. *La Haye*, 1736, *in-4.*

6798. Relat. du siége de Grave, en 1674, et de celui de Mayence en 1689. *Par.* 1756, *in-12, cartes.*

6799. Description des principaux ouvrages de peinture et sculpture d'Anvers. *Anvers*, 1774, *in-12, br.*

Histoire des Provinces-Unies.

6800. Hist. des Provinces-Unies, par Wicquefort. *La Haye*, 1719, 2 *vol. in-fol.*

6801. Annales des Provinces-Unies, par Basnage. *La Haye*, 1726, 2 *vol. in-fol.*

6802. Hist. des Provinces-Unies des Pays-Bas, par le Clerc. *Amst.* 1728, 3 *tom.* 2 *vol. in-fol*, *fig.*

6803. Hist. des Provinces-Unies, par Desjardins et Sellius. *Par.* 1757 et *suiv.* 5 *vol. in*-4, gr. pap. *fig.*

6804. Introduction à l'hist. des Provinces-Unies. 2 *tom.* 1 vol. *in*-12, *mar.*

6805. Hist. abr. des Provinces-Unies et principalem. abrégé de la Hollande. *Amst.* 1756, *tom.* 1, *in*-12.

6806. Tableau de l'hist. générale des Provinces-Unies. *Utrecht.* 1777, 3 *vol. in*-12.

6807. Hist. et négociations de Jean de Witt, depuis 1652 jusqu'en 1669. *Amst.* 1725, 5 *vol. in*-12.

6808. Mém. de Jean de Witt, Grand Pensionnaire de Hollande, trad. de l'original. *Trev.* 1709, *in*-12.

6809. Hist. de la vie et de la mort des frères Witt. *Utrecht*, 1709, 2 *vol. in*-12.

6810. Mém. du Comte de Guiche, concern. les Provinces-Unies des Pays-Bas, depuis 1665, jusqu'en 1672. *Par.* 1744, 2 *vol. in*-12.

6811. Remarques de Temple sur l'état des Provinces-Unies des Pays-Bas. *Utrecht*, 1706, *in*-12.

6812. Considérations sur les Révolutions des Provinces-Unies. *Par.* 1788, *in*-8. *br.*

6813. Précis hist. de la Révolution qui vient de s'opérer en Hollande. *Bruxelles*, 1788, *in*-8, *br.*

6814. Guillaume de Nassau, poëme, par Bitaubé. *Par.* 1775, *in*-8.

6815. Les lauriers de Maurice de Nassau. *Leyden*, 1612, *in-fol*, *fig.*

6816. Campagne de Hollande en 1672, sous les ordres du Duc de Luxembourg. *La Haye*, 1759, *in-fol*, *br.*

6817. Essai sur la Constitution de la Hollande. Manuscrit, *in-4*, *br.*

6818. Histoire du Stadhouderat, depuis son origine jusqu'à présent, par Raynal. *Paris*, 1750, 2 *vol. in-12*.

6819. Mém. pour servir à l'histoire de Hollande et des autres Provinces-Unies, par Louis Aubery du Maurier. *Par.* 1688, *in-8*.

6820. Le Hollandois, ou lettres sur la Hollande, ancienne et moderne, par de la Barre de Beaumarchais. *Amst.* 1738, *in-8*.

6821. Etat de la République des Provinces-Unies et des pays qui en dépendent, par Fr. Mich. Janiçon. *La Haye*, 1755, 2 *vol. in-12*, *fig. v. fil.*

6822. Commerce de la Hollande dans les quatre parties du monde. *Amst.* 1768, 3 *vol. in-12*.

6823. Richesse de la Hollande. *Amst.* 1778, 5 *vol. in-12*.

6824. Mém. sur les principales manipulations en usage dans les papeteries de la Hollande, avec l'explic. de leurs résultats, par Desmarets, 1774, *in-4*. *fig. br.*

6825. Vie de Bayle, par des Maizeaux. *Par.* 1732, 2 *vol. in-12*.

6826. Vie de Didier Erasme, par Burigny. *Par.* 1757, 2 *vol*, *in-12*.

6827. Vie de Grotius, par le même. *Par.* 1752, 2 *vol*, *in-12*.

6828. Veterum monumentorum a Ger. Papenbroekio Academiæ Lugd. Bat. legatorum descriptio, studio et opera Fr. Oudendorpii. *Lugd. Bat.* 1746, *in-4*, *fig. br.*

6829. Collectanea chymica Leydensia, a Christoph. Love Morley. *Lugd. Bat.* 1784, *in-4*.

6830. Hist. abrégée de l'Eglise Métropolitaine d'Utrecht. *Utrecht*, 1765, 4 *vol. in-12*.

Histoire d'Espagne et de Portugal.

6831. État présent de l'Espagne, par de Veyrac. *Par.* 1718, 4 *vol. in-12*, *fig.*

6832. Observ. philos. et polit. sur l'état actuel de l'Espagne, en 1776, par la Tapie. *in-fol.* Manuscr. *br.*

6833. Observ. de l'Abbé Cavanilles, sur l'article Espagne, de la nouvelle encyclopédie. *Par.* 1784; Lettres sur le Portugal, et portr. hist. du Marq. de Pombal. *Par.* 1780, *in*-8.

6834. Abr. chron. de l'hist. d'Espagne, par Desormeaux. *Par.* 1759, 5 *vol. in*-12.

6835. Abr. chron. de l'hist. d'Espagne et Portugal. *Par.* 1765, 2 *vol. in*-8, *v. fil.*

6836. Hist. des Révolutions d'Espagne, par le P. d'Orléans. *Par.* 1737, 5 *vol. in*-12.

6837. Hist. des deux conquêtes d'Espagne par les Maures, trad. de l'arabe, par Miguel de Luna. *Par.* 1708, *in*-12.

6838. Hist. de Ferdinand et Isabelle. *Par.* 1766, 2 *vol. in*-12.

6839. Hist. du ministère du Card. Ximenès, par Marsolier. *Par.* 1739, 2 *vol. in*-12.

6840. Hist. du règne de Philippe II. par Watson, trad. de l'angl. *Amst.* 1777, 4 *vol. in*-12.

6841. Portrait de Philippe II. *Par.* 1785, *in*-12, *br.*

6842. Mém. pour servir à l'hist. du Cardinal de Granvelle, par Dom l'Evêque. *Par.* 1753, 2 *vol. in*-12.

6843. Hist. du Cardinal de Granvelle. *Par.* 1761, *in*-12.

6844. Germaine de Foix, Reine d'Espagne. *Par.* 1701, *in*-12.

6845. Relation des différens arrivés en Espagne, entre D. Juan d'Autriche et le Card. Nitard. *Cologne*, 1677, *in*-12.

6846. Mém. pour servir à l'hist de Philippe V. par D. Vincent Bacallar y Santa, Marq. de S. Philippe, trad. de l'Espagnol. *Par.* 1756, 4 *vol. in*-12.

6847. La conduite du comte de Peterborow en Espagne, depuis la levée du siége de Barcelonne en 1706, avec la campagne de Valence, trad. de l'angl. *Lond.* 1708, *in*-8.

6848. Casim. Gomezii Ortegæ carmen de laudibus Caroli III. Hispaniarum Regis, Hispanice et Lat. *Matriti*, 1769, *in*-4.

6849. Mém. et considér. sur le commerce et les finances d'Espagne. *Amst.* 1745, 2 *vol. in*-12.

6850. Consider. sur les finances d'Espagne. *Par.* 1753, *in*-12, *mar.*

6851. Rétablissement des manufactures et du commerce d'Espagne, trad. de D. Bern. de Ulloa. *Par.* 1753, *in*-12, *mar.*

6852. The history of the Island of Minorca, by John Armstrong. *Lond.* 1756, *in*-8, *fig.*

6853. La même, trad. en français. *Par.* 1769, *in*-12, *fig.*

6854. Minorque conquise, poëme. *Par.* 1756, *in*-8, pap. de Hollande, *v. d. s. tr.*

6855. Recueil de pièces sur la conquête de l'Isle Minorque. 1756, *in*-12.

6856. Réflexions sur l'Isle Minorque, par Cl. Fr. Passeret de la Chapelle. *Par.* 1764, *in*-12.

6857. État présent du Royaume de Portugal en 1766. *Lauzane*, 1775, *in*-12.

6858. Hist. de Portugal depuis 1486, trad. du lat. de Jer. Osorius. *Par.* 1587, *in*-8.

6859. Révol. de Portugal, par de Vertot. *Par.* 1750, *in*-12, *v. d. s. tr.*

6860. Vie du Duc de Riperda. *Amst.* 1739, 2 *tom.* 1 *vol. in*-12.

6861. Anecdotes du ministère de Sebast. Jos. Carvalho, Marq. de Pombal sous le regne de Joseph I, Roi de Portugal. 1784, *in*-8, *br.*

6862. Mém. du même. 1784, 4 *vol. in*-12, *br.*

6863. Mém. hist. polit. et littér. concern. le Portugal et toutes ses dépendances, avec la bibliothéque des écrivains et historiens de ces Etats, par d'Oliveyra. *La Haye*, 1743, 2 *vol. in*-8.

6864. Essai sur les moyens de rétablir les sciences et les lettres en Portugal, par Ant. Teixeira-Gamboa en lat. et en fr. *Par.* 1762, *in*-8, *v. fil.*

Histoire d'Angleterre, d'Ecosse et d'Irlande.

6865. Hist. du Schisme d'Angl. de Sanderus, trad. en Franç.

HISTOIRE D'ANGLETERRE,

par Maucroix. *Paris*, 1678, 2 *tom.* 1 *vol. in*-12.

6866. Consid. Polit. et Hist. sur l'établissem. de la relig. prétendue réformée, en Anglet. *Paris*, 1765, *in*-12, *br.*

6867. Hist. du démélé de Henri II, roi d'Anglet. avec Thom. Becket, Arch. de Cantorbery. *Paris*, 1756, *in*-12.

6868. Magnæ Britanniæ notitia, à Jo. Chamberlayne, Anglicè. *Lond.* 1736, *in*-8.

6869. État présent d'Anglet. trad. de l'Angl. de Chamberlayne. *Amst.* 1688, 2 *vol. in*-12.

6870. Hist. d'Anglet. par David Hume, trad. par Mde. de Blot et Prevost. *Par.* 1769, 18 *vol. in*-12.

6871. Hist. d'Anglet. jusqu'au traité d'Aix-la-Chapelle, en 1748, par T. Smolet, trad. par Targe. *Orléans*, 1759 et *suiv.* 19 *vol. in*-12.

6872. Hist. d'Anglet. depuis le traité d'Aix-la-Chapelle, en 1748, jusqu'au traité de Paris, en 1763, par Targe. *Par.* 1768, 5 *vol. in*-12.

6873. Hist. d'Anglet. par Henri, trad. par M. Boullard. *Par.* 1788, *tom.* 1, *in*-4, *fig. br.*

874. The history of England by Goldsmith. *London*, 1774, 4 *vol. in*-8.

6875. Abr. chron. de l'hist. d'Anglet. trad. de l'angl. de Salmon. *Par.* 1751, 2 *vol. in*-8, *mar.*

6876. Abr. chron. de l'hist. d'Anglet. par du Port du Tertre. *Par.* 1751, 3 *vol. in*-12.

6877. Fastes de la Grande-Bretagne. *Par.* 1769, 2 *vol. in*-8.

6878. Lettres philosophiq. et politiq. sur l'hist. d'Anglet. trad. de l'anglais. *Paris*, 1786, 2 *vol. in*-8.

6879. History and defence of magna charta. *London*, 1769, *in*-8, *br.*

6880. Hist. du Whigisme et du Torisme, par de Cize. *La Haye*, 1718, *in*-12.

6881. Hist. des révol. d'Anglet. par le P. d'Orléans. *Par.* 1762, 4 *vol. in*-12, *fig. v. d. s. tr.*

6882. Hist. des révol. d'Anglet. depuis 1660 jusqu'en 1689, par Burnet. *La Haye*, 1725, 2 *vol. in*-4, *fig.*

6883. The hist. of England, from the accession of James I. to elevation of the house of Hanover by Cat. Macaulay. *London*, 1769, 5 *vol. in-8*, *br.*

6884. La même, en anglais. *Baht*, 1778, *in-4*, *tom.* 1, *br.*

6885. Mém. de la dernière révol. d'Anglet. conten. l'abdication de Jacques II, et l'avéném. de Guillaume III à la couronne, par L. B. T. *La Haye*, 1702, 2 *vol. in-12*, *fig.*

6886. Nuits Anglaises. *Par.* 1770, 4 *vol. in-8.*

6887. Le comte de Warwick, par madame d'Aulnoy. *Par.* 1740. *in-12.*

6888. Mém de la cour d'Anglet. *Par.* 1695, 2 *vol. in-12.*

6889. Eclaircissem. sur l'hist. de Marie, Reine d'Anglet. *Par.* 1766, *in-12*, *br.*

6890. Lettres, Mém. et Négociat. de Carleton, depuis 1616 jusqu'en 1620. *La Haye*, 1759, 3 *vol. in-12*, *br.*

6891. Mém. d'Edmond Ludlow, sous le règne de Charles Premier, jusqu'à Charles Second. *Amst.* 1699, 2 *vol. in-12.*

6892. Mém. de James Graham, Marq. de Montrose. *Par.* 1767, 2 *tom.* 1 *vol. in-12.*

6893. Vie d'Olivier Cromwel, par Greg. Leti. *Rouen*, 1730, 3 *vol. in-12.*

6894. Hist. de la rébellion et des guerres civiles d'Angleterre, depuis 1641 jusqu'en 1660, par Clarendon. *La Haye*, 1704, 6 *vol. in-12.*

6895. Relat. des trois ambassades du Comte de Carlisle, vers Alexis Michailovitz, Czar et Grand-Duc de Moscovie, Charles, Roi de Suède, et Frédéric III, Roi de Dannemarck et de Norwege, depuis 1663 jusqu'en 1664. *Rouen*, 1670, *in-12.*

6896. The Works of William Temple. *Lond.* 1750, 2 *vol. in-fol.*

6897. Mém. de Temple, depuis 1672 jusqu'en 1679, trad. de l'Anglais. *Par.* 1693, *in-12.*

6898. Abr. de la vie de Jacques II, tirée de Fr. Sanders, par Fr. Bretonneau. *Par*, 1703, *in-12*, *v. fil.*

6899. Mém. de la Grande-Bretagne et de l'Irlande, depuis 1684 jusqu'en 1692. trad. de l'angl. de Jean d'Alrymple, par Blavet. *Genève*, 1776, 2 *tom.* 1 *vol. in-8.*

6900. Mém. de tout ce qui s'est passé de plus considérable, sur mer, durant la guerre avec la France, depuis 1688 jusqu'en 1697. *Lond.* 1733, *in*-12.

6901. Le procès sans fin, ou hist. de John Bull, par Swift, trad. par Velli. *Paris*, 1753, *in*-12.

6902. Lettres du Comte d'Orreri, sur la vie et les ouvrages de Swift. *Par.* 1759, *in*-12.

6903. Les intérêts de l'Angleterre mal entendus dans la guerre présente, trad. de l'angl. *Paris*, 1704, *in*-12.

6904. Relat. de la conduite que la Duch. Douairière de Marlborough a tenue à la Cour, depuis qu'elle y entra, jusqu'à 1710, traduite de l'anglais. *La Haye*, 1742, *in*-12, *br.*

6905. Hist. secr. de la Reine Zarah, ou la Duch. de Marlborough démasquée, trad. de l'angl. *Par.* 1711, *in*-12.

6906. La conduite des alliés en commençant et contin. la guerre, trad. de l'angl. *Liège*, 1712, *in*-8.

6907. Caractère de la Cour d'Anglet. sous les règnes de Guillaume III et d'Anne Première, traduite de l'angl. *La Haye*, 1733, *in*-12.

6908. Hist du règne de la reine Anne, par Jon. Swift, trad. en franç. *Par.* 1765, *in*-12.

6909. Vie d'Anne Stuard, trad. de l'Angl. *Par.* 1716, *in*-12, *v. fil.*

6910. Memoirs of the life and ministerial conduct of the Visc. Bolingbroke. *Lond.* 1752, *in*-8.

6911. Mém. secrets de Bolingbroke, depuis 1710 jusqu'en 1716. *Paris*, 1754, *in*-8, *v. fil.*

6912. Mem. of the most remarquable military transactions from the year 1683 to 1718, during the reigns of K. Will. et Q. Anne, by Rob. Parker. *London.* 1747, *in*-8.

6913. Conduite des Cours de la Grande-Bretagne et d'Espagne, trad. de l'angl. *Rouen*, 1720, *in*-12.

6914. The present state of Great Britain and Ireland. *Lond.* 1723, *in*-8.

6915. Mém. de Jean Ker, négociateur en Ecosse, en Angleterre, à Vienne et Hanovre, trad. de l'anglais. *Rotterd.* 1726, *in*-12.

6916. Mém. du règne de George I. *La Haye*, 1729, 5 *vol. in*-12.

6917. L'Angleterre aux prises avec elle-même. *Amst.* 1729, *in*-12.

6918. Mém. de la vie du Duc d'Ormond, trad. de l'angl. *La Haye*, 1737, 2 *vol. in*-12.

6919. Hist. du ministère de Rob. Walpool. *Par.* 1764, 3 *vol. in*-12.

6920. Mém de Jean Murray, Secrétaire du Prétendant, en Anglet. *Lond.* 1747, *in*-8, *br.*

6921. Mém. de la vie du Lord Lovat. Relat. de la conduite du Comte de Kilmarnock, après sa sentence prononcée, et manière de procéder dans la Chambre-des-Pairs, contre les criminels. *Amst.* 1747, *in*-12.

6922. Mém. pour les ministres d'Anglet. contre Byng. 1757, *in*-12, *br.*

6923. État politique actuel de l'Angleterre. *Paris*, 1757 et *suiv.* 10 *vol. in*-12, *fig.*

6924. L'Observateur Français à Londres. *Par.* 1770 *et suiv.* 11 cayers *in*-12, *br.*

6925. Entretiens aux Champs-Élysées, entre Charles I. et Byng. *Par.* 1757, *in*-12.

6926. Essais hist. sur l'Angleterre. *Paris*, 1761.—Débats au Parlem. d'Anglet. au sujet des affaires génér. de l'Europe, trad. de l'angl. *Par.* 1758, *in*-12.

6927. Examen du ministère de Pitt, trad. de l'angl. par le Chev. de Champigny. *La Haye*, 1764, *in*-8.

6928. Correspondance sur la situation de l'Angleterre. *Par.* 1769, *in*-12.

6929. Vœu de toutes les nations, et l'intérêt de toutes les puissances dans l'abaissement et l'humiliation de la Grandé-Bretagne. *Amst.* 1778, *in*-8, *br.*

6930. Vie politique de Ch. Jacq. Fox, en Angl. *Lond.* 1783, *in*-8, *br.*

6931. Esquisse du règne de Georges III, depuis 1780, jusqu'en 1791, trad. de l'angl. *Par.* 1791, *in*-8, *br.*

6932. The history and antiquities of Harwich, and Dovercourt, by Siles Taylor, and Samuel Dale. *Lond.* 1732, *in*-4, *fig. v. fil.*

6933. Hist. des Isles de Jersey et de Guernesey, trad. de l'ang. par le Rouge. *Paris*, 1757, *in*-12, *fig.*

6934. Hist. d'Ecosse, sous les règnes de Marie Stuart, et de Jacques VI, par Guil. Robertson, trad. de l'angl. par M. Suard. *Paris*, 1764, 3 *vol. in*-12, *v. fil.*

6935. Mém. de Melvil, trad. de l'angl. *Paris*, 1745, 3 *vol. in*-12.

6936. Correspond. secrète de Rob. Cecil, avec Jacques VI, Roi d'Ecosse, trad de l'angl. *Genève*, 1767, *in*-12.

6937. Éloge de Milord Maréchal, (Georges Keith, Maréchal héréditaire d'Ecosse). 1779, *in*-12, *br.*

6938. Hist. d'Irlande, par Thom. Leland, trad de l'angl. *Mastreicht*, 1779, 7 *vol. in*-12, *br.*

6939. Observ. on affairs in Ireland from the setlement in 1691, to the present times, by Nicholas lord Taafe. *London*, 1766, *in*-8, *br.*

6940. Relat. de la camp. d'Irlande, en 1691, sous le commandem. du général de Ginkel. *Amst.* 1693. — Hist. de la révol. d'Irlande, sous Guillaume III. *Amst.* 1691, *in*-12, *br.*

6941. Révol. dEcosse et d'Irlande, depuis 1707 jusqu'en 1709, où l'on découvre les intrigues les plus secrètes du Chev. de Saint-Georges. *La Haye*, 1758, *in*-12.

6942. Lettres d'un officier Irlandais à un officier Français. 1756, *in*-12, *br.*

6943. Journ. de la campagne du Cap. Thurot, sur les côtes d'Ecosse et d'Irlande, en 1757 et 1758. *Par.* 1760, *in*-12, *br.*

6944. Hypolite, Comte de Duglas, par Mde. d'Aulnoy. *Par.* 1738, *in*-12.

6945. History of the county and city of Cork, by Ch. Smith. *Dublin*, 1750, 2 *vol. in*-8, *fig.*

6946. The investigator, containing the tracts on ridicule; Elizabeth Canning; naturalization, taste, constitution of England. *Lond.* 1763, *in*-8.

6947. Constitution de l'Angleterre, par de Lolme. *Amst.* 1771, *in*-8.

6948. La même, *Genève.* 1787, 2 *tom.* 4 *vol. in*-8.

6949. Examen du gouvernem. de l'Angleterre, comparé aux Constitutions des États-Unis, trad. de l'angl- *Par.* 1789, *in*-8, *br.*

6950. De laudibus legum Angliæ, by John Fortescue, transl in to english by Selden. *Savoy.* 1741, *in-fol.*

6951. Commentaries on the Laws of England, by William Blackstone. *Oxford.* 1778, 4 *vol. in*-8, *br.*

6952. Traduction en français. *Brux.* 1774, 6 *vol. in*-8.

6953. État abrégé des loix, revenus, usages et produit de la Grande-Bretagne. *Par.* 1757. — Etat présent des possessions de S. M. Britanique en Allemagne. *Par.* 1760, *in*-8, et *in*-12, *br.*

6954. Histoire du Parlement d'Angleterre, par Raynal. *Par.* 1751, 2 *vol. in*-8.

6955. Dial. sur les mœurs des Anglais et sur les voyages considérés comme faisant partie de l'éducation de la jeunesse, trad. de l'anglais. *Par.* 1765, *in* 12.

6956. Hist. navale d'Angleterre, depuis 1066 jusqu'en 1734, trad. de l'angl. de Th. Lediard. *Lyon*, 1751, 3 *vol. in*-4, gr. pap.

6957. Hist. des progrès de la puissance navale d'Angleterre, par de Sainte-Croix. *Par.* 1786, 2 *vol. in*-12.

6958. An historical and chronogical deduction of the origin of commerce of the British Empire, by A. Anderson. *Lond.* 1764, 2 *vol. in-fol.*

6959. Bilan de l'Angleterre, depuis 1600 jusqu'en 1761. *Par.* 1762, *in*-8.

6960. The hist. of our national debts et taxes, from 1688 to 1751. *London*, *in*-8.

6961. Situation des finances de l'Angleterre. 1768. — Mém. sur l'administration des finances de l'Angleterre, depuis 1763 jusqu'en 1765, en Angl. et en Franc. *Lond.* 1766, et *Par.* 1768, 3 *vol. in*-4.

6962. Considér. sur le commerce et la navigation de la Grande-Bretagne, trad. de l'angl. de Joshua-Gee. *Par.* 1749, *in*-12.

6963. Le Négociant Anglais, trad. de l'angl. *Par.* 1753, 2 *vol. in*-12, *mar.*

6964. England's treasure by foreign trade, by Th. Mun. *Glasgow*, 1755, *in*-12.

6965. Essai sur l'état du commerce d'Angleterre, par Butel du Mont. *Par.* 1755, 2 *vol. in*-12, *v. fil.*

6966. Essai sur les causes du déclin du commerce étranger de la Grande-Bretagne. *Par.* 1757, 2 *vol. in*-12.

6967. Coup-d'œil rapide sur le commerce et les forces de l'Angleterre. *Par.* 1768, *in*-12, *br.*

6968. Tableau de l'Angleterre relativem. à son commerce et ses finances, par Grenville. *Par.* 1769, *in*-8, *v. f. fil.*

6969. Recueil de pièces concern. le traité de commerce avec l'Angleterre. 2 *vol. in*-8. *br.*

6970. État des arts en Angleterre, par Rouquet. *Par.* 1755, *in*-12.

6971. Mém. litter. de la Grande-Bretagne, années 1767 et 1768. *Lond.* 1768, 2 *vol. in*-12. *br.*

6972. Hist. de la société royale de Londres, trad. de l'angl. de Th. Sprat. *Genève*, *in*-8, *fig.*

6973. Transactions philosophiques de la société royale de Londres, depuis 1731, jusqu'en 1744, trad. par de Bremond, avec la table. *Par.* 1739, et *suiv.* 8 *vol. in*-4, *fig.*

6974. Mém. of the society from London; or a new abridgment of the philosophic. transactions, by Baddam. *London*, 1745, 10 *vol. in*-8, *fig.*

6975. Relation de l'origine, des progrès et de l'état actuel de la société établie à Londres, pour l'encouragement des arts, des manufactures et du commerce. *Par.* 1764, *in*-8, *br.*

6976. Essais de la société de Dublin, trad. de l'Ang. par Thébault. *Par.* 1759, *in*-12.

6977. Essais et observat. de médecine de la société d'Edimbourg, trad. de l'ang. par P. Demours. *Par.* 1740, 7 *vol. in*-12, *fig. v. fil.*

Histoire de Pologne.

6978. Relation hist. de la Pologne, par de Hauteville. *Par.* 1697, *in*-12.

6979. Hist. de Pologne, par Solignac. *Par.* 1750, 5 *vol.* *in*-12.

6980. Hist. des Révol. de Pologne, par des Fontaines. *Trev.* 1735, 2 *vol.* *in*-12.

6981. Hist. des dières de Pologne, par de la Bizardière. *Par.* 1697, *in*-12.

6982. Hist. de J. Sobieski, Roi de Pologne, par Coyer. *Par.* 1761, 3 *vol.* *in*-12.

6983. Lettre de Stanislas, Roi de Pologne, où il raconte la manière dont il est sorti de Dantzick durant le siége. *Par.* *in*-12.

6984. Recueil de pièces concern. Stanislas I, Roi de Pologne. 1734, *in*-4, *br.*

6985. Hist. du même. *Lond.* 1741, 2 *tom.* 1 *vol.* *in*-12, *fig.*

6986. Mém. de Pologne, depuis 1733 jusqu'en 1737. *Par.* 1739, *in*-12.

6987. Vie et caractère du Comte de Bruhl, premier Ministre du Roi de Pologne. 1760, *in*-12, *br.*

6988. Vie de Stanislas Leczinski, Roi de Pologne. *Par.* 1769, *in*-12.

6989. État de la Pologne. *Par.* 1770, *in*-12.

6990. Manifeste de la République confédérée de Pologne, 1770. — Réflex. sur la Pologne. *in*-4.

6991. Relat. ou journal d'un officier français au service de la confédér. de Pologne, (Fr. Auguste Thesby de Belcour) pris par les Russes et relégué en Sibérie; *Amst.* 1776. — Journal du siége de Cracovie. *Par.* 1772, *in*-12.

6992. Lettres hist. sur l'état actuel de la Pologne et sur l'origine de ses malheurs. *Par.* 1772, *in*-8.

6993. Révolutions de Pologne, depuis la mort d'Auguste III, jusqu'en 1775. *Par.* 1775, 2 *vol.* *in*-8.

6994. La Pologne telle qu'elle a été, qu'elle est, et qu'elle sera. *Potiers*, 1775, *in*-12.

6995. Vie du Comte Rezwuski. *Liége*, 1782, *in*-12, *br.*

6996. Rech. sur la Sarmatie, par J. Potocki. *Varsovie*, 2 *tom.* 1 *vol.* *in*-4.

6997. Journal de la Campagne de Dantzick, en 1734. *Par.* 1761, *in*-12.

6998. Journal du Siége de Cracovie. *Par.* 1772, *in*-8, *br.*

6999. Alb. Wiiuk Koialowicz hist. Lituana. *Dantisci*, 1650, *in*-4.

7000. Essai abrégé de Nowgorod, par J. G. de Lizakevitz. *Copenh.* 1771, *in*-8, *br.*

7001. Descr. de la Livonie, des Duchés de Courlande et de Semigalle, et de la province de Pilten, avec un voyage de Livonie en Hollande, en 1698. *Utrecht*, 1705, *in*-12, *Carte.*

7002. Essai polit. sur la Pologne. *Par.* 1764, *in*-8.

7003. Mém. sur le gouvernem. de la Pologne. *Genéve*, 1759, *in*-12.

7004. Essai sur le rétablissem. de l'ancienne forme du gouvernem. de Pologne, suivant la Constitution primitive de la République, par Wielhorski. *Par.* 1775, *in*-8, *mar.*

7005. Essai sur l'hist. littéraire de Pologne. *Berlin*, 1778, *in*-12.

Histoire de Hongrie.

7006. Hist. et descr. du Royaume de Hongrie. *Par.* 1688, *in*-12.

7007. Hist. des Révol. de Hongrie, avec les mém. de Fr. de Rakoczy, sur la guerre de Hongrie, depuis 1703 jusqu'à sa fin, et ceux de Betlem Niklos. *La Haye*, 1739, 2 *vol. in*-4.

7008. Hist. des Révol. de Hongrie, par de Sacy. *Par.* 1778, 2 *vol. in*-12.

7009. Hist. du Ministère du Card. Martinusius, avec des additions manuscrites. *Par.* 1715, *in*-12.

7010. Hist. des troubles de Hongrie, avec le siége de Neuheusel, et la relat. du combat de Gran. *Amst.* 1691, 4 *vol. in*-12, *fig.*

7011. Hist. d'Emeric, Comte de Tekely. *Par.* 1693, *in*-12.

7012. Campagne du Prince Eugene en Hongrie, et des Vénitiens dans la Morée. *Trev.* 1730, 2 *vol. in* 12.

7013. Hist. de la Moldavie et de la Valachie. *Neuchâtel*, 1781, *in*-12, *br.*

7014. Hist. des Uscoques, trad. par Amelot de la Houssaye. *Par.* 1682, *in*-12.

7015. Hist. de Socivizka, fameux brigand, de la Nation des Morlaques, appelés Monténégrins, qui l'ont rendu formidable aux Turcs des frontières du comté de Zara, trad. de l'Ital. par Marc Chapuis. *Berne*, 1777, *in*-12, *br.*

Histoire de Dannemarck.

7016. Hist. de Dannemarck, par Mallet. *Genève*, 1763, 6 *tom.* 5 *vol. in*-12, *v. fil.*

7017. Lettres sur le Dannemarck. *Genève*, 1757, 3 *vol. in*-4, et *in*-8.

7018. Extrait de l'état du Royaume de Dannemarck, tel qu'il étoit en 1692, trad. de l'angl. *Par.* 1695, *in*-8, *br.*

7019. Mém. de Molesworth, envoyé de S. M. Britanniq. à la Cour de Dannemarck, en 1692. *Nancy*, 1694, *in*-8.

7020. État présent de Dannemarck, trad. de l'angl. *Lond.* 1694, *in*-12.

7021. Le politique Danois. *Par.* 1756, *in*-12.

7022. Hist. de la dernière révolution arrivée en Dannemarck, écrite par la Reine Caroline Matilde, pendant sa détention au château de Kroonenbourg. *Genève*, 1773, *in*-12, *br.*

7023. Mém. d'une Reine infortunée, (Caroline Matilde) trad. de l'angl. *Lond.* 1776, *in*-12.

7024. Essai sur l'état présent des sciences, belles lettres et beaux-arts en Dannemarck et en Norwege. *Copenh.* 1772, *in*-8, *br.*

Histoire de Suède.

7025. Hist. des révol. de Suède, par Vertot. *Par.* 1767, 2 *vol. in*-12.

7026. Hist. de la dern. révolution de Suède, par Jacques le Scène des Maisons. *Par.* 1781, *in*-12.

7027. Hist. de la dern. révol. de Suède, trad. de l'ang. de Shéridan. *Par.* 1783, *in*-8.

7028. Vita di Arrigo di Suevia re di Sardaigna, da Celestino Petracchi. *Faenza*, 1750, *in*-8.

7029. Lettres choisies de Christine, reine de Suède. *Par.* 1759, 2 *tom*, 1 *vol. in*-12.

7030. Lettres secrètes de la même. *Genève*, 1761, *in*-12.

7031. Mém. concern. son règne. *Amst.* 1751 et *suiv* 3 *vol. in*-4.

7032. Hist. de Suède, sous le règne de Charles XII, par Limiers. *Rouen*, 1721, 12 *tom*, 6 *vol. in*-12, *fig.*

7033. Hist. milit. de Charles XII, depuis 1700 jusqu'en 1709, par Gust. Adlerfeld. *Par.* 1741, 3 *vol. in*-12, *fig.*

7034. Campagnes du même. *Par.* 1705, *in*-12.

7035. Remarques sur l'hist. de Charles XII, par Voltaire, *La Haye*, 1741, *in*-12.

7036. État présent de la Suède, trad. de l'ang. de Robinson. *Amst.* 1720, *in*-12.

7037. Hist. abr. de l'état présent de la Suède. *Par.* 1748, *in*-12.

7038. Actes de la Diète de Suède, des années 1755 et 1756. *Par.* 1756, *in*-12.

7039. Anecdotes du séjour du Roi de Suède, à Bender. *Hamb.* 1760, *in*-8.

7040. Éloge de Charles Gustave Tessin, Sénateur de Suède, par André Jean de Heepken, trad. par Zabern. *Par.* 1774, *in*-8.

7041. Forme du gouvernem. de Suède. *Genève*, 1756, *in*-8, *br.*

7042. Recueil des mém. de chimie et d'hist. natur. tirés des Academ. d'Upsal et de Stockolm, depuis 1720 jusqu'en 1760, trad. du latin et de l'allem. *Par.* 1764, 2 *vol. in*-12.

7043. Urbani Hierne acta chemica Holmiensia, cum annot. Joh. Gotschalk Wallerii. *Stockholmiæ*, 1753, *in*-8, *fig.*

Histoire de Russie et de Moscovie.

7044. Hist. de la Russie, trad. de Mich. Lomonossow, par Eidous. *Par.* 1769, *in*-8.

7045. Mém. sur la Russie, par Manstein. *Lyon*, 1772, 2 *vol. in*-8.

7046. Hist. de Russie, par Levesque. *Par.* 1782, 5 *vol. in*-12.

7047. Hist. des différ. peuples soumis à la domination des Russes, par le même. *Par.* 1783, 2 *vol. in*-12.

7048. Hist. des révol. de Russie, par Lacombe. *Par.* 1760, *in*-12, *v. fil.*

7049. Etat de l'Empire de Russie et Grand-Duché de Moscovie, depuis 1590 jusqu'en 1606. *Par.* 1669, *in*-12.

7050. Le Czar Demetrius. *Par.* 1715, 2 *vol. in*-12.

7051. Relat. curieuse de l'état de la Russie, avec l'hist. des révolut. arrivées sous l'usurpation de Boris, et l'imposture de Demetrius. *Par.* 1679, *in*-12.

7052. Etat de la Grande-Russie, par J. Ferry. *La Haye*, 1717, *in*-12.

7053. Hist. de la vie, du règne et du détrônem. d'Iwan III, Empereur de Russie. *Genève*, 1766, *in*-12, *br.*

7054. Mém. du règne de Pierre-le-Grand, par B. Iwan Nestesuranoi. *Par.* 1740, 5 *vol. in*-12.

7055. Journal de Pierre-le-Grand, depuis 1698 jusqu'en 1714. 1774, *in*-8.

7056. Le même. *Laus.* 1773, 2 *tom*, 1 *vol. in*-12.

7057. Mém. d'Azema. *Par.* 1764, *in*-12.

7058. Anecdotes du règne de Pierre I. *Par.* 1745, *in*-12, *v. fil.*

7059. Anecd. origin. du même, par de Stæhlin. *Strasb.* 1787, *in*-8.

7060. Hist. de Pierre I. le Grand, Emper. de Russie. *Amst.* 1742, *in*-4, *fig.*

7061. La Petreade, ou Pierre le Créateur, par G. S. de Mainvillers. *Amst.* 1763, *in*-8, *br.*

7062. Monument élevé à la gloire de Pierre-le-Grand, par Marin Carbury de Cefalonie. *Par.* 1777, *in-fol*, *fig. br.*

7063. Vie du Comte de Totleben. *Cologne*, *in*-12, *br.*

7064. Le faux Pierre III, ou la vie et les avant. du rébelle Jemelian Pugatschew. *Lond.* 1775, *in*-8.

7065. Éloge historique de Catherine II. *Genéve*, 1776, *in*-8, *br.*

7066. Hist. raisonnée du commerce de la Russie, par J. Benoît Scherer. *Par.* 1788, 2 *tom.* 1 *vol. in*-8.

7067. Descrip. et représentat. exacte de la maison de glace, constr. à Pétersbourg, en 1740, et de tous les meubles qui s'y trouvoient, trad. de l'Allem. par P. Louis le Roy. S. *Pétersbourg*, 1741, *in*-4, *fig. v. fil.*

7068. Religion ancienne et moderne des Moscovites. *Amst.* 1698, *in*-8, *fig.*

7069. Lettres moscovites. *Konisberg*, *in*-12.

7070. Joach. Pastorii bellum Scythico-Cosacium, seu de conjuratione Tartarorum Cosacorum et plebis Russicæ contrà regnum Poloniæ, a Joan. Casimiro profligatâ. *Dantisci*, 1652, *in*-4.

7071. Hist. de la guerre des Cosaques, contre la Pologne, par P. Chevalier. *Par.* 1663, *in*-12.

7072. L'Origine véritable du soulèvem. des Cosaques contre la Pologne, par P. Linage. *Par.* 1674, *in*-12.

7073. Commentarii Academiæ scientiarum Petropolitanæ, ab anno 1725 usque ad 1746. — Novi commentarii, ab anno 1747 usque ad ann. 1761. *Petropoli*, 1728, et seq. 22 *vol. in*-4, *fig.*

Histoire de Turquie.

7074. Essais de géogr. de polit. et d'hist. sur les possessions de l'Empereur des Turcs, en Europe. *Brux.* 1785, *in*-8.

7075. Miroir de l'Empire Ottoman. *Par.* 1678, 2 *vol. in*-12.

7076. Idée génér. de la Turquie, et des Turcs. *Par.* 1788, *in*-8.

7077. Religion des Mahométans, tirée du lat. de Reland *La Haye*, 1721, *in*-12, *fig.*

7078. Controverses sur la religion chrétienne et celle

des Mahométans, trad. de l'Arabe, par le Grand. *Par.* 1767, *in*-12, *br.*

7079. Alcoran de Mahomet, trad. par And. du Ryer. *Trev.* 1746, 2 *vol. in* 12, *v. fil.*

7080. Le Coran, trad. de l'Arabe, avec des notes, et un abr. de la vie de Mahomet, par Savary. *Par.* 1783, 2 *vol. in*-8.

7081. Vie de Mahomet, trad. par la Roque. *Par.* 1699, *in*-12.

7082. Vie du même, trad. par J. Gagnier. *Trev.* 1748, 3 *vol. in*-12.

7083. Hist. de la vie du même, par Turpin. *Par.* 1773, 3 *vol. in*-12.

7084. Annali Turcheschi, overo vite di principi della casa Ottomana, di Fr. Sansovino. *Venet.* 1573, *in*-4.

7085. Vita de gl'Imperatori Turchi, con le loro effigie, da Pietro Bertelli. *Vicenza*, 1599, *in-fol.*

7086. L'Ottomanno di Lazaro Soranzo. *Napoli*, 1600, *in*-4.

7087. Hist. de l'Empire Ottoman, par Ricaut, trad. par Briot. *Paris*, 1670, *in*-4, *fig.*

7088. Abr. de l'hist. des Turcs, par Venel, avec les portraits des Emper. *Amst.* 1697, 4 *vol. in*-12.

7089. Hist. de l'Empire Ottoman, trad. de Sagredo, par Laurent. *Par.* 1730, 7 *vol. in*-12.

7090. Anecd. ou hist. secrète de la maison Ottomane. *Trév.* 1740, 4 *vol. in*-12.

7091. Hist. de l'Empire Ottoman, par Demetrius Cantimir, trad. par Joncquières. *Par.* 1743, 4 *vol. in*-12.

7092. Abr. chron. de l'hist. Ottomane, par de la Croix, *Par.* 1768, 2 *vol. in*-8.

7093. Tableau de l'Empire Ottoman. *Par.* 1757, *in*-12.

7094. Tableau génér. de l'Empire Ottoman. *Par.* 1788, 2 *vol. in*-8, *fig. br.*

7095. Etat présent de la Turquie, par Mich. le Febvre. *Par.* 1675, *in*-12.

7096. Mém. de Selim, frère de Mahomet II. *Par.* 1735, *in*-12.

7097. Hist. des trois dern. Emper. des Turcs, depuis 1623 jusqu'à 1677, trad de l'ang. de Ricaut. *Par.* 1682, 4 *vol. in*-12.

7098. Mém. de la Croix, conten. diverses relations de l'Emp. Ottoman. *Par.* 1684, 2 *vol. in*-12.

7099. État génér. de l'Empire Ottoman, trad. par le même. *Par.* 1695, 3 *vol. in*-12.

7100. Mémoires turcs. *Par.* 1776, 2 *tom.* 1 *vol. in*-12, *fig*

7101. Hist. de la guerre des Russes et des Impériaux contre les Turcs, depuis 1736 jusqu'en 1739, par de Keralio. *Par.* 1780, 2 *vol. in*-8, *fig.*

7102. Hist. de la guerre entre les Russes et les Turcs, en 1767, par Keralio. *Par.* 1777, 2 *vol. in*-12.

7103. Hist. de la guerre entre la Russie et la Turquie, et particulièrement de la campagne de 1769. *Amster.* 1773. — Exam. du systême des Cours de Vienne, de Pétersbourg et de Berlin, concern. le démembrement de la Pologne. *Lond.* 1773, *in*-8, *fig. v. fil.*

7104. Considér. sur la guerre des Turcs, par Volney. *Par.* 1788, *in*-8, carte, *br.*

7105. Examen de cet ouvrage par de Peyssonnel. *Par.* 1788, *in*-8, *br.*

7106. Relat. véritable de ce qui s'est passé à Constantinople, avec M. de Guilleragues, Ambassadeur de France. *Chio*, 1682, *in*-12.

7107. Hist. somm. des choses plus mémorables advenues aux derniers troubles de Moldavie, par J. Baret, sur les mém. de Ch. de Joppecourt. *Par.* 1620, *in*-8.

7108. Hist. de la Moldavie et de la Valachie. *Jassy*, 1777, *in*-12.

7109. Riflessioni sopra lo stato presente della Dalmazia, da Pietro Nutrizio Grisogono da Trau. *Firenze*, 1775, *in*-4, *br.*

7110. Ruins of the palace of the Emperor Diocletian at Spalatro in Dalmatia, by Rob. Adam. *Lond.* 1764, *in-fol*, gr. pap. *fig.*

7111. Th. Smith epist. de moribus ac institutis Turcarum, et brevis Constantinop. notitia. *Oxon.* 1674, *in*-12.

7112.

7112. Mœurs et usages des Turcs, par Guer. *Paris*, 1746, 2 *vol. in-4*, *fig.*

7113. Observ. on the religion, law, gouvernement, and manners of the Turks. *Lond.* 1768, *in-8.*

7114. Les mêmes, trad. de l'angl. *Par.* 1769, 2 *tom.* 1 *vol. in-8.*

7115. État milit. de l'Empire Ottoman, par de Marsigli. *La Haye*, 1732, 2 *tom.* 1 *vol. in-fol*, *fig. br.*

Histoire de la Grèce.

7116. État des missions de Grèce. *Par.* 1695, *in-12.*

7117. Hist. des anciens Ducs et autres Souver. de l'Archipel. *Par.* 1699, *in-12.*

7118. Hist. de Georges Castriot, surnommé Scanderberg, par Jacq. de Lavardin. *la Roch.* 1593, *in-8.*

7119. Ruines des plus beaux monumens de la Grèce, par le Roy. *Par.* 1758, *in-fol*, *fig.* gr. pap. *v. d. s. tr.*

7120. Athènes anc. et nouv. et état présent de l'Empire des Turcs, par de la Guillotière. *Par.* 1676, *in-12*, *cartes.*

7121. Lacédémone anc. et moder. par le même. *Par.* 1676, 2 *vol. in-12*, *fig.*

7122. Hist. di Corfu da Andr. Marmora. *Venet.* 1672, *in-4.*

Histoire de l'Europe, de l'Asie et de l'Afrique.

7123. Hist. génér. d'Asie, conten. la descr. du royaume de Catay, c'est-à-dire la Chine Septentrionale, et l'hist. de l'Emp. Ottoman, trad. du Turc de Hussein Efendi Hezarfen, par Fr. Petis de la Croix. 3 *vol. in-4*, manusc. *mar.*

7124. Mém. sur la France, sur l'Asie et sur la Corse. *in-8.*

7125. Fragmens sur l'Inde, sur l'hist. génér. et sur la France, par Voltaire. *Genève*, 1773, 2 *tom.* 1 *vol. in-8.*

7126. Hist. des Huns, des Turcs, des Mogols et des autres Tartares occidentaux, avant et depuis J. C.

jusqu'à présent, par de Guignes. *Par.* 1756, 5 *vol. in*-4.

7127. Michalonis de moribus Tartarorum, Lituanorum et Moschorum, fragmina, et Jo. Lasicius de Diis samagitarum cæterorumque Sarmatorum et falsorum christianorum, et de religione Armeniorum, et de initio regiminis Steph. Batorii, edente J. Jac. Grassero. *Basil.* 1615, *in*-4.

7128. Hist. de l'Afrique et de l'Espagne, sous la domination des Arabes, par Cardonne. *Par.* 1765, 3 *vol. in*-12.

7129. Mém. ou Journal de l'ambassade de St.-Olon, à Maroc, en 1693. — Récit de l'ambassade, en France, d'Abdalla Ben Ache, en 1698 et 1699. Manuscr. 3 *vol. in*-4, *mar. fig.*

7130. Hist. Africaine de la division de l'Empire des Arabes, et du progrès de la monarchie des Mahométans dans l'Afrique et dans l'Espagne, trad. de l'ital. de J. B. Birago, par Ch. de Pure. *Par.* 1666, *in*-12.

7131. Turcici Imperii status, accedit de regnis Algeriano et Tunetano, commentarius. *Lugd. Bat.* 1634, *in*-32.

Histoire de l'Europe et de l'Amérique.

7132. Hist. de la dernière guerre entre la Grande-Bretagne et les États-Unis de l'Amérique, la France, l'Espagne et la Hollande, depuis 1775 jusqu'en 1783. *Par.* 1787, *in*-4, *cartes.*

7133. De la France et des États-Unis de l'Amérique, par Et. Clavière, et J. P. Brissot de Warville. *Lond.* 1787, *in*-8.

7134. Constitutions des principaux États de l'Europe, et des États-Unis d'Amérique, par de la Croix. *Par.* 1793, 5 *vol. in*-8, *br.*

7135. Espion des sauvages, en Angleterre. *Lond.* 1764, *in*-12.

7136. Affaires de l'Angleterre et de l'Amérique. *Par.* 1776 et *suiv.* 82 cayers *in*-8, *br.*

7137. Mém. d'un Américain, avec une descript. de la Prusse et de l'Isle Saint-Domingue. *Par.* 1771, 2 *tom.* 1 *vol. in*-12.

Histoire littéraire générale de l'Europe.

7138. Collect. académique concern. la Médecine, l'Anatomie et la Chirurgie, la Chimie, la Phisique, la Botanique et l'Histoire naturelle, tirée des Académies tant de France qu'étrangères, par J. Berryat et autres. *Dijon*, 1754 et *suiv.* 17 *vol. in*-4, *fig.* gr. et pet. pap.

7139. Considérat. sur l'état présent de la littérature en Europe. *Par.* 1762, *in*-12.

7140. Bibliothèques françaises de la Croix du Maine et de Duverdier, avec des remarq. de la Monnoye, Bouhier et Falconet, revues par Rigoley de Juvigny. *Par.* 1772, 6 *vol. in*-4.

7141. Jugem. des savans sur les auteurs qui ont traité de la rhétorique, par Gibert. *Par.* 1713, 3 *vol. in*-12.

7142. Mém. de littérature de Sallengre et Desmollets. *La Haye*, 1715, *et suiv.* 13 *vol. in*-12.

7143. Bibliothèque choisie de Colomiés, avec des notes de Bourdelot, la Monnoye et autres. *Par.* 1731, *in*-12.

7144. Mém. hist. polit. crit. et littéraires, par Amelot de la Houssaie. *Par.* 1737, 3 *vol. in*-12.

7145. Amusemens littéraires, par de la Barre de Beaumarchais. *La Haye*, 1740, 3 *vol. in*-8, *v. fil.*

7146. Mém. d'hist. de critiq. et de littérature, par d'Artigny. *Paris*, 1749, 7 *vol. in*-12.

7147. Anecdotes littéraires, par Raynal. *Paris*, 1750, 2 *vol. in*-12.

7148. Mém. hist. crit. et littér., par Bruys. *Par.* 1751, 2 *vol. in*-12.

7149. Recréat. littér. par Lautour. *Par.* 1759, *in*-12.

7150. Querelles littéraires, par Irail. *Par.* 1761, 4 *vol. in*-12.

7151. Collect. curieuse et intéressante de la littérature étrangère. *Breslaw*, 1791, *in*-12, *br*.

7152. Journal des savans, depuis 1665 jusqu'à juillet 1778, avec la table. *Par.* 1666 *et suiv.* 109 *vol. in*-4.

7153. Nouvelles de la république des lettres, par Bayle, depuis 1684 jusqu'en 1718, 40 *vol. in*-12.

7154. Bibliothèque choisie, faisant suite à la biblio-thèque universelle, par J. Leclerc. *Amsterd.* 1703, 19 *vol. in*-12.

7155. Choix des meilleurs morceaux des anciens Mercures, avec un extrait du Mercure Français. *Par.* 108 *tom.* 36 *vol. in*-12.

7156. Nouvelliste du Parnasse, observ. sur les écrits modernes; jugem. sur quelques ouvrages nouv. par Desfontaines. *Par.* 1734 *et suiv.* 46 *vol. in*-12.

7157. Recueil de pièces contre Desfontaines et Freron. 1746 *et suiv. in*-12.

7158, Pour et contre, par Prevost. *Par.* 1733 *et suiv.* 20 *vol. in*-12.

7159. Opuscules et lettres sur quelques écrits de ce tems, et année littéraire, par Freron, depuis 1754 jusqu'en 1775. *Par.* 1752 *et suiv.* 172 *vol. in*-12.

7160. Journal étranger, depuis avril 1754 jusqu'à septembre 1762. *Par.* 1754, *et suiv.* 31 *vol. in*-12, *manq.* décembre, 1754.

7161. Le Conservateur, depuis novembre 1756 jusqu'en décembre 1759. *Paris*, 1756 *et suiv.* 14 *vol. in*-12. *manq.* novembre 1758.

7162. Observateur littéraire, depuis 1758 jusqu'en 1761, par de la Porte. *Par.* 1758 *et suiv.* 18 *vol. in*-12.

7163. Annales typographiques. *Par.* 1760 *et suiv.* 10 *vol. in*-8.

7164. Esprit des journaux, depuis 1791 jusqu'en fevrier 1793. *Paris*, 1791 *et suiv.* 25 *vol. in*-12 *br.* manq. novembre 1791.

7165. Bibliographie instructive, avec le catalogue de

Gaignat, par Guill. Fr. de Bure. *Par.* 1763 *et suiv.* 9 *vol. in*-4, pap. de Hol. *mar.*

7166. Les enfans devenus célèbres par leurs études ou leurs écrits, par Baillet. *Par.* 1688, *in*-12.

7167. Mém. pour servir à l'hist. des hommes illustres, dans la république des lettres, avec un catalogue de leurs ouvrages, par Niceron. *Par.* 1729 *et suiv.* 34 *vol. in*-12. (manq. tom. 30.)

7168. Œuvres de Brantome. *La Haye*, 1740, 15 *vol. in*-12.

7169. Vies des Écrivains étrangers, Dante, Locman et Pilpay, par le Prevôt d'Exmes. *Par.* 1787, 2 *vol. in*-8. *br.*

7170. Recueil d'éloges du Dauphin, par Thomas; du Duc de Bourgogne et du Dauphin, par le Franc de Pompignan. — De Jeannin, par Guyton de Morveau. — De Marca, par Bombart. — De Montmirail, par Surgy. — De Louis XV, par le Corvaisier. — De Henri de Prusse, par le Roi de Prusse. — Du comte d'Argenson, par le Beau. — De Rameau, par Chabanon. — De Bouchardon. — De Molin. — De Maupertuis. — De Fontenelle, par le Cat et par Trublet. — De Montesquieu, par Maupertuis. — De Maupertuis, par Tressan. — De Bassuel, Malaval et Verdier. — De Charles V. — Molière. — Corneille. — la Caille. — Leibnitz. — David Hume. — Piron. — Bordeu. — Geoffrin. 6 *vol. in*-8.

7171. Galerie philosophique du seizième siècle, par de Mayer. *Par.* 1783, 3 *vol. in*-8.

7172. Derniers sentimens des plus illustres personnages condamnés à mort. *Par.* 1775, 2 *vol. in*-12.

Histoire moderne des Pays hors de l'Europe.

Histoire de l'Asie.

7173. Lettres sur l'Atlantide de Platon et sur l'anc. hist. de l'Asie, par Bailly. *Par.* 1779, *in*-8, *carte.*

7174. Hist. crit. de la créance et des coutumes des nations du Levant, par de Moni. *Francf.* 1684, *in*-12.

7175. Hist. génér. du Royaume de Cypre, Arménie, et lieux circonvoisins, par Et. de Lusignan. *Par.* 1613, *in*-4.

7176. Raguagli di Cipro, di Luca Assarino. *Bologna*, 1642, *in*-12, *v. fil.*

7177. Hist. de la guerre de Chypre, trad. du lat. d'Ant. Mar. Gratiani, par le Peletier. *Par.* 1685, *in*-4.

7178. Ruines de Palmyre, autrement dite Tedmor au désert. *Lond.* 1753, — Réflex. sur l'alphabet de Palmyre, par Barthelemy. — Ruines de Balbec, autrement dite Heliopolis dans la Cælo Syrie. *Lond.* 1757, *in-fol*, gr. pap. *fig. v. d. s. tr.*

7179. Dissertations de l'abbé Barthelemy sur la langue de Palmyre, et la mosaïque de la Palestrine. Lettre sur quelques monumens pheniciens. *Par.* 1754 et *suiv.*

—Mém. de Caylus sur la fable de l'Olympe, et sur le papyrus — Figures pour l'hist. Romaine de Philippe de Pretot. Plan du tombeau de Mausole, par Caylus. *in*-4, *fig*, *br.*

7180. Hist. des Druses, Peuple du Liban, formé par une colonie de français, par Puget de S. Pierre. *Par.* 1763, *in*-12, *br.*

7181. Etat prés. de l'Arménie, tant pour le temporel que pour le spirituel. *Par.* 1694, *in*-12.

7182. Traité sur le commerce de la mer Noire, par de Peyssonel. *Par.* 1787, 2 *vol. in*-8.

7183. Martini Martinii de bello Tartarico hist. *Amst.* 1655, *in*-12.

7184. Hist. générale des Tatars, trad. du Tartare d'Abulgasi-Bayadur Chan. *Leyde*, 1726, *in*-12.

7185. Hist. de Genghizcan, prem. Empereur des anc. Mogols et Tartares, trad. par Petis de la Croix. *Par.* 1710, *in*-12.

7186. Hist. de Genghizcan et de toute la dynastie des Mongous, ses successeurs, conquérans de la Chine, trad. par le P. Gaubil. *Par.* 1729, *in*-4.

7187. La même, *Par.* 1739, *in*-4.

7188. Hist. des Sarrasins, trad. de l'angl. de Sim. Ockley. *Par.* 1748, 2 *vol. in*-12.

7189. Hist. des Arabes, avec la vie de Mahomet, par Boulainvilliers. *Trev.* 1731, *in*-12.

7190. Hist. des Arabes sous le gouvernement des Califes, par de Marigny. *Par.* 1750, 4 *vol. in*-12.

7191. Hist. des Révol. des Arabes, par le même. *Par.* 1750, 4 *vol. in*-12, *v. fil.*

7192. Hist. de la vie de Jacob Almançor, Roi d'Arabie, trad. par de Vieux-Maison. *Par.* 1738, *in*-12.

7193. Bibliothèque Orientale, par d'Herbelot. *Paris*, 1697, *in-fol.*

7194. Marcus Paulus Venetus de Religionibus Orientalibus : Haithoni hist. Orientalis : Andr. Mulierus de Chataja. *Colon. Brandenb.* 1671, *in*-4, *mar.*

7195. Zend Avesta, ouvr. de Zoroastre, trad. par Anquetil du Perron. *Par.* 1771, 2 *tom.* 3 *vol. in*-4, *fig. v. d. s. tr.*

7196. Zoroastre, Confucius et Mahomet, comparés comme sectaires, législateurs et moralistes, par Pastoret, *Par.* 1787, *in*-8.

7197. Législation Orientale, par Anquetil du Perron. *Amsterdam*, 1778, *in*-4.

7198. Relaciones de Pedro Teixera del origen descendencia y successíon de los Reyes de Persia, y de Harmuz : y viage dende la India Oriental hasta Italia por tierra. *Amberes*, 1610, *in*-8.

7199. Hist. de la dern. Révolut. de Perse. *Par.* 1728, 2 *vol. in*-12, *Carte.*

7200. Hist. des Révolutions de Perse, par Clairac. *Par.* 1750, 3 *vol. in*-12.

7201. Conditioni di Abbàs, Rè di Persia, por Pietro della Valle. *Venet.* 1628, *in*-4.

7202. Mém. de Schach Tamas II, Emper. de Perse. *Par.* 1758, 2 *vol. in*-12.

7203. Hist. de Thamas Kouli-Kan, Roi de Perse. *Par.* 1743, *in-12.*

7204. Essai sur les troubles de Perse et de Georgie. *Par.* 1754, *in-12, v. d. s. tr.*

7205. Essai sur les dogmes de la métempsycose et du purgatoire, enseignés par les Bramins de l'Indoustan, tiré de l'angl. par Sinner. *Berne*, 1771, *in-12.*

7206. L'Ezourvedan ou anc. commentaire du Vedam, conten. l'exposit. des opinions religieuses et philosop. des Indiens, trad. du Samscretan. *Yverdon*, 1778, 2 *vol. in-12.*

7207. Dissert. sur les Hindous, sur la religion des Brahmines, et hist. abr. de l'Hindostan, trad. de l'angl. *Par.* 1769, *in-12.*

7208. Le politiq. Indien, ou considér. sur les colonies des Indes Orientales. *Paris*, 1768, *in-8*, *br.*

7209. Élixir de la morale Indienne, trad. de l'angl. *Par.* 1760, *in-12.*

7210. Dissert. sur une Colonie Egyptienne établie aux Indes, par Schmidt. *Berne*, *in-8*, *br.*

7211. Hist. des Indes Orientales, par du Jarric. *Bordeaux*, 1614, 3 *vol. in-4.*

7212. Hist. des guerres civiles des Espagnols dans les Indes, trad. de l'Epagnol de l'Ynca Garcilasso de la Vega, par Baudoïn. *Par.* 1660, 2 *vol. in-4.*

7213. La même, *Amsterd.* 1706, 4 *vol. in-12*, *fig.*

7214. Relation de l'établissem. de la Comp. française des Indes Orientales, par Charpentier. *Paris*, 1666, *in-4.*

7215. An account of East-India and Persia, begun 1672 and 1681, by John Fryer. *Lond.* 1698, *in-fol*, *fig.*

7216. Obs. mathématiq. astronom. géograph. chronolog. et phys. tirées des anciens livres chinois ou faites nouvellement aux Indes et à la Chine par le P. Souciet, et hist. de l'astronomie Chinoise, par le P. Gaubil. *Par.* 1729 et *suiv.* 3 *tom.* 1 *vol. in-4*, *fig.*

7217. Hist. des Indes Orientales anc. et mod. par Guyon. *Par.* 1744, 3 *vol. in-12*, *Cartes.*

7218. Lettre crit. sur l'hist. des Indes de Guyon, par de Cossigny. *Paris*, 1744. — Réponse à cette lettre, par Guyon, 1744 — réplique de Cossigny à cette réponse. *Par.* 1744, *in*-12.

7219. Hist. de la dernière Révolution des Indes Orientales. *Par.* 1757, 2 *vol. in*-12, *Carte.*

7220. An account of the war in India between the English and French, on the coast of Coromandel, from the year 1750, to the year 1760. Relat. of the events on the Malabar coast, and the expeditions to Golconda and Surat, by Rich. Owen Cambridge. *Lond.* 1761, *in*-4, *fig. br.*

7221. La même, trad. en français, *sous le titre de* Mémoires de Lawrence, etc. *Par.* 1766, 2 *vol. in*-12, *Carte*, *v. fil.*

7222. A history of the military transactions of the British Nation in Indoustan, from the year 1745. *Lond.* 1763, *in*-4, *Cartes*, *br.*

7223. La même, hist. des guerres de l'Inde depuis 1745, trad. de l'angl. par Targe. *Par.* 1765, 2 *vol. in*-12.

7224. The history of Indoustan, by Alexander Dow. *Lond.* 1768, 2 *vol. in*-4, *br.*

7225. Recueil de pièces concern. la Compagnie royale Asiatique de Dannemarck *Copenh.* 1773, *in*-8, *br.*

7226. Affaires de l'Inde, depuis le commencement de la guerre avec la France en 1756, jusqu'en 1783, trad. de l'angl. *Par.* 1788, 2 *vol. in*-8, *Carte.*

7227. A View of the English interests in India, and an account of the military operations in the southern parts of the peninsula during the campaigns of 1782, — 1784, by Will. Fullarton. *Lond.* 1788, *in*-8, *Carte.*

7228. Tableau de la situation actuelle des Anglais dans les Indes Orientales, et de l'état de l'Inde en général, par J. P. Brissot de Warwille. *Par.* 1784, *in*-8, *Carte.*

7229. Essais hist. sur l'Inde, par de la Flotte. *Par.* 1769, *in*-12, *fig.*

7230. Mém. sur l'Inde. *in*-4, manuscrit, *v. fil.*

7231. Account of the East Indies, by Alex. Hamilton. *Lond.* 1744, 2 *vol. in*-8, fig.

7232. De l'Inde, ou Réflexions sur les moyens que doit

employer la France, relativement à ses possessions en Asie. *Par.* 1790.—Etat présent des Indes Hollandaises. *Batavia.*— Les Indiens ou Tipousultan, fils d'Ayder-Aly. *Par.* 1788, *in-8*, *fig.*

7233. Hist. d'Ayder-Aly-Kham-Nabab-Bahader, Roi des Canarins, etc. ou nouveau m moire sur l'Inde, par le Maître de la Tour. *Par.* 1783, 2 *tom.* 1 *vol. in-12.*

7234. Vie d'Haïder-Aly-Khan, par Fr. Robson, trad. de l'angl. *Par.* 1787, *in-12.*

7235. Recueil de mém. concernant l'Inde. 9 *vol. in-4, br.*

7236. Du Commerce et de la Compagnie des Indes, par Du Pont. *Par.* 1769, *in-8.*

7237. Recueil de pièces concern. l'administration de la Compagnie des Indes. *in-4, br.*

7238. Mém. dans des procès concern. les Indes. *in-4.* et *in-8, br.*

7239. Hist. de la Religion des Banians, avec un traité de la Religion des anciens Persans ou Parsis, extrait de Zend Avesta, trad. de l'angl. de Henry Lord. *Par.* 1667, *in-12.*

7240. A code of Gentoo laws, or ordinations of the Pundits. *Lond.* 1777, *in-8, fig. v. fil.*

7241. Le même, trad. en français. *Par.* 1778, *in-4, fig. br.*

7242. Informatione del regno et stato del grand re di Mogor raccolta per Gio Batt. Peruschi. *Roma*, 1597. —Copia di due lettere scritte dal P. Organtino del Meaco del Giapon. *Roma*, 1597, *in-8.*

7243. Hist. générale de l'Empire du Mogol, depuis sa fondation, sur les mémoires de Manouchi, par le P. Fr. Catrou. *Par.* 1705, 2 *vol. in-12.*

7244. Hist. de Timurbec, connu sous le nom de Tamerlan, Empereur des Mogols et des Tartares, trad. du Persan de Cherefeddin Ali, par Petis de la Croix. *Par.* 1722, 4 *vol. in-12.*

7245. Hist. du même. *Par.* 1739, 2 *vol. in-12.*

7246. Institutions politiq. et militaires, du même, trad. du Persan d'Abou-Taleb-Al Hosseïni, par L. Langlès. *Par.* 1787, *in-8.*

7247. Événem. hist. relat. aux provinces de Bengale, et à l'Empire de l'Indostan, trad de l'angl. de J. Z. Holwell. *Amst.* 1768, 2 *part.* 1 *vol. in*-8, *fig.*

7248. A narrative of the transactions in Bengal during the administration of Hastings, by John Scott. *Lond.* 1784. — Mém. relat. à l'état de l'Inde, par Warren Hastings trad. par de la Montagne. *Par.* 1787. — Procès de Warren Hastings, trad. de l'angl. par Soulés. *Par.* 1788, *in*-8.

7249. État civil, politique et commerçant du Bengale, trad. de l'ang. de Bolts, par Demeunier. *Par.* 1775, 2 *tom.* 1 *vol. in*-8, *fig.*

7250. Vie et mœurs des Bramines, qui habitent les côtes de Coromandel, par Abr. Roger. *Amst.* 1670, *in*-4, *fig.*

7251. Relat. hist. du Royaume de Siam, par de l'Isle. *Par.* 1684, *in*-12.

7252. Relat. de l'Ambassade du Chev de Chaumont à la Cour du Roi de Siam. *Par.* 1687, *in*-12.

7253. Hist. de la révol. du Royaume de Siam, arrivée en 1688, et de l'état présent des Indes, par le P. Marcel le Blanc. *Lyon*, 1692, 2 *vol. in*-12.

7254. Hist. natur. et polit. du Royaume de Siam, par Nic. Gervaise. *Paris*, 1688, *in*-4.

7255. Hist. du Royaume de Siam, et des révolut. qui ont bouleversé cet Empire, jusqu'en 1770, par Turpin. *Par.* 1771, 2 *vol. in*-12.

7256. Hist de Constance, premier ministre du Roi de Siam, par Deslandes. *Par.* 1756, *in*-8, *br.*

7257. Le Chou-king, un des livres sacrés des Chinois, recueilli par Confucius, trad. par le P. Gaubil, revu par de Guignes. *Par.* 1770, *in*-4, *fig.*

7258. Confucius Sinarum philosophus, sive scientia Sinensis latinè exposita studio patrum societatis Jesu. *Par.* 1687, *in-fol.*

7259. Yu le Grand et Confucius, par Clerc. *Soissons*, 1769, *in*-4.

7260. Mém. dans lequel on prouve que les Chinois sont une colonie Egyptienne, par de Guignes. *Par.* 1760. — Doutes sur ce mém. par le Roux Deshauterayes. *Par.* 1759. — Réponse de M. de Guignes, à ces doutes. *Par.* 1759, *in*-8, *fig*

7261. J. Gonz. de Mendoza rerum morumque in regno Chinensi historia, ex Hispan. in lat. linguam transtulit Joach. Brulius. *Antuerp.* 1655, *in*-4.

7262. Hist. universelle de la Chine, par Alvarez Semedo, avec l'hist. de la guerre des Tartares, contenant les révolutions arrivées en ce Royaume depuis quarante ans, par Martin Martini, trad. en franç. *Lyon*, 1667, *in*-4.

7263. Hist. des deux conquérans Tartares qui ont subjugué la Chine, par le P. Pierre Jos. d'Orléans. *Par* 1688, *in*-8.

7264. Hist. de la Chine sous la domination des Tartares, depuis 1651 jusqu'en 1669, par le P. Adrien Greslon. *Par.* 1671, *in*-8.

7265 Hist. de la conq. de la Chine par les Tartares, trad. de l'espagn. de Palafox, en franç. par Colle. *Amst.* 1723, *in*-12.

7266. Hist. de la conq. de la Chine, par les Tartares Mancheoux, par Vojeu de Brunem. *Lyon*, 1754, 2 *vol. in*-12.

7267. Nouv. relation de la Chine, composée en 1668 par le P. Gabriel de Margaillans, trad. du Portugais, par B. *Par.* 1688, *in*-4, *fig.*

7268. Hist. de la Chine, trad. du P. Martin Martini, par le Pelletier. *Par.* 1692, 2 *vol. in*-12.

7269. Descr. géogr. hist. chronol. polit. et phisiq. de l'Empire de la Chine et de la Tartarie Chinoise, par J. B. Duhalde. *Par.* 1735, 4 *vol. in-fol*, gr. pap. *fig.*

7270. Hist. générale de la Chine, trad. du Tong-Kien-Kang-Mou, par le P. Jos. Anne, Mar. de Moyriac de Mailla, publiée par Grosier et le Roux des Hauterayes. *Par.* 1777, 12 *vol. in*-4, *fig. br.*

7271. Mém. concern. l'hist. les sciences, les arts, les mœurs, les usages, etc. des Chinois, par les Missionnaires de Pekin. *Par.* 1776 *et suiv.* 13 *vol. in*-4, *fig. br.*

7272. Alm. Chinois. *Par.* 1766, *in*-24, *br.*

7273. Portrait hist. de l'Empereur de la Chine, par le P. J. Bouvet. *Par.* 1698, *in*-12.

7274. Athan. Kircheri, China monumentis illustrata. *Amst.* 1667, *in-fol*; *fig.*

7275. La même, trad. par F. S. Dalquié. *Amst.* 1770, *in fol. fig.*

7276. Lettres de Mairan au P. Parennin, conten. diverses questions sur la Chine. *Par.* 1759, *in*-12.

7277. Les mêmes, augmen. *Par.* 1782, *in*-8, *fig.*

7278. Idée génér. du gouvernem. et de la morale des Chinois. *Par.* 1731, *in* - 12.

7279 Theoph. Sigefridi Bayeri, Musæum Sinicum, in quo Sinicæ linguæ et litteraturæ ratio explicatur. *Petrop.* 1730, 2 *vol. in*-8, *fig.*

7280. Dessins des édifices, meubles, habits, machines et ustenciles des Chinois, gravés sur les originaux dessinés à la Chine, par Chambers, avec la description de leurs temples, maisons et jardins. *Londres*, 1757, *in-fol*, *fig.*

7281. Éloge de la ville de Moukden et de ses environs, poëme composé par Kien-Long, Emper. de la Chine, trad. par Amiot. *Par.* 1770, *in*-8.

7282. Relat. des guerres civiles du Japon. *Paris*, 1722, *in*-12.

7283. Observ. crit. et philosoph. sur le Japon et sur les Japonnois, par le Senne. *Par.* 1780, *in*-12, *mar.*

7284. Hist. de la conquête des Isles Moluques, trad. de l'espagn. d'Argensola. *Rouen*, 1707, 3 *vol. in*-12.

7285 Descr. hist. du royaume de Macaçar. *Par.* 1688, *in*-12.

7286. The history of Sumatra by Wil. Marsden. *London*, 1784, *in*-4, *fig. br.*

7287. La même, trad. par Parraud. *Par.* 1788, 2 *vol. in*-8, *cartes.*

7288. Hist. de l'Isle de Ceylan, par J. Ribeyro, traduite du Portugais, par le Grand. *Amst.* 1701, *in-12*, *fig.*

Histoire de l'Asie, de l'Afrique et de l'Amérique.

7289. Petr. Martyr de rebus Oceanicis et de Babylonica legatione : Dam. à Goes de rebus Æthiopicis, Indicis, etc. *Colon.* 1574, *in-8.*

7290. Hist. de ce qui s'est passé au Royaume d'Ethiopie, à la Chine et au Royaume du Tibet, ès années 1624 à 1626. *Par.* 1629, *in-8.*

7291. Hist. de ce qui s'est passé au Royaume d'Ethiopie et de la Chine, depuis 1625 jusqu'en 1627, trad. de l'italien. *Par.* 1629, *in-8.*

7292. Hist. des Royaumes de Chypre et de Jérusalem, d'Armenie et d'Egypte. *Leyde*, 1785, 2 *vol. in-4.*

7293. Essai sur l'heure des marées dans la mer rouge, comparée avec l'heure du passage des Hébreux. *Par.* 1755. — Relat. de l'expédition de Moka, en 1737, par de la Garde-Jazier. *Par.* 1739. — Hist. de Constance prem. Ministre du Roi de Siam, par Deslandes. *Par.* 1756, *in-12.*

7294. Bern. Varenii descriptio regni Japoniæ et Siam : de religione in Regnis Japoniæ, de diversis gentium religionibus, descr. Africæ, et dissert. de rebus publicis in genere. *Cantabr.* 1673, *in-8.*

7295. Hist. natur. et génér. des Indes, Isles et Terre-Ferme de la grande mer Océane, trad. du castill. par Jean Poleur. *Par.* 1556, *in-fol.*

7296. De rebus Japonicis, Indicis et Peruanis epistolæ, à Jo. Hayo conservatæ. *Antuerp.* 1605, *in-8.*

7297. Hist. des Indes Occidentales et Orientales; etc. de la conversion des Indiens, par Corneille Wytfliet et Ant. Magin. *Douay*, 1611, 3 *part.* 1 *vol. in-fol*, *fig.*

7298. Hist. naturelle et morale des Indes, tant Orientales qu'Occidentales, trad. du castillan de Jos. Acosta, par Rob. Regnauld. *Par.* 1616, *in-8.*

7299. Hist. philosoph. et polit. des établissemens et du commerce des Européens dans les deux Indes, par Raynal. *Par.* 1770, 6 *vol. in-8*, *br.*

7300. La même, avec l'Atlas. *Genève*, 1780, 5 *vol. in*-4. *v. fil.*

7301. La même avec l'Atlas. *Genève*, 1780, 11 *vol in*-4. et *in*-8.

7302. Analise de la même histoire. *Par.* 1775, *in*-8.

7303. Etat du Bengale. *Maëstricht*, 1775. — Etat présent de la Louisiane, par de Champigny. *La Haye*, 1776. 3 *tom.* 1 *vol. in*-8, *cartes.*

7304. Almanachs américain, asiatique et africain. *Par.* 1783 et *suiv.* 7 *vol. in*-12.

Histoire de l'Afrique.

7305. Relat. des regions et religions d'Afrique. 1630. Manuscr. *in*-4, *mar.*

7306. Hist. de l'Empire des Cherifs, en Afrique. *Par.* 1733, *in*-12, *cartes.*

7307. L'Egypte ancienne, par D'Origny. *Paris*, 1762, 2 *vol. in*-12.

7308. Hist. de Saladin, Sultan d'Egypte et de Syrie, par Marin. *Par.* 1758, 2 *vol. in*-12.

7309. Idée du gouvernem. anc. et mod. de l'Egypte, par L. le Macrier. *Par.* 1743, *in*-12, *fig.*

7310. Pyramidographia or a description of the Pyramids in Egypt, by John Greaves. *London*, 1646, *in*-8, *fig.*

7311. Nic Godignus, de Abassinorum rebus, de que Æthiopiæ patriarchis, Jo. Nonio Barreto, et And. Oviedo. *Lugd.* 1615, *in*-8.

7312. Hist. de Barbarie et de ses corsaires, par Dan. *Par.* 1637, *in*-4, *fig.*

7313. Etat des Royaumes de Barbarie, Tripoly, Tunis et Alger. *Rouen*, 1703, *in*-12.

7314. Hist. des Etats barbaresques qui exercent la piraterie, trad. de l'angl. *Par.* 1757, 2 *vol. in*-12.

7315. Rech. hist. sur les Maures, par de Chenier. *Par.* 1787, 3 *vol. in*-8.

N. B. *Cet ouvrage est imprimé en caractères polytipés.*

7316. Hist. véritable de Muley Arxide, Roi de Tafilette, le Grand conquérant, et Empereur de Barbarie, trad. de l'angl. *Rouen*, 1670, *in*-12.

7317. La même, avec la relat. d'un voyage fait en 1666, vers ce prince pour le rétablissement du commerce en ses états, par Roland Frejus. *Par.* 1670, *in*-12.

7318. Le même voyage. *Par.* 1670, *in*-12.

7319. Hist. des conquêtes du même Mouley Ismael, ou Seméin, son frère, Rois de Maroc et de Tafilet, conten. une description de ces Royaumes et de leurs habitans, par G. Moüette. *Par.* 1683, *in*-12, *cartes*.

7320. Hist. de l'esclavage d'un marchand de Cassis, en Provence, à Tunis, par A. Galland. *Manusc. in*-4, *br.*

7321. Hist. des dernières révolut. de Tunis, et des mouvem. du Royaume d'Alger. *Par.* 1689, *in*-12.

7322. Mém. hist. concern. le gouvernem. de l'anc. et du nouv. Royaume de Tunis, par de S. Gervais. *Par.* 1736, *in*-12.

7323. Mém. concern. l'état présent du Royaume de Tunis, et ce qui s'est passé de remarquable entre la France et cette régence, depuis 1701 jusqu'en 1752. *Manusc. in*-4.

7324. Hist. du Royaume d'Alger, par Laugier de Tassy. *Par.* 1727, 2 *tom.* 1 *vol. in*-12.

7325. Etat génér. et particul. du Royaume et de la ville d'Alger, par le Roy. *La Haye*, 1750, *in*-8.

7326. Relat. de la captivité et liberté d'Eman. d'Aranda, jadis esclave à Alger. *Par.* 1665, *in*-12.

7327. Relat. de l'origine et succès des Cherifs, et de l'état des Royaumes de Maroc, Fez et Tarudant, trad. de l'Espag. de Diego de Torrés. *Paris*, 1636, *in*-4.

7328. Etat présent de l'Empire de Maroc, par Pidou de St. Olon 1693, *Manusc. in*-4, *fig.* dessinées au crayon, *mar.*

7329. Le même. *Par.* 1694, *in*-12, *fig.*

7330. Hist. du règne de Mouley Ismael, Roy de Maroc, Tafilet, etc. par le P. Dominiq. Busnot. *Rouen*, 1714, *in*-12.

7331. Hist des révolut. de l'Empire de Maroc, depuis la mort de Muley Ismael, pendant 1727 et 1728, trad. de l'angl. de Braithwaite. *Amst.* 1731, *in*-12, *carte.*

7332. Relat. de ce qui s'est passé dans le Royaume de Maroc, depuis 1727 jusqu'en 1737. *Par.* 1742, *in*-12.

7333. Négociation de S. Amand, Ambassadeur de France à Maroc. *Manuscrit*, *in-fol.*

7334. L'Heureux esclave. ou relat. des avantures de la Martinière; comme il fut pris par les corsaires et délivré; la manière de combattre sur mer, de l'Afrique et autres particularités. *Par.* 1674, *in*-12.

7335. Relat. de la captivité de Moüette dans les Royaumes de Fez et de Maroc, où il a demeuré pendant onze ans. *Par.* 1683, *in*-12.

7336. L'Esclave religieux, et ses avantures. *Par.* 1690, *in*-12.

7337. Dissert. sur la traite et le commerce des Nègres. 1764, *in*-12.

7338. Traité sur le gouvernem. des esclaves, par Petit. *Par.* 1777, 2 *vol. in*-8.

7339. Letter of Sam. Touchet to the king, for an exclusive grant to the trade of tho river Senegal. *Lond.* 1762, *in*-8, *br.*

7340. Hist. de Louis Anniaba, Roi d'Essenie, en Afrique, sur la côte de Guinée. *Par.* 1740, *in*-12.

Histoire de l'Amérique.

7341. Hist. génér. des Indes Occidentales et Terres-Neuves qui jusques à présent ont été découvertes, trad. par Fumée. *Par.* 1569, *in*-8.

7342. Novi Orbis histeria ab Urbano Calvetono. *Genevæ*, 1578, *in* 8.

7343. Hist. des Indes Occidentales, par Wytfliet. *Douay*, 1607, *in-fol*, *cartes.*

7344. Indiæ Occidentalis historia, à Gaspare Ens. *Coloniæ*, 1612, *in*-8.

7345. Découverte des Indes Occidentales par les Espagnols, par Balthazar de las Casas. *Par.* 1697, *in*-12.

7346. Mœurs des sauvages Américains, comparées aux mœurs des premiers tems, par Lafitau. *Par.* 1724, 2 *vol. in-4*, *fig.*

7347. Hist. des découvertes et des conquêtes des Portugais, dans le nouv. monde, par le même. *Par.* 1733, 2 *vol. in-4*, *fig.*

7348. The history of America, by Will. Robertson. *Lond.* 1777, 2 *vol. in-4.*

7349. La même, trad. par Suard. *Paris*, 1778, 4 *vol. in-12.*

7350. Mém. sur l'Amérique, par D. Ulloa. *Par.* 1787, 2 *vol. in-8.*

7351. Rech. philos. sur les Américains, par Paw. *Berlin*, 1771, 3 *vol. in-8.*

7352. Lettres chinoises, indiennes et tartares à Paw, par Pernetti. *Genéve*, 1776, *in-8.*

7353. Recherches hist. et géogr. sur le Nouv. Monde, par J. Ben. Scherer. *Par.* 1777, *in-8*, *fig. br.*

7354. Influence de la découverte de l'Amérique, sur le bonheur du genre humain, par Genty. *Par.* 1788, *in-8*, *fig.*

7355. Commerce de l'Amérique, par Marseille. *Avignon*, 1764, 2 *vol. in-4. fig.*

7356. Guide du commerce de l'Amérique, principalement par le port de Marseille, par Ch. *Marseille*, 1777, 2 *vol. in-4*, *cartes.*

7357. Vie de Christophe Colomb, par Fernand Colomb, trad. en franç. *Par.* 1681, 2 *vol. in-12.*

7358. La Colombiade, poème, par Mad. du Bocage. *Par.* 1756, *in-8*, *fig.*

7359. Colomb dans les fers, épitre en vers, par le Chev. de Langeac. *Par.* 1782, *in-8*, gr. pap. *br.*

7360. Correspondance de Fernand Cortès, avec Charles-Quint, sur la conquête du Mexique, trad. par de Flavigny. *Paris*, 1776, *in-12.*

7361. Mém. des Commissaires de France et d'Angleterre sur les possessions et les droits respectifs des deux couronnes en Amérique. *Paris*, 1755, 4 *vol. in-4.*

7362. Mém. sur l'administration des sieurs Bigot et Pean, en Canada, et réflexions générales sur cette administration. *Par.* 1763, 3 *vol. in-4.*

7363. A state of the expedition from Canada, by Burgoyne. *London*, 1780, *in*-8, *cartes*.

7364. An historical account of the expedition against the Ohio Indians, in the year 1764, under the command of Henry Bouquet. *Philadelphia*, 1766, *in*-4, gr. pap. *fig. br.*

7365. La même, trad. par C. G. F. Dumas, (avec des observations manuscrites.) *Amst.* 1769, *in*-8, *fig.*

7366. Summary historical and political of the first planting, progressive improvements and present state of the British settlements in North America, by Will. Douglass. *London*, 1760, 2 *vol. in*-8, *fig.*

7367. Abr. de la révolut. de l'Amérique Anglaise, depuis 1774 jusqu'en 1778. *Par.* 1778, *in*-12.

7368. Essais hist. et polit. sur les Anglo-Américains, par Hilliard d'Auberteuil. *Par.* 1781, 2 *vol. in*-8.

7369. Révolution de l'Amérique, par Raynal. *Londres*, 1781. — Lettre à l'abbé Raynal, sur les affaires de l'Amérique Septentrionale, trad. de l'angl. de Th. Payne. 1782, *in*-8.

7370. Correspondance du Lord G. Germain, avec les généraux Clinton, Cornwallis et les Amiraux, dans la station de l'Amerique. *Berne*, 1782, *in*-8.

7371. Hist. de la révol. d'Amérique, par rapport à la Caroline Méridionale, par David Ramsay, trad. de l'angl. *Par.* 1787, 2 *vol. in*-8, *cartes*, *v. ec. fil.*

7372. Hist. des troubles de l'Amérique Anglaise, par Fr. Soulés. *Par.* 1787, 3 *vol. in*-8.

7373. Recherches hist. et polit. sur les Etats-Unis de l'Amérique Septentrionale. *Par.* 1788, 4 *vol. in*-8.

7374. Hist. et commerce des Antilles Anglaises, 1758 — Hist. et commerce des Colonies Anglaises, dans l'Amérique Septentrionale. *Paris*, 1755, 2 *vol. in*-12.

7375. The present state of Great Britain and North America. *London*, 1767, *in*-8.

7376. Droit public, ou gouvernem. des Colonies Anglaises, par Petit, et lettre sur cet ouvr. *Par.* 1771. 3 *vol. in*-8.

7377. Exposé des droits des Colonies Britanniques, pour

justifier le projet de leur indépendance. *Amst.* 1776, *in*-8, *br*.

7378. Lettres de M. Pinto, au sujet des troubles de l'Amérique Septentrionale, avec les réponses. *La Haye*, 1776, *in*-8.

7379. Fragment sur les Colonies en général, et sur celles des Anglais en particulier, trad. de l'angl. *Laus.* 1778, *in*-8, *br*.

7380. Recueil des loix constitutives des Colonies Anglaises des Etats-Unis de l'Amérique Septentrionale. *Par.* 1778, *in*-12.

7381. Constitutions des 13 États-Unis d'Amérique. *Par.* 1783, *in*-8.

7382. Mem. sur les Colonies Américaines, par Turgot. 1791, — Moyens de rétablir les finances de la France, par le même, 1788. — Observ. sur un projet d'administration, 1787, *in*-8, *br*.

7383. Recueil de pièces sur les colonies de l'Amérique Septentrionale, en Français et en Anglais, 6 *vol.* *in*-4. rel. et br.

7384. Éloge de Franklin. *Par.* 1791, *in*-8.

7385. Etat présent de la Pensilvanie. *Par.* 1756, *in*-12.

7386. Histoire de la Pensilvanie, et de l'établissement des Quakers dans cette contrée, trad. par Rousselot de Surgy. *Par.* 1768, *in*-12, *Carte*.

7387. Lettre d'un fermier de Pensilvanie aux habitans de l'Amérique Septentrionale. *Par.* 1769, *in*-12.

7388. Notes on the state of Virginia, by Jefferson. *London*, 1782, *in*-8.

7389. Observ. sur la Virginie. *Par.* 1786, *in*-8, *Carte*.

7390. Hist. de la conq. de la Floride, par les Espagnols, sous Ferd. de Soto. *Par.* 1699, *in*-12.

7391. État présent de la Louisiane, par le Chev. de Champigny. *La Haye*, 1776, *in*-8, *v. fil.*

7392. Journal des opérations faites dans la Louisiane, depuis 1729, jusqu'en 1733, par de Regis. Manuscrit, *in*-4, *br*.

7393. Relatione di Alvise Mocenigo, Proveditor generale di Terra Ferma, l'anno 1568, *in-fol.* Manuscrit.

7394. Relation de l'expédition de Carthagêne faite sur les Français en 1697. *Amsterd.* 1698, 2 *vol. in*-12.

7395. Levinus Apollonius de Peruviæ inventione. *Antuerpiæ*, 1567, *in*-8.

7396. Hist. de la découverte et de la conquête du Pérou, traduit de l'Esp. d'Aug. de Zarate. *Par.* 1742, 2 *tom.* 4 *vol. in*-12, *fig.*

7397. Hist. des Incas du Pérou, par Garcilasso dela Vega, trad. par J. Baudoin. *Par.* 1633, 2 *vol. in*-4,

7398. Autre traduction. *Par.* 1744, 2 *vol. in*-8, *fig.*

7399. The present state of isles in America. *Lond.* 1687. *in*-8, *cartes.*

7400. Loix et constit. des Colonies Françaises de l'Amérique sous le vent, par Moreau de S. Méry. *Par.* 1784 *et suiv.* 5 *vol. in*-4, *br.*

7401. Essai sur l'administrat. des Colonies Françaises et particulièrem. d'une partie de celle de Saint-Domingue. *Par.* 1788. — Relat. de ce qui s'est passé au fort S. Pierre, Isle de la Martinique, au sujet des églises des Missionnaires, *in*-8 et *in*-12, *Cartes.*

7402. Essai sur les Colonies Françaises, et particulièrement celle de Saint-Domingue, par de Saintard. 1754, *in*-12.

7403. Recueil de pièces concern. les Colonies et celle de Saint-Domingue, *in*-4. et *in*-8, *br.*

7404. Considér. sur l'état présent de la Colonie Française de Saint-Domingue. *Par.* 1776, 2 *vol. in*-8.

7405. Nouv. Considér. sur Saint-Domingue. *Par.* 1780, *in*-8.

7406. Essai sur l'administrat. de Saint-Domingue, par Guill. Th. Raynal. 1785, *in*-8.

7407. Alman. hist. et chron. de Saint-Domingue. *Cap Français*, 1787, *in*-18, *br.*

7408. Hist. de la Jamaïque, trad. de l'angl. *Par.* 1751. — Etrennes de la Jamaïque, *Gottingue*, 1783, 3 *tom.* 1 *vol. in*-12, *fig.*

7409. The civil and natur. history of Jamaica, by Patrick Browne. *Lond.* 1756, *in-fol*, *fig. v. fil.*

7410. The history of Jamaica. *Lond.* 1774, 3 *vol. in*-4, *fig. br.*

7411. The history of the Caribby — Islands, Barbados, S. Christophers, S. Vincents, Martinico, Dominico,

Barbouthos, Monserrat, Mevis, Antego, etc. with a Caribbian vocabulary, by John Davies. *Lond.* 1666, *in-fol*, *fig.*

7412. Relat. de l'établissem. des Français, depuis 1635, en l'Isle de la Martinique, par le P. Jacq. Bouton. *Par.* 1640, *in-8.*

7413. Essai sur la Colonie de Sainte-Lucie. *Neuchât.* 1779, *in-8.*

Portraits de Descartes et Newton, peints à l'huile, dans leurs cadres dorés.

Modèle d'une petite presse d'imprimerie, en bois d'acajou, fait avec beaucoup de soins, avec un caractère cicéro dans sa casse, et les différens ustenciles nécessaires pour faire usage de ladite presse.

FIN.

Bon pour la table des auteurs du catalogue de la bibliothèque *de Lamoignon de Malesherbes*, qui sera donnée gratis au porteur, en remettant la présente reconnoissance. A Paris, ce premier Janvier 1797 (vieux style).

NYON, l'ainé.

TABLE

www.ingramcontent.com/pod-product-compliance
Lightning Source LLC
Chambersburg PA
CBHW050542270326
41926CB00012B/1880

* 9 7 8 2 0 1 2 5 2 8 5 2 9 *